1. 1562 年法国宗教战争期间，里昂的新教徒洗劫天主教的教堂（佚名，创作于约 1565 年）

2. 尼德兰圣像破坏运动（Dirk van Delen, 1630）

3. 1588 年 8 月 8 日，西班牙无敌舰队在与英国海军的交战中元气大伤
（Philip James de Loutherbourg, 1796）

4. 荷兰独立战争期间，1602 年 10 月，荷兰和英格兰联合舰队在多佛海峡海战中击败一支西班牙舰队（Hendrick Cornelisz Vroom, 1617）

5. 1632 年 11 月，三十年战争中的重要一战——吕岑会战——爆发，该图描绘了瑞典国王古斯塔夫二世战死沙场时的情形（Carl Wahlbom, 1855）

6. 三十年战争期间，社会秩序混乱。该图描绘了当时一队旅人在一座小镇外被抢劫的情形（Sebastiaan Vrancx，创作于 1647 年以前）

7. 1645 年 6 月，英国内战中的重要一役——纳斯比战役——爆发，议会军战胜国王军。图中骑白马者为克伦威尔（Charles Landseer, 1851）

8. 光荣革命期间，1688 年 10 月 19 日，尼德兰执政奥兰治的威廉率舰队离开荷兰，前往英国（Jan Claesz Rietschoof , 1688）

9. 1667 年 6 月，荷兰舰队突袭英国的梅德韦港，取得了第二次英荷战争的决定性胜利（Peter van de Velde，创作于约 1667 年）

10. 法荷战争期间，1672 年 6 月 30 日，荷兰城市乌特勒支向路易十四投降（Lambert de Hondt the Younger, 1672）

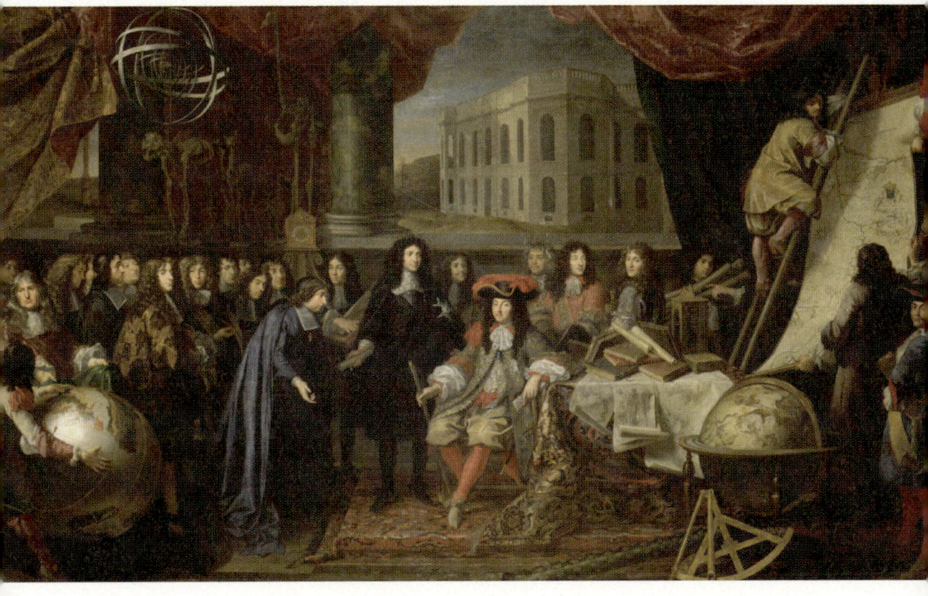

11. 1667 年，科尔伯特向路易十四介绍法兰西皇家科学学会的成员
（Henri Testelin，创作于 17 世纪）

12. 1683 年，奥斯曼军队包围维也纳（August Querfurt，创作于 18 世纪 50 年代）

13. 1709 年 6 月，波尔塔瓦会战爆发，彼得大帝指挥俄国军队战胜瑞典军队，赢得了大北方战争的决定性胜利（Louis Caravaque，创作于 1717—1718 年）

14. 1709 年 9 月，西班牙王位继承战争中的重要一战——马尔普拉凯会战——爆发，大同盟军队惨胜（Louis Laguerre，创作于 18 世纪）

15. 1701 年，勃兰登堡大选帝侯腓特烈三世加冕成为普鲁士国王腓特烈一世（Sendker, 1701）

16. 1707 年，英格兰议会和苏格兰议会合并，大不列颠联合王国成立。图为联合议会代表向安妮女王递交《联合法案》（Walter Thomas Monnington, 1925）

HISTORY OF
MODERN EUROPE

THE AGE OF
RELIGIOUS WARS

1559-1715

现代欧洲史

宗教战争的年代 1559—1715

02

[美] 理查德 · 邓恩◎著
康睿超◎译

Richard S. Dunn

中信出版集团 | 北京

图书在版编目(CIP)数据

现代欧洲史．卷二，宗教战争的年代：1559-1715 /（美）邓恩著；康睿超译．-- 北京：中信出版社，2016.12（2021.4 重印）

书名原文：The Age of Religious Wars,1559—1715

ISBN 978-7-5086-6546-7

Ⅰ．①现… Ⅱ．①邓… ②康… Ⅲ．①欧洲—近代史—1559-1715 Ⅳ．① K504

中国版本图书馆 CIP 数据核字 (2016) 第 184526 号

现代欧洲史．卷二，宗教战争的年代：1559—1715

著　　者：[美] 理查德 · 邓恩
译　　者：康睿超
出版发行：中信出版集团股份有限公司
（北京市朝阳区惠新东街甲 4 号富盛大厦 2 座　邮编　100029）
承 印 者：北京通州皇家印刷厂

开　　本：787mm × 1092mm　1/32　　印　　张：16　　字　　数：342 千字　　插　　页：8
版　　次：2016 年 12 月第 1 版　　印　　次：2021 年 4 月第 11 次印刷
书　　号：ISBN 978-7-5086-6546-7　　京权图字：01-2021-1452
定　　价：65.00 元

服务热线：010-84849555
投稿邮箱：author@citicpub.com

目 录

第三章　财富不足的时代特征

第四章　君主专制与君主立宪的对立

第五章　天才的时代

第六章　迈向新的势力均衡

再版序言

本书的第一版创作于 1970 年，涵盖从 1559 年至 1689 年的历史时期。在本次修订版中，结尾的日期延长到了 1715 年。相比于光荣革命，路易十四的死是更为人们所接受的欧洲史分界点。此次涵盖时间段的延长，为我们研究这一历史时期提供了一个更为广阔的视角。在修订版的引言中，我以描绘 1559 年的欧洲社会为历史背景展开叙述。在其结尾章节中，我对 1683 年至 1721 年间的国际战争和彼得大帝的统治进行了研究，并对 1715 年的欧洲社会进行了分析。此外，我还利用本次机会对第三章进行了大篇幅的修改，并对其他篇章进行了修正和改动，增加了新的地图和示例，增添了更多的参考书目。对所有提出修订建议的读者，我表示衷心的感谢，希望他们能够认可本书的改进之处。

理查德·邓恩

初版前言

在1559年至1715年这一个半世纪里，欧洲几乎常年处于战乱之中，国家间的和平时期不超过30年，而进行大规模战争的时间则长达100年。在这些战争中，全部或大部分的主要欧洲国家都同时参与其中。虽然战事在整个欧洲历史上司空见惯，但由于在1559年至1648年这将近一个世纪里，战争的主要诱因是新教与天主教之间的宗教冲突，而这种源于信仰的冲突不仅容易爆发，而且极具破坏性，因此这100多年的战争别具一格。在17世纪中期以后，战争出现了持续时间长、格局有序等特点。因此，我们研究的这一历史区间，包括欧洲宗教战争的顶峰和衰落。

16世纪晚期和17世纪初期，伴随着国内战争和叛乱的出现，新教和天主教之间的战争纷繁复杂。尽管路德（Luther）本人并不是一名政治活动家，但他于1517年掀起了一场意识形态的争论。16世纪中期，随着新教徒和天主教徒中好战派的出现，信仰冲突加剧了。1562年至1598年的法国内战，反抗腓力二世的尼德兰叛乱，反抗玛丽·斯图亚特（Mary Stuart）的苏格兰叛乱，1588年西班牙对英格兰的侵略，1618 年至 1648 年德意志的三十年战争，1640 年至 1660 年的清教徒革命以及 1688 年至 1689 年英格兰的光荣革命，全部属于宗教冲突。当然，其中也不乏其他因素。那是一个遍布斗士和殉道者的时代，是一个充满阴谋和刺杀的时代，是一个军队吟诵圣诗和暴徒激情燃烧的时代。最好战的斗士非约翰 · 加尔文（John Calvin）和圣依纳爵 · 罗耀拉（St. Ignatius of Loyola）的信徒莫属了。加尔文教的信徒取得了对苏格兰和尼德兰共和国的控制权，临时控制了英格兰，并企图掌控法国、德意志、波兰以及匈牙利。天主教复兴于 16 世纪中期，但直至 17 世纪晚期，天主教徒从未放弃过恢复基督教会完整和统一的尝试。在法国、佛兰德斯（Flanders）、奥地利（Austria）和波希米亚（Bohemia）等国，他们都成功地镇压了新教。在这场非同寻常的竞争中，双方都将大量善于雄辩、家资殷实、位高权重的人士吸纳到自己的阵营之中，都逐渐失去了征伐的热情。

1648 年，特别是在 1689 年以后，在欧洲国家间的战争中，宗教仍然是一个破坏性因素，但它不再是冲突爆发的共同点。1688 年至 1713 年肆虐欧洲西部，以及 1683 年至 1721 年肆虐欧洲东部的大型战争，比早些时候的国内战争和叛乱规模更大，但由于主导战争的不是反叛者和远征军，而是社会上层的国王和将军们，所以其对固有秩序的影响较弱。在本书结尾部分的战争，中止了 1559 年至 1648 年间由于信仰而爆发的冲突，在主要欧洲国家中形成了一个更为稳定的势力均衡。

以上是本书所要讲述的梗概，但还不止于此。1559 年至 1715 年

《新时代的特征》。1556年，新教大主教克兰默被英格兰女王玛丽处以火刑。这幅木刻版插图摘自约翰·福克斯（John Foxe）的《殉道者名录》（1563）。一个世纪以来，该书是最受欢迎的英文书，地位仅次于《圣经》。与描绘天主教圣人生活的书卷相对应，它描述的是新教殉道者的事迹。

这段时间，受尖锐的意识矛盾影响，人们在政治、经济、社会以及文化方面，取得了广泛的进步。一些历史学家将这一时期定性为“专制主义”，而另一些历史学家则给它贴上了“重商主义”的标签，还有人聚焦于资产阶级的发展，或宪政和代议制政府的产生。对科学历史学家来说，这无疑是一个科学革命的时代；对艺术历史学家而言，这是一个巴洛克的时代；对文学历史学家，这是戏曲的黄金时代；而社会历史学家则倾向于认为，这段改革和启蒙的岁月，充斥着饥饿、瘟疫、贫穷、奴役以及巫术的黑暗时光。观点的多元化，不由得让我们联想到盲人摸象的故事，但这个类比也有不当之处，因为那些研究早期近代欧洲的人既不是瞎子，也不固执己见。由于16和17世纪的发展过于复杂，所以对它们的解读不可避免地出现了多样性。为了从1559年到1715年发生的事件中发掘出一些有价值的东西，必须就相互矛盾的力量——信仰冲突、政治专制、资产阶级崛起、重商主义思潮、农业萧条、文化创新及社会压迫——如何不间断地相互作用进行观察，才能真正认识到，宗教战争时期对欧洲生活的方方面面，如自由包容、政党政治、王权艺术、经商之道、社会结构、科学、哲学及艺术等所产生的永恒影响。

1559年的欧洲

16世纪中期，欧洲社会最典型的特征是什么？

观察1559年的欧洲地图，我们会发现，它呈现出一种令现代人感到既熟悉又陌生的格局。政治上，欧洲可以划分为三块区域：西部、中部、东部，这种划分成为下个世纪乃至更远时期政治生活的一个基本事实。这块地图表明，奥斯曼帝国（Ottoman Empire）、波兰－立陶宛联合王国（Poland-Lithuania）、俄罗斯莫斯科公国（Muscovite Russia）是东部区域的主要国家。该区域之所以看起来有点陌生，是因为那时波兰与俄罗斯之间的边境，和今天的相比要向东推移更多；另外，那时的整个巴尔干半岛（Balkans）包含在奥斯曼帝国之中。由于宗教和文化的差异，奥斯曼的土耳其人和莫斯科人被其他欧洲国家孤立了，整个欧洲东部地区被原始的经济、稀少分散的人口、松散的政治组织（奥斯曼人除外）以及根深蒂固的内部民族分裂所掣肘。在欧洲中部，相比于其他国家，意大利人和德意志人历来是欧洲的商业和文化的领导者，直到16世纪初期，一些事件的发生破坏了欧洲中部的政治架构。在15世纪90年代以及16世纪20年代，意大利的政治体系被法国、西班牙以及德意志的入侵者破坏殆尽，同时，1520年至1555年间，神圣罗马帝国（Holy Roman Empire）也由于内战而陷入瘫痪，1555年签订的《奥格斯堡和约》（*Augsburg Peace Settlement*）也未能解决这一问题。1559年的欧洲地图显示，当时的欧洲中部看起来十分奇怪，因为神圣罗马帝国吞并了今天*的民主德意志和联邦德意志(West and East Germany)、瑞士、奥地利、捷克斯洛伐克（Czechoslovakia）的大部分地区、波兰、意大利以及欧洲西部的低地国家。但该帝国并不是一个有凝聚力的国家，它由300个不同的政治组织构成，这些组织的规模不大，也没有形成联盟。因此，欧洲中部政治上具有特殊性，并处于分裂状态。与之相反，在欧洲西部，主要的大西洋国家西班牙、法国、英格兰在过去的一个世纪里，已经获得了凝聚力，集聚了实力。地图显示，除法国的东部边界向西缩进，尼德兰（Netherlands）还没有分裂为今天的荷兰（Holland）、比利时（Belgium）和卢森堡（Luxemburg）以外，这部分区域与今天相比没有多大变化。1559

* 指成书年代，1978年前后。——译者注

年，大西洋沿岸国家已有了相当强的国家认同感，在地域辽阔、人口密集的领土范围内，国王在各自国家的政治组织中行使主权。此外，这些国家还拥有具有凝聚力的语言和民族意识。

划分三块区域的重要性在于，欧洲西部是该区域的政治中心和重心。到 1559 年为止，西班牙和法国是最强大的两个国家。在紧接着发生的宗教战争期间，英国和尼德兰可谓是后起之秀，而主要的中东部帝国和王国仍然组织松散，积贫积弱。经济上也是如此，大西洋沿岸国家占据了第一梯队，这些国家的商人是当时最成功的商人，主宰着繁荣的、不断扩张的商业资本主义经济。与此同时，德意志与意大利的贸易和工业中心已经萎靡，欧洲东部的农业发展也出现了停滞。政治和经济的成功也反映在艺术和文化方面，大西洋沿岸国家的人民成为欧洲文化的代表。因此，毋庸置疑，我们必须把焦点放在欧洲西部。

1559 年，即使是在欧洲西部最繁荣的地区，也依然受制于原始的生产技术，财富远远低于需求。于是，整个社会以一种极为不民主的方式运行着，上层社会和下层社会之间，有产者与无产者之间的差距非常大。在社会等级的顶端，少数的贵族领主垄断着大多数的政治权力、社会特权和财富；而在社会的底层（可以说占七分之六的人口），数以百万计的农民勉强维持生计，没有机会接受教育、从事技能工作、拥有财产以及享受生活。然而，这种等级制度并非一成不变，在欧洲中部和西部人口稠密的大城市，商人和律师与领主们就财富和地位展开了竞争，与此同时，身份卑微的店主和工匠也企图分一杯羹。正如我们所看到的，16 世纪晚期至 17 世纪，大多数大西洋沿岸国家的城镇阶级，在数量和实力上都取得了大规模的增长。在德意志和意大利，他们失去了土地；在欧洲东部，他们的力量仍然微不足道。然而，即使是在欧洲西部，一个进入上流社会的商人与既有领主绅士之间的社会鸿沟依然大得惊人。绅士本人并不从事劳动，而他们却有数目众多的仆人为他们工作。于是，他们把时间花在娱乐、战斗和狩猎上。他们挥霍无度，生活方式与下层人民截然不同，好像自己代表了一种更高级的物种。由于土地稀少而异常珍贵，领主绅士故意挥霍一部分耕地，将它们建成鹿园和休闲花园，并通过将爵位和财富遗赠给子孙，维护自己的特权地位。

等级世袭原则在政治上的表现也同样引人注目。无论在哪里，贵族都主导着政治舞台，并将他们的权力一代代延续下去。在所有大国中，受到上天庇佑的王子、君主或帝王管理着贵族体系。在神圣罗马帝国、教皇国和波兰这三个君主政体国家，统治者由少数“选帝侯”选举产生。而在其他地方，贵族头衔是世袭的，它是一种形式的财富，由当权者传给下一代。显然，这一体系无法确保人才的延续：一个强大的国王可能会被他强大的儿子所替代，如 1556 年在西班牙所发生的情况；或是一位不称职的女王可能会被她才华横溢的姐妹取代，如 1558 年英格兰所发生的情况；或是一位中庸的君主位置可能被他更为衰弱无力的儿子继承，如 1559 年法国发生的状况 *。

* 分别指以下事件：腓力二世继承查理五世的皇位；伊丽莎白一世继承她同父异母的姐姐玛丽一世的王位；弗朗索瓦二世继承亨利二世的王位。——译者注

还有另一种重要的政治趋势，以当时地位最为高贵显赫的哈布斯堡家族（house of Habsburg）为例。1559 年欧洲地图的一个突出特征是，哈布斯堡家族控制着多元化、大面积的领土。西班牙哈布斯堡王朝的腓力二世（Philip Ⅱ），是 12 块欧洲不同领地、几处北非据点和辽阔新大陆帝国的世袭统治者。他的叔叔，奥地利哈布斯堡家族的斐迪南一世（Ferdinand Ⅰ），是 13 块领地的世袭统治者，此外，他还被选为神圣罗马帝国的皇帝。腓力二世和斐迪南一世两人统治的地盘加起来，相当于今天 14 个欧洲国家和 3 个北非国家。哈布斯堡家族的君王出类拔萃，但他们看重的是家族而不是国家的权力，其统治方式阻碍了国家的发展。通过继承、联姻、战争和外交，他们收集高贵的、像项链上的珍珠一样的头衔。通过代理人，他们对每一块领土进行独立的统治。其他主要的名门望族是：瓦卢瓦家族（Valois）、吉斯家族（Guise）、波旁家族（Bourbon）、奥兰治家族（Orange）、都铎家族（Tudor）、斯图亚特家族（Stuart）、维特尔斯巴赫家族（Wittelsbach）、霍亨索伦家族（Hohenzollern）、瓦萨家族（Vasa）和罗曼诺夫家族（Romanov）。它们效仿哈布斯堡王朝的模式，胸怀建立王朝的抱负，发动王朝的战争，这些战争往往给他们统治的人民带来不了任何好处。近代早期欧洲的政治体系中，建设国家和建设家族之间的矛盾，始终未能得到解决。

新的、陌生的宗教问题恶化了旧有的、熟悉的政治问题。自马丁·路德掀起叛乱后的 40 年里，欧洲中部和西部的人们逐渐加入彼此敌对的新教和天主教阵营。此外，新教分裂成了许多相互敌对的教派：路德教派（Lutheran）、加尔文教派（Calvinist）、茨温利教派（Zwinglian）、再洗礼教派（Anabaptist）、英国国教（Anglican），它们之间彼此仇视和敌对。1559年，宗教的分布令人感到十分困惑：天主教牢固地控制着匈牙利（Hungary）、西班牙和意大利；新教则稳固地控制着斯堪的纳维亚（Scandinavia）。在除此以外的其他地方，斗争仍在继续进行。在法国、爱尔兰、尼德兰、德意志南部、波希米亚、匈牙利和波兰，天主教徒的势力占了上风，但他们仍然面临新教徒强有力的挑战。在英格兰、苏格兰、德意志大部分地区、瑞士等地，新教徒的势力占据上风，但他们同样也面临着天主教徒有力的挑战。尽管情况瞬息万变，但无论是新教徒还是天主教徒，没有人愿意做出哪怕是一点点的妥协，或是求同存异。每个人都认为，宗教间的包容是不可忍受的。每一位君主都致力于宗教的统一，坚持认为自己有权力，将对基督信仰的一种特定解读，强加到每一名被统治者身上。正如我们看到的，坚定的新教徒趋向于反叛他们的天主教君主，反之，虔诚的天主教信徒会与他们的新教君主走上敌对道路。

这还不是唯一的新问题。自16世纪中期开始，欧洲的大部分地区都受到了人口压力、通货膨胀加剧、穷苦劳动人民的生活水平下降等问题的影响。在过去的一个世纪里，人口总体上呈现上升态势，以至于到1559年为止，爆发于200年前的黑死病（Black Death）所造成的巨大损失，终于得到了弥补。1460年至1559年间，人口的膨胀推动了农业的进步，工业及商业的发展。那是一个欣欣向荣的世纪。但在1559年以后，情形则大不如从前：人口持续增长，所有可获得的土地都已得到了开发，农民被迫在一块更比一块小的土地上耕作，失地农民只好到城镇中寻找工作；失业率增长，食品供不应求，面包价格的增速超过了工人工资的增速，乞丐随处可见。那些入不敷出的人——占人口的绝大多数——受到饥荒和鼠疫的威胁。只要收成不好，饥荒就乘虚而入，造成破坏性的影响。自爆发于200年前的黑死病之后，鼠疫成为一种特殊的瘟疫，反复爆发，城镇贫民窟里拥挤的人群首当其冲、深受其害。我们知道，人们对伟大巫术的病态崇拜始于16世纪60年代，作为宗教战争时期一个最具特色的现象，它的产生并非偶然。16世纪晚期的女巫猎人不仅具有强烈的宗教色彩——专注于异端邪说与罪恶，对魔鬼和黑魔法着迷，他们还有另外一个迫切需求，那就是寻找替罪羊，以缓和社会灾难所带来的影响：贫穷、疾病、犯罪、饥荒、瘟疫、战时屠杀、革命巨变，以及所有我们将要考察的陷入困境的社会的所有特点，对于这些社会灾难，他们找不到解决的办法。

最后也是具有讽刺性的一点是：在一个充满分歧和不确定性的世界，至少有一个命题是每一个生活在16世纪的男性，无论是天主教徒还是新教徒，绅士还是农夫，都毫无异议的，那就是女性地位的恒久卑微。她们意志薄弱，身体柔弱，在社会上属于从属地位，经济上不独立。毋庸置疑，她们在政治上没有话语权。然而，在1558年至1561年间，三位女性却拥有着巨大的政治权力。伊丽莎白一世（Elizabeth Ⅰ）成为英格兰女王，玛丽·斯图亚特成为苏格兰女王，凯瑟琳·德·美第奇（Catherine de Medici）成为王太后和法国实际上的统治者。约翰·诺克斯（John Knox）在他一本著名的小册子《爆醒反抗畸形女团的第一声号角》（*The First Blast of the Trumpet Against the Monstrous Regiment of Women*，1558）中，将男性对此现象的反应总结了出来。“一个女人统治广大男性，”诺克斯说，“是违背自然规律和上帝意志的。在公共事务中，女人是盲目的，她们的提议是愚蠢的，决策是冲动的。”尽管诺克斯对她们进行了言辞批判，但这三位女王仍然把持了政治舞台的中心，长达30年之久。这的确是一个不同寻常的时代！

第一章

加尔文教与天主教在西欧的对抗

1559年春天，在法国与尼德兰的边境小镇勒卡托－康布雷西（Cateau-Cambresis），西班牙国王腓力二世与法国国王亨利二世的特使，在一座中立的主教院进行了会晤，目的是促成两国间和平协议的签订。尽管腓力和亨利是欧洲最具权势的两位君主，但他们都渴望和平。他们的身后是两个敌对的王朝：哈布斯堡王朝与瓦卢瓦王朝。半个世纪以来，由于两国冲突不断，难分胜负，彼此的国库都已几近空虚。此外，信奉天主教的西班牙君主和信奉基督教的法国君主需要对付一个共同的敌人：新教。异教的火焰正在从欧洲中部蔓延至西班牙和法国领土，腓力和亨利决心将其扑灭。因此，在勒卡托－康布雷西，两国的使节制定出一则有望持续多年的和平协议。法国放弃与意大利以及西班牙属地低地国家的博弈，同时，西班牙人则放弃解体法国的企图。由于法国仍然处于哈布斯堡领土的包围之中，对于瓦卢瓦王朝而言，这则和平协议更像是哈布斯堡王朝的胜利。尽管如此，1559年的法国瓦卢瓦王朝财力富足，人丁兴旺，力量不容小觑。当然，这则和平协议对腓力和亨利而言是十分有利的。彼此和解的哈布斯堡王朝与瓦卢瓦王朝，将在它们的领土范围内共同打击新教，联手恢复基督教会的统一。

但令他们吃惊和沮丧的是，这则和平协议引来了一个全新的、不可思议的内战和叛乱时代，对此，哈布斯堡王朝和瓦卢瓦王朝的君主应对乏力。1517 年至 1555 年的宗教冲突，给欧洲中部带来了毁灭性的影响，在 1560 年至 1600 年间，伴随着一种新的革命性力量，宗教冲突蔓延到了欧洲西部。在德意志，斗争暂时得到了中止；在神圣罗马帝国，新教徒和天主教徒于 1555 年签订了《奥格斯堡和约》，使停战持续到了 17 世纪初期。然而，在欧洲西部，尼德兰加尔文教徒掀起了叛乱，反抗西班牙哈布斯堡对尼德兰的控制；法国加尔文教徒——胡格诺教（Huguenots），掀起了反抗瓦卢瓦王朝的叛乱，使法国陷入了长达 40 年的国内战争。与此同时，在英格兰和苏格兰，加尔文教、天主教及英国国教为了争夺政治的主导权你争我夺。事实上，欧洲西部成了加尔文教和天主教两支讨伐军激战的巨型战场。

加尔文教徒采用日内瓦（Geneva）的教义和法纪，来挑战法国、低地国家（Low Countries）以及不列颠群岛的政治现状。他们为自己有力的反抗感到自豪，虽然在数量上不占优势，但他们主要来自中上层社会，充满了热情和自信。腓力二世领导的天主教徒，利用了强大的西班牙帝国的一切资源，来摧毁法国的胡格诺教，使英国和尼德兰重新回到罗马的怀抱中。从某种程度上说，加尔文教和天主教同样可以归为保守类，因为它们都坚信，基督教内部的多样化是无法容忍的，上帝的意志只能有一种解读，救赎的道路也只有一条；只有将魔鬼的势力消灭，基督一统天下的目标才能够实现。然而，加尔文和天主教徒的力量，来自他们在世界范围内的积极活动。双方都认识到了正在改变西方文明的新世俗力量——向亚洲和美洲的海外扩张，商业资本主义，敌对的王朝，民族主义以及国家主权——他们驾驭这些力量，用以服务上帝。从某种程度上说，加尔文教和天主教之间的斗争是中世纪最后的征讨；而从另一个角度看，它是国家民族之间的第一次现代化战争。可谓前无古人，后无来者。

宗教和政治

从马丁·路德于1517年首次发表了他的《九十五条论纲》后，新教和天主教的宗教争论就不可避免地与政治结下了不解之缘。精神危机影响人们对现世和来世的态度。教会拥有巨大的政治和经济资源。新教徒否认罗马的基本信条和教义时，必然也攻击了教会既有的体制结构。新教和天主教的改革者都向世俗统治者寻求帮助，而通过参与到二者的冲突中去，王侯们可以攫取政治和经济利益。

本世纪中叶，宗教和政治发生着重要而微妙的变化。1564年，随着约翰·加尔文（John Calvin）的离世，新教改革者的初步创作已经完成。同样，1556年，随着圣依纳爵·罗耀拉（St. Ignatius of Loyola）的去世，以及1563年特伦托会议（The Council of Trent）的取消，天主教的内部改革计划全面实施。思想意识的战线开始冻结。

然而，在新教徒和天主教徒失去了最初的创意精神后，他们开发出一种新的政治创新。

16 世纪晚期，新教徒和天主教徒就一些业已决定的问题发生了争吵。1517 年至 1564 年间，核心的精神和文化问题早已被探究、争论和明确过。16 世纪下半叶，新教不仅没能出现可以与路德、茨温利、加尔文等人相提并论的神学家，而且早已分裂成一个个相互妒忌的教会和教派，每一支都有自己清晰的教义、仪式和制度。而对于天主教一边，16 世纪 30 年代实行的内部改革计划产生了累积效应，加强了天主教对所有主要新教教义的抵抗。特伦托会议宣布，现存的天主教仪式和惯例在精神上是灵验的。特伦托改革不仅没有削弱教堂的核心地位，反而扩大了教皇、红衣主教和主教的统治权力。在新改革的执行中，效率最高的耶稣会会士（Jesuits），宣誓绝对效忠教皇。罗马宗教裁判所（Roman Inquisition）和《禁书目录》（*Index of Prohibited Books*）保护了虔诚的教徒免受新教宣传的影响，正如日内瓦的宗教法院保护正统的加尔文教徒免受邪恶的外部影响一样。1560 年后，新教徒和加尔文教徒已经对精神上的和解失去了兴趣，也没有什么新鲜的东西可以说给对方听了。于是，双方寻求通过赤裸裸的暴力来改变对方的信仰。

如果说宗教层面的争吵已经停止，政治层面却仍然风云变幻。初期，特别是 16 世纪 20 年代到 50 年代，欧洲中部和西部的王侯还能在很大程度上控制和管理新教与天主教间的冲突。保护路德免受教皇和国王制裁的德意志诸侯们，对这个新的宗教表现出极大的热情，张开双臂欢迎。16世纪20年代到30年代，瑞典、丹麦和英格兰的全国性新教教会，全部由于国王的资助才得以成立，这些国王急迫地从教皇身上攫取利益。“在获得王侯和统治者支持的地方，改革才能得以延续；在统治者决定镇压的地方，改革无法生存。”[1]即使是天主教的统治者，也从16世纪中期以前的危机中攫取了利益。德意志的天主教诸侯、西班牙的哈布斯堡王朝和法国的瓦卢瓦王朝，都强迫教皇做出了让步，加强了他们对自己领土内教会的控制，并对罗马教皇权力的死灰复燃时刻保持警惕。1527年，查理五世（Charles V，又称西班牙国王卡洛斯一世）的士兵洗劫了罗马，而不是维滕贝格（Wittenberg）。在教皇姗姗来迟地发起改革时，哈布斯堡和瓦卢瓦王朝均拒绝支持大部分改革方案，特别是那些特伦托会议的法令，因为这些法令削弱了他们的主权权力。在拒绝与罗马合作的同时，天主教王侯扼杀了教皇重现中世纪教会政治权力的企图。通过支持新教的改革者，新教王侯得以确保这些改革不会超越一定限度。

1560年后，欧洲西部的统治者已无法阻止因宗教危机而产生的革命性力量，加尔文教徒和激进的天主教徒都开始对政治现状进行反抗。对于异教信仰的统治者，他们组织了强有力的反抗。以上帝的名义，他们发动了针对统治者的一系列内战和叛乱。苏格兰女王玛丽，丢掉了自己的王位和性命；法国的凯瑟琳·德·美第奇夹在了胡格诺教和激进的天主教讨伐者之间，进退两难，在她的统治下，瓦卢瓦王朝瓦解了，法国中央政府崩溃了。比起玛丽和凯瑟琳，西班牙的腓力二世可以算得上是英雄人物了，在 16 世纪的王侯中，他是天主教会的主要拥护者。他的动机是复杂的，因为他希望通过打击异教徒，扩大自己的王朝实力。与此同时，没有任何一位政治领袖会为了自己的信仰，承担像他那样大的风险，正如事态的发展所显现的：他的领土不仅没有扩大，反而丧失了一些；在尼德兰，他挑起了一场加尔文教的叛乱，却无法将这次叛乱镇压下去；对法国宗教战争的干预，同样事与愿违；征服新教英格兰的计划也破产了。具有启发性的一点是，两位从宗教危机中幸免于难的欧洲西部统治者，行事都比腓力要审慎得多。英格兰的伊丽莎白一世和法国的亨利四世（Henry Ⅳ，1589 年至 1610 年在位）采用妥协、温和的策略，最终使加尔文教和天主教的批评家放弃了对他们的进攻。然而，即便如此，他们二人在多数时间仍都处于防守状态。

尽管加尔文教徒给王侯们制造了极大的麻烦，但他们的数量仍然有限。加尔文的基地十分有限：他的小城邦日内瓦，坐落于法国与瑞士（Switzerland）的边境上，居住着 1.3 万名居民。但他的教义和长老教会的组织结构，对人口多、实力强的大城市中心，有着极强的输出性。在 1564 年去世前，他受到了法国、尼德兰、苏格兰和英格兰等地精英阶级的追随。其成员来自特权阶级，包括贵族、地主、商人和律师，而非特权阶级如农民、城镇劳动者等（这些人的参与热情并不高）。今天，加尔文主义愤世嫉俗、压制性的教义仍名声在外。它又是如何吸引贵族和上层人士加入的呢，更不要说最终导致了宗教战争的爆发？正确的答案可能是，它为他们提供了一个严酷却令人兴奋的巨大挑战。一个人必须接受加尔文的观念，即上帝拥有无处不在的绝对力量，而人类彻底的堕落，使其无法执行上帝在《圣经》中所揭示的律法。这个人还必须相信，上帝选择去拯救某些少数人，并不是因为他们的功劳（他们没有功劳），而仅仅是由于自己的恩典。那些接受了这些前提条件的人，在上帝的意志面前感到谦卑的人，能够体会上帝不可抗拒恩典的人，才明白他是“被选中者”或“圣徒”中间的一员，也就是真正的基督徒。正如加尔文所解释的，“神圣的上帝之光一旦照耀在一个虔诚的人身上，他就能够得到释然，上帝不仅将他从之前极度的焦虑和恐惧中解放出来，还能将他从各种关怀中释放出来”。[2] 尽管强调人类的“无用”，但他的教会是一个唯一能将圣人从罪人中分离出来，将粮食从粗糠中分离出来的团体。加尔文教的圣徒不仅不是宿命论者，反而异常活跃。

近期，有人争论说，16 世纪的加尔文教徒组成了现代第一个激进的政党，类似革命时期的雅各宾派（Jacobins）和布尔什维克党（Bolsheviks）。[3] 当然，他们的主要目标是到达另一个世界，而不是改造现有的世界。然而，这些圣徒为他们灵魂未得到再生的邻居而感到压抑，认为上帝希望他们掌管和改造身边腐败的环境。他们必然会带来社会和政治上的破坏性，但对加尔文主义来说，这才是生活的全部内容。他们的社会是日内瓦模式：一座拥有同一信仰的小城，居民严格地自我约束，热忱地自以为是，独立于任何外部权威。在加尔文的门徒开始在法国、尼德兰、英格兰等大而复杂的国家，掀起改变这些国家国民信仰的运动时，他们把圣徒集中起来，建立纯洁而自给自足的日内瓦式社会。举个例子，在法国，胡格诺教教徒以日内瓦为蓝本设立集会，由牧师布道和管理圣餐，教师负责对青少年的教育，执事照顾穷困和失业的人，年长者监督伤风败俗和混乱的现象。在全国性的律法下，通过宗教法院以及首席神职人员和普通信徒参加的全国宗教大会，胡格诺教教徒将这些集会团结起来。每一名加尔文教集会的成员，都誓死遵从和执行上帝的律法。这则所有人达成一致的契约或合约，很容易变成某种形式的宪

从这幅木版画上不难看出，即使是在暮年，约翰·加尔文仍是一位面容严峻的改革者。

法，在对抗世俗敌人的政治和军事联盟中，形成对加尔文教徒的约束。以禁欲主义、勤奋、实践教育以及道德责任等日内瓦美德武装自己，这些教徒很难被镇压或是保持沉默。

加尔文本人惯于向基督教王侯们宣扬服从，但在 1558 年，如我们在前言中提到的，苏格兰加尔文教的领导者约翰·诺克斯（1505—1572）在他的《爆醒反抗畸形女团的第一声号角》中，对女性统治者进行了谴责。他的这本小册子令伊丽莎白一世感到了极大的冒犯，即使在他向女王做出理屈词穷的解释，说他只是反对天主教女王之后，伊丽莎白仍未感到些许安慰。16 世纪 70 年代，法国胡格诺教的立场则比诺克斯更进一步，对反抗暴君统治的做法提出异议，声称这些君主无论男女，皆是上帝任命的。这种观点极大地吸引了加尔文运动中大贵族的注意力，他们希望通过反抗专制君主的叛乱，削弱君主制政府，重新回到曾经的美好时光——封建权力的下放。然而，值得注意的是，很多加尔文教徒是职员、商人或小地主，他们是强有力的王权和中央政府的传统支持者。这些来自社会中层的人决不希望时光倒转，欧洲西部国家的主权权力遭到削弱，他们希望看到的与之恰恰相反。但是他们拒绝接受不敬畏上帝的国王和统治者，做好了为争取参与权，甚至是控制国家而战斗的准备。

天主教方面，1540 年，由圣依纳爵·罗耀拉创建的教士组织耶稣会（The Society of Jesus）几乎具有同样的破坏性。加尔文对“耶稣会等糟粕”的看法十分轻蔑，但加尔文教与耶稣会的相似之处却十分惊人。秉承着截然相反的宗教信条，罗耀拉和加尔文各自建立了一个经过筛选的、具有凝聚力的、性格外向的狂热者组织。罗耀拉为他的教会成员设计了一套成体系的情感和文化教义，建立了一个高度专制和半军事化的组织，直接听命于教皇。1556 年罗耀拉离世时，耶稣会会士的人数为 1000 人；而 1624 年，这个数字已变为 1.6 万人。然而，他们的影响力却远远大于人数。耶稣会建立了数以百计的学校，用来教育男孩，特别是上层社会的男孩如何明确和捍卫教会的权威教义。他们是出色的传教士，为了能够使世俗当局参与到反击异教的行

圣依纳爵·罗耀拉雕版画像，由沃斯特曼（Vosterman）雕刻而成。这幅作品虽然在某种程度上浪漫化了罗耀拉，但却捕捉到了他精神上的能量和不屈不挠的热情。

动中去，他们成了天主教王侯的专职神父。耶稣会会士不仅好战、专制，还频繁干预教会的各项工作，这使其他的天主教徒对其产生了敌意。而对新教徒而言，“耶稣会的”（Jesuitical）就意味着“诡计多端的”（Machiavellian），这个词具有咒骂之意味，用以形容这些邪恶的牧师所制造的狡猾阴谋和不道德的策略。

由于支持教皇的至高无上，耶稣会会士的角色具有特别的重要性。16 世纪晚期的教皇，虽然才华横溢且精力充沛，却对欧洲西部信奉天主教的统治者鲜有影响力。然而，通过学校和忏悔的途径，耶稣会会士却能够对其产生相当大的间接影响力。耶稣会的神父十分擅长“决疑论”*，这是一门解决良知这一疑难问题的艺术。新教徒倾向于认为，耶稣会会士对邪恶的行为视而不见，他们的信条是为了达到目的而不择手段。事实上，由于他们身先士卒、不畏牺牲，耶稣会会士在劝说他人为教会而战方面，做得非常成功。耶稣会的传教士勇敢地渗透到信仰新教的英格兰，酝酿和策划了一系列废黜伊丽莎白女王的行动；在法国，小册子作者无畏地号召人们刺杀对天主教不够热衷的亨利三世（Henry Ⅲ）和信仰胡格诺教的亨利四世（Henry Ⅳ）。尽管发动了这些煽动性的运动，但总体上，耶稣会对社会秩序持保守观点。红衣主教贝拉明（Bellarmine，1542—1621）是 16 世纪晚期最为杰出的耶稣会作家，他描绘了一幅怀旧的画面：教皇主持着基督教共和国。但贝拉明同加尔文教徒一样，反对君主专制。在他看来，不仅异端王侯应当予以罢黜，而且天主教的世俗权

---

* 指按照社会惯例或教会等律法，判断行为道德的正邪。——译者注

力也应受到明确的限制。

16 世纪晚期的新教叛乱和天主教暗杀事件，迫使君主专制的支持者找出了一些反驳的论点，以加强君主的绝对主权，让对君主的攻击像是在叛国和亵渎神灵。过去的政治理论在那个时候已经派不上用场，中世纪的理论家普遍否认君主权力的绝对性，文艺复兴时期的理论家（如马基雅维利）将君主置于法律之上，太过于世俗，已不能适应 16 世纪晚期的宗教发展趋势。为了应对耶稣会和加尔文教，一种新的贴近宗教的专制主义学说就显得十分必要。这个学说就是我们所熟知的"君权神授"理论。根据这一理论，上帝任命世俗的君主作为人世间的代理，并赐予他至高无上的权力。因此，国王没有义务遵守国家的法律和风俗，因为他只对上帝负责。即使他的统治残暴而专横，他仍然是上帝的代理，因为是上帝让他坐到了王座上，去惩罚臣民的罪孽，而臣民唯一能做的，就是祈祷宽恕。由于君主是上帝任命的，无论在任何情况下，臣民没有反叛他的权利。这个君权神授理论，尽管今天看起来很荒谬，在宗教战争期间，却为那些虔诚的、渴望和平和秩序的人提供了极大的安慰。起初，大主教和新教的统治者都采纳了这一理论：英格兰的詹姆斯一世（James Ⅰ）鼓吹君权神授理论；从亨利四世到路易十四（Louis XIV）的法国国王都执行这一理论；不仅他们的对手哈布斯堡王朝如此，17 世纪的君主们大多也是如此。

在宗教冲突和政治动荡的 1559 年至 1689 年间，形形色色的政客为了满足自己的需要，援用了上帝的意志。贵族和资产阶级加尔文教徒，找到了上帝支持反叛、立宪主义和限制政府权力的理由；耶稣会找到了上帝支持罢黜异端统治者和回归教皇宗主权的依据；世俗的君主则找到了实现君主专制的借口；激进主义者则找到了上帝支持共和政治和民主的根据。上述这些，就是宗教与政治的相互影响。

腓力二世统治下的西班牙

对西班牙来说，16 世纪是其强盛和光辉的时代。四位强大的统治者塑造了它的命运，斐迪南（Ferdinand，阿拉贡国王，king of Aragon，1479—1516）和他的妻子伊莎贝拉（Isabella，卡斯蒂利亚女王，queen of Castile，1474—1504）是现代西班牙的奠基者。他们的孙子是卡洛斯一世（Charles Ⅰ，1516 年至 1556 年在位），其在德意志帝国的头衔查理五世，更加为人所熟知。查理和他的儿子腓力二世（1556 年至 1598 年在位），分别是 16 世纪初期和晚期欧洲最强大的君主。

在斐迪南和伊莎贝拉的统治下，卡斯蒂利亚和阿拉贡实现了联合，西班牙人征服了摩尔人的格拉纳达（Moorish Granada），哥伦布发现了美洲新大陆。在查理五世的统治下，西班牙征服者控制了阿兹特克人（Aztecs）和印加（Incas）人，并开始开采秘鲁和墨西哥的银矿。与此同时，西班牙军队将法国人赶出了意大利，并赢得了欧洲最强军人的殊荣。由于德意志、意大利和低地国家也在他的管辖范围之内，所以在他统治的40年间，查理仅在西班牙待了16年。然而，西班牙人很享受查理家长式的管理，在国内过着平静而稳定的生活。1556年，他将哈布斯堡家族广袤领土的西部——西班牙王国的卡斯蒂利亚、阿拉贡、纳瓦拉；巴利阿里群岛；几个北非据点；萨丁尼亚岛（Sardinia）、西西里岛（Sicilia）、那不勒斯（Naples）、米兰（Milan）；尼德兰、卢森堡，弗朗什－孔泰（Franche-Comte）；还有海外领土墨西哥（Mexico）、佛罗里达（Florida）、中美洲（Central America）、西印度群岛（West Indies）、除巴西（Brazil，葡萄牙占领）以外的南美洲整个海岸、智利南部（lower Chile）和阿根廷（Argentina），以及菲律宾群岛（Philippine Islands）和太平洋上的许多小岛，都赠予了他的儿子腓力。没有继承哈布斯堡王朝东部的领土——奥地利、波希米亚、匈牙利，以及哈布斯堡家族在神圣罗马帝国的头衔（查理将其传给了哈布斯堡家族的奥地利分支），这对腓力二世来说真的是十分幸运。尽管腓力的领地几乎没能统一，但较他的父亲而言，这些领土更容易进行管理。这个西班牙帝国的首都设在马德里（Madrid），政治上拥有绝对权力，居民是狂热的天主教徒，处于一支不可战胜的军队的保护之下，拥有美洲金银源源不断的补给，这些无不让腓力在欧洲的对手嫉妒不已。

16世纪的西班牙绝非一个统一的国家，腓力二世是三个不同西班牙国家——卡斯蒂利亚、阿拉贡、纳瓦拉的国王，而每一个国家都有各自的制度、风俗、语言及文化。腓力独立地管理着每一个国家，他将主要精力放在卡斯蒂利亚上，因为它面积最大，最为富饶，人口也最为稠密。卡斯蒂利亚约有700万居民，而阿拉贡和纳瓦拉的人口加在一起也不过100万出头而已。此外，卡斯蒂利亚更容易管理。尽管其上层贵族拥有巨大的社会财富和实力，却缺乏政治上的权力。国王免除了大贵族的课税，承认他们持有的巨额财产，并以此作为他们不与王室在政治权力上展开角逐的条件。西班牙的下层贵族也不必缴纳课税，他们是王室有用的仆人。腓力二世的地方行政长官是王室任命的官员，他们来自下层贵族，负责审查和管理66个卡斯蒂利亚主要的市乡镇议会。卡斯蒂利亚的议会并没有实权，只有18个乡镇派代表参加议会，贵族和神职人员被排除在外。腓力常常是在企图征税的时候才会召开议会，但这些代表不被允许参与立法。在阿拉贡，贵族拥有相当大的政治权力，议会也更为独立。腓力给阿拉贡贵族留出自治的空间，很少召开阿拉贡议会，不向阿拉贡筹钱。当然，阿拉贡也拿不出什么钱来。腓力的意大利臣民也上缴不了多少收入，低地国家的臣民则拒绝上缴。于是，国王对美洲的银矿形成严重依赖。尽管如此，腓力帝国政府的主要开支还是由卡斯蒂利亚的农民阶级来承担的。

庞大的西班牙帝国，是由上层高度集中的官僚机构联系起来的。国王派总督（一般是卡斯蒂利亚大贵族）去管理遥远的领土，这些大贵族成了他的心腹。各总督对马德里的监督委员会——意大利委员会、佛兰德斯委员会、印度委员会负责。每个委员会由6到10名国家公职人员构成（多数仍是卡斯蒂利亚人），国王授予他们在各自特定的领土内拥有行政、司法、宗教事务等全面的管辖权。另外，还设有卡斯蒂利亚委员会、阿拉贡委员会，以及处理国家事务、战争、财政和宗教裁判的委员会。国王本人很少参加上述委员会会议，但他会审查所有的委员会决议，并常常予以撤销。国王独自掌握着方方面面事务，以及大量的领地派遣、请愿及备忘等。西班牙政府庄重威严的办事节奏，常常成为人们的笑柄，而事实上，腓力精心设计的官僚制衡系统，确实不利于做出快速的决策。但国王通过使大臣和议员们相互制衡，降低了贪腐发生的概率，巩固了个人权力。腓力二世是西班牙帝国的主人，无人能够企及。

他当然也是意大利的主人，尽管在他成为西班牙国王以后，从未踏上过那片领土。腓力直接控制着意大利半岛的一半区域，而另一半也在他的间接控制下。在米兰、那不勒斯和西西里岛，有西班牙驻军维持秩序；在腓力统治期间，唯一一次大规模的动乱是1585年的那不勒斯暴动，但很快就被镇压了下去。据说，西班牙人在西西里岛小口啃食物，在那不勒斯则张开嘴吃东西，而在米兰，只能用狼吞虎咽来形容。在腓力看来，米兰是美食的故乡。米兰是一块公国领地和主要的制造业中心，是腓力广泛军事防卫体系中的一个战略支点，同时还是地中海和北方军事活动的兵源地。那不勒斯和西西里岛以农业为主，没有重要的贸易或出口，经济较米兰相差甚远。因此，相比他在意大利南部的属地，腓力更重视米兰。在上述三地，西班牙人给当地政府带来了一些变化，与当地地主贵族联合进行统治，招募当地农民入伍，加入其在地中海的军事活动，抗击土耳其人（Turks）。在他所有的领土之外，腓力与萨伏依公爵、托斯卡纳公爵建立了政治同盟，与热那亚（Genoa）商人建立了商业同盟。在腓力统治期间，相继共有九位教皇统治过罗马，其中不乏一些十分有才干的人，他们竭尽所能地扩大教皇的权力。在此过程中，他们招致了腓力的不满。然而，这些教皇不敢轻易直接挑战西班牙国王。威尼斯共和国虽然保持了独立，但它的地位每况愈下。1571年，威尼斯将塞浦路斯（Cyprus）岛的殖民地拱手让给了土耳其人。

虽然西班牙人的统治算不上是一个灾难，但总体上对意大利人的生活产生了不良的影响。16世纪初期，腓力的政策未能将意大利从双重灾难中解救出来——除威尼斯之外，所有主要城邦的政治陷入了崩溃；贸易通道由地中海转向了大西洋。由于热那亚人控制着意大利和西班牙之间的贸易，成了腓力的主要银行家，所以对他们来说，与西班牙国王的合作还是有利可图的。热那亚贵族的豪华宫殿，几乎都是在16世纪晚期至17世纪初期建成的。那时的威尼斯仍然拥有巨大的财富和丰富的文化，但由于传统的香料贸易日益衰落，为了将这些资金投放到安全的农田上去，威尼斯的资本家将大部分投资从有风险的外资企业中撤了出来。罗马仍然是朝圣者、艺术家和时尚游客心目中的圣地。罗马的教皇，特别是西克斯图斯五世（Sixtus V，1585年至1590年在位），通过大规模地翻修城市，把对天主教改革的庆祝，从石头和灰泥中展现了出来。圣彼得大教堂（The basilica of St. Peter's）完工于17世纪初期，成为整个基督教世界最大、最宏伟的教堂。然而，敢于铤而走险，走出这座“永恒之城”（Eternal City）几英里外的游客，将会发现乡间匪盗成灾。在美第奇家族托斯卡纳公爵的统治下，尽管上层社会的生活依然精致

《罗马的圣彼得》。这幅雕刻作品为我们展现出了近代早期欧洲最为杰出和宏伟的建筑群——米开朗琪罗（Michelangelo）的圆顶大教堂（于1546年至1626年建造）和贝尔尼尼（Bernini）巨大的广场和柱廊（于1656年至1667年建造）。

而奢华，但佛罗伦萨可悲地失去了大部分丰富的创造力。意大利共有居民1100万人，是一片人口稠密的区域，人口数量几乎相当于西班牙的一半。

16世纪晚期，人口超过10万人的欧洲城市，每12个中，就有5个在意大利。但是这些城市缺乏大西洋沿岸商业中心的活力。无论是政治层面，还是经济层面，意大利已经失去了在欧洲生活中的核心重要性。

向西看，腓力二世对新世界殖民地的管理，又一次表明了西班牙王室政府势力范围的强大。在腓力掌权前的一代，一群由埃尔南多·科尔特斯（Hernando Cortes，1485—1547）和弗朗西斯科·皮萨罗（Francisco Pizarro，1470—1541）率领的勇敢机智的征服者，已经征服了墨西哥和秘鲁，不仅获得了个人财富，还驱使着几百万温顺的印第安人为他们工作。但查理五世和腓力二世成功地阻止了征服者们以及后继的西班牙殖民者进行政治自治，把西班牙分裂成诸多封建领地，削弱西班牙王室在美洲的权力。为了控制殖民者，王室派出了卡斯蒂利亚贵族作为墨西哥和秘鲁总督。为了防止总督变得过于强大，王室支持殖民地的司法法院（Audiencias）制衡总督的权力。在马德里，印度委员会对总督和司法法院进行监督。教会同王室合作，保护印第安人免受殖民者的过度奴役。对于在美洲开采的金银，王室征缴其中的五分之一。作为回报，王室负责保护满载金银的船队，免受法国、英国、尼德兰等国掠夺者的袭击。1600 年以前，腓力二世的军事力量使他在北大西洋的对手无法在印度区域*建立起永久性的殖民地。16 世纪 70 年代，由于惯于发动出其不意的袭击，弗朗西斯·德雷克爵士（Sir Francis Drake，约 1540—1596）可以肆无忌惮地袭击加勒比海（Caribbean）地区。但到了 1595 年，他在波多黎各（Puerto Rico）和巴拿马（Panama）被击败了，西班牙在那里的防御工事过于强大，他完全不是对手。此后至 1628 年间，再没有发生过西班牙宝船被截获的情况。

* 包括印度、中南半岛、东印度群岛在内的区域旧称。——译者注

西班牙画家科埃略（Coello）所创作的腓力二世画像。国王身着黑衣，看起来严肃而端庄，非常符合他的性格特点。该作品现存放于马德里的普拉多博物馆（Museo del Prado）。

西班牙政府坚持，殖民地不对外部殖民者和商人开放。查理五世曾欲对哈布斯堡王朝内的居民开放印度区域，但这一决定很快就被撤销了。卡斯蒂利亚人主张被一个热那亚人发现的美洲是他们拥有专卖权的区域，所有的美洲商品都必须通过卡斯蒂利亚唯一的港口塞维利亚（Seville）进行贸易，在那里，贸易委员会（House of Trade）的皇家官员将对其进行严密的监督，每一艘美洲舰队的商船都必须获得贸易委员会的许可。所有进出的货物都必须向该贸易委员会的官员申报，这些官员最重要的工作，是接收和分配到港的金银。不光是意大利和佛兰德斯商人，就连西班牙东部的加泰罗尼亚商人都得不到贸易许可。摩尔人（Moors）和犹太人（Jews）在西班牙不受欢迎，1492 年至 1609 年间，他们中的 50 多万人被驱逐出了伊比利亚半岛，并被严令禁止在美洲寻求避难。

西班牙最大的弱点是经济发展不平衡，而腓力二世却没能将其修正，这个国家仍然多山、荒芜和干旱。16 世纪晚期，由于人口的快速增长，西班牙出现了粮荒，不得不从地中海（Mediterranean）和波罗的海（Baltic）地区进口小麦。相比于培育农作物，占有绝大多数土地的贵族们更倾向于养羊，美利奴羊毛（merino wool）是西班牙的主要出口产品。西班牙人低价将原毛出口给佛兰德斯人，然后高价进口成品佛兰德斯布匹，将大多数的利润留给了佛兰德斯企业家。在 16 世纪的西班牙，几乎没有工业可言，大多数的制成品都需要进口。卡斯蒂利亚人总是将商业看得不如战斗和祈祷重要，他们大多数的商业和金融交易都是依靠外人完成的。在腓力的帝国中，共有三条主要的贸易通道：它们分别在西班牙和意大利之间、西班牙和低地国家之间，以及西班牙和美洲之间。第一条通道由热那亚人控制着，第二条被尼德兰人控制着，只有通往美洲的贸易通道归卡斯蒂利亚人所有。但即使是在那里，运往美洲的大多数货物也不是西班牙原产的。16 世纪晚期，每年有 200 艘商船在塞维利亚和美洲之间穿行，于是这条远航航道成为欧洲海外贸易通道中最为繁忙的一条。在 1580 年至 1620 年间，运到塞维利亚的金银数量达到了顶峰。1594 年，金银占美洲向西班牙出口总值的 96%。不幸的是，这些财富基本上没能留在西班牙。由于西班牙经济存在缺陷，这些金银不得不支付给外国农民、工厂主、商人和银行家。

由于西班牙经济和社会结构的不平衡，腓力二世的军事力量受到了严重影响，以至于没有足够的资金支持大规模的常备军，以及他精心计划的军事行动。他统治期间，国库事实上处于空虚的状态。腓力继承了他父亲的巨额债务，1557 年和 1575 年，在他暂停向债主偿还债务时，发现自己比以往任何时候都难以周转到新的贷款。他也无法利用富有臣民的财富，因为贵族成员是免除税赋的。300 位贵族占有卡斯蒂利亚超过一半的土地，13 位卡斯蒂利亚公爵和 13 位女侯爵收取的租金每年达到将近 100 万杜卡特（ducats）*，比国王在 16 世纪 80 年代前，每年从美洲获得金银的总价值还高，但这部分钱国王是碰不得的。同时，腓力也无法从西班牙商人和职员阶层压榨出钱财，因为比起其他欧洲西部国家，西班牙商人和职员阶层的人数要少得多。他唯一能够肆意征税的阶层，恰恰是最没有能力缴税的阶层——贫苦的农民阶级。另外，只要来自美洲的金银一到，很快就会被花光，他甚至还将未来即将到岸的财宝做了抵押。然而，腓力的士兵消耗掉了他们能够获得的、所有的从美洲运来的金银和农民上缴的赋税。在这些士兵的薪酬仍然遭到拖欠时，叛乱和暴动无法控制地爆发了。一支没有军饷的军队比没有军队更为危险，正如腓力从他的损失中所发现的。

西班牙人的战斗和祷告热情有一种老式的味道，在很大程度上

* 欧洲从中世纪后期至 20 世纪期间，作为流通货币使用的金币或银币。每杜卡特克重约 3.56 克——译者注

仍是针对传统的敌人——摩尔人。腓力二世征收的一项主要税赋叫作征伐津贴，由教皇授权，鼓励西班牙继续发动针对伊斯兰教的战争。由于在 15 世纪，远在路德前，西班牙教会已经经历了改革运动，所以西班牙人无法理解广大天主教徒对教会改革的焦虑。西班牙的宗教裁判所成立于 1478 年，目的就是在皈依的穆斯林和犹太教徒中，铲除异教徒。这些改宗者通常会遭人仇视和令人恐惧。在腓力二世统治期间，开展了一次种族主义运动，禁止血统不纯正的人成为公职人员。卡斯蒂利亚、阿拉贡和纳瓦拉都设有宗教裁判所，新教叛乱爆发后，宗教裁判官千方百计地把新教堵在了国门外。哪怕是轻微偏离了正统天主教的人，都会被宗教裁判所打上路德教的烙印，经受皮肉折磨和秘密审判。如果有人被判决有罪并且冥顽不化，将被交由世俗当局采用火刑的方式公开处决。伊拉斯谟（Erasmus）在西班牙的支持者遭到赶尽杀绝；因有异教徒嫌疑，圣依纳爵·罗耀拉曾两度遭到西班牙宗教裁判所逮捕入狱；1559 年至 1576 年，甚至连首席红衣大主教托莱多（Toledo）都被他在宗教裁判所的敌人所陷害，冠以莫须有的罪名，遭遇了牢狱之灾。尽管环境十分压抑，16 世纪晚期的两位西班牙神秘主义者（mystics）阿维拉的圣特雷萨（St. Teresa of Avila，1515—1582）和十字架的圣约翰（St. John of the Cross，1542—1591）激起了一轮新的狂热。埃尔·格列柯（El Greco，约 1548—1614）备受欢迎的画作将这种狂热描绘得淋漓尽致。西班牙人的狂热并没有扩散到教皇国，马德里和罗马继续保持紧张的关系。如同那个时代的其他君主一样，对于外部势力干涉其领土内的教堂，腓力态度十分谨慎，更何况，“在他心中，宗教是一个非常严肃的问题，不能交由教皇处理”。[4]

腓力二世究竟是个什么样的人？从外表看，他不善交际，沉默寡言，但内心里却十分享受他的天主教信仰和王室威严。他身材瘦长，面容冷峻，似乎难以取悦。他说话的时候轻柔而缓慢，很少露出笑容。他没有健壮的体魄，却独具书卷和艺术气息。伏在书案上阅读备忘录的时间，是他最开心的时光。他从不在战场上亲自领兵打仗。他厌恶旅行和人际往来，在 1559 年后，他从未离开过伊比利亚半岛（Iberian peninsula）。但他如饥似渴地将官员收集到的数据装入脑海之中，不愧为档案管理员中的英雄。他每天要审阅成堆的文件，其中很多琐碎到荒唐可笑；他要写长篇的页边评论，有时还要改正语法和拼写错误。正如他的大臣所抱怨的，国王是想坐在一把椅子上管理整个世界。他深深地崇拜自己的父亲，但他却没有世界主义和整个基督世界统一的心志。

腓力二世承受的不幸，远比他应该承受的大得多。他的四个妻子均在他之前离世，而与她们的结合全部是为了王朝的利益，有史为证：27 岁时，他娶了一位 38 岁的新娘，她去世后，他又添了一位 13 岁的妻子，而这时他已经 32 岁了。他膝下有 9 个儿女，其中 6 个英年早逝。他的长子唐 · 卡洛斯（Don Carlos，1545—1568）肢体畸形，精神错乱。卡洛斯痛恨自己的父亲，尼德兰叛乱爆发时，他企图逃往尼德兰，加入叛乱阵营。1568 年的一个夜晚，国王带着一帮亲信，闯入了卡洛斯的寝室，使他大惊失色。国王夺取了他的武器和文件，将他武装看押起来。此后，腓力没有再见卡洛斯一面。六个月后，卡洛斯神秘地死亡了，很可能是自我了断。腓力北方的敌人对此感到十分愤慨，他们指责腓力是残忍的幕后黑手。自此以后，盎格鲁－撒克逊（Anglo-Saxon）的史学家通常将腓力想象得十分阴暗。另一方面，西班牙人却亲切地称呼他为谨慎的国王，对他高贵威严、有条不紊、鞠躬尽瘁的治国之道赞不绝口。西班牙人的看法显然更接近于事实，但腓力对新教的征伐却丝毫没有任何谨慎可言。

腓力二世在西班牙的中心马德里建立了自己的宫廷，但他渴望拥有一处隐居的住所。在那里，他可以逃离繁缛的宫廷仪式，与请愿者和各国使节会面。因此，他建造了一座巨大的灰色花岗岩建筑——埃斯科里亚尔，耸立于马德里北部山脉荒凉的山麓上。这座建筑从破土到完工用了 20 年时间，完美地体现了腓力的喜好和性情。在它庄严的大门后，你可以看到一个宫殿、教堂、墓地和修道院的组合体，整个建筑呈烤架状布局。据说在一个烤架上，国王的保护神圣劳伦斯（St. Lawrence）被活活烤死了。在教堂的巨大圆顶之下——罗马圣彼得大教堂的首批仿制品之一——国王埋葬了许多已故的王室成员，准备好了自己去世后的陵墓。他还在教堂的一个区域，找来了一些与世隔绝的僧人。走进这座隐居处，国王得到了静谧与安宁。

埃斯科里亚尔的办公室十分华贵，图书馆和美术馆设计精美，但腓力最喜欢的是装饰简约的小屋，在教堂做弥撒的时候，他能够透过小屋的窗子，看到教堂高高的祭坛。

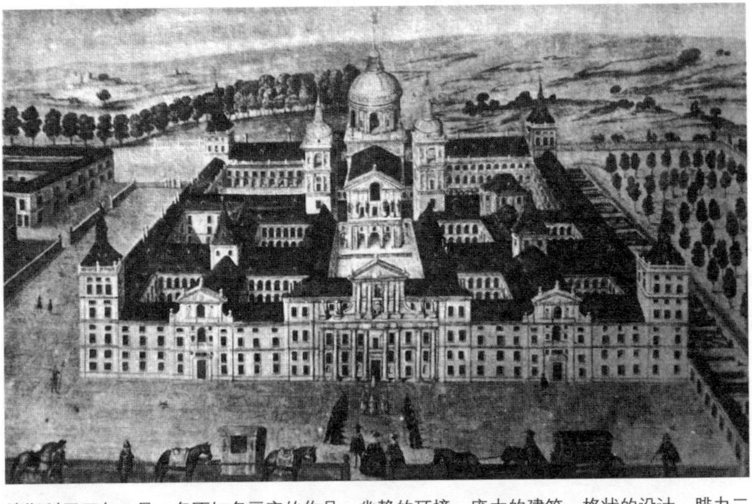

埃斯科里亚尔，是一名不知名画家的作品。幽静的环境、庞大的建筑、格状的设计，腓力二世修道院式的隐居处，被清晰地勾勒了出来。这处居所的中心是一座圆顶教堂。

尽管他喜爱幽静，处事严谨，但这位谨慎的国王被他的热情和手中的军事力量所驱使，要在国际事务中大展身手。他统治期间的前半段，主要在地中海与伊斯兰教作战；后半段，则主要在北大西洋开展针对新教徒的征战。在地中海前线，腓力的战事进展得十分顺利。在那里，他派出陆、海军共同打击传统的伊斯兰教敌人。1568 年，格拉纳达（Granada）的摩尔人掀起了叛乱。西班牙皇家军队粉碎了这次叛乱，将 15 万摩尔囚犯安置在了西班牙的其他地方。腓力还同非洲北部的巴巴里海盗（Barbary pirates）进行了一系列的小规模作战，虽没能阻止他们针对西班牙海岸和商船的袭击，但却加强了西班牙海军对地中海东部商业的保护。巴巴里海盗背后的支持者是奥斯曼土耳其人。和西班牙一样，在腓力统治的前些年，奥斯曼帝国也处于发展的巅峰。从亚得里亚海（Adriatic）到阿尔及利亚（Algeria），土耳其人占据了地中海海岸线的四分之三。然而，他们的扩张还在继续，1565年和1571年，他们几乎分别占领了马耳他（Malta）和塞浦路斯。为了挽回局面，腓力与威尼斯和教皇国联手，组建了神圣同盟（Holy League），向贪婪的土耳其人发起反击。

1571年10月，一支由300艘舰船和8万名水手、士兵（主要是西班牙人）组成的舰队，驶向希腊（Greek）海岸的勒班陀湾（Gulf of Lepanto），准备与一支人数和舰船数量更占优势的奥斯曼海军展开战斗。勒班陀战役（Battle of Lepanto）是本世纪规模最大的一次海战，欧洲东部和西部的巨人在此一决雌雄。双方的舰船都是由大帆船组成，靠桨手人力驱动。交战方式仍是老式的近距离作战，每一艘船上的士兵都企图撞击、扭打，进而登上敌人的战舰。基督教国家的战舰在攻击前，都会挂上一个十字架。在土耳其人吹响号角，叫嚷着冲杀过来时，所有的士兵会跪下对着十字架膜拜。几个小时残忍的肉搏之后，土耳其舰队全军覆没。四分之三的土耳其战舰被击沉，舰上的士兵被俘。腓力和以往一样谨慎，并未乘势攻占君士坦丁堡（Constantinople），但他终止了土耳其人的扩张，向世人证明了他才是地中海之王。在勒班陀战役中受伤的西班牙战士中，有一名叫作米格尔·德·塞万提斯（Miguel de Cervantes，1547—1616）的年轻人。很多年以后，他在为小说《模范故事》（*Exemplary*

Novels）作序时，自豪地描绘了自己的牺牲："在勒班陀海战中，他被火枪击中，失去了自己的左手。尽管伤口看起来惨不忍睹，但他感觉自己很壮美，因为伤口是在一个最令人难忘的、崇高的场所留下的，这个场所前人已经知晓，而后人也渴望了解。"[5]

腓力二世最大的成功取得于1580年，那年他吞并了葡萄牙及其帝国。腓力的母亲曾是葡萄牙的公主，1580年，葡萄牙国王去世后，由于没有直系继承人，腓力和其他人一样，有资格宣称对王位的继承权。葡萄牙和卡斯蒂利亚长期以来都是政治和经济上的死敌，葡萄牙人对卡斯蒂利亚人抱有强烈的敌视情绪。但通过合理分配现有利益和许诺未来给予回报，腓力的代理人从葡萄牙贵族和上层神职人员手中，为他赢得了候选资格。

更重要的是，为了得到葡萄牙，西班牙国王向这个国家派出了一支军队。只用了四个月时间，他的士兵就占领了葡萄牙。不久后，腓力在里斯本（Lisbon）加冕。虽然他的新王国是一个只有100多万居民的小国家，但通过将葡萄牙、卡斯蒂利亚、阿拉贡和纳瓦拉四个王国联合起来，腓力基本上完成了伊比利亚半岛的统一。此外，葡萄牙的海外帝国价值不菲，在面积和重要性方面仅次于西班牙帝国。现在，腓力拥有了巴西、亚速尔群岛（Azores）、大西洋中部的其他岛屿、非洲的奴隶站、印度的贸易据点及马来西亚出产香料的岛屿。葡萄牙的亚洲香料贸易与西班牙的美洲银矿形成了完美互补。葡萄牙没有自己的银矿，他们需要西班牙的金银来购买亚洲的香料。西班牙在美洲的殖民者需要从葡属非洲获得奴隶。西班牙政府需要里斯本（一个比塞维利亚或加的斯更好的大西洋港口）、葡萄牙海军和海外贸易。

但1580年的承诺常常得不到信守。腓力吞并葡萄牙，纯属为了个人和王朝的利益。为了安抚葡萄牙人，他答应保持葡萄牙机构独立，商业独立，政治上只委任葡萄牙官员，但他没有在打破两国边界方面付出任何努力，甚至没有对两国的经济政策进行协调。起初，葡萄牙人愿意接受哈布斯堡王朝的统治者，并没有多大怨言。但随着时光的流逝，他们感到两国合并带来的好处越来越少，特别是在葡萄牙的殖民地遭到尼德兰人袭击时，西班牙没能对其进行保护。于是，本来应该是一个双赢的永久性合作伙伴关系，仅仅持续了60年。

吞并葡萄牙有助于腓力将注意力从东面向北面和西面转移。葡萄牙远比西班牙更亲近大西洋，因此，腓力第一次拥有了足够强大的海军力量，来应对北大西洋的新教劲敌——英国和尼德兰。而且，在16世纪80年代，从美洲运回的金银数量突然翻了一倍，于是每年腓力可以获得价值200万杜卡特的银锭。长期以来的财政压力似乎得到了缓解，相比过去，他能够进行更大规模的军事征伐。现在，是腓力该果断采取措施的时候了。在他看来，自1559年以后，形势已经日趋恶化。正如我们看到的，西班牙政府一直努力镇压尼德兰的异教叛乱；一直以来，英国的武装民船越来越肆无忌惮地袭击西属印度殖民地。此外，法国的宗教战争已经进入了关键性的阶段。因此，在16世纪80年代，通过展示强大的军事力量，腓力开始实施他伟大的计划，企图解决上述所有问题：他的士兵和水手将会平定尼德兰的叛乱，侵入和征服英格兰，结束法国的宗教战争。天主教和加尔文教的冲突达到了高潮。

法国宗教战争，1562—1598

16 世纪后半叶，西班牙国内团结统一。法国却与之形成了鲜明对比，40 年惨烈而极具破坏性的内战，几乎使它支离破碎。法国崩溃的原因很多：胡格诺教与天主教间的争斗，贵族集团联合反抗王室，资产阶级积极寻求新的政治和宗教权利，巴黎匪患成灾，外部省份重新恢复了中世纪的自治。宗教虽不是造成麻烦的唯一源头，但它是危机爆发的导火索。法国的战争暴露了 16 世纪欧洲文明的潜在缺陷。尽管法国人有着丰富的文化资源、发展均衡的经济、完善的中央集权政府机构，但他们却失去了社会认同感。国家的规模是问题产生的部分原因，法国是一个很难管理的国家，16 世纪期间，它的人口增至将近 2000 万，是西班牙人口的 2 倍。但比起横跨世界几大洲的西班牙帝国，法国国内的联系更为紧密。此外，另一个更重要的原因是王室领导力的衰弱。保守地说，弗朗索瓦一世（Francis Ⅰ，1515 年至 1547 年在位）之后的 4 位瓦卢瓦国王都十分平庸。1559 年至 1589 年间，王后凯瑟琳 · 德 · 美第奇是核心人物。她很有政治才能，但对于眼前的形势，也无能为力。她试图利用胡格诺教与天主教之间的矛盾，结果却给法国的瓦卢瓦王朝带来了灾难性的后果。

16世纪前半叶，法国出现了“新君主专制”的特征。弗朗索瓦一世通过贵族官员、常备雇佣军及直接或间接征税的权力，行使主权权力。1484年至1560年间，法国没有召开三级会议（Estates-General）。在国家的外部省份，王室与省议会进行了谈判，它们比三级会议更容易受到威逼利诱。在法国中部没有省议会的地方，王室代表每年都要评估和征收盐税（Gabelle）和租税（Taille），主要征税群体是农民。国王是他领土内教会的主人。在1516年签订的《博洛尼亚协定》（*Concordat of Bologna*）中，教皇同意法国的所有主教和修道院院长均由法国王室提名。雄心勃勃的贵族成员在法国军队中担任军官，加入弗朗索瓦与查理五世无休止的战争中去。军事行动不仅使贵族们忙得不可开交，还在最大程度上让他们远离故土。显然，弗朗索瓦的统治趋势，是向着中央集权的君主专制发展的。

但国王并非集所有大权于一身。巴黎和各省的高等法院坚持，国王必须服从既有法律。从而在一定程度上，代替三级会议限制了专制王权。像布列塔尼（Brittany）和勃艮第（Burgundy）这样的边境省份，由于刚刚向王室臣服不久，享有一定的特权，不需要缴纳税赋。法国大贵族享受着和西班牙贵族一样的权力，包括免征课税。此外，他们对地方的王室官员拥有相当大的政治影响力。尽管国王有征税的权力，但由于资金匮乏，他的处境十分狼狈。16世纪，卖官鬻爵是一种敛取钱财的方法，但由于半封建性质的官爵是世袭的，于是这种方法减弱了国王对官僚机构的控制力。在宗教矛盾开始搅乱人们的思维和情绪时，情况就变得更为复杂化了。1534年的一个早上，所有的法国主要城市都张贴了醒目的海报，用粗暴的言语谴责弥撒圣祭。虔诚的天主教徒发现这些海报时，感到十分惊恐。国王在安布瓦斯城堡（château d'Amboise）中熟睡时，一些勇敢的改革者甚至在他卧室的门上钉了一张这样的海报。

在亨利二世统治期间（1547—1559），反对中央集权君主专制的力量迅速发展壮大，而国王心里只有打猎和比他大 20 岁的情妇黛安·德·普瓦捷（Diane de Poitiers）。他以自己的佛罗伦萨王后凯瑟琳·德·美第奇为耻，因为她来自一个资产阶级家庭。在亨利的宫廷中，有三支敌对的贵族派系：吉斯家族、蒙莫朗西家族（Montmorencys）、波旁家族。为了控制王室的政策，他们不择手段。每个家族都想回归封建时代的美好时光——独立主义。在那个时代，大贵族家族统治着法国的所有领土，国王只是一个傀儡。但他们十分仇视和妒忌彼此对国王的操纵。法国元帅蒙莫朗西公爵，拥有辽阔的领地和几百名骑士组成的随从人员。因与王室有血缘关系，一旦亨利的儿子没有继承人，波旁家族问鼎王位则是名正言顺。该家族的首领是路易（Louis），也就是孔代亲王（prince of Conde），他的哥哥是纳瓦拉国王安东尼（King Anthony）。安东尼在比利牛斯山（Pyrenees）的王国，大部分处于西班牙人的控制之下。吉斯家族在三个家族中势力最强大。吉斯公爵弗朗索瓦（Francis）是亨利二世最得力的将军，他的兄弟夏尔（Charles）和路易（Louis）分别是洛林（Lorraine）和吉斯的红衣主教，二人主导着法国教会。他们把自己的侄女（未来的苏格兰女王玛丽）嫁给了法国王太子；在他们的劝说下，亨利继续与哈布斯堡王朝进行着王朝战争。战争的重税引起了人民的骚动，亨利陷入了重重债务之中。1559 年，他与西班牙议和时，不得不放弃对意大利的一切主张。在这场败仗中战斗过的贵族，由于得不到任何报酬而烦躁不安，而亨利却没有时间考虑这个问题。在《卡托—康布雷西和约》（*Peace of Cateau Cambresis*）签订后举行的庆祝活动马上枪术比赛中，由于被对手长枪的碎片刺穿了眼睛，亨利不治身亡。

法国的王位依次传给了亨利二世的三个儿子：弗朗索瓦二世（Francis Ⅱ，1559 年至 1560 年在位）、查理九世（Charles Ⅸ，1560 年至 1574 年在位）、亨利三世（Henry Ⅲ，1574 年至 1589 年在位）。这三位国王均体质衰弱，精神失常，在母亲的控制之下。凯瑟琳·德·美第奇有能力统治她的儿子们，却没能力统治法国。法国先是一片混乱，继而完全陷入了战争之中。战争的导火索是加尔文教在法国的传播。胡格诺教不仅散布异端邪说，还威胁了国王的权力和利益。他们组织严密，伺机进行政治颠覆。起初，他们开展地下活动，建立了遍布法国的会众网络。为此，亨利二世建立了一个特殊法庭来审讯胡格诺教教徒，并对他们施以火刑。即使这样，他们的势力仍在继续扩大。1559 年，胡格诺教举行了第一次全国性的宗教会议。他们袭击女修道院，以破坏圣物和雕像的方式亵渎天主教堂。1561 年，2150 场胡格诺教集会公开礼拜，约有信徒 200 万人，占人口总数的十分之一。然而，由于大多数法国天主教徒的麻木不仁，胡格诺教造成的影响却是出乎意料的大。此外，由于该教教徒来自上层阶级，所以他们极具策略性地集中在自治的边远省份：南部的多菲内（Dauphiné）、朗格多克（Languedoc）、加斯科涅（Gascony），西部的普瓦图（Poitou）和布列塔尼，北部的诺曼底（Normandy）。商人、律师和紧握地方特权不放的省城领主，大批地加入了胡格诺教，特别是在南部和西部，几十个城堡成了胡格诺教的据点。更令人吃惊的是，大量的贵族皈依了胡格诺教，约有五分之二的法国贵族加入了该教的大业。为什么这么多骄傲的封建领主，会对宿命和原罪的信仰着迷呢？实际上，他们中没有几个是真正地改变信仰，他们只是看到了

凯瑟琳·德·美第奇身穿黑色的丧服。法国画家克卢埃的作品。

一个绝好的机会：通过支持新的宗教，扭转君主专制的趋势。1555年，德意志签署了《奥格斯堡和约》（*Peace of Augsburg*）。于是法国贵族希望签署类似的和约，由各个贵族控制他们手中的教堂。在蒙莫朗西家族海军上将科利尼（Admiral Coligny）和波旁的孔代亲王皈依了新教的时候，胡格诺教真正成了政治上的威胁。

早在1560年，科利尼和孔代亲王策划了一起逮捕幼帝弗朗索瓦二世的阴谋，企图使其摆脱吉斯家族的控制。于是，共谋者会合于国王的驻地——安布瓦斯（Amboise）。在卢瓦尔河谷（Loire Valley）的狩猎区，国王和朝臣们大把地挥洒时光。在那里，他们建造了宏伟的城堡宫殿、宽大的城垛、意大利风格的华丽装饰，以及法国文艺复兴时期最杰出的建筑。吉斯家族挫败了安布瓦斯政变，用叛乱者的尸体装饰着锯齿状的城池。但是，在凯瑟琳·德·美第奇的阻挠下，主要叛乱者科利尼和孔代亲王均未被正法。因为吉斯家族过于强大，令她感到不安，所以她需要波旁家族作为自己的筹码。

凯瑟琳希望通过实现胡格诺教和天主教的和解，化解二者间的冲突，缓解当时剑拔弩张的氛围。于是，在1561年，她设法安排了加尔文教和天主教的神学家，出席了一次联合会议——普瓦西会议（Colloquy of Poissy），试图使他们认同一个共同的教义。由于本身没有真正的宗教信条，凯瑟琳认为她可以化解教义纠纷。但是，如我们所了解的，她的计划虽然与当时伊丽莎白一世策划的英国宗教和解方案区别不大，但效果却远远不如后者。在法国，只要这两个宗教都认为自己可以大获全胜，宗教信仰的自由和宽容就不可能实现。

女王向胡格诺教示好的提议，使狂热的法国天主教徒大为吃惊，他们拿起了武器反抗新教。吉斯家族历来坚决反对胡格诺教，这场宗教危机使该家族名声大噪，获得了比以前更强的力量。在吉斯家族的领导下，极端的天主教徒形成了一个权力集团（同胡格诺教一样），对瓦卢瓦王朝和法国政府来说十分危险。他们获得了整个巴黎人民的支持，而巴黎是法国最大也是最重要的城市；在其控制之下的法国北部和西北部的大部分地区，他们能够招兵买马，筹集军费；他们受到教皇、耶稣会以及腓力二世的支持，这些外部势力并不是真心站在吉斯家族一边，他们只是乐于利用法国派系之间的斗争。同样，胡格诺教获得了英格兰女王伊丽莎白一世的支持。

1562 年，吉斯公爵带着军队经过小城瓦西（Vassy），在看到胡格诺教会众在谷仓中礼拜时，顿时感到怒不可遏。于是，他派自己的士兵前去捕杀他们。这一事件引发了法国的宗教战争。潘多拉魔盒一经打开，形势变得一发不可收拾。胡格诺教虽然人数较少，无法征服法国全境，但他们的军队善于防御作战，久攻不破。非战斗人员遭受的损害远远大于士兵，因为每逢激战，都伴随着无数次的突袭、围城、抢劫和屠杀。虽然几次签署了和平协定，但协定常常很快被撕毁。双方的指挥官常常很快死去，他们不是死在战场上，而是遭到了刺杀，吉斯公爵和波旁的孔代亲王分别于 1563 年和 1569 年遇刺。这些谋杀事件使双方结下了血海深仇，于是天主教和胡格诺教的狂热者竞相复仇，伏击和残杀对方现存的首领。有一次，双方军队在战场上对抗长达数年之久。他们的军费大部分来自国库的税收，而领导他们作战的，是游走天涯、痴迷于战斗和掠夺的贵族。

经过十年的非决定性战争之后，胡格诺教似乎占了上风。1572年8月，在战争的和平间隙，胡格诺教的精英贵族齐聚巴黎，庆祝他们的首领、年轻的波旁王子“纳瓦拉国王亨利”（Henry of Navarre，1553—1610）与查理九世（Charles Ⅸ）的妹妹联姻。海军上将科利尼就是庆祝活动的参与者之一，他正忙于劝说软弱的国王，在王室政策上做出重大调整：对西班牙宣战，支持尼德兰加尔文教徒反抗腓力二世的叛乱。科利尼热爱自己的国家，他希望通过上述调整，结束法国国内战争，引领贵族投入与劲敌哈布斯堡王朝的战争中去；本身是一名新教教徒的他，希望稳固加尔文教在法国和尼德兰的地位。但他的计划明显党派性过强，对非胡格诺教的教徒毫无吸引力。显然，年轻的吉斯公爵亨利（1550—1588）也绝不会同意。此外，凯瑟琳·德·美第奇也不接受他的计划，她认为在法国与西班牙的战争中，腓力二世可能会获胜，瓦卢瓦王朝将会遭到毁灭。因此，为了阻止科利尼，凯瑟琳不得不暂时与吉斯家族联盟。接下来发生的事情，以及为什么会发生这件事，将会是一个永久性的争论。因为现有证据事实不清，可以对此做出多种解读。8月22日，婚礼后的第四天，有人派杀手谋杀科利尼上将。杀手向他开了枪，但他只是受了轻伤。愤怒的胡格诺教教徒立刻威胁查理和凯瑟琳，扬言要进行报复。受了伤的科利尼也再次对国王施压，要求立即与西班牙开战，他认为这是阻止新的国内动荡的唯一出路。但凯瑟琳和吉斯家族有着不同的打算。有人——可能是王太后凯瑟琳——向查理九世灌输，科利尼和胡格诺教教徒将要弑君篡位，唯一摆脱这一命运的方式，是立即伏击叛变的胡格诺教教徒，清除叛军首领。

8 月 24 日是圣巴塞洛缪节（St. Bartholomew's Day），午夜刚过，武装小队就冲进胡格诺教徒居住的房子。吉斯公爵手刃了科利尼，为自己的父亲报了仇。纳瓦拉国王亨利承诺皈依天主教，才保住自己的性命。屠杀一直持续到清晨，整座城市兴奋异常，充斥着野蛮的叫嚷声："杀！杀！"女人和孩子被无情地砍死，然后抛入了塞纳河（Seine）；伟大的学者彼得吕斯·拉米斯（Petrus Ramus）正在跪地祈祷的时候，突然遭遇了不测，他的学生拖着他的身体穿过大街；借债人谋杀了他们的债主。抢掠长达数天之久，这就是圣巴塞洛缪日大屠杀。在这场屠杀中，至少有三千胡格诺教徒在巴黎惨遭杀害。消息不胫而走，不久就举国皆知。于是在其他的省城中，另外一万名胡格诺教徒死于非命。杀害犹太人的毒气室和杀害越南人的凝固汽油弹，使一些现代历史学家变得麻木，仅仅将这一屠杀视为另一起暴行，但这样是不正确的。圣巴塞洛缪日大屠杀应当被铭记：它是发生在欧洲最伟大城市的一次大屠杀，由国家首脑策划，由宗教仇恨引发。教皇听到这一消息的时候，异常兴奋，当即赏赐报信者 100 克朗。凯瑟琳看到纳瓦拉国王亨利来参加他的第一次弥撒时，幸灾乐祸地大笑不止。另一方面，查理九世则因为滥用职权心中充满了内疚。查理比他的母亲更有远见，因为这次屠杀不仅没能击溃胡格诺教或结束这场冲突，反而使瓦卢瓦王朝名誉扫地。

1574年，查理去世了。继承他王位的，是比他更神经质的弟弟亨利三世（Henry III）。由于在男宠身上挥霍了大量的钱财，寄予了太多的感情，这位新国王很快就遭人记恨了。更夸张的是，在那些堕落的芭蕾舞会和化装舞会上——据一位愤慨的巴黎律师说，“国王常常穿得像个女人一样，穿着低胸的服装，裸露的脖子上挂着珍珠项链”。[6]亨利的荒淫无度遗传自他的母亲，不同于她的是，他偶然会突然变得虔诚起来。这时候，他会过起隐居的生活，或赤脚跣足地进行忏悔和朝圣。在这位瓦卢瓦王朝最后一位君主的统治下，胡格诺教和天主教的冲突达到了顶点。极端的天主教徒和胡格诺教徒认为，亨利是个惯于乔装打扮的伪君子，他们拒绝了国王致力于和平的努力，尽全力瓦解法国。尽管胡格诺教在圣巴塞洛缪日大屠杀中牺牲了很多贵族领袖，但他们仍然占领着拉罗谢尔（La Rochelle）等重要的西部城镇。在南部，他们的势力最为强大，朗格多克（Languedoc）事实上已经独立了出来。1576年，极端的天主教徒组成了神圣同盟（Holy League），誓死根除异端邪说，将如吉斯公爵亨利一样的天主教首领推上法国的王位。两个宗教的领袖企图煽动叛乱。在最著名的胡格诺教小册子《论反抗暴君的自由》（*Vindiciae Contra Tyrannos*，1578）中，重新编写了加尔文的政治理论，告诉人们一个残暴的国王与人民签订的契约，应当被推翻。耶稣会的作家表达了神圣同盟的立场：背叛教会的国王必须被推翻。双方都有一个强大的指挥官。对于神圣同盟来说，吉斯家族的亨利是一个完美的头领，他勇敢、威猛、傲慢，脸颊上有一处刀疤。而胡格诺教徒可以吹嘘他们的王位继承人纳瓦拉国王亨利。巴塞洛缪节屠杀日后不久，亨利就否认了改宗。此外，他还有一个无价的优点：在16世纪晚期的法国政治领袖中，他是唯一一个由衷地为国家和自己而奋斗的人。

法国危机的转折点，是发生于1588年至1589年间的三亨利之战（War of the Three Henries）：发生于吉斯公爵亨利、瓦卢瓦王朝国王亨利和纳瓦拉国王亨利之间的战争。吉斯公爵倾其所有地夺取王位时，冲突就开始了。但他不得不小心谨慎，因为他受雇于腓力二

下图为圣巴塞洛缪日大屠杀，是画家杜波依斯·弗朗索瓦·德·亚眠（Francois Dubois d'Amiens）的作品。在这张血淋淋的巴黎全景图中，天主教教徒将科利尼（右中心）从窗户推了出来，接下来（在下面的街道上）剥了他尸体的皮。这时，吉斯展示着这位上将的头颅，凯瑟琳（左上）正在检查一堆尸体。图上还可以看到，其他的胡格诺教受害者，有的被绞死，有的被刀刺，有的遭棍棒打，有的漂浮在塞纳河上（左）。而他们比较幸运的教友，则通过河左岸的一道大门逃离出这座城市。该幅作品现存于日内瓦的阿兰德博物馆（Museum Arland）。

世，而腓力也声称自己是法国王位的继承人（腓力的第三任妻子是瓦卢瓦王朝的公主）！ 1588 年，西班牙国王指使吉斯在巴黎发动了一场叛乱，目的是使亨利三世无暇干涉西班牙舰队对英格兰的袭击。因此，吉斯无视亨利三世明确的命令，进入了巴黎。他煽动市井流氓解除了国王卫队的武器，将他围困在卢浮宫内。在吉斯鼓起勇气向卢浮宫发起攻击，杀死国王之前，国王逃出了巴黎。虽如此，吉斯实际上控制了这座城市，他强迫亨利三世任命他为摄政官，独断专行。1588 年，他操纵了在布洛瓦（Blois）召开的法国三级会议。唯一的问题是，在吉斯的主子腓力二世被英国人打得惨败时，吉斯失去了自己的保护伞。

布卢瓦的王室城堡是亨利三世最后的隐居处。它坐落在卢瓦尔河谷的中心，宫殿占地巨大，布局随性，有着著名的开放式楼梯，无数的镶板房，以及很多的秘密通道，旁边就是安布瓦斯和舍农索（Chenonceaux）。在安布瓦斯，亨利的哥哥逃过了一次叛乱；在舍农索，凯瑟琳 · 德 · 美第奇曾不惜重金大兴土木。这时的凯瑟琳已经病入膏肓，无法再兴风作浪。亨利三世企图效仿母亲制造的圣巴塞洛缪大屠杀，密谋铲除吉斯。“谅他也没这个胆子。”吉斯公爵不屑一顾地说。但这一次，他低估了瓦卢瓦家族的手段。1588 年 12 月 23 日，国王卫队一拥而上，刺死了这位公爵。奄奄一息的公爵被刺客们拖走的地方，正好在年迈王太后的病榻之上，她听到了楼上的骚动。

现在，亨利三世加入了胡格诺教阵营，全力粉碎天主教神圣同盟，他与纳瓦拉国王亨利结盟，并将其指定为自己的继承人，联手向天主教占据的巴黎进军。但吉斯的复仇者行动迅速，1589 年 7 月亨利三世遇刺身亡。刺客是一名狂热的修道士，他将匕首藏在了衣袖中。现在只剩下一个亨利了，那么，法国天主教徒会接受亨利四世（Henry Ⅳ）这样一个异教徒君主作为他们的国王吗？

新国王最大的资本，是人民对社会动乱的深恶痛绝。很多法国人被戏谑地称为政客（Politiques），因为比起精神追求，他们更关心的是政治目标。良久以来，他们渴望和平和稳定。无神论作家米

1588年，吉斯公爵遇刺。支持吉斯的画家描绘出，在杀手向毫无觉察的公爵聚集时，他们拔出了武器（图右），刺杀了他（图中），然后将他的身体拖到了挂毯后面。发生这一切的时候，亨利三世一直在现场观看。

歇尔·德·蒙田（Michel de Montaigne，1533—1592）就是一名政治人物，他以神的名义，痛恨人类相互残害。同样，还有学识渊博的政治理论家让·博丹（Jean Bodin，1530—1596），他在《共和六书》（*Six books of the Republic*，1576）中，呼吁有雄心的君主建立中央集权制。在亨利四世身上，政客们最终看到了一位能够托付至高无上权力的人，一位谦虚和正直的政治家，性格诙谐而务实（不同于凯瑟琳·德·美第奇）。尽管如此，亨利四世用了整整十年，才结束了这场战争。吉斯死后，腓力二世成了天主教的首领，他打算在征服亨利四世后，让一位西班牙公主登上王位。16 世纪 90 年代初期，西班牙军队屡次从佛兰德斯横扫直下，拦住亨利四世攻占首都的去路。巴黎人仍对神圣同盟的牧师深信不疑，牧师们训诫：一个虔诚的天主教徒宁愿吃掉自己的孩子，也不能屈从于一个异教徒。1593 年，亨利决定，他必须忍辱负重，与新教决裂。“今天我与主教谈过话了，”他对情妇说，“周日我要下一步险棋（指参加弥撒）。”亨利的改宗是出于政治目的，此举在极端天主教徒中造成的震动，甚至超过了胡格诺教。然而，教皇不得不对他进行宽恕。于是，巴黎为这位国王打开了大门，国王进城的时候，将帽子持在手中，向所有站在窗口的女士挥手致意。

1598 年，亨利四世与腓力二世终于达成了和平协议，恢复 1559 年达成的条款。西班牙一无所获。同年，亨利用名利收买了天主教神圣同盟的最后一批贵族，并通过《南特敕令》（*Edict of Nantes*）安抚了胡格诺教徒。此法令使亨利得以实现长期的宗教和平。他宣布，天主教是法国的国教，巴黎方圆 5 里格* 内，禁止异教徒进行礼拜。但如有贵族新教徒想要礼拜，可以在他们自己的庭院中进行。同时，资产阶级和社会下层的胡格诺教徒也可以在特定的地点进行礼拜。约 200 个城镇的胡格诺教徒——大多分布在南部和比斯开湾（Bay of Biscay）沿岸，将获得充分的宗教自由权，包括建立学校和印刷出版物。这些城镇中，由于约有一半获得了王室的资助，胡格诺教徒加固防御工事，进驻守卫部队。此外，全国的胡格诺教徒都被允诺了“永久的、不可变更的”信仰自由，完全的民事权利以及担任公职的资格。国王还指派了特别法庭（一半基督教徒、一半胡格诺教徒）来裁判违反法令的行为。

《南特敕令》标志着法国宗教战争的结束，从一定程度上说，它是天主教徒的胜利。从此以后，法国成为一个天主教国家，国王本人也信奉天主教。在亨利四世对耶稣会士进行暂时驱逐的同时，也压制了人们对极端天主教——神圣同盟的狂热。然而，由于胡格诺教在法国确立了牢固的地位，从某种程度上说，这个法令的颁布也是新教徒的胜利。尽管如此，胡格诺教徒失去了他们的领袖，他们被接纳的原因，也不过是国王的慷慨。总的来说，1598 年双方的妥协，代表政治战胜了宗教。宗教战争给法国上了一节重要的政治课：建立强有力的中央集权政府，是消除叛乱和社会动荡的唯一选择。在此基础之上，路易十四才得以在 17 世纪建立伟大的君主专制王国。

* 里格，长度单位，约等于 3 英里。——译者注

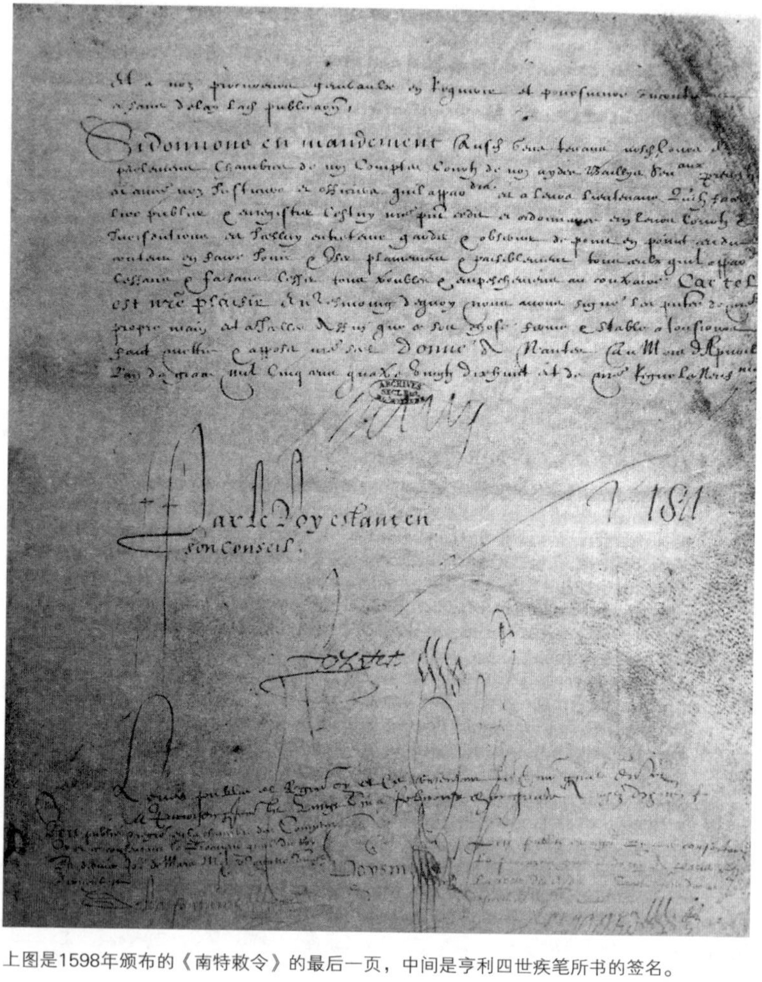

上图是1598年颁布的《南特敕令》的最后一页，中间是亨利四世疾笔所书的签名。

尼德兰爆发的叛乱

16世纪中期，低地国家的人民有着属于自己的生活方式，与西班牙人和法国人有着鲜明的区别。那儿的城镇商业气氛浓厚，居民以商业为生。在欧洲，他们的人均财富首屈一指。尼德兰人精通多国语言，虔诚，遵循世界主义。他们的国家划分成了17个自治的省份，其中，最为重要的是佛兰德斯、布拉班特（Brabant）和荷兰。大多数人都说低地德语（Low German），又称佛兰德斯语（Flemish）或尼德兰语（Dutch），只有居住在南部边境省份的瓦隆人（Walloons）说一种法国的方言。尼德兰人居住在欧洲西北部的十字路口，在那里，北海沿岸被一条流入德意志和法国的巨大河系分割开来。佛兰德斯纺织小镇布鲁日（Bruges）和根特（Ghent），也已失去了它们在中世纪晚期的繁荣。但到了16世纪，雄心勃勃的尼德兰人培育出一种更为多样化的商业和工业模式。安特卫普（Antwerp）是当时低地国家最大的城市，也是西部欧洲主要的金融和分销中心，英国的纺织品商，葡萄牙的香料商，西班牙的羊毛商，德意志的金属制品商，法国的红酒商，意大利的丝绸制品商以及波罗的海的粮商集聚于此，交换着来自南北方的产品。安特卫普和其他一些尼德兰城市也是主要的工业中心，同时，来自泽兰（Zeeland）和尼德兰的水手控制着北海的鲱鱼捕捞。

低地国家的世袭统治者是勃艮第公爵。从1506年至1556年，神圣罗马帝国皇帝查理五世享受这一头衔。在他长时间的统治期内，保有了当地的风俗习惯和既得利益，使当地人能够掌管自己的事务。因此，尼德兰人鲜有抱怨。为了获得战争经费，查理从尼德兰人民身上榨取了大量的财富。他把中央管理权交到了大贵族的手中（同过去一样），将城镇政府的管理权交到了富商手中。同时，这些富商寡头还控制着三级会议（States-General）和省三级会议（provincial estates）。除非他们的不满得到解决，否则他们拒绝缴税。同时，他们还自行收税，凡有盈余，留作自用。若想达成任何决议，来自17个省份的所有代表需全部赞成，所以尼德兰的三级议会十分难以操纵。查理无力于阻止新教的渗透，尼德兰人愿意接受新的宗教主张，正如我们从伟大的基督教人文主义者“鹿特丹的伊拉斯谟”（Erasmus of Rotterdam）身上看到的，他们对新教的态度宽容而自由。从16世纪20年代开始，尽管查理政府对异教徒进行了残暴的抓捕，但路德教和再洗礼派的教义仍然得到了广泛传播。

1556年，腓力二世继承了父亲的勃艮第公爵爵位后，认为低地国家对西班牙帝国至关重要。安特卫普是西班牙羊毛和红酒的主要市场。同时，尼德兰人还为西班牙提供粮食、木材、纺织品、武器，以及腓力银矿所需的水银。但他很快发现，比起米兰和墨西哥，对尼德兰进行远程管理的难度更大。于是，他个人并不喜欢这个地方。自1559年后，他再也没有去过那里。腓力自己不会说尼德兰语，却对当地的顾问心存疑虑，因此，在他尝试修正尼德兰个人主义的政治结构时，遭遇了大规模的反抗。低地国家的人民将查理五世看作尼德兰人，而把他的儿子看作外来者。大贵族发现，由于受到布鲁塞尔和马德里卡斯蒂利亚官僚的制约，他们的权力受到了削弱。由于三级会议的阻挠策略令腓力非常恼火，他早在1559年就发誓不再召开三级会议。然而，最具破坏性的问题是宗教。在16世纪50年代，加尔文教从法国传入了瓦隆和佛兰德斯，安特卫普则成了加尔文教的大本营。1561年，在腓力发现他的宗教法官没能根除这种新的异端邪说时，他立刻重组了尼德兰教会，将主教的数量由4名增加到18名，这些人全部由他自己任命。

腓力二世的专制主义给尼德兰人民带来了极大的伤害。于是，店主摇身一变成了士兵，世界主义者变成了爱国主义者，持宗教自由观点的人变成了狂热的加尔文教徒。但正如我们所看到的，最后，尼德兰人的叛乱只能说是取得了一半的胜利。北部的7个省份获得了独立，受新教徒的控制；南部的10个省份（一半德意志人，一半瓦隆人）仍然忠于西班牙和天主教。这种划分很大程度上出于偶然，因为在16世纪60年代，比起北部的省份，南部的省份的新教徒更多，针对腓力的反叛性更强。但无论如何，这种划分固定了下来。1560年至1600年间，现代的荷兰和比利时诞生了。

反抗西班牙的叛乱，是由尼德兰贵族发起的。三位大贵族——奥兰治亲王（Prince of Orange）、埃格蒙特伯爵和霍恩伯爵（counts of Egmont and Horn），以及所有议会成员都曾反复劝说腓力改变政策。他们失败后，一些小贵族于1566年向国王请愿，要求废除尼德兰的宗教裁判所，停止迫害新教徒。“为什么要害怕那些乞丐呢？”一位大臣轻蔑地说。与此同时，几百名上层人士庄严地将请愿书，呈给了腓力在布鲁塞尔的摄政王。“乞丐万岁！”瞬间成为叛军的口号，尼德兰全国各地的加尔文教传道者涌现出来，鞭打愤怒的法官，继而一发不可收拾，演变成了一场反抗天主教和一切与天主教有关事物的暴动。1566 年夏天，数百座教堂遭到了破坏，其中一些被改造成了日内瓦式的秘密集会场所。加尔文教的狂怒震惊了很多尼德兰人，腓力进行了残酷的报复。1567 年，阿尔巴公爵（duke of Alba）率领一支 1 万人的西班牙精英部队开赴尼德兰，几乎粉碎了尼德兰人针对君主专制的所有反抗。阿尔巴处死了埃格蒙特和霍恩，折磨并处死了数千被怀疑为异教徒的人，没收了他们的财产。他取消了所有的自治政府，征收难以想象的重税。只有奥兰治亲王残余的旧部，虽凄惨地遭到了流放，却依然积极参与反抗腓力的行动。

自 1567 年以后，西班牙在尼德兰进驻了一支强大的常备军。这片区域的城镇设有坚固的防御工事，在这里作战，需要有一支纪律严明、久经沙场的军队，一支可以应对长时间的围攻和奇袭的军队。阿尔巴和他的继任者们为此动员了 6.5 万人（有时甚至更多），这支军队是当时最强悍的军事力量。西班牙和意大利的步兵部队沿着“西班牙大道”北上，这是一条始于热那亚、米兰，途经萨伏依、弗朗什 – 孔泰（Franche-Comté）、洛林的军事通道。西班牙和意大利的步兵形成为这支军队的核心，而从蒂罗尔（Tyrol）、阿尔萨斯（Alsace）、莱茵河谷（Rhine Valley）招募的德意志士兵，伙同尼德兰当地的军队，形成为这支军队的剩余部分。阿尔巴征收的新税无法支撑这样规模的一支军队，因此，腓力不得不从西班牙为其提供大多数的资金。1567 年至 1576 年间，西班牙每年在这支军队上的花费，相当于伊丽莎白一世的全部收入。尽管如此，很多士兵仍然拿不到报酬，这就是腓力军事系统中的致命伤。1572 年至 1607 年间，其驻尼德兰军队内部发生了超过 45 次叛乱。他们赶走指挥官，龟缩在设有防御工事的城镇中，依靠周边的乡村过活。在最终拿到自己的报酬前，往往要同西班牙政府进行长达数月的谈判。[7] 这些叛乱使腓力的作战计划不断陷入瘫痪，同时也坚定了尼德兰叛军的决心。

起初，这些叛军缺乏凝聚力。如同法国的胡格诺教一样，最初与其说他们是建设性的，不如说他们是破坏性的。他们并不想将尼德兰打造成一个统一的民族和国家，17 个省份中的每个省都想继续维持自治。唯一一件贵族和商人，加尔文教徒和温和的天主教徒可以达成一致的事，就是他们对腓力的厌恶。从 1567 年至 1584 年，奥兰治亲王威廉（Prince William of Orange，1533—1584）担任叛军的首领，他与胡格诺教首领纳瓦拉国王亨利具有很多相同的性格特点。由于他擅长伪装自己的意图，人送绰号“沉默的威廉”。而实际上，他是一个性格合群和外向的人，过着华丽和奢侈的生活。作为叛军的首领，他有着令人震惊的不足之处：他是一名平庸的、身陷重重债务的将军，以至于富商巨贾不愿再把钱借给他。他还是一个宗教投机者，随着时局的变动，他先后改宗为路德教、天主教、加尔文教教徒。16 世纪 60 年代，他不过是一个轻狂好动的人，但在号召人民反抗西班牙暴政的时候，却展现出巨大的勇气和强烈的爱国精神。在普通人看来，威廉亲王的地位在城镇寡头和同僚贵族之上，

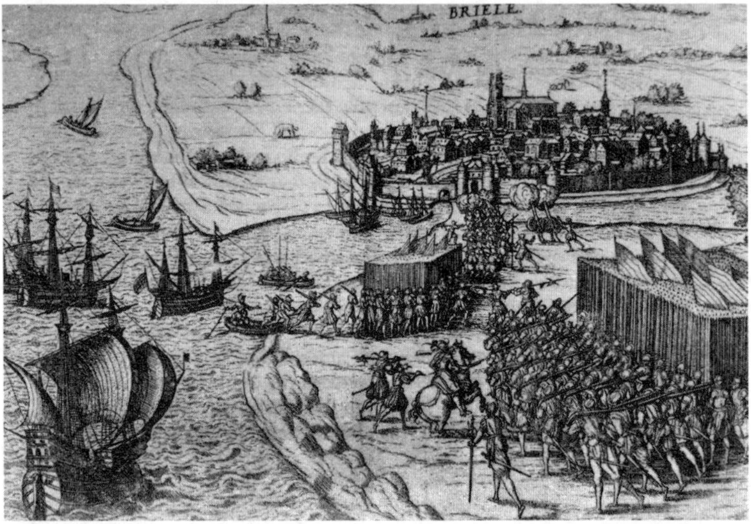

1572年，“海上乞丐”（Sea Beggars）攻占了布里埃尔（Brielle），这是尼德兰叛军攻下的第一座沿海城市。从图中我们可以看到，他们的炮兵、火枪兵以及戟兵攻陷了城门。

但他却小心翼翼地避开独裁的道路。为了实现宗教、官僚机构及不同阶级间的和谐，将尼德兰凝聚成为一个完整的国家，他几乎单枪匹马地孤军奋战。如果没有威廉，反叛将难以取得进展。然而，他并没能完成梦想，将尼德兰统一成一个国家。相反，在 16 世纪 70 年代至 80 年代间，尼德兰的 17 个省分裂成了两个部分：叛军占领的北方对抗西班牙控制的南方。威廉如此看轻的宗教，却被证明是一个强有力的分裂因素。

1572 年是一个转折点。那年 4 月，逃亡的叛军舰只（自称“海上乞丐”）在荷兰和泽兰发动了突击登陆，夺取了大量的港口。由于叛军是虔诚的加尔文教徒，而他们登陆的却是天主教仍然占主导地位的区域，这些海上乞丐不得不面对当地顽强的抵抗。占领了与须德海（Zuider Zee）接壤的地区后，乞丐们获得了一个永久性的作战基地，西班牙人再也无力夺回荷兰和泽兰，因为在这个地势低洼的国家，只需要打开堤坝，就可以水淹敌军。此时，如果科利尼使法国参与尼德兰战争，如果英国人也以武力介入（后来支持叛军），那么“沉默的威廉”和海上乞丐可能已将西班牙人从低地国家赶出去了，但圣巴塞洛缪大屠杀使法国无余力参战，而英国的伊丽莎白一世由于缺乏资金和士兵，不得不小心翼翼地在一旁观战。尼德兰内部，来自南方的宗教和政治难民大量地涌入叛军占领的须德海地区，加尔文教的地位得以确立。自此，尼德兰开始分裂为两个独立的国家。

16 世纪 70 年代晚期，“沉默的威廉”得到了统一 17 省的最后一次机会。1576 年，由于士兵持续两年拿不到报酬，仍然忠于天主教的南部省份驻军发生了哗变。他们洗劫了安特卫普，残杀了 8000 多当地居民。骇人听闻的“西班牙士兵哗变”使布拉班特和佛兰德斯的人民认识到，和北方的叛军结盟是唯一的出路。1577 年，所有的省份都加入了“布鲁塞尔联盟”（Union of Brussels），搁置了宗教争议，宣誓与西班牙斗争到底。直至腓力恢复他们的特权，撤走他的军队。威廉是他们公认的军事指挥官，但叛军并不能进行团结的合作。1578 年，腓力二世最具军事才能的指挥官帕尔马公爵（duke of

Parma）出现在战场上。由于西班牙从美洲进口的金银数量骤增，他还带来了新组建的军队和新筹备的军饷。帕尔马在南方取得军事胜利后不久，就将使用法语的瓦隆省，从叛军联盟中分离出来。然而，帕尔马能够成功实现此次瓦解，跟语言没什么关系。他站在宗教的立场上呼吁，虔诚的天主教徒怎么能同加尔文教徒为伍？1579 年，在他的组织下，南方组成了阿拉斯联盟（Union of Arras），并迫使威廉在北方组成了乌得勒支同盟（Union of Utrecht）。1581 年，叛军所占据省份的三级会议废黜了他们的国王腓力二世，宣布成立尼德兰联邦，又称尼德兰共和国独立。

16 世纪 80 年代，双方均企图征服对方。多数情况下，帕尔马率领的西班牙军队使叛军毫无还手之力。1584 年，帕尔马攻取了佛兰德斯的主要城市。1585 年，他又攻占了布鲁塞尔和安特卫普。自此，他几乎全部占领了莱茵河南部。于是，又一波宗教和政治难民向北部逃亡。腓力二世认为，若是能够铲除叛军首领，其余 7 个叛乱的省份就会自动投降。因此，他宣布奥兰治亲王威廉是在逃嫌犯，如果谁能将其刺杀，将会获得两万五千克朗的奖赏。为了这笔赏金，很多人铤而走险。1584 年，一名狂热的天主教徒藏在一群请愿者中间，混进了威廉位于代尔夫特（Delft）的家，近距离射杀了他。

在尼德兰共和国的伟大创始人遇刺后，这个国家陷入了绝境之中。至此，德意志和法国几乎没有向尼德兰提供过任何帮助，更不用说英格兰。而现在，伊丽莎白女王勉为其难地派出了一小支军队，由无能的莱斯特伯爵（earl of Leicester）率领。在 1585 年至

1587 的两年里，英尼联军困难重重地坚守着莱茵河战线，抵御着帕尔马的进攻。在埃斯科里亚尔的王宫里，腓力二世一边回忆着他强大的海军在勒班陀大败土耳其人的时刻，一边寻思着，再来一次这样的胜利就可以击垮尼德兰人、英国人和法国的胡格诺教徒。因此，他再次准备了一支巨型舰队"无敌舰队"，目的是横扫英吉利海峡（English Channel）和尼德兰北海，铲除英国舰只，结束尼德兰的叛乱，除掉胡格诺教徒，废黜英格兰的异教徒女王，将新教从北大西洋彻底清除出去。

伊丽莎白时期的英格兰

腓力二世计划于 1588 年入侵的不列颠群岛（British Isles），呈现出三种各不相同的情形。英格兰在"英明女王贝丝"（good Queen Bess）的统治下，呈现出前所未有的和平和繁荣。英国人通过一些连历史学家都无法分析的炼金术，将他们落后的岛屿，变成了美好且充满生机的社会。与之相反，苏格兰则仍然处在半原始的状态，原始地、随心所欲地管理着他们的事务，这是一个用下半身思考的苏格兰女王玛丽和虔诚传播福音的约翰·诺克斯的时代。爱尔兰还未步入文明的社会，那是一片充满无休止的复仇和袭击牛群的土地。在那里，没有真正的政府，也没有抵御入侵者的防御工事。16 世纪晚期，爱尔兰人慢慢地沦为了英国征服和开拓的受害者。然而，虽情形各不相同，但这三地的人民无不经历着欧洲西部的宗教危机。新教徒和天主教徒的你争我夺，无处不在。

女王伊丽莎白一世（1558 年至 1603 年在位）登上英国王位的时候，宗教问题无疑至关重要。16 世纪 30 年代，在她的父亲亨利八世（Henry VIII，1509 年至 1547 年在位）很轻易地解除了与罗马关系的时候，社会陷入了一片迷茫，人们不再相信人性的美好。亨利指使议会的贵族和上层社会成员，以法律形式确定其与教皇国的分离。同时赋予他们更大的权力，将没收自教会的土地以低价卖给他们。在那个时期，英国很少有人会像托马斯·莫尔爵士（Sir Thomas More）一样，愿意为旧有的普世教会付出生命的代价。只有像威廉·丁道尔（William Tyndale）一样的少数英国人，将《圣经》翻译成了英文，成为路德教新教义的大力支持者。但到了 16 世纪 50 年代，情形发生了很大变化。在伊丽莎白孱弱的弟弟爱德华六世（Edward Ⅵ，1547 年至 1553 年在位）统治时期，激进的新教徒对英国教会的教义和仪式进行了大幅度的修改。接下来的统治者，伊丽莎白虔诚的天主教徒姐姐玛丽·都铎（Mary Tudor，1553 年至 1558 年在位），强行将英国教会与罗马教会进行了统一。此外，她还对胆敢抗议的数百人施以火刑。这个短暂的动荡时期，让人联想起瓦卢瓦王朝对法国的统治，在英国人民中唤起了深深的宗教热情。那么，伊丽莎白会效仿爱德华，还是玛丽呢？

她并没有效仿任何人，女王伊丽莎白一世是 16 世纪晚期，欧洲西部唯一能够在宗教问题上运筹帷幄的统治者。面对加尔文教

迪奇雷（Ditchley）的作品《伊丽莎白一世画像》。画中表现的正是女王喜欢的样子，衣着华丽，站在一张地图上。地图上是她深爱的英格兰。任凭风暴肆虐，她岿然不动。该作品现存于伦敦的英国国家肖像馆（National Portrait Gallery）。

徒的厉声质问，天主教徒的阴谋叛乱，她明智地实行和平和妥协的策略，成功摆脱了困境。仅凭这一本事，伊丽莎白一世就当之无愧为那一时代最具才能的政治家。当然，从一个人而不是一位女王的角度去看，她就没那么具有吸引力了。她脾气火暴，言辞犀利。表面上，她优柔寡断、躲躲闪闪、难以捉摸，但内心却十分固执。无论哪里出了问题，她可怜的顾问们都是问责的对象。在自己的开销方面，她节俭却不吝啬；她在服装和粉黛方面花了大量的钱财，允许忠诚的朝臣为她添置娱乐项目，却不会像凯瑟琳·德·美第奇和腓力二世那样，将王室盛典回馈给大家，或建造像埃斯科里亚尔一样具有纪念性的建筑物。那个时代的政府，全凭一个人主宰。由于不想分享权力，伊丽莎白拒绝嫁人，但她却将欧洲西部的单身王子们玩弄于股掌之中。在那个时代，女人的主要职责是繁育后代。女王则是为了繁育男性继承人，而伊丽莎白却将未婚处女之身作为自己的优势。随着年龄的不断增长，她的行为举止变得越来越古怪和卖俏。尽管如此，她依然是英国历史上最伟大的统治者之一。

1559 年至 1563 年间，伊丽莎白一世完成的第一件，也是最重要的一项任务是宗教和解。新女王面临着教会的阻挠，教会成员都是天主教徒，由她姐姐玛丽任命；遇到了恢复神职人员职位的要求，这些神职人员曾遭到女王的弟弟爱德华的驱逐，现在他们中的很多人，已经结束日内瓦和其他加尔文主义中心的流放生活；面临着一个分裂的议会，夹在天主教控制的上议院和新教控制的下议院中间。女王和议会达成了妥协，重组英格兰教会，将外部的天主教架构与广泛的新教教义结合起来，目的是尽可能满足广泛的宗教需求。所有的英国人都必须参加国教教会的公共礼拜，人们内心的良知不必得到公开审查。在伊丽莎白一世的制度下，没有了对异教徒的追捕，没有了宗教裁判所，不必诉诸火刑。只不过是对那些远离教堂的人，收取一定的罚款。只有不到 5% 的神职人员辞职（这些位置自然就被新教徒所取代），留下的则温顺地服从《三十九条信纲》（*Thirty-nine Articles of Belief*）。比起加尔文，这套原理更接近于路德，其中列举了罗马教会的众多过失。主教由女王钦命，有时为了扩大财路，她还会让主教的职位空缺数年。伊丽莎白时代的教会明显从属于国家。在教会的教义中，关键的圣餐仪式被描绘为圣迹和纪念仪式。而教会目前的权宜之计，着实令信仰坚定的人感到不满。然而，只有少数极端的加尔文教徒和虔诚的天主教徒，无法容忍英国国教的教义。没过多久，很多英国人就非常忠诚于他们的“中间道路”（via media）。找到了维持英国宗教稳定和平的方法后，伊丽莎白一世在后来的漫漫统治中，想方设法保持现状。伊丽莎白在政治上十分保守，她的这种做法是有道理的。毕竟，那时的英格兰只是一个小国，人口还不到400万，以农耕经济为主。同西班牙或法国相比，王室政府的收入可谓是“囊中羞涩”。女王不仅没有财力维持一支常驻军，也没有能力建设完善的行政系统，她依赖于贵族和领主的支持。同样，在财富和特权方面，英国贵族也难以与西班牙和法国贵族相提并论。此外，他们还必须缴纳税赋。亨利七世（Henry VII）和亨利八世在驯服大贵族方面已经做出了很大努力。在中世纪晚期，这些大贵族控制着英格兰。而在伊丽莎白统治期间，贵族依然拥有巨大的权力：他们拥有由家丁组成的小型军队；置身于上议院，并使他们的支持者当选下议院议员；在宫廷中形成贵族家族，危险性类似法国瓦卢瓦王朝的吉斯和波旁家族。像早期的都铎王朝一样，她通过支持上层中产阶级——乡绅和伦敦商人，提高自己在贵族中的地位。她挑选的两位主要顾问——威廉·塞西尔爵士（Sir William Cecil，1520—1598）和弗朗西斯·沃尔辛厄姆爵士（Sir Francis Walsingham，约1530—1590）就出自于这一阶级。在地方层面，她则任命符合资质的乡绅担当治安官员，却不领取薪水，但他们拥有荣誉、责任，以及对社区事务的控制。在他们的利益与王室的利益一致时，他们十分效忠女王。

制约英国王室权力的一个最为有力的机构是议会。如果不通过议会，伊丽莎白既不能征税，也不能立法。与卡斯蒂利亚的科尔特斯（Cortes）和法国的三级会议不同，议会的权力在16世纪不断扩大。亨利八世、爱德华六世和伊丽莎白都是通过议会来塑造英国教会的。在都铎时代，议会颁布的法令远比中世纪多得多。通过议会征收的税赋，对王室而言至关重要。但伊丽莎白（不同于卡斯蒂利亚的腓力二世）想通过劝说议会征税是十分困难的，即使是在紧急情况下。

在16世纪初期的下议院，也就是众议院，比上议院（贵族的大本营）更容易驾驭。但在伊丽莎白的统治下，两院之间，众议院更为独立和激进。野心勃勃和人脉广泛的乡绅积极渴望当选众议院议员，伊丽莎白时代的议会选举与今天的议会大选大不相同。那时，既没有党派，也没有演讲台。多数的选举是不存在竞争的，只有身居高位、财富和影响力出众的候选人才有可能当选。他们通常会被数百个阿谀的选民所接受，但即使选民阿谀，议会的成员可不是那样。伊丽莎白遭遇了来自贵族们的巨大压力，他们固执己见，涌入位于伦敦市外威斯敏斯特的圣斯蒂芬教堂的人群中，质疑她的政策，进而鼓吹他们自己的政策。女王则尽可能不召开议会，每三到四年召开一次为期数月的会议。女王的大臣们在幕后小心翼翼地操纵着大小事务，但仍无法阻止众议院粗鲁的演讲者催促女王尽快嫁人，或摧毁教皇制度。即使政府引入了立法，众议院的议员仍自由地争论和修改议案，引入他们自己的新法案。渐渐地，女王变得表面上听命于议会，而实际上仍然维护着自己的权力。

议会中不可避免地存在着清教徒集团，他们是英国版的加尔文教徒。他们想要净化英国教会，废除天主教的典礼和仪式，废止伊丽莎白的英国国教政府，设立传道部和一个全国性的日内瓦教义。比起他们在法国和尼德兰的同行，英国的清教徒对政府的反叛性较弱。尽管他们厌恶女王对新教的冷淡，却接受了自己在英国国教中的职位，寄希望于从内部开始进行净化。因此，清教徒不像胡格诺教徒或是尼德兰的加尔文教徒那样容易识别。事实上，包括主教在内的很多英国国教神职人员，都是清教徒。对能言善辩、受过教育的普通信徒而言，这场运动十分具有吸引力。越来越多的贵族和商人加入清教徒的队伍之中，剑桥大学是清教徒总部的所在地。伊丽莎白非常厌恶清教徒对国教的批判，努力将这场运动控制在相对较小的规模下。为了压制清教徒辩论家，她不计成本。但即使是伊丽莎白女王，也无法阻止多产的清教徒小册子作者们，他们针对祈祷书、主教、无神论统治者进行厉声质问，创造出一系列观点。在女王去世后的 30 年里，这些观点催生了 1640 年的清教徒革命。

短期来看，对现状最大的威胁并非来自宗教中的极端分子，而是来自保守主义者。信奉天主教的苏格兰女王玛丽·斯图亚特（简称玛丽）积极声索对英国王位的所有权。她与伊丽莎白截然不同，她不仅面容姣美，拥有令人无法抵挡的诱惑力，还热情洋溢，做事不计后果。玛丽在苏格兰的统治（1561—1567）既短暂又动荡，如果她取代了伊丽莎白的位置，英格兰也会陷入一片混乱。16 世纪的苏格兰不是一个易于统治的地方，这一点毋庸置疑。荒凉而美丽的乡野，经济发展十分落后；为数不多的小镇，即使筑起了灰色险峻的石墙，也仍逃不出频繁遭人劫掠的命运。苏格兰的贵族是野性十足的部落酋长，他们之间存在着无休止的争斗和仇恨。苏格兰的人民，约一半是天主教徒，另一半则是加尔文教徒。加尔文教徒的首领是能言善辩的约翰·诺克斯，他的归正教会（Reformed Kirk）风格效仿了日内瓦长老制度。由于归正教会大会摆脱了王室的控制，所以它是一个比苏格兰议会权力更大的机构。在玛丽还是一个婴儿的时候，她就成了苏格兰女王，但她的少女时代是在法国的瓦卢瓦宫廷中度过的。她的母亲以摄政王的身份统治苏格兰，直至 1560 年去世。1561 年，在一个雾影朦胧，阴暗凄凉的日子里，年仅 19 岁的女王从法国回到了位于爱丁堡（Edinburgh）的荷里路德宫（Holyrood Palace），迎接她的是一支唱跑了调的诗篇小夜曲。那时的她，已经是一个寡妇了。她的第一任丈夫，年幼的法国国王弗朗索瓦二世于 1560 年去世。玛丽在爱丁堡的生活可谓是放荡不羁，她赢得了很多新教贵族的爱慕。但她的魅力在约翰·诺克斯身上却无济于事，据说玛丽曾对诺克斯说：“我会保护罗马教会，因为我认为它是真正属于上帝的教会。”“您的意愿是没有用的，陛下,”他回答说,“您的意愿也无法使罗马的妓女成为耶稣基督纯洁的妻子。”

玛丽并没有打算在阴郁的苏格兰长期生活下去，她很快就对伊丽莎白施压，要求其承认自己是英国王位的继承人。当发现伊丽莎白刻意拖延时，她嫁给了表兄达恩利勋爵亨利·斯图尔特（Henry Stewart，Lord Darnley），因为他最具有成为下一任王位继承人的资格。然而，她很快就对头脑简单的达恩利失去了兴趣。于是，她与一个名叫大卫·里齐奥（david rizzio）的宫廷乐师私通。1566 年年初，满心嫉妒的达恩利纠集了一些反叛者，在荷里路德宫出其不意地袭击了正用晚餐的玛丽和里齐奥，将抓着玛丽裙摆不放的里齐奥乱刀砍死。很快，玛丽就展开了复仇，正逢达恩利感染了天花，她将他独自安置在爱丁堡城外的一座小房子里。一天，有人勒死了达恩利，并用火药炸掉了整栋房子。谁实施了这起谋杀已经无法证实，但当时多数的苏格兰人怀疑，凶手是玛丽的新情夫——博思韦尔伯爵（Earl of Bothwell）。达恩利遇害三个月后，玛丽就与博思韦尔成婚，此举更加印证了人们的怀疑。在这起骇人听闻的谋杀中，玛丽究竟是有罪的，还是无辜的？这已经成为人们无休止争论的话题。但有一点再清晰不过，嫁给了博思韦尔，使她失去了对苏格兰的控制。贵族掀起了对她的反叛，强迫她退位。1568 年，玛丽逃到了英格兰，被伊丽莎白关进了监狱。

那时的玛丽依然年轻貌美，令人骚动不安。1569 年，一伙信奉天主教的贵族为了她在英格兰北部发动了一起叛乱，但以失败告终。

16 世纪七八十年代，天主教徒进行了一系列刺杀伊丽莎白并扶玛丽登基的图谋，但这些图谋（其中一些可能是栽赃）都被伊丽莎白的间谍发现了。教皇已经将伊丽莎白逐出了教会，而像埃德蒙·坎皮恩（Edmund Campion）和罗伯特·帕森斯（Robert Parsons）一样意志坚定的耶稣传教士，仍在鼓励英国的天主教徒坚定自己的信仰。女王和大臣们不得不对他们进行打击：在伊丽莎白统治期间，200 多位神职人员和信徒以叛国罪的名义遭到处决；1586 年，政府间谍发现玛丽参与了一场新的暗杀阴谋，这次她受到了审判并被认定有罪。伊丽莎白极不情愿地（半真半假）在处决令上签了字。1587 年，玛丽·斯图亚特被处决，从而结束了她十九年的牢狱生涯。天主教徒很自然地将她看作烈士，谴责新教荡妇伊丽莎白谋杀了天定的女王玛丽。

伊丽莎白统治下的英格兰与腓力二世统治下的西班牙之间，摩擦不断升级的原因之一是宗教，其次是伊丽莎白对尼德兰叛军的支持，最后可能也是最重要的，就是英国对西班牙帝国在美洲领土的入侵。16 世纪中期以前，英国水手并未参与到新大陆的开拓和掠夺当中去，英国商人满足于他们在佛兰德斯的传统羊毛贸易。但在 16 世纪 60 年代以后，即使是普通的英国人，也开始对从新大陆寻求财富的可能性展现出兴趣。伊丽莎白一世鼓励海外私人投资，并且自己也做出了表率。来自普利茅斯（Plymouth）和其他一些西南港口的水手开始放眼大西洋。其中一些人，如马丁·弗罗比舍（Martin Frobisher）和约翰·戴维斯（John Davis），在北美沿岸的无主区域进行搜寻，企图寻找一条通往中国（Cathay，在古文诗歌中指中国，同 China）的路径获取金银，但都徒劳无功。另一些人则染指了西班牙占领的加勒比海（Caribbean）。1562 年至 1568 年间，约翰·霍金斯（John Howkins）将非洲黑奴贩卖给了西班牙种植园主，取得了成功。1571 年至 1581 年，狂热的新教徒弗朗西斯·德雷克对西班牙西属美洲发动了三次海盗式的袭击，同样取得了巨大的成功。在德雷克的第三次航行中，他的舰只“金鹿号”（*Golden Hind*）经过了麦哲伦海峡（Strait of Magellan），在南美洲的太平洋沿岸截获了一艘西班牙运宝船。接着他航行至

处决苏格兰女王玛丽。从这幅当代绘画作品上可以看到，女王走进福瑟临黑城堡（Fotheringhay Castle）的大厅（左上角），接下来站在行刑台上，旁边就是断头台。她的侍女在一旁照料她，周边是围观的侍卫和附近的贵族。

现在的加利福尼亚（California），从那里又前往南太平洋盛产香料的岛屿，最后来到好望角（Cape of Good Hope）。就这样，在三年后返回普利茅斯的时候，他完成了环球航行。1581年，女王授予德雷克爵位，这不足为奇，因为他带回的西班牙财宝是伊丽莎白年收入的两倍。1585年至1586年，在获得了政府的支持后，德雷克率领一支由三十艘舰船组成的大型舰队，再次前往加勒比海。在那里，他对西班牙人的做法，与其说是抢劫，不如说是破坏。毫无疑问，伊丽莎白的水手们已经激怒了谨慎的西班牙国王。

就这样，尽管二人都害怕变革，都对战争的负担十分警惕，但这两位基督教世界最为谨慎的国王，在戏剧性的冲突中碰面了。1586年，腓力二世开始计划入侵英格兰：一支强大的，足以令英国海军闻风丧胆的西班牙舰队，从里斯本驶往佛兰德斯海岸，在那里与帕尔马军队会合后，乘驳船穿过英吉利海峡，在泰晤士河（Thames）河口登陆。即使受到幸运之神的庇佑，这个计划的实施仍然难度巨大。若是得不到幸运之神的眷顾，困难可想而知。1587年，弗朗西斯·德雷克爵士冒险袭击了西班牙位于大西洋的港口加的斯（Cadiz），摧毁了西班牙人先前储备的干燥木桶板。被击沉的西班牙舰只，足以将西班牙的作战计划推迟一年。于是，无敌舰队的船员只好用生木材*储存食物，以致水和食物变质发臭。在起航前夜，腓力的舰队司令死了，新任司令梅迪纳－西多尼亚公爵（Duque de Medina-Sidonia）虽勇武过人，但经验不足。

* 指未经干燥处理的木材。——译者注

1588年7月，不可一世的西班牙无敌舰队最终靠近了英国海岸，该舰队阵容庞大，共有舰只130艘，船员3万人。英国舰队从普利茅斯出发，实力亦不容小觑，他们的舰船同西班牙人一样多，航海技术和武器却略高一筹。此外，他们还有弗朗西斯·德雷克爵士。这次海战并不是本世纪规模最大的海战。1571年的勒班陀战役，参战的舰只和船员数量是本次的2倍。但勒班陀战役最初是一场陆战，后来转移到了海上。那时，帆桨两用船被固定在了一起，上面挤满了士兵。而1588年的英国–西班牙战争就完全不同了，在配有火炮的帆船上，水手们展开了决斗。此次战役开创了海战的经典时代，这个时代从16世纪延续到19世纪，主角也从德雷克变成了后来的纳尔逊（Nelson）。

在英格兰西南角的康沃尔（Cornwall），西班牙和英国舰队相遇了。双方都不想首先发起进攻。看到英国的舰船灵活地在自己的舰只旁游弋，梅迪纳–西多尼亚公爵十分不快。英国人则被紧凑的西班牙新月形阵形搞得十分困惑。这个阵形的目的是迫使英国人按照地中海海战的模式，通过撞击和强行登舰，进行近距离交战。当然，这也是西班牙人最为擅长的作战方式。九大以来，两只舰队慢慢地在英吉利海峡漂移，英国舰只在西班牙的新月形阵形周边徘徊，双方都没有什么大的损失。梅迪纳–西多尼亚在慢慢地靠近与帕尔马军队的会合地点，但到目前为止，他的机动性明显逊色很多。他发现，如果想为驳船上的帕尔马军队护航，使他们从佛兰德斯穿越英吉利海峡到达英格兰，他们的阵形就会被英国海军打破。

西班牙无敌舰队惨败。从这幅古老的英国绘画作品中可以看到，呈新月形的西班牙舰队正在航行，一艘西班牙舰只（左下）在敌人的穷追猛打下竭力挣扎。英国的舰只上竖立着圣乔治的红十字旗。西班牙的帆桨两用船舰（右下）更适合于地中海，而不是大西洋作战。

于是，他停在了加来（Calais），企图找到一个与帕尔马人双剑合璧的办法。突然，无敌舰队的灾难降临了。午夜时，英国人将八艘熊熊燃烧的火船开进了西班牙舰队，于是西班牙舰只被打散了，他们的新月形阵形也被击破了。德雷克和他的士兵发起了突然袭击，击沉了一些西班牙舰只，并继续猛攻其余的舰只，直到打光了弹药。接下来，一阵狂风将千疮百孔的无敌舰队吹入了北海，梅迪纳－西多尼亚与帕尔马人联手入侵英格兰的计划彻底破灭了。英国舰队继续向北（苏格兰方向）追击，梅迪纳－西多尼亚则率领着无精打采、千疮百孔的舰队绕着英伦三岛逃亡。在风暴肆虐的爱尔兰海岸，他损失了大量的船只和数以千计的水手。最终，约有半数舰只零零散散地返回了西班牙。第一次现代规模的海战就这样结束了，腓力企图废黜伊丽莎白的计划也泡汤了。

西班牙的衰落

西班牙无敌舰队的惨败，是一个具有决定性意义的事件。它使16世纪军事力量的局限性暴露无遗，给腓力二世过于自大的国际政策盖上了失败的烙印，令优势向数量上占劣势的新教徒倾斜（16世纪晚期，所有欧洲西部国家的政治下面，都隐藏着宗教冲突），同时也结束了西班牙权力和荣耀的黄金时代。

1588年，腓力二世可谓是万事不顺。他像往常一样冷静地接受了无敌舰队战败的消息，却并未放弃征服英格兰和镇压尼德兰叛乱的念头。我们前面提到过，16世纪90年代，腓力多了一个新对手，他入侵了法国，企图废黜纳瓦拉国王亨利。不料法国、英国和尼德兰联手对付他。在陆地上，双方陷入了僵局；在海上，他遭到了惨败。尽管如此，西班牙的步兵仍是世界一流的。在法国北部，帕尔马公爵（duke of Parma）凭借着自身一贯的才华，开展反对亨利四世的军事行动。但他的成功激起了法国反抗西班牙侵略的爱国热情。不经意间，腓力二世帮助亨利四世实现了法国的统一，恢复了法国君主的中央集权。1598年，在腓力去世前的几个月，他不情愿地与亨利签订了和平协定。虽然这则和平协定使形势恢复了1559年的状态，但从心理上讲，它是法国的胜利，是波旁王朝取得的针对哈布斯堡王朝一系列胜利的开端。短短几年之内，法国宗教战争的苦痛就成了过去。在政治和军事实力上，波旁家族统治下的法国很快超越了哈布斯堡家族统治下的西班牙。

腓力二世没有同英格兰议和，两国间的战争一直持续到1604年才结束。那时，英国人开始反败为胜。尽管无敌舰队遭遇了惨败，但腓力仍不放弃对英国的侵略。1596年，他开赴爱尔兰的最后一支巨型舰队由于遭遇了风暴而七零八落。那段时间，为了对付西班牙，英国建造了一系列舰队，但却未能对其构成致命的一击。1589年，弗朗西斯·德雷克爵士没能攻下里斯本；1596年，在对西班牙的西印度群岛发动袭击前，德雷克去世了，袭击未能实施。不过，英国人还是取得了一些胜利。1596年，他们洗劫了加的斯，掠夺了周边的西班牙乡村。在整个战争期间，英国的武装民船毫不留情地对西班牙商船进行了劫掠。从整体来看，这场长时间的战争，给伊丽莎白时期的人民心中蒙上了一层阴影，他们在人力和财力上做出了巨大的牺牲，才换来了得不偿失的一点点胜利。但在这场战争中，英格兰脱颖而出，实力超过了西班牙。在建立一个帝国的野心的驱使下，英格兰与西班牙帝国展开角逐。

最令腓力二世头疼的遗留问题是尼德兰的叛乱。在16世纪80年代中期，帕尔马似乎就要夺回北部省份，但它参加的无敌舰队遭遇了惨败，加之于1589年至1592年间在法国参与反抗亨利四世的军事行动，导致西班牙在尼德兰的士气锐减。海上实力不足也是一个非常不利的因素。佛兰德斯的农民连续三年收成不好，英国和尼德兰的海上封锁阻止了粮食的进口，导致了南部省份本世纪以来最严重的饥荒。1590 年后，每一次的西班牙军事行动都饱受兵变之苦。战争一直持续到了 1609 年，双方都无法向莱茵河（Rhine River）对岸渗透，莱茵河将加尔文教控制的 7 个联合省份与西班牙人控制的 10 个天主教省份分割开来。拿骚王子莫里斯（Prince Maurice of Nassau）是尼德兰的指挥官，他是“沉默的威廉”的儿子，希望实现南北方省份的统一。但他的很多加尔文教支持者反对与天主教徒联手，荷兰和泽兰的市民不想与佛兰德斯和布拉班特镇分享他们的繁荣。在战争期间，北部的省份迅速繁荣昌盛起来，而南方的经济却陷入了崩溃。在帕尔马于 1585 年夺取了安特卫普后，北方主要的港口阿姆斯特丹（Amsterdam）迅速成为低地国家的主要贸易中心。阿姆斯特丹商人不希望安特卫普重现昔日的辉煌，因此，即使在西班牙与尼德兰于 1609 年达成了停战协议后，尼德兰人仍坚持封锁斯凯尔特河（Scheldt River），而该河是安特卫普与海洋间的通道。1621 年，战事冉起，但是这次，尼德兰明显占据优势。“沉默的威廉”的小儿子腓特烈·亨利王子（Prince Frederick Henry），现在是尼德兰的将军，他将西班牙人击退至莱茵河以南。然而，尼德兰最伟大的胜利是在海上取得的。成立于 1621 年的荷属西印度公司，目的就是劫掠西属美洲。1628 年，该公司的舰船截获了西班牙运宝船，截至 1636 年，截获的敌方船只数量达到 547 艘。

著名的油画作品《布列达的投降》（*Surrender of Breda*）。由画家委拉斯贵兹（Velazquez）所创作，用来庆祝西班牙在17世纪为数不多的胜利之一。1625年，经过8个月的围攻，西班牙军队拿下了尼德兰的边境城市布列达。1637年，在委拉斯贵兹对这次胜利进行了纪念后不久，尼德兰人夺回了布列达。该幅作品现存于巴塞罗那（Barcelona）的普拉多博物馆（Museo del Prodo）。

1648年，西班牙认输了，结束了其对尼德兰长达80年的征服战争，最终承认了联省共和国（United Province）的独立。

这时，西班牙和它的帝国已不再如16世纪时一般辉煌。在财富和实力方面，都大不如以前了。这种衰落可以从西班牙社会的各个层面表现出来。腓力二世的继承者们：腓力三世（Philip Ⅲ，1598年至1621年在位）、腓力四世（Philip Ⅳ，1621年至1665年在位）、卡洛斯二世（Charles Ⅱ，1665 年至 1700 年在位）都是无能之辈，没有意愿或能力维持腓力二世对政府核心机构的掌控。人口减少了，西班牙的主要出口产品——羊毛的产量也出现了大幅下滑。对于政府征收的高额税收，农民比以往任何时候都显得更为吃力。商船在遭遇了英国和尼德兰武装民船的劫掠后，再也无法东山再起。消极冷漠的情绪开始泛滥，甚至传播到了新大陆。美洲的银产量陡然下降，到了 1660 年，运输到塞维利亚的金银数量，只有 1595 年的十分之一。在西属美洲，印第安人的数量出现了下降，城镇出现了衰落，殖民地的居民重新回到了勉强维持生计的农业经济时代，与它们的宗主国情形十分相似。宗主国与殖民地间，已经不再能够互通有无，虽然在外人看来，西班牙帝国仍是铁板一块，但事实上宗主国的政府已经无力阻止外国商人的入侵。据估计，在 17 世纪后半叶，贩卖到西属美洲的三分之二的欧洲产品，都是尼德兰、英国和法国等贸易商走私进来的。这些非法的贸易商，并不像伊丽莎白时期的海盗一样洗劫西班牙美洲大陆。相反，他们小心翼翼地贿赂西班牙地方官员，从而得到允许将他们的货物卖给殖民地居民。由于逃避了西班牙关税，走私产品的价格低于塞维利亚垄断企业的价格。因此，殖民地居民争相购买。西班牙帝国在经济上已经四分五裂了。

西班牙人依旧和从前一样自豪、专横、虔诚和自省。确实，在政治实力衰退的时候，他们对于地位和荣誉等问题就变得愈加敏感。而战争是赢得荣誉的主要来源，整个 17 世纪，西班牙军队仅有 28 年没有参与任何战争。其与法国之间，就爆发了 5 场战争。

所有这些征伐的最终结果，不过是西班牙被迫将尼德兰南部、比利牛斯山及弗朗什—孔泰的领土割让给法国，将大量的加勒比海岛屿拱手让给了英国、法国和尼德兰。这一系列的战争造成了17世纪中期西班牙帝国内部一连串的叛乱。1640年，葡萄牙在叛乱中崛起。经过漫长的战争岁月，西班牙于1668年承认了葡萄牙的独立。而加泰罗尼亚（Catalonia）、那不勒斯和西西里岛（Sicily）爆发的叛乱，西班牙费了九牛二虎之力才将它们镇压下去。这些一步步走向失败和衰退的事件，并不那么容易解释清楚。在16世纪还很灵验的方法，在17世纪却完全失效了。我们可以说，腓力二世没能继续发挥西班牙体制的有效性，但不能将西班牙人民集体丧失活力的过错都加到他一个人头上去。西班牙人不再是神气活现的征服者。不知为什么，在1588年以后，他们失去了重塑世界的技能。

腓力二世的惨败和西班牙的没落，表明天主教在欧洲西部对新教的征伐失败了。西方基督教世界的古老统一彻底被打破了，但加尔文教的改革者并没有取得完全的胜利，1598年腓力死后，很明显双方谁也没有能力征服对方。法国的宗教战争实现了和解：国王信奉天主教，国家以天主教为国教，但胡格诺教徒享有政治自治和宗教自由。荷兰的反叛也以和解的形式告终：北方由加尔文教主导，政治上独立；南方由天主教控制，听命于西班牙。英格兰则采用了另一种形式的和解，加尔文教和天主教双方被迫接受了一个国家控制的、不拘泥于教义的教会。这些和解可以被看作加尔文教徒在精神上的胜利，因为他们在与政治和经济上都远比自己强大的天主教战斗，并最终难分胜负。然而，法国和英格兰的加尔文教徒并没有实现他们的日内瓦理想；在尼德兰共和国，16 世纪 60 年代的加尔文主义热情已于 1600 年转变成对财富的追求。在本世纪尾声，英格兰的加尔文主义已经超越了其最为激进和好战的阶段。16 世纪晚期最有作为的君主亨利四世、“沉默的威廉”、伊丽莎白一世，都是尽全力缓和宗教矛盾，使教会从属于国家的政客。

若因双方都没能取得胜利，就认为加尔文教和天主教的冲突无关紧要，那就大错特错了。尽管加尔文和罗耀拉的宗教理想在实践中很快被冲淡了，但这些 16 世纪的改革者所造成的影响是深远的。他们强化了每一个欧洲国家的精神追求和集体主义意识。对于西班牙人民来说，16 世纪是一个黄金时代。这一点可以从它空前绝后的传教热情、军事实力及艺术创作中表现出来。对于法国、尼德兰和英国人民来说，最辉煌的日子就在前方。在 17 世纪，这三个国家将会主导欧洲，并对个体自由与公共秩序，个人成就与公共权力给出新的定义。

第二章

欧洲中部和西部的政治瓦解

拉丁美洲的基督教世界、欧洲中部、东部、西部都卷入了宗教战争之中。16世纪20年代至60年代间，新教改革的发源地德意志是硝烟弥漫的战场。瑞士、波希米亚、波兰、匈牙利和特兰西瓦尼亚（Transylvania）均因宗教而发生了分裂。在这些地方，天主教、路德教、茨温利派、再洗礼派相互展开了竞争。奥地利哈布斯堡王朝，像西部的西班牙哈布斯堡王朝一样，是天主教的捍卫者。瑞典的古斯塔夫·阿道夫（Gustavus Adolphus）是主要的新教领袖。但在德意志和欧洲中部的其他地区，天主教和新教间冲突的表现形式，与大西洋沿岸国家的狂热征伐大为不同。在莱茵河以东，斗争的“宗教味道”并不是那么浓。从哪方面来讲，都不那么具有意识形态性。比起西部的同行，这里的新教徒和天主教徒表现出较少的灵魂重生和传教热情，相反却更重视领土的扩张。宗教战争中最大规模的一次——三十年战争，开战的原因明显比法国和尼德兰的宗教战争更加世俗，对生命、财富和社会活力的破坏性也更大。以新教与天主教对抗的名义，路德的同胞们遭受了比任何国家都更大的劫难，为的却是不那么崇高的目标，何其讽刺啊！

从政治、社会和文化因素等方面，可以解释为什么在 16 和 17 世纪，莱茵河东岸的宗教危机如此的不同。与法国、英格兰和西班牙不同，在欧洲中部和东部，国家层面的主权概念还未产生。政治单位从表面上看是西部国家大，而实际上却小得多。神圣罗马帝国、奥斯曼帝国、波兰和俄罗斯，每一个国家都比任何西部国家大得多。但在上述四个庞大的政治架构内，事实上的权力机构一般由兰德格拉夫（landgrafs）、贝伊（beys）、什拉赫塔（szlachta）和博伊尔（boyars）四个地方贵族阶层所掌控。在普通人心里，那些远在天边的皇帝或国王，对自己的生活几乎没有控制力。所以对他们的效忠，是以一种间接形式表现的；相反，由于贵族地主的权力真实而具体，所以对他们的效忠更为直接。在主权实力方面，欧洲东部和中部没有哪位君主可以同腓力二世或伊丽莎白一世相提并论。也就是说，东部没有哪位国王可以像卡斯蒂利亚和英格兰的国王一样，拥有数百万臣民忠心耿耿地缴纳繁重的赋税，遵从复杂的命令，为保卫国家服兵役及履行公民义务。而古斯塔夫 · 阿道夫却可以从他的人民中，感召出这种强大的集体精神。也正是这种精神，鼓舞和激励着西班牙、英国、尼德兰和法国的人民。在欧洲的中部和东部，集体精神和民族意识很难形成，因为那里民族众多。大多数的民族都混居在一起，主要的语言就有约 14 种。而相比之下，欧洲西部只有 5 种。东部的每一个大国都使用多种语言，仅神圣罗马帝国就有 8 个敌对的民族。民族的对立打断了宗教的对立，新教徒和天主教徒的内部争斗，是在外部宗教信条——多瑙河（Danube）南部的伊斯兰教和希腊东正教（Orthodoxy），第聂伯河（Dnieper）以东的俄罗斯东正教——的包围下进行的。

1556 年，查理五世的帝国分裂成西班牙和德意志两部分，标志着新时代的到来。在西部，正如我们所看到的，雄辩的城市资产阶级、民族精神，以及真正意义的国家主权之所以能够得到发展，得益于宗教危机的促进。而在东部，宗教危机的作用恰恰相反：政治组织比以往任何时候都分散，商业发展停滞，只有半封建的贵族地主成为真正的胜利者。这些地主之所以能够从中渔利，得益于上层的帝王、君主和下层的市民、农民。在 17 世纪末期，中东部最大的国家神圣罗马帝国、奥斯曼帝国、波兰王国都步入了衰退，新的力量中心奥地利、俄罗斯、普鲁士王国（Prussian monarchies）正在崛起，但在实力、财富及文化活力方面，它们还远不及法国和英格兰。简而言之，在大西洋沿岸国家巩固它们的国家主权权力的时候，宗教战争加速了欧洲中部和东部的政治瓦解。

神圣罗马帝国，1555—1618

1556 年，查理五世将哈布斯堡帝国一分为二，分别给了他的儿子腓力和弟弟斐迪南。此外，查理还安排斐迪南当选为神圣罗马帝国的皇帝，给了他帝国东南边界的家族土地——蒂罗尔、克恩滕州（Carinthia）、卡尼奥拉（Carniola）、施蒂里亚（Styria）、奥地利、波希米亚、摩拉维亚（Moravia）、西里西亚（Silesia）、匈牙利，以及东部帝国边界以外的一些领土，统称为“奥地利哈布斯堡王朝”。理论上，皇帝斐迪南是一位非常强大的帝王，他的帝国共有 2500 万人口，三倍于腓力二世统治下的西班牙。而事实上，他的权力受到了极大的限制。神圣罗马帝国被划分为 300 个自治的政治组织，其中，至少有 36 个具有一定的重要性。德意志的真正统治者是地方的诸侯。16 世纪晚期，哈布斯堡皇帝只是在名义上统治神圣罗马帝国，他们甚至都统治不了自己的家族土地。在国家政治事务中，他们的角色远比自己的西班牙表亲被动得多。尽管如此，使欧洲西部陷入动乱的宗教战争，却没有将他们卷入其中。1555 年，斐迪南与德意志诸侯签订的《奥格斯堡和约》（*Peace of Augsburg*），在德意志新教和天主教之间换来了来之不易的停战，这次停战一直延续到 1618 年。据称，和平孕育着繁荣，但 16 世纪晚期是一段发展处于停滞状态的时期，不仅对德意志的哈布斯堡家族如此，对他们在神圣罗马帝国的臣民来说，也是如此。

《奥格斯堡和约》确认了帝国内各地方诸侯的主权权力。它的指导原则是“领土所有者决定该领土范围内的宗教信仰”，天主教诸侯可以将天主教教义强加到所有臣民身上，路德教也是如此。对帝国各片领土内不同教会的认可是宗教妥协，却不是政治妥协。在德意志帝国，无论是天主教徒还是路德教徒，实际上已经联合起来对抗哈布斯堡王朝。他们极为睿智地觉察到，查理五世不仅镇压新教，还致力于扩大哈布斯堡王朝的权力，抑制帝国内存在的离心倾向；

哈布斯堡家族，1556—1700

（备注：以下图表中所注时间均为君主在位时间）

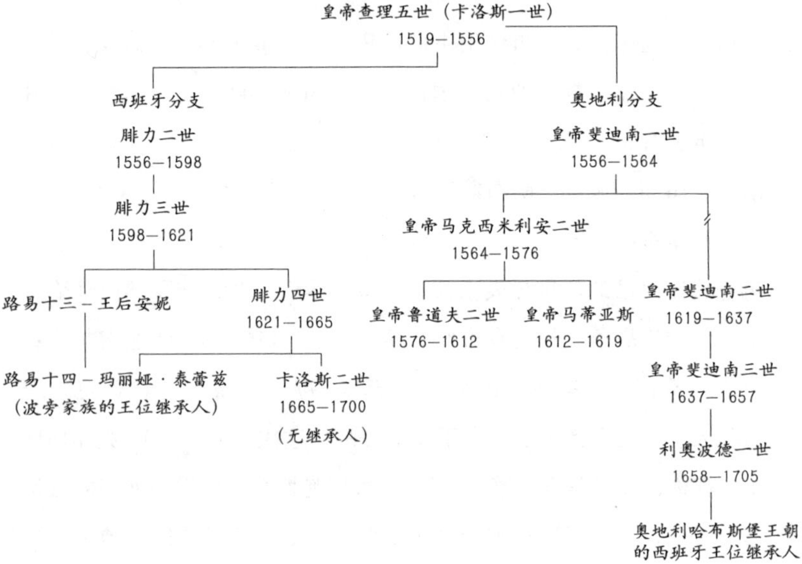

他们还发现，查理在十分乐于没收路德教诸侯土地的同时，却不愿意扩大天主教诸侯的领土。此外，他的恩惠只给予自己的家族成员。通过维护他们在当地教堂的新权力，减缩对教会的资助，以及从教会收入中压榨更多的利润，路德教和天主教的诸侯企图将改革危机转变成对他们自身的有利条件。1552 年至 1553 年间，路德教诸侯与法国的亨利二世结盟，击败了帝国的军队，当时，天主教诸侯保持了中立，在一旁观战。哈布斯堡王朝被迫接受了《奥格斯堡和约》，从此德意志不再可能成为一个单一宗教和政府的国家。

《奥格斯堡和约》作为一个平息新教和天主教斗争的工具，相比于伊丽莎白一世的宗教和解方案，与法国亨利四世的《南特敕令》在精神上更为接近。除了一些早已混居的德意志城市，奥格斯堡的谈判代表拒绝让天主教徒和路德教徒混居生活。这种对两种对立信仰的严格划分方式，与人为的、居于新旧两教之间的英国国教的确

朱塞佩·加里波第（Giuseppe Garibaldi）的蔬菜肖像画《皇帝鲁道夫二世》。鲁道夫是艺术作品的赞助者，据说，他很欣赏这幅作品。该作品现存于斯德哥尔摩的国家博物馆。

立，形成了鲜明的对比。然而，加尔文教、茨温利派、再洗礼派并没有得到认可，尽管很多德意志人民是这些教会的信徒。1555 年，大多数的德意志人口信奉新教，但居于统治地位的哈布斯堡王朝和七位选帝侯中的四位信奉天主教。旧教主要盛行于德意志西部的莱茵地区（Rhineland）和德意志南部的巴伐利亚（Bavaria）地区等。新教则控制着德意志中部和北部的几乎所有地区，以及南部的符腾堡（Württemberg）、安斯巴赫（Ansbach）和普法尔茨（Palatinate）。即便是在哈布斯堡的家族土地上，新教也十分盛行。大多数的波希米亚人和摩拉维亚人是新教徒，奥地利的贵族和公民也是新教徒。这种新教与天主教之间危险的平衡究竟能够持续多久，很大程度上取决于各地诸侯。1524 年至 1526 年农民起义的土崩瓦解，给农民和城市工人留下了挥之不去的伤痛记忆。于是在宗教问题上，他们倾向于麻木地服从命令，按照统治阶级的要求，在天主教与路得教之间相互转换。

斐迪南一世（1556 年至 1564 年在位）、马克西米利安二世（1564 年至 1576 年在位）、鲁道夫二世（1576 年至 1612 年在位）、马蒂亚斯（1612 年至 1619 年在位）等皇帝均不如查理五世或腓力二世那般精力充沛，他们的最高目标不过是抵抗匈牙利的土耳其人，以及管理多瑙河沿岸的家族财产。从地图上看，奥地利哈布斯堡领土组织有序，实际上它们分裂成了十几个不同的政府，讲差不多十几种语言。内部摩擦的最大根源是宗教，16 世纪晚期，不同于腓力二世对待尼德兰新教徒的方式，多瑙河流域的哈布斯堡君主们格外小心翼翼，唯有鲁道夫二世贯彻执行了哈布斯堡模式：在蒂罗尔、克恩滕（Carinthia）、卡尼奥拉、施蒂里亚等地，新教徒要么改变宗教信仰，要么被驱逐出境。1598 年至 1605 年间，约有一万人逃离了这些省份。在奥地利，这项任务更为艰难，因为那里大多数的贵族和市民都是新教徒。为了执行特兰托改革法令，鲁道夫二世任命了一位维也纳的耶稣会主教，并将所有的新教传道士驱逐出城。然而，他没能恐吓住新教贵族和市民，也没能恐吓住奥地利的议会。奥地利新教徒的实力虽不如昔日强大，但在 1609 年，议会获得了一项承诺，保证了他们相当大的礼拜自由。

在波希米亚，哈布斯堡王朝面临着更为激烈的反抗。波希米亚是奥地利哈布斯堡王朝中人口最为稠密，经济最为繁荣，最为发达的王国。但如同西班牙哈布斯堡王朝的尼德兰一样，波希米亚也是麻烦不断。捷克人是骄傲的斯拉夫人绝大多数信奉新教，他们在本地有两支地位牢固的福音派新教派系：饼酒同领派（Utraquists，与路德教类似）和波希米亚兄弟会（Bohemian Brethren，某种程度上与加尔文教相似）。两者都起源于 15 世纪早期的胡斯运动（Hussites Movement），所以与 16 世纪的宗教改革有较大区别。200 年来，面对正统天主教和德意志文化，捷克人坚定地保持着自己的宗教独立。鲁道夫二世不是能够改变这一切的人。这位皇帝将自己隔离在布拉格（Prague）城堡区，沉浸在自己的艺术收藏品之中，偶尔涉猎科学和戏法。通过任命天主教官员，鼓励耶稣会传教士在饼酒同领派信徒中传教，颁布不利于兄弟会的法令等，他会隔三岔五地尝试在波希米亚恢复天主教。然而，在 1609 年，波希米亚议会发动了叛乱。为了安抚叛军，鲁道夫颁布了《君威诏书》（*Letter of Majesty*），保证全面的宗教自由。很显然，哈布斯堡王朝在波希米亚并未取得多大进展。

对于神圣罗马帝国的中心德意志而言，16 世纪晚期是一段漫长的经济萧条期。德意志北部城市结成的汉萨同盟，曾主导波罗的海和北海海域的商业。但在与尼德兰人、丹麦人及英国商人的竞争方面，他们实在是力不从心。原来通往意大利的陆路通道，已经失去了它的核心地位；德意志西南部的城市，在 15 世纪和 16 世纪早期，曾极为富饶和蒸蒸日上。但由于政治分裂极为严重，经济也难以幸免于难。为了在各自的小国中争取主权权力，各位诸侯征收名目繁多的税费，阻碍了商业的发展，降低了制造业的产出。奥格斯堡的富格尔家族（the Fuggers），是 16 世纪中期欧洲首屈一指的银行家，控制着蒂罗尔银矿和匈牙利铜矿的生产。在本世纪结束前，他们向哈布斯堡家族提供了大量的贷款，以致自身捉襟见肘，商业帝国顷刻间土崩瓦解。在富格尔家族及其他主要的德意志企业家失去了他们的财富，德意志城市人口锐减之时，诸侯们对局势的掌控能力更强了。

无论是新教诸侯还是天主教诸侯，都对 1555 年达成的宗教停战协定越发不满，其中一个原因是加尔文教的扩张。1559 年，普法尔茨的选帝侯腓特烈三世（Frederick Ⅲ，1515—1576）对加尔文教的教会机构做了改变，引进到了自己位于中部的莱茵地区。其他诸位选帝侯，无论是天主教还是路德教，对这一明显违背《奥格斯堡和约》的举动进行了抗议，尽管抗议毫无效果。海德堡（Heigelberg）是普法尔茨的首都，成了德意志的日内瓦。1563年，大学的学者们编纂了《海德堡问答》（*Heidelberg Catechism*），作为德意志加尔文教的教义。仅仅二三十年的时间，拿骚（Nassau）、黑森州（Hesse）和安哈尔特（Anhalt）的诸侯将他们在德意志中部的国家，由信仰路德教突然转变为加尔文教。1613年，勃兰登堡的选帝侯也宣布了改宗，但他放弃了奥格斯堡“教随国定”（*cuius region, eius religio*）的方案，允许人民保留路德教的信仰。三个新教选帝侯中，已经有两个是加尔文教徒了，只剩下萨克森选帝侯仍然信仰路德教。

德意志的加尔文教诸侯比路德教诸侯更为激进，因为他们不包含在于1555年达成的路德教与天主教的和解当中。在帝国内，腓特烈三世和普法尔茨继承者们承担起了新教事业的领导权，认为其他的德意志新教诸侯或麻木不仁，或怀有敌意。于是，在危急时刻，他们放眼于海外，向法国的胡格诺教徒和尼德兰的加尔文教徒寻求帮助。然而，德意志的加尔文教缺乏活力，与欧洲西部的加尔文教不同，它不是德意志商人和绅士自发形成的力量，而是依赖诸侯的资助，受国家的控制。因此，它的成长极为受限。尽管它成功地打入了路德教内部，却对天主教徒几乎没有任何影响，依靠它自己的力量，不可能再次点燃宗教战争的火焰。

使形势日趋紧张的另外一个也是更为重要的一个原因，是帝国内部天主教改革的蔓延。在德意志南部的巴伐利亚，对天主教的狂热重获新生。巴伐利亚成了狂热和政治力量的中心。巴伐利亚公爵阿尔伯特五世（Duke Albert Ⅴ of Bavaria，1550 年至 1579 年在位）大力实施特伦托会议的改革法令，每年派教会和间谍审查每一个巴伐利亚境内的教堂，系统地整顿学校，审查各种书籍，以此来消灭新教异端的所有痕迹。耶稣会会士被邀请来到巴伐利亚的学校和大学，阿尔伯特的臣民是不允许到海外学习的。独断的天主教义助长了巴伐利亚的政治独裁。在新教贵族和市民进行抗议的时候，阿尔伯特将他们赶出了巴伐利亚议会，从而极大地削弱了议会的权力。到了 16 世纪末期，巴伐利亚公爵的统治比任何一位德意志诸侯都更为专制独裁。

在德意志的其他地方，开始有更多的人皈依天主教。在 1580 年至 1610 年间，很多城市都驱赶新教徒，其中包括：科隆（Cologne）、亚琛（Aachen）、斯特拉斯堡（Strasbourg）、维尔兹堡（Wurzberg）、班贝格（Bamberg）、明斯特（Munster）、帕德博恩（Paderborn）、奥斯纳布吕克（Osnabruck）。无论在哪里，耶稣会会士都在运动的最前线。他们在德意志的主要城市建立学校和大学，专门培养年幼的天主教诸侯。彼得·卡尼修斯（Peter Canisius，1521—1597）是 16 世纪德意志耶稣传教士中最出名的一位。引人注目的慕尼黑圣米歇尔大教堂（Church of St. Michael），是在巴伐利亚公爵的主导下兴建的，是天主教改革的象征。该教堂建成于 16 世纪 80 年代，在罗马的圣彼得大教堂接近完工的时候，改革后教皇国的华丽古典建筑风格被引入了德意志。今天，来到慕尼黑的游客只需要参观相距一个街区的两座教堂

慕尼黑的圣米歇尔大教堂。建筑师大胆地采用了文艺复兴时期的雕塑、拱门、柱顶，来达到一种强劲有力却又不失平衡的整体效果。这就是风格主义，即巴洛克风格的前身。在右后方，我们可以看到哥特式圣母大教堂的一座圆顶塔楼。

（建造时间相隔一个世纪）——15世纪的圣母大教堂（Frauenkirche）和16世纪的圣米歇尔大教堂，就能够感受德意志天主教改革前和改革后巨人的心理差距。哥特式的圣母大教堂，笨拙的主体拔地而起，显得简朴而温馨，圆形的封顶塔楼表现出了当地的巴伐利亚风格，高耸的教堂中殿彰显着一种探索精神。相比之下，圣米歇尔大教堂颇具国际化风格，建造规模和比例浑然一体，装饰奢华，目的是为了向世人昭示确定性、对称美和新教斗士的力量。

到了1609年，一切迹象都预示着奥格斯堡停战协议的终结。1608

德意志的加尔文教徒在做礼拜。注意这个场合的纪律和简朴：在空荡荡的大厅里，男（左右两边）女（中间）分离，长老坐在前部祭坛的两边，所有的注意力都集中在打开的《圣经》和讲台上的布道者身上。该作品现存于纽伦堡（Nuremberg）的日耳曼国家博物馆（Germanisches Nationalmuseum）。

年，新教议员对帝国议会的程序发起抵制，共同的德意志政府陷入了崩溃。1609 年，为了进行自卫，最为激进的德意志新教诸侯国形成了新教联盟（Protestant Union），首领是普法尔茨的选帝侯。接着，最为激进的天主教诸侯国立即组成了天主教联盟（Catholic League），首领是巴伐利亚公爵。但这里需要强调的是，双方阵营的德意志诸侯都十分害怕进行决战。由于信仰路德教的萨克森选帝侯拒绝与信仰加尔文教的普法尔茨选帝侯结盟，新教联盟的实力受到了削弱。同样，由于奥地利哈布斯堡家族与维特尔斯巴赫（Wittelsbach）家族的对立，天主教联盟也没有强大到哪儿去。1609 年，在敌对的新教和天主教教徒在两个莱茵公国——尤利希（Julich）和克利夫（Cleve）——展开争夺的时候，双方就有了开战的理由。最终，和解方案于 1614 年出炉：尤利希归属天主教阵营，克利夫归属新教阵营。然而，于 1618 年爆发的另一次危机，就没有那么容易化解了。

如果我们将神圣罗马帝国想象成 20 世纪中期世界的一个缩影，那些年的问题就会变得更容易理解了。帝国居民受他们所在城市的文化束缚，就如同现代人受自己国家的文化束缚一样。无论是过去还是现在，人们的命运取决于与陌生人之间的合作，而这些陌生人的语言、思维不同，却令人不安地近在咫尺。政客们进行意识形态的冷战，动机看似是宗教，而不是政治和经济。为了保持权力的平衡，帝国内新教和天主教的诸侯国结成了联盟体系。无论在什么时候，若是一名路德教的诸侯皈依了天主教，或是发生相反的情况，就需要用外交手段将冲突控制在局部。当各诸侯国的议员聚集于帝国议会，即唯一能够体现它们是一个整体的机构的时候，他们只是将问题摆出来，却不对解决这些问题付出任何努力。慢慢地，就连这点儿仅存的帝国团体精神也消失殆尽了。冷战以不可阻挡之势愈演愈烈，双方的领导者都厌倦了这种僵持状态，开始认为他们可以凭借单方面的行动来解决这些问题。1618 年，他们果真采取了单边行动，将帝国卷入了长达三十年的内战。

东部边界

16 世纪晚期，在神圣罗马帝国东面，有三个疆域辽阔的国家——奥斯曼帝国、波兰和俄罗斯。在波罗的海北部，雄踞着幅员辽阔的瑞典王国。这些国家，特别是奥斯曼帝国和俄罗斯莫斯科公国（Muscovite Russia），似乎与欧洲西部和中部格格不入。到过这些国家的人，发现土耳其人和俄罗斯人几乎像美洲的印第安人一样原始和奇异，同时因为它们有着大型的军队和现代的武器装备，对外人来说又十分危险。16 世纪晚期，英国的商人冒险与土耳其人和俄罗斯人进行贸易。在寄回家的书信中，将他们亲眼看到的伊斯兰教和希腊东正教的宗教习俗描绘了出来：古怪的建筑、食物和衣着，富裕的统治阶级与贫穷的小农阶级形成的鲜明对比，辽阔的东部土地和规模巨大的军队。“我们到达了最伟大和庄严的城市君士坦丁堡，”一位旅行者这样描写道，“这里地理位置优越，是美丽宽阔的避风港。庙宇（清真寺）建造得雄伟华丽，优于欧洲所有的城市。在这里，土耳其皇帝的宫廷和居所，至少有方圆两英里那么大。”然而，没有人忘记了土耳其人是异教徒；他们奢华的东方仪式看起来冗长乏味、空虚无聊；他们的宦官和后宫令人感到难以置信的蔑视；土耳其的武士残忍而诡诈，无人可以企及。

至于莫斯科公国，据少数到过那片土地的西方人讲述，那儿的气候非常极端，文明人很难忍受。在俄罗斯零度以下的寒冬，

“你会看到很多人倒在了街上，很多来这座城市旅行的人身体被冻僵，坐着死在了自己的雪橇中。受饥饿的驱使，成群的黑熊和豺狼到树林外的村庄里寻找猎物，撕碎和吞食能够找到的任何东西”。据说，俄罗斯人用格瓦斯（Kvass）和蜂蜜酒（mead）来麻醉自己；由于长期浸泡在烟浴中，他们的肤色呈现出奇怪的烟熏感；他们原始的木质房屋常常遭遇被烧毁的命运。1571 年，鞑靼侵略者火烧莫斯科，仅用了不到四小时，就基本上毁灭了这座俄罗斯的最大城市。虽然俄国沙皇拥有大量珠宝和华丽服饰，常常举行奢华的宴会，但它充其量不过是半开化而已。一位于 1568 年到过莫斯科的英国诗人，用诗歌概括出了西部人对东部边疆欧洲

莫斯科的传统宗教节日棕榈周日（Palm Sunday）。从这幅17世纪的雕版图中可以看到，宗教游行队伍从克里姆林（Kremlin）的圣瓦西里升天大教堂（St. Basil's Cathedral）走了出来。图左是圣瓦西里升天大教堂的9个洋葱形教堂顶。

文明的不屑：

罕见的寒冷，粗野的人们，王子们却骄傲自大，
王国中到处可见和尚、尼姑和牧师，
礼仪和土耳其人相似，人们诡计多端，
女性轻浮，宗庙中满满是亵渎神灵的圣像，
席位没有应有的神圣，风俗非常的古怪，
我想描绘出所有，却担心我的笔会晕厥过去。
野蛮的爱尔兰人和俄罗斯人的文明程度相当，
若问哪个更胜一筹，让人难以做出选择，因为他们 都是一样的血腥、粗暴和无知。

在16世纪晚期和17世纪初期，土耳其人、波兰人、俄罗斯人在政治上都是十分不牢固的，这对欧洲西部来讲是个好消息。在这些不规则蔓延的东部国家中，领土大小是具有欺骗性的。比起欧洲西部的统治者，土耳其的苏丹、波兰国王及俄罗斯沙皇的统治并非十分有力；他们的军队也比西部人们想象的规模小很多，而且主要针对东方的波斯人（Persians）和鞑靼人（Tartars）。因此，在1555年至1618年间，尽管神圣罗马帝国几近瘫痪，但它东面的邻居既没能有力地干预德意志事务，也没有参与三十年战争。那么，如何解释欧洲东部政治上的温和呢?

奥斯曼帝国

在16世纪中期以前，奥斯曼帝国可一点儿也谈不上温和。最后一位伟大的斗士和土耳其苏丹——苏莱曼大帝（Suleiman the Magnificent，1520年至1566年在位）控制着整个巴尔干半岛和匈牙利的大部分地区。他的臣民有3000万人，财力和军事体系都远超查理五世，包括一支超过1万人的常备步兵（禁卫军）、1万多人的骑兵，以及每年可参加军事行动的、至少10万人的辅助骑兵（Auxiliary Cavalry）。禁卫军是皈依伊斯兰教的教徒，主要选自巴尔干半岛被征服的、信仰希腊东正教的人民。他们从小被苏丹的军队俘获，为了保卫伊斯兰教和管理奥斯曼帝国，接受了严格的训练，形成了一支被奴役的精英力量，永久依赖于苏丹，接受专业的训练，永不允许结婚或继承土地和头衔，但可以根据才能和优势，提拔至帝国最高级别的职位。他们被打造成了超级武士。

苏莱曼大帝死后，土耳其极大地丧失了它可怕的军事力量和扩张驱动力。1571年，西班牙哈布斯堡王朝在勒班陀击垮了土耳其舰队。16世纪90年代，奥地利哈布斯堡王朝企图攻占匈牙利和特兰西瓦尼亚，尽管签订于1606年的和平协定维持了巴尔干半岛的边境不变，但在战争的大部分时间里，奥斯曼军队被迫处于守势。1618年以后，奥斯曼帝国的消极被动，给了哈布斯堡王朝聚焦于德意志事务的自由。同时，哈布斯堡王朝在三十年战争中处于颓势之时，土耳其人并没有利用这个绝佳的机会向西扩张。

土耳其人的成功历来建立在苏丹强大的军事领导下。在苏莱曼大帝死后，一连串软弱的苏丹一退再退，他们不但放弃了军事行动，甚至沉迷于君士坦丁堡的后宫，不再理政。在过去艰难和无情的领导力时代，为了稳定王位，每一位新即位的奥斯曼苏丹都会杀死年轻的弟弟（用丝绸制成的弓弦将他们绞死，以防止尊贵的血液四溅）。如今，随着苏丹四处留情，导致后代众多，这个习俗将苏丹的后宫变成了屠宰场。1595 年，新即位的苏丹拥有 46 个兄弟姐妹，他认为有必要绞死他的 19 个兄弟和 15 个怀有身孕的后宫妃嫔。在 17 世纪，这种系统的手足相残行为终止了。但那时的苏丹本人已经成了傀儡，在宫廷政变中频繁地遭到罢黜。没有了新的土地可以征服，也鲜有缴获战利品的喜悦，土耳其士兵将精力聚集在地位和阴谋上。禁卫军变得十分激进，成为 17 世纪的一种封闭和自我延续的群体。他们现在不仅可以结婚，将自己的职位传给儿子，还努力争取新的特权，不惜策划宫廷政变。在经济陷入停滞、税收减少之时，贿赂和腐败行为变得猖獗起来。

17 世纪 50 年代，君士坦丁堡的一次重大的人事变动，暂时性地恢复了旧有的战斗力和效率。17 世纪 60 年代，土耳其人从威尼斯手中夺取了克里特岛（Crete Island）。但在 17 世纪的最后 10 年，奥斯曼帝国的扩张再度停止，并从此一蹶不振。1699 年，土耳其人被迫将匈牙利拱手让人，他们原本巨大的帝国从此开始了萎缩，这种萎缩持续了将近 250 年。在 19 世纪初期，土耳其人仍控制着半数苏莱曼大帝的欧洲领土、全部的北非领土及东部附近的领地。第一次世界大战标志着最后的阶段：土耳其人最终收缩进了安纳托利亚（Anatolia），奥斯曼帝国瓦解了。一个国家的衰落持续了这么久，即使历史上有过这种情况，也是非常少见的。在 17 世纪，奥斯曼帝国绝对算不上欧洲的“病夫”。虽然土耳其人受到欧洲文化的进一步孤立，他们仍然对西方抱有极度的轻视。1666 年，土耳其大维齐尔（grand vizier）对法国大使说：“你是一个没有信仰，以猪、狗和垃圾为食的人，难道我不知道吗？”

奥斯曼的欧洲领土，也就是巴尔干半岛，在 16 和 17 世纪是一种文化的无人区：那里只有浅薄的土耳其人，他们与拉丁基督教世界（Latin Christendom）切断了联系，过着极为原始的农耕生活。征服了巴尔干后，土耳其人就将当地的统治阶级消灭了，但他们却从未向该地区大量移民，也并未同化当地的小农阶级（土耳其人希望永久保持他们贫穷的农业劳动力状态）。从土耳其人的角度看，只要让他们继续保持为使用六种不同的语言的敌对民族——希腊人（Greeks）、阿尔巴尼亚人（Albanians）、保加利亚人（Bulgarians）、塞尔维亚－克罗地亚人（Serbo-Croatians）、罗马尼亚人（Rumanians）和马扎尔人（Magyars），巴尔干农民还是很容易统治的。

土耳其人并没有将伊斯兰教强加到人民身上，而是鼓励希腊东正教永远存在下去，此举主要是为了保持巴尔干半岛人民与西部基督教的对立。该政策确实有效地阻止了巴尔干人向信奉天主教的哈布斯堡王朝或波兰叛逃。为了回报土耳其的支持，君士坦丁堡的东正教牧首教育人民，要温顺地服从奥斯曼的统治。很显然，对于所

基督教男孩被征召入了禁卫军。从这幅当代绘画作品中可以看出，一群儿童穿着土耳其服装，正在接受穆斯林指挥官的训练。

有的外来文化和风俗，奥斯曼帝国比同时期欧洲西部的任何国家都更具包容力。在土耳其，法国、英国和尼德兰的商人都被允许拥有自己的贸易飞地*，按照西部的法律进行管理；犹太人（Jews）离开了西班牙，蜂拥而入来享受土耳其提供的自由；巴尔干为数不多的几个城镇主要居住着土耳其人和犹太人，清真寺的宣礼尖塔和东方国

* 一国境内隶属外国的，具有不同宗教、文化或民族的领土。——译者注

家的集市，给这些城镇增添了东方的氛围。在巴尔干乡村，信仰基督教的农民处于奥斯曼社会的最底层，他们目不识丁、愚昧无知、悄无声息，却缴纳着贡品和沉重的赋税。在16世纪，他们的幼子常常被征召入禁卫军；而在17世纪，他们的农场又常常遭到匪徒劫掠。即使如此，他们的生活大概也不比欧洲东部其他地区的农民差。

波兰

奥斯曼帝国的北部和神圣罗马帝国的东部是波兰王国，覆盖着从奥德河（Oder）延伸到第聂伯河、几乎从波罗的海到黑海（Black Sea）的辽阔区域。除了北面的波罗的海海岸和南面的喀尔巴阡山脉（Carpathian Mountains），波兰没有天然的边界，它的600万松散分布的居民以种植作物和饲养牲畜为生。在王国的东部地区，常常受到野蛮的哥萨克（Cossack）人袭击，加上分布着大面积的沼泽地，其农业发展滞后。王国西部边界的克拉科夫（Cracow）和但泽（Danzig）是两个主要的城镇。波兰拥有相当多的人力和自然资源，但在16和17世纪，它在国际上的角色只能用“虚弱”来形容。到了18世纪，波兰王国完全消失了。它的衰亡既有民族原因，也有宗教原因，但到目前为止，其最大的问题是政治的瓦解。

波兰社会的主导阶级是地主贵族什拉赫塔，它的成员如同12世纪西部的封建骑士一样，是农村土地不折不扣的领主。他们强迫农民变成农奴，从农奴身上压榨无偿劳动力，鄙视蜷缩在城墙背后的市民，使波兰国王巩固权力的努力功亏一篑。什拉赫塔阶级人数众多，相当于总人口的8%。在16世纪，一位典型的波兰地主拥有一座村庄和村庄周边的农田。他的农奴们一周为他工作两到三天，将他收获的粮食搬运到河上的驳船上去，继而运往波罗的海，以作向西部出口之用。他私立法庭，审判和惩处农奴，却不必担心他们向国王上诉，因为什拉赫塔享有批捕和审判的豁免权。此外，地主很少缴纳赋税和服兵役，他们坐镇地方议会，派代表参加全国议会选举国王。波兰被称为王室共和国，因为国王由上层贵族投票选举，受宪法制约。据说，1573年，五万什拉赫塔齐聚华沙（Warsaw），选举法国瓦卢瓦王朝的亨利王子为国王。这是一个不同寻常的错误选择，但波兰人十分幸运，因为在当选国王的6个月后，亨利离开了波兰，继承了法国王位，也就是成为亨利三世。波兰的上层贵族对王朝权力大为质疑，以至于他们几乎总是选举外国人为国王。在1548年至1668年间，获胜的候选人分别是立陶宛人（Lithuanian）、法国人、匈牙利人和瑞典人，这些外国国王缺少王室土地、预算、军队，以及西部王国的官僚机构。波兰农奴的个人自由程度，低于土耳其人统治下的巴尔干小农阶级。浪漫的波兰历史学家谈到自己国家在16世纪的"贵族民主"时，我们需要知道，他们在使用一个对民主的特殊定义。

和其他欧洲东部的国家一样，波兰也存在民族分裂，从而使政治困境雪上加霜。波兰人占据着西部，立陶宛人控制着东北部，白俄罗斯人（White Russians）在东部，罗马尼亚人分布在南部，德意志人和犹太人主要聚集在城镇。所有这些民族中，只有波兰人和立陶宛人获准成为统治地主阶级。自 1386 年以后，立陶宛贵族成员与波兰贵族的国王是同一个人。但在很多方面，他们都是自己管理各项事务。1569 年，立陶宛贵族十分惧怕俄罗斯沙皇伊凡雷帝（Ivan the Terrible），于是放弃了他们的自治权，与波兰统治阶层签订了卢布林联盟（Union of Lublin）协议，宣布两国合并。从此以后，波兰 – 立陶宛地主们拥有一个共同的国王、议会（会址设在波兰 – 立陶宛边境附近的华沙）和外交政策。然而，联盟总是存在于表面，因为立陶宛人继续按照自己的方式来管理白俄罗斯农民，使用他们的法律和语言。确实，每一个民族都有自己的语言，自什拉赫塔对农奴们使用的波兰方言冷嘲热讽后，他们就采用拉丁语作为统治阶级的宗教、政治和文学语言。被什拉赫塔冷嘲热讽的，还有使用德语的市民，这些市民被排除在议会之外，远离政治权力。更惨的是使用意第绪语（Yiddish）的犹太社区，所有人都看不起他们。

16 世纪中期，波兰的基督教呈现双重分裂的状态。除了东部和南部主要信仰希腊东正教以外，其余主要是拉丁基督教徒。1596 年，罗马尼亚东正教会同意在保留其斯拉夫仪式和风俗的前提下，服从教皇，接受罗马教义，于是这种分裂得以被掩盖。第二个宗教分裂发生在拉丁基督教世界中的天主教与新教之间。16 世纪 50 年代，波兰天主教徒发现自己的处境十分危险，因为约有一半的什拉赫塔是加尔文教徒，德意志市民也绝大多数都信仰路德教；可能是由于受到了犹太教教义和穆斯林教义的感召，唯一神论（Unitarian）或反对基督三位一体（anti-Trinitarian）教理的思想甚至也开始流传。1555 年，国王西吉斯蒙德·奥古斯都（Sigismund Augustus，1548 年至 1572 年在位）和波兰议会同意给予新教徒礼拜的个人自由，天主教会法庭搜捕异端的权力被中止了。与德意志同期的奥格斯堡方案不同，波兰的政策削弱了教会的纪律，对既有的、欠缺的文化统一进行了挖掘。但宗教改革并没能在波兰扎根，什拉赫塔只是将加尔文教当作一种武器，用来与君主集权做斗争。一旦他们取得了政治上的胜利，就对新的教义失去了兴趣。16 世纪晚期，天主教徒——他们的努力以耶稣会针对上层阶级的传教工作为前锋——重新获得了控制权。大量的耶稣会学校开学，目的是培养贵族的儿子。到了 17 世纪中期，天主教的地位再次确立后，即使是针对上层阶级的教育，也出现了停滞。骄傲和暴躁的波兰贵族蓄有长长的胡须，穿着系有腰带的东方服饰，以示他们未受意大利或法国礼仪标准的影响。

1559 年到 1715 年间，在战争和外交方面，波兰的注意力主要集中在东面和北面，而不是西面。它与土耳其断断续续地开战，却没有永久性地得到或失去任何领土；它与瑞典长期处于战争状态，却总是吃败仗；1629 年，波兰将利沃尼亚省（province of Livonia）割让给了瑞典，并被迫接受瑞典对波罗的海的控制。波兰最危险的邻居是俄罗斯，但幸运的是，在 16 世纪晚期和 17 世纪，莫斯科的内部动乱阻碍了俄罗斯向西部的扩张。1667 年，波兰将斯摩棱斯克（Smolensk）、基辅（Kiev）及乌克兰（Ukraine）的东部割让给了俄罗斯。

波兰日益严峻的政治混乱，不仅使国家处于瘫痪状态，还导致外部国家的进一步蚕食。与这些比起来，大面积的领土损失就不那么令人恐慌了。贵族对王室的集权疑虑重重，以至于在议会上，如果得不到什拉赫塔代理人的一致同意，任何立法都无法通过。在16世纪，一般意义上，占大多数的代理人能够说服或要挟占少数的代理人，使他们接受一项新的政策。但在1652年，一位代理人第一次表达了他的完全反对，对立法程序行使了自由否决权，之后离开了议事厅，迫使议会解散。自此以后，90%的波兰议会被行使自由否决权的方式解散掉。法国、普鲁士及其他的外部力量，通过贿赂桀骜不驯的贵族成员来否决波兰的税法或阻碍其军事行动。对很多观察家来说，波兰的“贵族民主”证明了立宪自治的愚蠢和君主专制的必要性；对俄罗斯人、普鲁士人、奥地利人来说，波兰政府的瘫痪，为他们在18世纪分割波兰提供了一个绝佳的理由。

俄罗斯

波兰的东面是辽阔的莫斯科公国，也就是沙皇俄国。在16和17世纪，俄罗斯是否属于欧洲文明的一部分，还是一个未下定论的问题。从面积和特征上来说，那里的生活与欧洲西部都有巨大的差别。首先，这是一个面积辽阔的国家。1533年，伊凡雷帝继承皇位的时候，莫斯科公国疆域覆盖从斯摩棱斯克到乌拉尔山脉（Ural Mountains）绵延1200英里的区域，相当于法国面积的5倍。通过向南吞并顿河（Don River）和伏尔加河（Volga）盆地，发动穿过乌拉尔河（Urals）的远征，进入西伯利亚（Siberia），伊凡几乎将他的欧洲领土扩大了一倍。到了 1682 年，彼得大帝成为沙皇的时候，俄国人沿着第聂伯河和乌拉尔河吞并了更多的欧洲领土。他们在亚洲的定居点，沿着西伯利亚的河流系统绵延 5000 英里，一直通到了太平洋。那时，俄罗斯的面积已经是法国的 30 倍了。用欧洲的标准来看，这片绵延欧亚大陆的领土，气候只能用严酷来形容。那里有极寒的冬天，炙热的夏天，植物生长季节很短。对 16 和 17 世纪俄罗斯人口的估算纯属猜测，但无论你认为是最低值 400 万，还是最高值 1700 万，显而易见的是，那里的人口远不如欧洲西部和中部稠密。大面积的空旷领土让人们养成了打一枪换一个地方的农耕技巧。农民的流动性非常强，有时，为了找到更好的土地和耕作环境，他们会自发地迁徙到很远的地方；有时，则是被地主或沙皇强迫，去了远方。与之形成鲜明对比的是欧洲西部的农民，他们习惯性地耕种同一片祖先的土地，居住在同一个村庄，甚至持续数个世纪占据着同一所建筑。但在俄罗斯，人们的经营似乎无法维持，普通农民的木质房屋一般只能使用 4 年。1553 年，一名奔走于雅罗斯拉夫尔（Yaroslavl）和莫斯科之间的英国旅行者，为他途经的大量村庄感到惊讶；35 年后，另一位英国旅行者发现，同一区域已遭废弃，退化成了树林。克里米亚的鞑靼骑兵定期进入莫斯科公国扫荡，就如同 9 世纪维京人（Viking）、撒拉逊人（Saracen）和马扎尔人对欧洲西部和中部的劫掠一样。鞑靼人从俄罗斯劫走的数十万人沦为了奴隶。对个体尊严的尊重，在 16 世纪的西部也是不堪一击，而在莫斯科公国更是天方夜谭的奢侈品。沙皇、贵族、牧师和农民，都接受对身体的摧残（鞭笞和酷刑）作为社会的主要特征。

在1559年至1682年间，俄罗斯与欧洲西部的联系是极少的。这期间的大多数年份，由于瑞典阻挡了波罗的海出口，土耳其人阻挡了黑海出口，俄罗斯人只剩下一个港口——白海（White Sea）上的阿尔汉格尔斯克（Archangel）。只有在那里，俄罗斯才能与欧洲西部进行直接贸易。对俄罗斯来说，与中东（Middle East）的商业往来显得更为重要。尽管这看起来很奇怪，但在11和12世纪，欧洲西部与俄罗斯的商业和外交联系，比16和17世纪还要更为紧密。莫斯科人发现，向东面空旷的西伯利亚拓展，比从波兰手里重新抢夺白俄罗斯和乌克兰的土地更为容易，虽然这两块土地原本属于他们的祖先。直到彼得大帝统治时期，俄罗斯人才学会如何击败训练有素的欧洲军队。

俄罗斯与欧洲西部最有意义的联系，非基督教莫属了。然而，对于拉丁基督教世界，俄罗斯东正教的神职人员怀有深深的猜忌。几个世纪以来，俄罗斯人已经接受君士坦丁堡的希腊东正教牧首作为他们的精神领袖，当拜占庭落入奥斯曼帝国之手时，很自然地，俄罗斯东正教认为，莫斯科大主教继承了君士坦丁堡牧首的角色，成了基督教的真正领袖。1588年，君士坦丁堡牧首勉强接受了莫斯科牧首的晋升。俄罗斯人将莫斯科称为第三罗马，他们认为，在教皇的统治下，旧罗马已经坠入了异端邪教的旋涡，新罗马（君士坦丁堡）也已经成了异教徒土耳其人的爪牙，而莫斯科是基督教世界第三伟大的城市。

由于他们与教皇国的对立，比起天主教徒，莫斯科人对新教商人、英格兰、尼德兰、斯堪的纳维亚以及德意志的外交家更有好感。但俄罗斯人并不想在自己的教会中进行改革，甚至也不想听到有关东正教信仰和宗教活动细节的任何讨论。1587 年，在沃尔特·罗利爵士（Sir Walter Raleigh）企图在现在的北卡罗来纳州（North Carolina）的罗阿诺克岛（Roanoke Island）上建立英国种植园的两年后，俄罗斯人穿过了乌拉尔地区，进入托博尔斯克（Tobolsk）。1643 年，俄罗斯人到达了太平洋，同样是在英国清教徒建立了现在的马萨诸塞的几年后。俄罗斯人穿越欧亚大陆与同期英国人开发北美形成的鲜明社会对比，很

通过画像我们可以看到，伊凡雷帝人如其名。

难被超越。两国人都占有辽阔的土地，但当美国人有条不紊地向内陆挺进，用了将近三个世纪跨越美洲大陆时，俄罗斯人只用了两代人的时间，就轻而易举地拿下了西伯利亚。对于自给自足、平等自由、厌恶政府、不缴赋税的农民而言，美洲是一个天堂；但在俄罗斯，边疆开拓促成了最鲜明的社会阶级分化，以及欧洲最独裁、最具压迫性政府的形成。莫斯科贵族占有俄罗斯在欧洲部分的大量财产，下决心阻止农业劳动力转移到西伯利亚的自由土地上去，于是他们制定了新的规定，将劳动者以及他们的后代与主人的土地或主人本人捆绑起来。简而言之，就是将农民转变成农奴，本质上与奴隶没什么区别。同时，沙皇决心阻止贵族将土地分割成自治的封建诸侯国，或是像波兰的什拉赫塔一样制造政治混乱。因此，他们残忍地杀害了所有生事的贵族，没收了大片的土地，划分成小片分给小领主，这些小领主任职于皇家军队或政府。由于该级别的贵族成员不能占有土地，只能在战时临时从沙皇手中接管，所以他们为了攫取短期利益，疯狂压榨农民。于是，农民逃离小领主属地的现象十分常见。到了 17 世纪，这些领主和沙皇达成了心照不宣的谅解，领主接受他们必须效忠于沙皇的原则，作为回报，沙皇同意将占 90% 人口的农民在法律上定义为农奴，从属于他们的主人，服从主人的意愿。

伊凡四世（Ivan Ⅳ，1533 年至 1584 年在位）又称伊凡雷帝，是莫斯科方案的主要缔造者：沙皇专制，贵族效忠国家，农民变为农奴。相比于同时期欧洲西部的统治者腓力二世或伊丽莎白一世，历史上鲜有关于伊凡统治的详细记载。尽管如此，我们所掌握的信息足以说明，两者的统治方式完全不同。在伊凡还是一位年轻的王子时，他就以从宫殿的塔楼上向下抛扔动物，以看着它们痛苦地死去为乐。1547 年，他为自己加冕为所有俄罗斯人的沙皇（“恺撒”的意思），他是第一个这样做的莫斯科统治者。他对待臣民的方式，保守地说可以用“疯狂”来形容，他狂暴、疯狂、愚蠢、富有远见、行为无常而又神经错乱。为了削弱俄罗斯世袭贵族阶层博伊尔，他不惜杀害成百上千的该阶层成员。他无情地洗劫了他控制范围内的第二大城市诺夫哥罗德（Novgorod），起因仅仅是一则不忠的传言。

平日极度虔诚的他，仍会对牧师进行拷打和折磨，甚至在教堂做弥撒时进行杀戮。他曾将一名大主教缝进一张熊皮中，扔到狗群中去，任其被撕咬；他曾用一根带尖的木棍，痛打自己的长子，也就是皇位继承人，竟使他一命呜呼。可能是由于误杀长子这一罪孽，所以他整日闷闷不乐，郁郁寡欢，最终加速了自己的死亡。大多数时候，伊凡的疯狂是有章可循的。他大规模地没收土地，然后重新分配，在经济方面造成了灾难性的后果，使俄罗斯中部的人口大量减少。但它削弱了博伊尔贵族的权力，提升了新贵族的权力。伊凡越是欺凌俄罗斯东正教会，神职人员就越对上帝的代理人沙皇崇敬不已。尽管伊凡十分野蛮，但他利用上帝赐予他的强大力量，把俄国地主和农民等阶层紧密地凝聚在了一起。比起被选举出来的波兰国王和土耳其的苏丹，对广大人民来说，俄国沙皇的精神感召力更为强大。

伊凡雷帝的继任者费奥多尔（Fedor，1584 年至 1598 年在位）

依然疯狂，但程度上远不如他的父亲严重。他是一个头脑简单的人，敲响教堂的钟声就能使他感到高兴。费奥多尔的统治揭开了莫斯科“烦恼时代”的序幕，1584 年至 1613 年间，贵族掀起了叛乱，反抗沙皇专制。鲍里斯·戈都诺夫（Boris Godunov，1598 年至 1605 年在位）是这个动乱时期的一位沙皇，他较为出名的原因，不在于治国之道，而是因为穆索尔斯基（Mussorgsky）的歌剧。在那段时期，俄国地主希望以什拉赫塔治理波兰的方式管理俄罗斯，国民议会（zemsky sobor）掌管选举新沙皇的权力。即将即位的沙皇率领军队，对村庄展开了劫掠。在这个烦恼时代，教会是唯一一个将俄国凝聚在一起的机构。人们聚集在堡垒状的修道院中寻求保护，将土地和财富留给了教会。相比伊凡四世统治下的时候，神职人员的地位逐渐变得更高。

1613 年，国民议会选举米哈伊尔·罗曼诺夫（Michael Romanov，1613 年至 1645 年在位）为新任沙皇，原因在于他的年轻和平庸。该王朝这种不可靠的委任方式，将于未来 300 年在俄国盛行。但这位罗曼诺夫还有其他的有利条件，他是伊凡雷帝的侄外孙，是才华出众且兼具牧师和政客双重身份的菲拉列特（Philaret）的儿子。菲拉列特在米哈伊尔登上帝位后不久，就成了莫斯科大牧首，成为俄罗斯事实上的统治者。1633 年，菲拉列特离世。在世俗权力方面，他的继任者们像他一样雄心勃勃。那段时期，教会突出的政治角色令俄国的很多神职人员和教徒感到痛苦。在尼康（Nikon，1652—1666）担任大牧首的时候，一场危机爆发了。因为尼康不仅以沙皇的名义进行统治，而且宣称自己的地位高于沙皇，理论基础是精神境界高于世俗权力。尼康遭到了罢免，沙皇重新获得了对俄国牧首的控制权。然而，尼康的政策留下了后遗症。为了使俄国东正教与希腊东正教更为一致，在教会的惯例方面，尼康进行了一定的技术修订。比如用三根而不是两根手指，比画出十字的标志，以及将基督的名字拼写为Lisus，而不是Isus。很多俄国人认为，这些修订亵渎了上帝，使他们不朽的灵魂陷于危难之中。这些旧信徒认为尼康毁灭性地腐化了第三罗马。据说，在世界即将毁灭前，两万旧信徒在绝望中将自己活活烧死。

1613年至1682年间，第一批罗曼诺夫沙皇虽远不如伊凡雷帝般铁腕，但他们与教会维持了伙伴关系，赢得了地主阶级的合作。国民议会在批准了对农奴制的最后修订后，就退出了历史舞台。现在最大的问题是，如何阻止农奴逃跑。1664年的法令规定，收留逃亡农奴的任何农奴主，一经发现，必须将其四户农民赔偿给原农奴主。在剥夺农民自由，令他们背上赋税负担方面，沙皇与地主狼狈为奸。发动战争和殖民资本的来源，直接落到了最没有支付能力的人民身上。据估计，1640年农民负担的税率是1540年的100倍！[1]17世纪中期，一场严重的流行病使俄国劳动力数量急剧下降。因此，沙皇和地主比以往任何时候都更渴望从农奴身上榨取税赋和劳动力，同时也使农奴比以往任何时候都更渴望逃跑或加入匪徒之中，成为流动人口。很多农奴渴望加入南部边疆的哥萨克人，过着狩猎、打鱼、游击的游牧生活，对抗着鞑靼人、土耳其人及波斯人。

1667年至1671年间，俄国发生了本世纪欧洲最大规模的人民起义。那是一场由斯蒂芬·拉辛（Stephen Razin）领导，始于伏尔加河流域（Volga basin）的农民叛乱。拉辛是哥萨克人，曾在伏尔加河上做过海盗，后又航行至里海（Caspian Sea）袭击波斯人。传说，在他带着波斯战利品返回阿斯特拉罕（Astrakhan）穿过集市的时候，他身穿华丽的东方服饰，将丝绸和珠宝在人群中分发。那时的他，对于俄国民众来说，恍然是一个解放人民的英雄，一个拥有沙皇般神秘力量的罗宾汉（Robin Hood）。当追随者蜂拥而至时，斯蒂芬·拉辛沿着顿河和伏尔加河发起运动，宣称他正在从邪恶的博伊尔贵族中解救沙皇，从而使所有人都能平等自由地生活。在伏尔加地区的城镇和乡村中，大量的农奴发动起义，反抗地主，形成了许多起义军。然而，拉辛并没有组织，他的追随者也没有军事纪律。沙皇的军队在激战中打败了拉辛，一直将他追击至顿河流域的沼泽地中，他的神奇力量蒸发了。随后，他被抓获并处死。与此同时，沙皇和贵族们一支又一支地摧毁起义军，或将活捉的叛军成员肢解，或钉在尖桩上，或钉在绞刑架上，以此来恐吓农民阶级。拉辛的反叛最终竹篮打水一场空。在这场为自由而进行的、毫无结果的斗争中，约有十万农奴为此付出了生命的代价。在1682年以后，彼得大帝将西方的科技和文化习俗，强加给了这样一个等级分化严重、深度孤立的社会。

瑞典

俄罗斯的西面和波兰的北面是瑞典王国。17 世纪的瑞典是一个波罗的海帝国，面积是它 20 世纪时的两倍，包括今天的芬兰（Finland）、爱沙尼亚（Estonia）、拉脱维亚（Latvia），以及俄罗斯、波兰、德意志等辽阔的沿海领土。瑞典拥有 2500 英里的波罗的海海岸线，然而，相比于土耳其、波兰和俄罗斯，它的资源十分匮乏。瑞典是一个简单的社会，有 100 万左右的农民，他们以稀饭、萝卜、粗面包和家酿啤酒为食。斯德哥尔摩（Stockholm）是瑞典唯一的城市，商业主要被外国人垄断，由于硬币十分稀有，薪水、赋税及债务都是以实物的形式进行偿还。瑞典国王是欧洲唯一一个认为有必要修建仓库，将黄油、鱼及酒花储存起来的君主。一直以来，瑞典都处在欧洲文化的边缘。它宣称拥有一所中世纪的大学，但文艺复兴（Renaissance）却几乎和它没有半点儿关系。按照西方的标准来看，瑞典的政治结构是不成熟的，但它却是唯一一个在 1559 年至 1700 年间积极插手国际事务的边疆国家。

16 世纪初期，有一位年轻的贵族，名叫古斯塔夫 · 瓦萨（Gustavus Vasa），在他的领导下，瑞典摆脱了丹麦，获得了独立。于是，古斯塔夫 · 瓦萨成了瑞典的国王，在 1523 年至 1560 年间，他按部就班地进行着统治。但在他的三个儿子统治时期，也就是 1560 年至 1611 年间，他们彼此相互争吵，疏远了自己的臣民。1611 年，16 岁的古斯塔夫 · 阿道夫（1611 年至 1632 年在位）继承王位的时候，

古斯塔夫·阿道夫的铅笔素描画像。在这位瑞典国王去世的同年，施特劳赫（Strauch）创作了这幅作品，现存于斯德哥尔摩的国家博物馆。

瑞典已经陷入了严重的危机。当时正逢瑞典与丹麦交战，对瑞典来说，战争的进展很不顺利，丹麦人大有重新征服瑞典之势。

古斯塔夫·阿道夫几乎在一夜之间将瑞典打造成了一个强国。他占有了一些有利条件：首先，17 世纪初期，宗教改革给瑞典注入了征伐的热情。如同英格兰一样，始于 16 世纪 20 和 30 年代的瑞典改革，成了一种愤世嫉俗的策略。它夺取了教会的土地和财产，路德教的《福音书》在慢慢地感召着人民。然而，到了 17 世纪 20 年代，瑞典与信仰天主教的波兰及信仰东正教的俄罗斯开战，争夺对波罗的海的控制权，如同英格兰的伊丽莎白一世与信仰天主教的西班牙的战争一样，瑞典的战争一样振奋人心。尽管加尔文教在瑞典取得了初步进展，但路德教仍然占据着这个国家的主导地位。古斯塔夫·阿道夫的神职人员比他们的德意志教友更激进，他的牧师敢于公开指责国王的荒淫无度（这方面与他同期的大多数君主，都比他有过之而无不及）。对此，古斯塔夫·阿道夫将空缺的下任主教职位给了这位牧师，就避免牧师进一步喋喋不休而言，这当然是一个值得推荐的方法。瑞典的另一个有利条件，是其农民具有很强的独立性。不同于土耳其、波兰和俄罗斯，瑞典的社会没有分级为地主阶级和农奴化的农民阶级。瑞典没有农奴，农民占有 50% 的耕地，在瑞典国民议会（Riksdag）中，他们拥有自己的议事厅。相比于欧洲东部的大国而言，这里的贵族占有较少的财富，享有较少的特权。当然，他们掌握着政治领导力，拥有大型的农场，雇用佃户进行劳动，展现着家族的自豪。但在生活方式方面，瑞典贵族与农民的差别不是太大。在这个相对未发生分化、男耕女织、敬畏上帝的社会，古斯塔夫·阿道夫建立了一支举世无双的军队，这支军队由自给自足的士兵、激进的牧师和军官组成，他们热心于侵略和掠夺瑞典富有的邻居。

古斯塔夫·阿道夫以军人的身份而闻名，他是三十年战争中的新教英雄。他一开始统治，就与丹麦实现了和平。但他很快就利用邻国的内部弱点，从俄国人手里夺取了芬兰湾（Gulf of Finland）的领土，即未来的圣彼得堡（St. Petersburg）所在地；从波兰人手中夺得了利沃尼亚，即现在的拉脱维亚的领土。他从攻占的波罗的海南部港口所收取的税费，就可以为进一步的军事行动提供经济支持，而不需要从瑞典人民身上征收过重的赋税。铜矿和铁矿为瑞典增加了额外的收入，以及制造武器所需要的金属。但古斯塔夫 · 阿道夫可不仅仅是一个军人，他还是瑞典历史上当之无愧的、具有创造性的统治者。大腹便便、诙谐幽默、脾气暴躁，这个粗犷的北欧人长着两颗蓝色的大眼珠，留着金黄色的、尖尖的胡须，男子汉味道十足。此外，他对宗教和文化也有着深厚的知识储备。他吸纳瑞典贵族，组成以精明强干的首相阿克塞尔 · 乌克森谢纳（Axel Oxenstierna）为首的管理机构；他的个人魅力征服了国民议会里的市民和农民；他支持强悍的路德教神职人员，作为回报，他们将宗教与爱国主义结合起来，履行着费力不讨好的职责，比如征收地方税；由于为瑞典落后的教育体制感到羞愧，他建立了很多新的学校，重组了衰落的乌普萨拉大学（Uppsala University）。

毕竟，古斯塔夫 · 阿道夫不是一个魔术师，他没能将瑞典改造成为一个持久强盛的国家。1630 年，他率领军队进入德意志，与信奉天主教的哈布斯堡王朝开战。他设定的目标超过了瑞典的能力所及。1632 年，古斯塔夫 · 阿道夫身亡，王位传给了他 5 岁的女儿克里斯蒂娜（Christina，1631 年至 1654 年在位）。在她未成年的时期，在与德意志无休止的战争中，首相乌克森谢纳顽强应对，瑞典军队取得的胜仗较多。通过 1645 年、1648 年及 1658 年签订的和平协约，瑞典获得了大面积的丹麦和德意志领土。然而，瑞典国内却失去了凝聚力。对此，克里斯蒂娜女王要承担部分责任，因为她是个自私的女人。由于厌倦了治理国家，她放弃王位，皈依了天主教，震惊了她的人民。17 世纪晚期，瑞典的大国地位急速下滑。1700 年至 1809 年间，它的整个波罗的海帝国易手，归于俄国人。因此，瑞典的辉煌岁月既短暂，又具有决定性。想弄明白古斯塔夫·阿道夫于 17 世纪 30 年代进行的路德教征伐是何其关键，我们需要回到神圣罗马帝国，以及使德意志遭遇毁灭的国际战争中去寻找答案。

三十年战争，1618—1648

其他的战争也可能持续了很长时间，也可能造成了一样大的破坏，也可能没有解决什么问题，但 1618 年爆发于波希米亚并震动中欧的三十年战争，独具特色。主要的交战方（最初几年）没有德意志人，但战场几乎全部在德意志的土地上。神圣罗马帝国人口最为稠密的省份，成了西班牙、丹麦、瑞典、法国侵略军的游乐场。为什么德意志人民要如此蒙羞呢？事情是怎么发生的呢？

1618 年，帝国皇位的继承人应该是施蒂里亚的斐迪南（1578—1637），一个乐观、活跃、年近 40 岁的小个子男人。他是一个狂热的天主教徒，受耶稣会士的教育，听从他们的建议。他不愿意容忍自己的人民信仰新教。毫无疑问，他将是查理五世之后最为雄心勃勃的神圣罗马帝国皇帝。但新教诸侯们并未因此而感到惊慌，因为即使是查理五世本人当皇帝的时候，也没有多大权力可以行使。然而，在诸如奥地利和波希米亚等直接由哈布斯堡家族控制的区域，情况就不同了。在这里，斐迪南拥有真正的权力。1617 年，在他加冕为波希米亚国王之后，就马上开始改变表兄鲁道夫二世于 1609 年对波希米亚新教徒采用的包容政策。那时波希米亚人所处的困境与 16 世纪 60 年代的尼德兰人非常相似，在语言、风俗、宗教等方面，疏远于专制的哈布斯堡王朝。和尼德兰的情况一样，贵族策划了叛乱。1618 年 5 月 23 日，在布拉格城堡的会议室里，100 个全副武装的贵族，将斐迪南最遭人憎恶的两名顾问团团围住，然后从窗户扔了出去，两人摔落在了下面约 50 英尺的城堡沟上。但这两人逃过了这一劫，可能（按照天主教的说法）是因为他们在半空中被守护天使救走了，或者（按照新教徒的说法）是因为他们坠落在了粪堆上。但无论如何，这次“布拉格抛出窗外事件”使叛军控制了波希米亚的首都。他们所宣称的目的，是保护古老的波希米亚特权，从邪恶的耶稣会士手中将斐迪南营救出来。而实际上，他们是在反抗哈布斯堡王朝的统治。

这场危机迅速从波希米亚蔓延到整个帝国。年迈的皇帝马蒂亚斯于 1619 年去世了，于是德意志新教徒获得了一个绝好的机会，参加反对哈布斯堡统治的叛乱。七位选帝侯——美因茨、特里尔、科隆的三位天主教大主教，萨克森、勃兰登堡、普法尔茨的三位新教诸侯，以及波希米亚国王，拥有选择马蒂亚斯继任者的专权。如果新教选帝侯否决斐迪南当选波希米亚国王的权力，就可以阻挡他当选神圣罗马帝国皇帝。但只有普法尔茨的腓特烈五世（Frederick V，1596—1632）一人愿意这么做，尽管最后他也放弃了。1619 年 8 月 28 日，选帝侯们在法兰克福一致将选票投给了斐迪南二世。选举结束后几小时，斐迪南获得消息，布拉格的波希米亚叛军已经废黜了他的王位，转而立普法尔茨的腓特烈五世为新君。腓特烈接受了波希米亚王位，于是一场大战在所难免，皇帝斐迪南准备粉碎叛军，惩罚胆敢霸占哈布斯堡王朝世袭土地的这位德意志诸侯。

一开始时，波希米亚的叛乱策划不周，叛军急缺一个类似约翰·胡斯（John Huss，约 1369—1415）的人民英雄，约翰·胡斯曾在两个世纪以前，领导了伟大的波希米亚宗教叛乱。波希米亚贵族之间相互猜忌，在征收特殊税目和建设军队方面，其议会犹豫不决。由于在本地找不到替代斐迪南的候选人，叛军只好找到了信奉加尔文教的德意志普法尔茨的选帝侯，但这个选择实在不明智。腓特烈是一个天真的、年仅 23 岁的年轻小伙子，他对自己被要求领导的斯拉夫福音派宗教没有感情，也无法提供与哈布斯堡王朝战斗所需要的士兵和金钱。波希米亚人指望其他的德意志诸侯支持国王腓特烈的大业，但他们中几乎没有人这样做。腓特烈在国外的盟友，如他的岳父英格兰的詹姆斯一世（James I），也保持了中立。

叛军最后的希望就寄托在斐迪南二世的软弱上，这位皇帝没有自己的军队，也缺乏组建一支军队的资源。在奥地利哈布斯堡的土地上，大多数的贵族和议会都是波希米亚叛军的盟友，但斐迪南设法收买了三位盟友。由于皇帝答应将腓特烈选帝侯的身份和一些普法尔茨土地让与他，德意志最强大的天主教诸侯巴伐利亚公爵马克西米利安（Maximilian，1573—1651）派军队进入了波希米亚；西班牙的腓力三世也同样为他的哈布斯堡表兄派去了一支军队，作为回报，他将得到剩余的普法尔茨土地。更令人惊讶的是，路德教的选帝侯萨克森也在为征服波希米亚效力，他的奖励是得到哈布斯堡的卢萨蒂亚（Lusatia）地区。这些不公的交易导致了一场迅速的军事行动（1620—1622），在这次行动中，叛军大败。在1620年的白山战役（Battle of White Mountain）中，巴伐利亚军队轻而易举地击溃了波希米亚人。从阿尔卑斯山到奥德河，在整个哈布斯堡的土地上，叛军停止了抵抗，受到了斐迪南粗暴的虐待。接着，巴伐利亚和西班牙军队征服了普法尔茨，人们给愚蠢的腓特烈起了绰号，叫作"一个冬天的国王"（Winterkonig）。1622年，腓特烈不仅失去了他波希米亚的王位，还失去了他所有的德意志领土。

虽然最初的问题这时已经得到了解决，但战争并没有在1622年结束。战争仍在继续的一个原因，是雇佣兵领导的私人武装的出现。恩斯特·冯·曼斯费尔德（Ernst von Mansfeld，1580—1626）是初期这些雇佣兵最为杰出的首领。从血统上说，曼斯费尔德是比利时的天主教徒，在皈依加尔文教，替腓特烈卖命之前，他为西班牙人而战。后来，他又转换了几次阵营，但总是效力于出高价者。在经过城镇和村庄的时候，他支持自己的军队进行抢劫。从那时候起，他就更喜欢率部进入之前从未涉足的领土。1622年，腓特烈一败涂地后，曼斯费尔德自立门户，不再专心打仗，而是将精力放在劫掠上，率军进入了德意志西北部。为对抗曼斯费尔德，巴伐利亚公爵马克西米利安也向该地区派驻了军队。他的军队非但没有制伏曼斯费尔德，反倒是对这一地区的德意志新教平民进行了无情的掠夺。马克西米利安从这场战争中获利颇丰：他夺得了腓特烈的大部分土地和选帝侯身份，此外，皇帝也欠了他大笔的钱财。因此，他并不急于结束战争。在 1618 年至 1619 年间保持中立的外国新教诸侯，此时开始对帝国事务进行干预。丹麦国王克里斯蒂安四世（Christian IV，1588 年至 1648 年在位）的荷尔斯泰因地区（Holstein）在神圣罗马帝国境内，1625 年，他以保护德意志北部新教徒的名义参战。克里斯蒂安急于阻止天主教对帝国的全面征服，但他也希望像马克西米利安一样，从动荡的环境中获利。他本人比腓特烈精明强干，军队也更为强大，但他找不到一个德意志同盟。萨克森和勃兰登堡选帝侯希望看到战争的结束，他们拒绝加入新教大业。1626 年，在卢特战役中（Battle of Lutter），马克西米利安久经沙场的老兵击溃了克里斯蒂安，将他赶回了丹麦。

到目前为止，皇帝斐迪南二世从战争中获利最多。波希米亚叛军的投降，使他能够更自由地镇压新教，重新分配土地，调整对哈布斯堡土地的管理。腓特烈的惨败，使他得以修改帝国的宪法，将普法尔茨的选帝权转让给巴伐利亚。斐迪南获得了支持哈布斯堡王朝的多数席位，使天主教牢不可破。战争蔓延至德意志北部，他得以驱逐更多反叛的新教诸侯，从而将土地分割成若干部分，分给自己的家人和朋友。到了 1626 年，斐迪南描绘出了一幅 1618 年难以想象的蓝图，将神圣罗马帝国改造成了一个信奉天主教的、君主专制的哈布斯堡国家。

显然，斐迪南与他的盟友马克西米利安的战争目标并不相容，皇帝需要一支比巴伐利亚军队更为顺从的军队。然而，他对马克西米利安欠下了大量的债，根本没有钱养一支自己的军队。这就是为什么他与出类拔萃的雇佣军人阿尔布雷希特·冯·沃伦斯坦（Albrecht von Wallenstein，1583—1634）保持一种奇特关系的原因。在波希米亚叛乱发生期间，血统是波希米亚新教徒的沃伦斯坦，选择了哈布斯堡阵营，并在战争期间积累了大量的个人财富。在参加了三十年战争的所有领导者中，沃伦斯坦是最令人难以捉摸的一个。身材高大、面目狰狞的他，具有一个心浮气躁的暴发户所能表现出的一切性格特点。他不择手段、贪得无厌、行事鲁莽、心如蛇蝎、喜爱争吵，而又十分迷信；他擅长做大事，很明显，他的野心没有极限；与他同时代的所有人都害怕他，不信任他，即使是一名现代的分析家，也无法确定他的目的究竟是什么。1625 年，他签订了一份协议，自费组建一支王室军队，并获得了斐迪南授权，允许他从不幸被他占领的地区征用粮食和居所。他曾断言，率领和给养一支 5 万人的军队比一支 2 万人的军队更容易，因为人数更多的军队，能够将他们所生活的区域压榨得更为彻底。曾有一段时间，沃伦斯坦与巴伐利亚的蒂利将军（General Tilly）进行过合作，但他更喜欢独立作战。他将曼斯费尔德从帝国赶了出去，占领了丹麦的大部分地区和德意志波罗的海沿岸的大部分区域。1628 年，他指挥的军队有 12.5 万人之多。皇帝封他为梅克伦堡公爵（duke of Mecklenburg），梅克伦堡位于新近被征服的波罗的海地区。勃兰登堡选帝侯等在战争中保持中立的诸侯，无力阻止沃伦斯坦侵占他们的土地。即使是后来才知晓皇帝这支新力量的马克西米利安，也恳请斐迪南将这位权力过于强大的将军免职。1629 年，皇帝认为颁布《返还敕令》（*Edict of Restitution*）的时候到了，该法令可能是他专制权力的一种最充分的表现。斐迪南的法令宣布，在神圣罗马帝国内，加尔文教不受法律保护，要求路德教退还自 1552 年以来没收的所有教会土地。16 个主教辖区、28 个城镇、分布于德意志北部和中部的超过 150 座寺庙和修道院，被要求归还罗马天主教会。斐迪南没有依靠帝国议会，就采取了单边行动。同新教诸侯一样，天主教诸侯几乎同样感到了来自《返还赦令》的威胁，因为皇帝侵犯了他们的宪法自由，加强了自己的中央集权。沃伦斯坦的士兵很快占领了马格德堡（Magdeburg）、哈尔伯施塔特（Halberstadt）、不来梅（Bremen）、奥格斯堡等城市，并强迫那里的新教徒皈依了天主教。很多年来，新教都占这些城市的主导地位。在沃伦斯坦的帮助下，斐迪南有了立刻废除 1555 年《奥格斯堡和约》的理由，将帝国变成一个君主专制的天主教国家。

在 1630 年的这一紧要关头，古斯塔夫·阿道夫率领他的瑞典军队挺进了德意志。他宣布，他来保护新教教会和宪法自由，以使其免受斐迪南二世的迫害。但他更显而易见的用意，不过是寻求征服和利益。这位瑞典国王和信仰新教的丹麦国王克里斯蒂安的处境一样，他是一个没有德意志盟友的外族人。对古斯塔夫·阿道夫来说，幸运的是，斐迪南二世正中其下怀。由于感到已经牢牢地控制了德意志，斐迪南于 1630 年要求帝国议会认定他儿子作为帝国皇位的继承人，并支持西班牙的哈布斯堡王朝，与尼德兰和法国对峙。他雄心勃勃的计划过于鲁莽了，低估了德意志诸侯对他的敌视。即使是在他解除了沃伦斯坦帝国军队统帅的职务，企图与诸侯们和解的情况下，诸侯们仍然拒绝了他的两个要求。斐迪南所得到的结果，无非是解除了他最出色的将军的职位。与此同时，古斯塔夫·阿道夫再次与幸运之神相遇，以红衣主教黎塞留（Richelieu）为首的法国政府，同意资助他对德意志的入侵。显而易见，法国红衣主教对古斯塔夫·阿道夫的新教征伐不感兴趣，但他却同意一年支付瑞典100万里弗，以在德意志给养一支3.6万人的军队。原因是他想骚扰哈布斯堡王朝，使其陷入瘫痪，然后亮出法国对莱茵河领土的声索。古斯塔夫·阿道夫现在唯一需要的，是德意志的大力支持，这

1629年，天主教重返奥格斯堡。从这幅新教漫画家的作品中，我们可以看到，两个恶魔将教区牧师（图左）和耶稣会士（图右）吐向了这座城市。

样他就可以充当复仇英雄的角色。这虽然并不简单，但他的软磨硬泡，最终使萨克森和勃兰登堡的选帝侯与瑞典结盟。现在，他可以行动了。

1631 年，古斯塔夫 · 阿道夫在布赖滕费尔德（Breitenfeld）消灭了帝国军队。这可能是三十年战争中最具决定性的战役，因为它一举摧毁了天主教于 1618 年至 1629 年间的大多数所得。在接下来的一年里，他按既定计划占领了过去从未遭受破坏的德意志中部地区，巴伐利亚遭到了彻底的洗劫。瑞典国王准备入侵奥地利哈布斯堡王

1630年，入侵德意志的瑞典军队的讽刺画。古斯塔夫·阿道夫的士兵来自拉普兰（Lapland）、利沃尼亚以及苏格兰，他们被描绘成了惯于奸淫劫掠的野蛮人。图中的利沃尼亚人骑在一头驯鹿上。

朝，并且有得寸进尺之势，好像是要取代斐迪南的位置，自己当上神圣罗马帝国的皇帝。

古斯塔夫·阿道夫的干预非常关键，因为他拯救了德意志的新教教会，打破了哈布斯堡帝国的中央集权。但他的个人胜利非常短暂，1632 年，在斐迪南的央求之下，将军沃伦斯坦复出，接受了帝国军队统帅的职务，同阿道夫开战。沃伦斯坦接受任命时，他的军队比以往任何时候都更像他的个人工具。1632 年 11 月，在一个昏暗且雾气朦胧的日子，两位伟大的指挥官在萨克森的洛肯（Lutzen）相遇了，他们的军队陷入了残忍的、漫无目的的厮杀之中。在一次骑兵冲锋中，古斯塔夫·阿道夫疾驰入了大雾中。不久之后，他的马飞奔了回来，身上带着伤，没有了骑手。由于痛失了国王，瑞典军队疯狂了，他们将沃伦斯坦的军队赶出了战场。在黑暗和污泥中，他们最终找到了古斯塔夫·阿道夫那伤痕累累的尸体，身上的财物都被拾荒者拿走了，只剩下一件衬衣。他的一名士兵悲痛地哭了起来："上帝，在这场旧的纷争中，我还能再次拥有这样一位领袖，再打一场这样的战斗吗？"[2]

到了 1632 年，这的确是一场旧的纷争。在洛肯战役之后，双方都陷入了一个毫无希望的僵局，没有人强大到可以取胜，也没有人足够衰弱到必须投降。沃伦斯坦再次成了德意志最令人可怕的战士，他获得了一个可以达成妥协的简短机会，来签订一个和平协定。由于不再受宗教热情和对哈布斯堡家族忠诚的阻碍，他做好了和任何人交易的准备，只要这个人能够出得起价钱。1633 年，他尽可能少地为皇帝作战，同时与所有斐迪南的敌人，包括德意志新教徒、波希米亚叛军、瑞典人及法国人做起了交易。但这时的沃伦斯坦已经是疾病缠身，再无决断力了，再也玩不起这样危险的游戏了。1634年2月，斐迪南二世解除了他的统帅职位，并命令新任将军抓捕沃伦斯坦，活要见人，死要见尸。此时正值冬天，在沃伦斯坦位于波希米亚比尔森（Pilsen）的居所里，他呼吁自己的军官为他而战，而不要听命于皇帝，但他们仍然掀起了反抗他的叛乱。沃伦斯坦和几位同僚一起，从比尔森逃了出去，但他们很快就被逼入了绝境。最后的一幕十分令人不快：一名爱尔兰雇佣兵首领一脚踢开了沃伦斯坦卧室的大门，刺死了赤手空拳的他，然后将血淋淋的尸体裹在地毯里，野蛮地拖下了楼梯。

那时候，斐迪南二世对沃伦斯坦的军事才能没有半点儿留恋。1634年，帝国军队在诺德林根屠杀了大量的瑞典人，次年，斐迪南与瑞典的德意志盟友萨克森和勃兰登堡议和。但是战争还远远没有结束，1635年，黎塞留统治下的法国向德意志投入了更多的人力和财力，用以弥补瑞典留下的空白。现在，参战方是法国和瑞典联手，对抗西班牙和神圣罗马帝国皇帝。战争演变成了哈布斯堡和波旁之间的王朝斗争，最初的宗教、民族及宪法问题都被暂时搁到了一边。1635年以后，很少有德意志人希望看到战争延续，大多数人都希望保持中立。然而，他们的土地仍然硝烟弥漫，他们的财物仍然惨遭劫掠。

从1635年至1648年，也就是战争的最后13年，是最具破坏性的。法国和瑞典联军总体上占了上风，但他们的目标是使战争得以继续，而不是给他们的哈布斯堡敌人以致命的一击。值得注意的是，法国和瑞典很少入侵奥地利哈布斯堡王朝，也从未像在德意志中部地区和巴伐利亚那样，洗劫皇帝的个人领地。双方军队在抢劫上花的功夫，远远大于他们在战斗中的付出。一位名叫汉斯·雅各布·冯·克里斯托·格里默斯豪森（Hans Jacob Christoffel von Grimmelshausen，1625—1676）的见证人，在自己亲身经历的基础上，对战争的最后时段做了生动的描述。在他的《一个呆子的历险记》（*The Adventures of a Simpleton*）中，格里默斯豪森跟随一名天真的农村男孩经历了一次又一次的劫难。士兵和平民习以为常地相互残杀，而平民总是最悲惨的一方。在这种形式的战争中，每一支军队都有很多随军流动的平民，包括女人和孩子，他们为军队营造了舒适的氛围，以至于军人们可以

下图是卡洛特（Callot）的作品，图中的士兵们正在抢劫一处农舍。为了找到钱财藏在了哪里，一些士兵正在利用灶火折磨一名农夫，而其他的士兵或在强奸妇女，或在偷窃食物。

无休止地战斗下去。如果忽略很多营地流行的瘟疫，17 世纪中期德意志的军旅生活，比起平民生活，无疑更加安全和有趣。众多的德意志城镇是主要的战斗目标，马尔堡（Marburg）经历了十次易主，马格德堡（Magdeburg）经历了十次围城。但至少城镇居民有时能躲在城墙后，能够抵挡得住围城，或收买围城的军队。而暴露在外的农民没有任何防御工事，只能逃跑。农业的崩溃会导致饥荒的产生。那个时代的很多人为了索赔和免除税赋，无边际地夸大了人口损失的数据，但即使是挤出这些水分，人口总数的减少程度仍令人感到震惊。在战争期间，德意志的城镇人口减少了三分之一，乡村人口减少了五分之二。相比于 1618 年，1648 年帝国的居民减少了七八百万人。在 20 世纪前，欧洲没有任何一场战争造成过人类如此大规模的屠杀。

和平谈判始于 1644 年，但在四年以后，众多的外交官才最终齐聚于威斯特伐利亚（Westphalia），谈妥了条件，结束了战争。在一番讨价还价之后，《威斯特伐利亚和约》（*Peace of Westphalia*，1648）达成了，事实上它是长期以来未受重视的《奥格斯堡和约》的加强版。神圣罗马帝国在政治上仍然是四分五裂，划分为 300 个自治的诸侯国，它们的大多数积贫积弱。现任的皇帝是斐迪南二世的儿子斐迪南三世（1637 年至 1657 年在位），除了自己的家族土地以外，他的行政权力微不足道。代表所有诸侯的帝国议会，仍然是暮气沉沉。因此，哈布斯堡王朝将帝国打造成统一和专制国家的希望，再次破灭了，永远地破灭了。《威斯特伐利亚和约》还重新确定了《奥格斯堡和约》中关于领地内教会的方案。在各自的诸侯国内，诸侯有权决定领土内的信仰——天主教、路德教，或是加尔文教（1555年遭禁）。在保护新教诸侯国内天主教徒的个人信仰自由，以及天主教诸侯国内的新教徒个人信仰自由方面，较1555年的《奥格斯堡和约》,《威斯特伐利亚和约》做出了更多的努力。但实际上，大多数的德意志人都会顺从地接受各自统治者的信条。再洗礼派及其他分支教派不包含在《威斯特伐利亚和约》之内，因此它们遭受迫害的现状不会得到改变。于是，在18世纪，他们中数以千计的人移民到了美洲，特别是宾夕法尼亚（Pennsylvania）。1648年之后，帝国的北部几乎被路德教控制，而南部则为天主教主导，莱茵河沿岸则分布着加尔文教的重要据点。天主教徒和新教徒形成了一个势均力敌的僵持状态，这在欧洲的任何其他地方都无法实现。

在《威斯特伐利亚和约》中，三十年战争的所有主要参战方都获得了一些领土，法国吞并了阿尔萨斯和洛林的一部分；瑞典吞并了位于波罗的海沿岸的波美拉尼亚（Pomerania）西部；巴伐利亚得到了普法尔茨的一部分领土，以及它在战争一开始时得到的选帝侯地位；萨克森占有了卢萨蒂亚；尽管勃兰登堡在战争中表现消极，但在吞并波美拉尼亚东部和马格德堡方面，却是捷足先登。甚至是腓特烈五世的儿子，将来的波希米亚国王，也得到了关照。他得到了父亲的普法尔茨（领土面积大大缩水），以及选帝侯的第八个席位。瑞士联邦（Swiss Confederation）和尼德兰共和国独立于神圣罗马帝国的地位获得了承认。在1648年，西班牙和奥地利哈布斯堡

1648年，西班牙和尼德兰签订《明斯特条约》（*Treaty of Munster*）。该幅作品由博尔奇（Borch）创作。《明斯特条约》是1648年和平协定的一部分，通过该条约，西班牙最终承认尼德兰共和国的独立。在这幅作品中，两个代表团在进行宣誓的时候，尼德兰代表团成员举起了右手，而西班牙代表团成员则将手放在一本《圣经》上。

王朝都没有瓜分到土地，但奥地利哈布斯堡王朝仍然占有帝国土地的绝大部分。相比于他父亲在波希米亚叛乱之前的手腕，斐迪南三世对政治和宗教的控制力度远大于他。我们很难依据各国从《威斯特伐利亚和约》中获得的收益，来评判三十年战争的正义性。但是1648 年的和解形成了不同寻常的稳定局面。在拿破仑时代到来之前，除了一些小插曲以外，错综复杂的德意志政治界线没有再进行重新划定。

《威斯特伐利亚和约》结束了欧洲中部的宗教战争，使德意志仅仅成了一个地理名词。自 1648 年之后，谈到三十年战争，人们颇有微词。17 世纪晚期和 18 世纪的政治家常常以其为鉴，把它当作不要轻言战事的教育题材。在他们眼中，三十年战争揭示了宗教热情及雇佣军的危险性。理性时代的哲学家和国王，找到了控制战争发生的方法，通过职业军人来减少劫掠和倒戈的发生；用最少的流血方式，通过谈判实现有限的目标；鄙视 17 世纪宗教战争的野蛮和低效。而对于 19 世纪的观察家来说，三十年战争是灾难性的，因为它长期阻挡了德意志的国家统一。20 世纪的观察家虽然可能不再苟同于国家统一的好处，但他们仍然对那场战争进行了批判，因为它在意识形态方面装腔作势，犯下了针对平民的滔天恶行。一位历史学家将她对这场战争的感受总结如下：“道德颠覆，经济破坏，社会退步，漫无目的，进程曲折，徒劳无果，它是欧洲历史上无意义战争的典型例子。”[3] 这个评论可能言辞有些过于激烈，但对大多数德意志人来说，这场战争都是一段悲惨和无益的经历。

奥地利和勃兰登堡–普鲁士的崛起

17 世纪后半叶，神圣罗马帝国有名无实，令人敬畏和异常复杂的宪法机制不再奏效。在威斯特伐利亚，诸侯们战胜了皇帝，赢得了最后的胜利。同时也印证了帝国政府在执行命令、立法、增税、组建军队和制定外交政策等方面的无能。主权只能在地方层面的 300 个诸侯国和帝国城市中存在。在这些微型的诸侯国（平均人口只有 4 万人）中，盛行着一个流行于 17 世纪晚期的趋势，那就是政治专制。为了防止另一场全面战争的爆发，每一名诸侯都想拥有自己的常备军。很多诸侯对议会进行镇压或限制；还有很多诸侯斥巨资建造巴洛克式的宫殿——一种华而不实的权力象征，他们被侍臣和礼官包围着，刻意模仿凡尔赛（Versailles）的路易十四。军队和宫廷消耗钱财，而这些钱财是帝国诸侯们通过征收一系列杂的税如消费税、关税、通行税等得来的。这些税收对商业的发展极为不利，一艘货船沿莱茵河行驶 400 英里，从巴塞尔（Basel）到科隆，需要途经 30 个政治辖区，所需缴纳的税费之多，足以使这种运输方式变得不切实际。由于商业的发展受到阻碍，德意志城镇的人口和财富在继续减少，重要性在减弱。正如诸侯们在控制（或过度控制）诸侯国内商业发展方面行使主权权力一样，他们在处理国际关系方面，也行使着主权权力。1648 年的和约，承认了诸侯国有与外部国家结盟的权力。在 17 世纪后半叶，法国在向帝国发动进攻的时候，总是能够从诸侯国中收买盟友。因此，在 17 世纪 70 年代，在路易十四入侵莱茵河流域的时候，他的军队中有 2 万名德意志士兵。尽管皇帝劝说帝国议会对法国宣战，但很多德意志西部的诸侯国仍拒绝为帝国战争出力，甚至 8 位选帝侯中的 6 位仍然是路易十四的座上宾。

帝国已经形同虚设，利害关系就落在了几个在 1648 年后面积较大、能够在国家权力架构中起作用的德意志诸侯国之上了。奥地利和勃兰登堡两个诸侯国，在本世纪后半叶的发展势头强劲。哈布斯堡家族将他们在奥地利的王朝领土，改造成多瑙河流域一个新兴的、伟大的君主制国家。而在德意志北部，勃兰登堡的霍亨索伦王朝（Hohenzollerns）为另一个伟大的新兴国家——18 世纪的普鲁士王国奠定了基础。17 世纪晚期，其他三个德意志诸侯国，巴伐利亚、萨克森和普法尔茨，表面上看和勃兰登堡一样，拥有增强自己实力的机会，但这三个国家都未能成功。其中，普法尔茨的选帝侯特别不幸，因为他的人民刚刚从三十年战争的灾难中走出来，就遭受了路易十四的蹂躏和破坏。萨克森的选帝侯将他的精力和国家的财富，花费在参加波兰国王的选举上。巴伐利亚的选帝侯在早期的天主教改革和三十年战争中，扮演了重要的角色。而现在，他却把所有的资源都投入修建慕尼黑的宫殿中。在国际事务方面，巴伐利亚成为了法国的附属国。德意志中西部诸侯国的相对失败，与奥地利和勃兰登堡的成功，意味着很多事情。其中之一，就是从此以后，德意志和帝国的领导力将会来自易北河（Elbe）以东。哈布斯堡王朝和霍亨索伦王朝统治的领土，都在帝国的东部边疆；在 17 世纪晚期，他们忙于应对东部问题。在从奥斯曼土耳其、波兰及瑞典夺取的土地上，建设了新的城邦。

奥地利

奥地利的崛起是 17 世纪晚期欧洲东部最为引人注目的事件。它的崛起可以说是幸运，也可以说是水到渠成。建设新兴多瑙河君主国的哈布斯堡统治者斐迪南二世（1619 年至 1637 年在位）、斐迪南三世（1637 年至 1657 年在位）、利奥波德一世（1658 年至 1705 年在位）的才能都不是特别出众。奥地利哈布斯堡王朝是一个奇特的创造。在像法国一样的西部中央集权国家，与像查理五世的“领土大杂烩”一样的旧式王朝帝国之间，它像是一个杂交品种。占统治地位的哈布斯堡诸侯，不仅是神圣罗马帝国的皇帝，也是上、下奥地利（Upper and Lower Austria）大公，又是施蒂里亚侯爵、克恩滕和卡尼奥拉公爵、蒂罗尔伯爵、波希米亚国王、摩拉维亚侯爵和上、下西里西亚公爵，以及匈牙利、克罗地亚（Croatia）、斯洛文尼亚（Slavonia）、达尔马提亚（Dalmatia）国王和特兰西瓦尼亚诸侯。实际上，在本世纪结束前，后五块领土主要被土耳其人占有。哈布斯堡家族独立地管理着每一片区域，每一片区域都有它独特的当地风俗和体制模式。以波希米亚和匈牙利为首的几个区域，在反抗外国统治方面，有着悠久而光荣的历史。哈布斯堡王朝的人民，讲十种不同的语言，有至少八种不同的宗教信仰。欧洲没有任何地方比这里的民族和文化更为复杂了。虽然在地理上，哈布斯堡王朝的土地相互接壤，但除了效忠于一个共同的统治王朝外，人民没有什么共同之处。哈布斯堡家族的野心，是在王朝的每个地方都实行专制统治，将土耳其人从匈牙利和临近区域赶出去，培育一定的文化和社会同一性，从而使管理臣民变得更加容易。但他们却不想将这些多样化的民族，结合成为一个像法国或英格兰一样单一的政治单位。相反，他们更倾向于玩弄纵横捭阖之术。多瑙河君主国是一个以自己为核心的聚集体，每一片区域都与它的相邻区域划分开来，但每一片区域都与哈布斯堡王朝保持着尽可能紧密的联系。

早在 17 世纪 20 年代，这个新兴的多瑙河君主国就已经开始成形了。在波希米亚叛乱失败后，斐迪南二世对波希米亚、摩拉维亚和奥地利进行了整改。由于发动叛乱的是这些地方的贵族，所以斐迪南没收了叛乱贵族的巨额财产，并将没收的土地重新分配给忠诚的哈布斯堡支持者。三十年战争时期，很多雇佣军首领（沃伦斯坦就是其中之一）成了波希米亚和摩拉维亚贪婪的新地主阶级成员。同时，斐迪南二世还赶走了所有新教的神职人员和学校老师，然后尽可能用耶稣会传教士取代他们。他取得了显著的成功，几乎所有

奥地利的利奥波德一世画像，由范·德瑞维根（van Dryweghen）创作而成。由于下颌突出，这位哈布斯堡皇帝看起来不是那么英俊。由于哈布斯堡王朝数代人近亲婚配，下颌突出已经成了他们的一个家族特征。

的波希米亚人都重新皈依了天主教会。两个多世纪以来，波希米亚一直是胡斯运动的堡垒，它也是宗教战争时期，唯一一个原本已经完全新教化，却又重新归顺了罗马的地区。

关于健全社会的概念，奥地利哈布斯堡王朝的看法十分固定。忠于王朝和圣母玛利亚（Virgin Mary），被认为可以给他们的臣民带来精神和道德力量；一支规模巨大的常备军，可以为社会提供武力保护；小部分受过教育的阶级可以为社会提供牧师和公职人员。德意志语言被认为优于斯拉夫语系。因此，德意志文化是统治精英的“必修课”。然而，哈布斯堡家族却又开明到将持有欧洲各国国籍的人为己所用。他们鼓励农村的地主剥削小农阶级，但却不支持他们积极参与政府事务或立法。因此，在17世纪中后期的波希米亚和摩拉维亚，曾经叱咤风云的地主阶级十分罕见。除了针对农业人口立法实行农奴制以外，他们几乎什么也没有做。比起他们叛乱的前辈而言，新兴的地主更为务实，发现如果能够得到免费的农业劳动力，他们就可以从中攫取相当多的利润。尽管农民叛乱时有发生，但哈布斯堡政府还是要求，每一个波希米亚农民都要在一周内为地主义务劳动三天。同波兰地主一样，波希米亚和奥地利地主进行生产的目的是出口。他们为欧洲西部市场供应粮食和木材，为哈布斯堡军队提供肉食、粮食和鱼类（在精心设计的鱼塘中养育而成）。在这个等级分化明显的农业社会，捷克和奥地利的城镇几乎没有什么作用。到了17世纪，比起德意志西部的城镇，它们甚至衰落得更为彻底。

在17世纪20年代，为了再次夺回波希米亚，哈布斯堡王朝需要外界的帮助。在17世纪80和90年代，为了重新获得对匈牙利的控制权，外援再次大显身手。自16世纪中期以来，哈布斯堡和土耳其在匈牙利的分界线一直非常稳定。哈布斯堡王朝首府维也纳以东80英里处，就驻扎着土耳其的边防部队。17世纪60年代，土耳其人再次对奥利地发起攻势。1664年，虽然哈布斯堡王朝打退了入侵的奥斯曼军队，但土耳其的军事力量令利奥波德一世大为震惊。为了达成停战协议，他不惜支付土耳其苏丹20万弗罗林*作为贡品。然而，当停战协议于1683年到期时，另一支土耳其大军横扫匈牙利，穿过了奥地利边界，包围了维也纳。利奥波德逃出了首府，维也纳人民绝望地支撑了两个月。千钧一发之时，波兰国王约翰·索伯斯基（John Sobieski，1674年至1696年在位）率领的一支由奥地利、德意志和波兰人组成的救援部队击溃了奥斯曼人，曾令人闻风丧胆的土耳其禁卫军，如今只得沿着多瑙河溃退。这次巨大的胜利，使匈牙利再次成为双方角逐的竞技场，在长达16年的苦战中，奥地利哈布斯堡王朝、教皇国、波兰和威尼斯，组成了“神圣同盟”（Holy League），将土耳其人赶到了多瑙河以南，喀尔巴阡山脉以东。联盟军队在不同的时期，分别由波兰、意大利、莱茵、巴伐利亚、萨克森指挥官率领。在1699年签订的《卡尔洛维茨和约》中，土耳其人将大片面积的领土——匈牙利、特兰西瓦尼亚、斯拉沃尼亚和克罗地亚割让给了哈布斯堡王朝。自1648年后，多瑙河君主国的领土面积扩大了一倍。

* 英国旧时所用的价值2先令的硬币。——译者注

比起对波希米亚的改造，哈布斯堡王朝对匈牙利的改造远不如前者那样成功。匈牙利人，也就我们说的马扎尔人，对哈布斯堡王朝的霸主地位早有不满。一方面是因为哈布斯堡家族是外族，在匈牙利受到土耳其人欺凌时，哈布斯堡王朝并未伸出援手；另一方面是因为哈布斯堡专制的天主教政策侵犯了匈牙利人的“自由”，只有贵族才能享有这些“自由”。如同他们在欧洲东部各地的人民一样，马扎尔地主用奴隶制将农奴束缚起来，而自己却要享有完全的自由。匈牙利王室所在的西部狭长地带，是从未被土耳其人征服过的地方，那里的贵族将选举国王的权力（和波兰一样）及实行自我管理视为一种自由。在特兰西瓦尼亚，一个土耳其人仅仅是在名义上征服了的地方，贵族们经营着一个独立的共和国，他们是坚定的加尔文教支持者。在匈牙利的中部和南部，哈布斯堡王朝拥有塑造社会的最好机会。在长达150年的时间里，这片地区一直处于土耳其的直接统治之下。在17世纪80和90年代，土耳其人被赶走后，哈布斯堡王朝将新获得的土地最大程度上或卖或赠，让渡给了他们的军官或其他依赖于王室的人。但这些新地主很快转变成了马扎尔贵族。在没有当地贵族配合的情况下，哈布斯堡王朝要想管理边疆地区，几乎是不可能的。由于奥地利人不得不向马扎尔贵族证实，自己的统治至少要比土耳其人好，所以他们不敢赤裸裸地将专制主义或天主教教义强加到当地人民身上。1687年，利奥波德终于使马扎尔人放弃了他们的君主选举制。此后，匈牙利的王位成了世袭的、哈布斯堡王朝的一项财产，但匈牙利的贵族仍然掌握着真正的权力，新教贵族也得以保留他们的宗教信仰。等到匈牙利开始发展商业和农业的时候，农民（他们中的很多人是斯洛伐克和克罗地亚人）在农奴制中沦陷得更为彻底了。他们不得不向马扎尔主人履行沉重的义务，同时还要向奥地利政府缴纳沉重的赋税，而地主阶级是不必缴纳这种赋税的。专制的奥地利统治者，自私的马扎尔贵族，惨遭蹂躏的斯拉夫农民、德意志人和犹太人居住的少数小城镇——哈布斯堡王朝统治下的匈牙利，是一个什么都无法熔化的大熔炉。

勃兰登堡 – 普鲁士

在 17 世纪晚期，相比于哈布斯堡王朝统治下的奥地利，霍亨索伦王室统治下的勃兰登堡，发展可谓是略显逊色。这里的关键人物是腓特烈 · 威廉（Frederick William），从 1640 年至 1688 年，他是勃兰登堡的选帝侯，也被称为“伟大的选侯”（The Great Elector）。他是那个时代欧洲东部最为精明强干的统治者，可是那个时代的人，并没能注意到他的才能。这一点我们或许可以原谅，因为他统治的是一个很小的国家。在他的统治时期，也没干出什么惊天动地的业绩。但“伟大的选侯”开创了体制创新的先河，他的政策在他去世后的很长一段时间内仍然行之有效。由于 18 世纪的普鲁士王国和 19 世纪的德意志帝国是霍亨索伦家族的继任者按照他的方案打造而成的，所以“伟大的选侯”的统治具有特殊的历史意义。

1640 年，腓特烈 · 威廉继承了霍亨索伦家族零零散散的一堆领土，这些领土位于欠发达的德意志北部地区，被三十年战争破坏得千疮百孔。他本人是一名加尔文教徒，而他的臣民基本上都是路德教徒。勃兰登堡是他的主要财产，该地区是一片低洼地，土壤沙化。不仅难以进行农业生产，而且远离波罗的海海岸。那里的几十万居民以种植粮食作物和酿造啤酒为生。柏林（Berlin）是勃兰登堡的主要城镇，面积很小。勃兰登堡以东的100英里的帝国边疆之外，波兰的包围之中，就是普鲁士的所在地。对这位选帝侯来说，这是第二重要的地区。普鲁士是一个森林和湖泊分布密集的地区，它的主要中心是商业小镇柯尼斯堡（Königsberg）。在勃兰登堡100英里以西的、靠近尼德兰的边界处，分布着这位选帝侯剩余的小据点：克利夫（Cleve）、马克（Mark）和拉芬斯堡（Ravensburg）。这些地区原本各自实行自治，相互之间并不往来。若不是后来加入了霍亨索伦王朝，它们之间没有任何共同利益。勃兰登堡和普鲁士都完全受贵族地主容克（Junkers）控制，像英格兰的贵族地主和波兰的什拉赫塔一样，容克地主通过获取上层统治者的让步和压榨下层的小农阶级，爬上了权力和财富的高峰。他们以精明、坚韧和粗野闻名，在16世纪晚期的高通货膨胀时期，他们将黑麦的售价上涨至原来的247%，而支付劳工的工资只在原来的基础上增长了86%。但是到了1640年，由于波罗的海的粮食贸易受到了三十年战争的影响，就连容克地主的处境也变得十分窘迫。

在这些不利的条件下，腓特烈·威廉开始着手建设一个强大的国家。他要做的第一件事，就是建设一支常备军。政治、社会、经济创新，都源自这支军队在国家权力集中化方面发挥的作用。在三十年战争末期，腓特烈·威廉拥有8000人的精良部队。按大国的标准来衡量，这简直微不足道。但在将外国军队赶出他的领土，以及在威斯特伐利亚的和平会议上获取发言权来说，却已足够了。相当令人惊讶的是，“伟大的选侯”于1648年获得了比其他德意志诸侯更多的领土：波美拉尼亚东部和几个世俗化的主教辖区，包括马格德堡。到目前为止，一切都还好。很自然的，勃兰登堡、普鲁士和克利夫–马克的几个议会，希望一旦战争结束，就将这支军队解散，但腓特烈·威廉坚持继续战斗。17世纪50年代，他先是联手瑞典抗击波兰，接着与波兰结盟抗击瑞典。他参加战斗纯粹是出于机会主义原因，只要能够最终获利，他随时准备转换阵营。17世纪70和80年代，他在尼德兰和法国之间成功地转换了三次阵营。在腓特烈·威廉漫长的统治时期，大约有一半的时间，其领土都处于战争状态。到了1688年，他已经拥有了一支3万人的正规军。

谁在为这支军队提供军费？这位选帝侯明白，他不能让自己的士兵像沃伦斯坦的雇佣军一样，靠山吃山，靠水吃水。他辽阔的领土能够提供足够的收入，支持政府的日常开支。但即使如此，他也没能力承担这支军队的军费。外国的资助虽然能起到一定作用，但主要的资金来源仍然依靠征收税赋。而这一点，几个地区的议会都坚决表示反对。1653年，这位选帝侯与勃兰登堡议会制定出了一个妥协方案，承认容克地主特殊的经济和社会特权，并以此换取永久赋税的征收，用于补给自己的军队。选帝侯承认，只有容克地主可以拥有土地；他们可以自由地将农民（都被认为是农奴）从土地上驱逐出去；容克地主免交税赋。另外，容克地主的政治特权受到了严重削弱。在战时税征收期满后，他仍继续征收，并在未经议会同意的情况下，很快对城镇征收额外的消费税（excise tax）。在莱茵地区的领土范围内，这位选帝侯恐吓议会，将动用武力进行税费征缴，议会被迫开始征收战时税。在普鲁士，他遇到了异常强烈的反抗。为了强迫议会征收税赋，腓特烈·威廉关押了反对派的两名主要领袖，并处决了其中的一位。他还将部队驻扎在柯尼斯堡，直到税赋收缴上来才离开。

腓特烈·威廉的臣民远不如路易十四的臣民富裕，可是他们人均缴纳的税赋，却是后者的两倍。在一个财富盈余少得可怜的国家，唯一富裕的阶层容克地主，却不需要缴纳赋税，给养军队的负担几乎是无法承受的。然而，这位选帝侯的军事勒索确实带来了一些实惠。为了征收战时税，腓特烈·威廉建立了一个新的官僚机构，叫作军事委员会（Generalkriegskommissariat）。该机构还负责分配军费和设备，不久后，它就负责管理全国经济的各个方面。该委员会的官员都是这位选帝侯热心的仆人，他们努力地工作，推动国家支持产业的发展，特别是军事物资的制造。大约有2万名受迫害的加尔文教纺织工人，从法国和普法尔茨移民到了勃兰登堡，促进了当地制衣行业的发展。到了本世纪末，在经济方面，霍亨索伦家族的土地已经从30年战争所造成的灾难中恢复过来。人口数量也重新攀升至约150万人，相当于17世纪初期的水平。

“伟大的选侯”的常备军不可能在一夜之间，将勃兰登堡－普鲁土转变成为一个强国。在 1648 年之后，他发动的战争只获得了一部分微不足道的领土——一小块 30 平方英里的波美拉尼亚领土。但是腓特烈·威廉向德意志北部社会注入了持久的力量，他的军队使他本人及后代拥有了绝对的政治控制力；鼓励人民养成了自律和服从的习惯；来自霍亨索伦各地的农民先后应征入伍，而来自勃兰登堡和普鲁士的容克地主变成了他们的军官，这有利于国家的统一；促进了高效官僚机构的发展；使腓特烈·威廉能够利用现存的、严格的社会分化，以及特权容克地主与底层农奴之间的分离。对于胸怀抱负的容克乡绅，获得军官的任命成了他们属于上层阶级成员的标志。这位选帝侯的全部政策都依赖于地主阶级的合作。至于农奴的状况，一位 1684 年的牧师这样描述道："农民确实是人，但他们遭到了像鳕鱼干一样的对待，被拍软了的时候最好吃。"[4]

"伟大的选侯"的儿子腓特烈三世（1688 年至 1713 年在位），就不是他父亲一般英明的统治者了。1701 年，他获得了普鲁士国王的头衔。但在他统治时期连绵不断的战事中，他只扮演了一个次要角色。在欧洲事务中，第一个站在舞台中心的霍亨索伦统治者，是 18 世纪中期的腓特烈大帝（Frederick the Great）。在俾斯麦（Bismarck）的指导下，霍亨索伦家族将会最终吞并科隆和柯尼斯堡之间的所有领土。1871 年之后，他们将会以德意志皇帝的身份进行统治。与腓特烈大帝或俾斯麦相比，"伟大的选侯"不过是一个小人物。但他开启了一个决定性的进程，使德意志走上了政治统一的道路。

17 世纪结束前，勃兰登堡－普鲁士和奥地利显然沿着不同的道

1663年，普鲁士人在柯尼斯堡向“伟大的选侯”宣誓致敬。长期以来，普鲁士议会拒绝承认这位选帝侯拥有普鲁士主权权力。但在1663年，他们最终宣誓效忠最高领袖腓特烈·威廉。

路发展。“伟大的选侯”致力于国家的统一，而哈布斯堡王朝则在王朝内玩弄纵横捭阖之术。勃兰登堡－普鲁士更为好战和官僚。奥地利没能也不曾像勃兰登堡－普鲁士所做的那样，从人民中最大限度地榨取钱财和人力。但是，由于奥地利的人口数量比勃兰登堡－普鲁士多得多，所以它的实力也远比后者强大。勃兰登堡－普鲁士信仰新教，而奥地利则信仰天主教，但这个差别显然不如曾经那样重要。由于这两个国家都以德意志王朝为首领，都企图向东扩张，慢慢地，它们变成了战略敌手。但是奥地利和普鲁士的对立并不应混淆一个事实，那就是 17 世纪，在它们并行成为强国的过程中，两个社会展现出了一些惊人的相似点。

一方面，不同于同时期西部的国家，奥地利和普鲁士（勃兰登堡－普鲁士后来统称为普鲁士）将国籍与主权划分开来。当然，与奥地利不同，普鲁士不是一个多个国家的集合。但在 18 世纪，普鲁士比德意志吞并了更多的波兰领土。在法国大革命（French Revolution）前，普鲁士也并没有表现出泛德意志主义倾向，对所有讲德语的人民都表示欢迎。普鲁士和奥地利都是王朝国家，它们的统治者都继承或征服了多片领土。到了 1700 年，霍亨索伦和哈布斯堡王朝都实现了专制主义中央集权，设法突破了议会权力的束缚。然而，只有在与贵族地主保持心照不宣的合作关系的前提下，这种专制主义才能得以延续。在 17 世纪，无论是在波兰还是在俄罗斯，是在奥地利还是在普鲁士，易北河以东各地占有农奴的地主，都在巩固他们巨大的社会和经济特权。整个欧洲东部以农耕经济为主，居住在城镇的商人和律师（在 16 世纪的西部，他们常常改宗为加尔文教徒；在 17 世纪的西部，他们与自己的国王战斗），在奥地利和普鲁士却一直相对处于弱势。整整一个世纪，他们的实力与日俱下。因此，在本世纪末，虽然政治的瓦解最终终止，但东西部社会和经济的差距并没有得到消除。

第三章

财富不足的时代特征

1559年至1715年间，欧洲商人面临着诸多问题。依据远谈不上富裕的小康社会的社会特征，他们制定了很多政策。人们再也不必像中世纪早期自给自足的农业经济那样，仅仅为了生存而苦苦挣扎。以商人为核心的、所谓的商业革命如火如荼地进行着，向世界市场上分销着比以往任何时候都更多的商品。在家庭生产的包工制度下，商品产出的数量与日俱增，种类多种多样，尤以纺织品为甚。16世纪，由于金银被大量投入流通领域，人们的购买力得到了增强。信贷体系的完善，促进了国际商业的发展；银行业务的革新，鼓励了私人投资和公共贷款；农业专业化的发展，以及散货装运水平的提高，使大城市和人口稠密的地区从遥远的农场得到给养成为可能。而另一方面，欧洲还没有足够的经济技术来生产满足人民舒适生活的所需，更不要说提供富足的生活了。那时候，农业仍然是人们从事最多的行业，采用原始的耕作方式。此 外，农业人口不得不将大量的精力，花费在满足自己的需求方面，而不是为了满足市场而生产。制造业仍然依靠手工，而不是机器。交通运输不仅缓慢，而且艰难。从事商业的风险性极高，企业的规模一般都很小。大约在1590年以后，人口数量不再增长。在这个财富不断增长却依然供不应求的时代，很多欧洲人抱着自给自足的态度，也就不足为奇了。

从地理角度看，欧洲的财富分布不均。比起以农业为主导的东部，商业蓬勃发展的西部所占财富的比重要大得多。在西欧内部，大西洋沿岸港口是主要的资本主义中心。在社会各个阶层之间，财富的分配同样非常不均。实际上，财富几乎没有得到分配。在欧洲的各个地方，富人和穷人之间的差距不断拉大。像国王和大地主这样的巨额财富占有者，消费空前奢侈。中小财富占有者，包括独立的农民、工匠、店主，以及以学术研究为职业的人等，通常情况下只占有财富冰山的一角，但却希望通过勤勉工作，积少成多来获得更多财富。占社会一半以上的底层无产者，包括工薪阶层、农奴、失业者、无业者，则一无所有。除了勉强度日外，生活毫无希望。在欧洲的大多数地区，与1559年相比，1715年工薪阶层的工作环境更艰苦，生活水平更低。

在这期间，另一个值得引起注意的现象是，政治上统一的民族国家明显取代了城邦国家，成了最有效率的组织单位。西班牙、法国和英格兰在政治上好战，但经济上却实行保守主义和保护主义。它们的重商主义政策，充分表现了16和17世纪欧洲财富匮乏的时代特色。

人口

16 和 17 世纪，人们对生活中的一个最重要方面即人口格局的理解严重不足，而且很可能会这样持续下去。在这个时期，没有哪一个政府能够对它的人民进行全面的人口普查。在一些西部国家，当地的神职人员保留着教区的洗礼、婚娶与生死等记录；税务员不定期地对户数进行清点。但这样的统计数据不仅缺乏稳定性和准确性，而且难以把握。对欧洲的大部分地区来说，尤其是东部地区，根本就没有任何可以量化的信息。从现在可以掌握的零碎证据可以看出，在黑死病暴发之后，欧洲人口持续了一个世纪的大萧条。15 世纪中期，人口开始增长，并在以后的 100 多年里，保持了强劲的增长势头。16 世纪晚期，人口总数可能略高于 1 亿，或者说是现今（作者成书的年代）数字的六分之一。在 1590 年左右，欧洲大部分地区的人口似乎停止了增长。总体来看，在整个 17 世纪里，人口在高低位间震荡。大多数的国家经历了突然和急剧的人口数量减少，之后再慢慢恢复（并不总是这样）。由于区域不同，所以各地的格局也有很大区别。正如我们看到的，在三十年战争时期，德意志损失了其近 40% 的人口，但在 17 世纪晚期，其人口数量迅速增长；1590 年至 1665 年间，西班牙的人口数量下降了约 25%，接下来一直保持了稳定；1590 年至 1715 年间，法国的人口增减无规律可言，没有出现快速的增长或急速的减少；在这期间，英格兰的人口增长了约 30%。但是总体上，就目前掌握的情况来看，与 1590 年相比，1715 年的欧洲人口不仅没有增长，而且还可能有所下降。

为什么16世纪的人口数量实现了增长？为什么1590年前后，人口又停止了增长？为什么17世纪的人口增长出现了波动？对于这些问题，人口统计学家并没有给出一致的答案，但他们指出的关键变数是死亡率。在我们讨论的这段时期，死亡率曾急速上升，也曾骤然下降。相比之下，出生率则更有规律可循。16和17世纪，凡是经过调查的地方，出生率都非常高，达到35‰到40‰，远高于现代西方的出生率。遇到“好年景”，即不出现人口危机的情况下，早期现代欧洲的出生率远高于死亡率，足以用一个世纪时间，将人口数量翻倍。整个16世纪80年代，人口的增长常常被战争、瘟疫和饥荒打断，但它并没有中断。可从那以后，人口灾难频繁而大规模地袭来。

16世纪90年代是一个分水岭。整整10年间，从斯堪的纳维亚到西班牙，从匈牙利到爱尔兰，农业均严重歉收。我们可以很精确地确定当时的气象状况。16世纪90年代，阿尔卑斯山谷的冰川迅速推进，这是一个极寒冬季的预兆；1591年至1597年间，法国的葡萄酒酿造者很晚才收获葡萄，这是一个潮湿和寒冷夏季的预兆；[1]在欧洲西部，战事阻止了应急食物的配给，加重了饥荒的破坏程度。荷兰和英国舰队封锁了向西属尼德兰的粮食运输；亨利四世的军队阻止了向巴黎的粮食运输。1590年至1593年间，法国小麦的价格增长了5倍。据估计，这期间法国的人口减少了300万，相当于人口总数的15%。

类似的人口危机发生于17世纪20年代、60年代、90年代及18世纪的前10年。我们了解最详细的，是1693年至1694年间法国的粮食歉收和饥荒，因为关于此次饥荒的教区记载比以前的更为详细。因此，具体地估算这次饥荒所造成的影响是有可能的。举个例子，法国西北部博韦（Beauvais）地区各村的教区记录表明，粮食歉收后的一年里，死亡人数是正常情况下的2到4倍。此外，在正常年份里，三分之二的死亡人口是儿童和老人。而据教区记录显示，在1693年至1694年间，超过一半的死亡人口是年富力强的成年人。换句话说，生存危机破坏了劳动力和家庭结构，不利于人口的繁衍。如果看看饥荒时期妇女怀孕的情况，我们会发现这个数字比正常情况下减少了一半。[2]生育力的突然下降是几个原因造成的。一些人的性伴侣死亡，一些人不具有生育能力，一些人在绝望中堕了胎。还有一种可能是，从饥荒中幸免于难的妇女处于半饥饿状态，身体严重缺乏营养，以至于她们在短时间内没有月经，无法排卵。这种由饥饿导致的不孕，在18世纪西印度群岛种植园的女性奴隶身上就被发现过；第二次世界大战时，在平民和集中营的囚犯身上也出现过。而对于17世纪的法国女性农民而言，生育能力恢复得十分迅速。记录表明，1695年至1696年间，她们生育的孩子比正常年份更多。即使这样，类似危机对人口造成的影响，仍会持续数年而挥之不去。

即使是处在绝望的饥饿中，人们实际上也很少被饿死。更多情况是，他们的身体太过虚弱，难以抵抗诸如流感或痢疾等一般疾病。16和17世纪，还有感染斑疹伤寒和鼠疫的风险，这两种疾病不分

维也纳的传染病医院。市政当局企图通过隔离感染者、将病死者按上图一样的传染病医院掩埋等方式，控制疫情的传播，但这种做法并不成功。

身强还是体弱，一律致命。它们对人群拥挤的和卫生条件差的城市，构成频繁而严重的威胁。欧洲的每一座城市，都多次遭到这种瘟疫的侵袭，以致人口数量锐减。这里引用一些极端的例子：1565 年，汉堡（Hamburg）的人口减少了四分之一；1575 年至 1577 年间，威尼斯的人口减少了三分之一；1656 年，那不勒斯的人口减少了一半；在伦敦，每年都有人死于上述疾病。1563 年至 1665 年间，9 次重大的疫情导致了大约 20 万人的死亡。和那个时代的其他城镇中心一样，作为一个“不健康”的地方，伦敦名副其实。然而，伦敦保持了快速的发展。乡村的人口压力继续将无地的、无寄托的、敢于冒险的人推向了城市。由此导致的结果是，与 1559 年相比，1715 年发生了大规模的城镇化。

到了 17 世纪晚期，瘟疫几乎消失了。那时候，人们不明白为什么会这样，于是这成了医学专家争论的话题。关键问题应该是，在造成所有城镇感染的啮齿动物中，发生了一场革命。早先存在于黑老鼠身上的跳蚤，能够将鼠疫杆菌传染给人类。但到了本世纪，它们遭到了棕鼠的驱赶，而棕鼠身上的跳蚤并不传播这种疾病。尽管如此，欧洲西部的最后一次重大疫情暴发于 1720 年和 1743 年，地点分别位于马赛（Marseilles）和墨西拿（Messina）。

瘟疫和饥荒像是天然的安全阀一样，释放了过度的人口压力。在欧洲的大部分地区，当总人口达到一定限度时，无抵御风险能力的生产和欠发达的流通，使温饱和工作成为不可能被解决的问题。16 世纪晚期，与东部和北部区域相比，西部和中部地区虽然可以满足更为稠密人口的需求，但几乎每一个国家都达到了其能承受的最大极限。对法国来说，这个最大极限在 2000 万人左右；对意大利而言，这个极限是 1100 万人左右。特殊的大丰收年份除外，只要它们的人口超过了上述限度，法国人和意大利人必然会遭遇生存危机。一旦人口数量下滑，高出生率很快就使这个数字恢复到从前的水平。只是为什么在 17 世纪，西班牙遭遇了净人口流失，而不是像法国和意大利一样的波动，还没有找到答案。似乎是西班牙人对他们的经济资源管理得异常不善，导致人口密度被迫降低。德意志的人口格局也非常特别，三十年战争造成的死亡——不仅源于战场，还来自瘟疫、农业减产、交通破坏，以及接踵而至的饥荒——与黑死病对人口造成的影响相当。但是在德意志，如同法国和意大利一样，高出生率在恢复人口流失方面发挥了作用。1648 年以后，德意志的人口数量迅速回升。

在 17 世纪的少数地方，人口出现了净增长。英格兰的人口增长并不足为奇，因为与 16 世纪的法国、德意志、意大利相比，英格兰的人口还有很大的增长空间，英国人拥有为更多人提供食物和工作的资源。尼德兰的例子则更具启发性。尼德兰并没有明显的人口增长空间，但它的人口却实现了增长，因为它拥有最高的人均农业和工业产量，以及欧洲最具活力的商业体系。这种发展为未来指明了方向。总的来说，重要的改变正在开始发生，一种新人口格局的出现成为可能。虽然在 17 世纪，欧洲的总人口并未实现增长，但生产力却毋庸置疑地得到了提高。不断减少的农业人口，为不断增长的城镇人口提供了足够的粮食。1715 年之后，人口出生率继续高企，瘟疫一去不复返，一连串的大丰收接踵而至，人们活得比以前更久，平均寿命超过了 16 世纪人口。18 世纪晚期，通过引入科学的牲畜饲养、土壤化学、蒸汽动力及机器制造，欧洲人的整个生产体系发生了革命性的巨变。因此，他们得以摒弃了传统的心理束缚。

但是在我们研究的这段时期，由于人口限制的阴影挥之不去，人们不得不过着极度简单的生活。四分之一的新生儿会在一年内死去，他们中的一半会在成年前夭折。在博韦地区，尽管一对农民夫妇平均生养 5 个孩子，但人口水平依然只能勉强维持。那时的诗歌，主要以年轻人简短的、酸甜苦辣的爱情为题材，以凋零的玫瑰、挥发的露珠、逝去的春天为寄托。17 世纪最受欢迎的英文抒情诗中，罗伯特 · 赫里克（Robert Herrick）的诗歌《致青年人，切须惜时》（*To the Virgins, to Make Much of Time*）中，这位诗人督促害羞的姑娘们：

有花堪折直须折，
休待韶华空流逝。
今日她在丛中笑，
不知能否度明日。

而事实上，年轻人"折花"的速度惊人地缓慢，鲜有私生子和婚前性行为。17 世纪的法国和英格兰女性往往在 20 几岁的时候嫁人，而男性则在将近 30 岁的时候成婚。在寿命如此短暂的时候，为什么嫁娶和生育还如此拖延？答案是，大多数年轻人都没有选择的空间，在夫妻一方或双方能够赚取工资之前，他们是不能结婚的。在 16 和 17 世纪，大多数的青少年和壮年在青春期后，都需要从事仆人或学徒等工作长达 10 年以上。通过这段时间，他们可以掌握工作技能，只是得到的薪水不是少得可怜，就是完全没有。要想弄明白这样一套体系是怎么发展的，我们必须仔细地研究早期现代欧洲的经济和社会结构。

农业和工业

在我们研究的这段时期，基本的生产方式和 1500 年时没有多大区别，实际上，和 1300 年的时候也是相差无几。可以肯定的是，尼德兰人在农业实践方面进行了一些重要的变革，英国人则在重工业方面采用了一些新的技术。但这些，都无法与 18 世纪的农业和工业革命相提并论。在宗教战争时代，“生产”这个词，仍然只保持着它在拉丁语中的喻义，那就是“手工制造”。经济的发展仍然受到体力劳动的极大束缚。

归纳农业的发展并不容易。广义上说，1559 年至 1715 年间，欧洲的粮食生产变得更为商业化和资本化。农民在他们所有或租用的土地上种植经济作物，然后把它们卖到城镇的市场上去。在欧洲西部，地主可以通过几种方式赚钱，他们可以雇用劳力开发自己的庄园，也可以将小块土地出租给农民，或者拿走租户一半的收成作为租金，这种耕种系统在法国叫作佃农制度。在意大利大庄园和西班牙大农场，这种佃农制度也是很常见的。在波兰、波希米亚、匈牙利和普鲁士，地主们不大乐意支付薪水和出租土地，他们一般要求农奴一周三天免费为农庄劳作。于是，不断扩大的农业市场，将欧洲西部的一些农民变成了工薪劳动者、佃农和小自由农。而欧洲东部的农民，则在农奴制的钳制下越陷越深。无论在什么地方，市场经济都在侵蚀着诸如地方上自给自足，社区内紧密协作等传统的农业习惯。

尽管如此，很多中世纪的农业传统仍然得到了继承。村民仍会将他们的耕地划分为三块，交替种植不同的粮食作物。举个例子，英国村庄威格斯顿－麦格纳（Wigston Magna）被三块各约900英亩的耕地环绕着，它们分别叫作马克洛（Mucklow）、黄金山（Goldhill）和塞索恩山（Thythorn Hill）。在某一年，马克洛种上了豌豆和蚕豆，黄金山种上了大麦、小麦和黑麦，而塞索恩山则处于休耕状态。这些空地再划分成数百块，为个人所占有。每小块土地为狭长形，所有者通过地块边缘的犁脊来区分彼此。和中世纪一样，

铸造钱币。从这幅16世纪的版画中，可以看出早期现代工业的原始特点。工人们利用原始工具，将金属打成薄板，再将薄板切割成硬币，最后为硬币打上印记，并进行研磨。——所有这一切都是手工完成。该幅作品现存于大都会艺术博物馆（Metropolitan Museum of Art）。

每位威格斯顿的农民占有很多块狭长的土地。但到了17世纪，一些人明显开始占有较多的土地。6名生意人的土地各自逐渐增加到100多英亩，而大多数人只有10到30英亩，仅仅能够支持一家之用。经济条件最为恶劣的佃农没有任何土地，受到他们的有产邻居的雇用。但这些威格斯顿农民，或贫穷或富裕，仍然像他们的祖先在1000年前所做的一样，在这种社区的轮作制度下耕种和收获。[3]

威格斯顿－麦格纳虽历史悠久，但却采取浪费资源的三地轮作制度，在英格兰、法国和德意志的大部分地区也相当盛行。自12世纪以来，耕作和收获的技术基本上没有什么改进，每蒲式耳种子的产量仍然低得可怜。种植的作物传统而单一，主要是谷物和豆类，生活中少有肉类、奶制品、水果或蔬菜等。北方的主食仍然是面包和啤酒，南方则是面包和红酒。玉米和土豆虽然已经从新大陆引进，但在欧洲却尚未广泛种植。对于从亚洲和美洲进口的香料、糖、茶和咖啡，欧洲消费者十分喜爱。

16和17世纪，西班牙的农业生产出现了下滑，而同时期英格兰的农业生产却有所增长。如果将二者进行比较，是十分有趣的。在西班牙和英格兰，大量的羊毛生产商将粮田转变为牧羊场。据估计，3%的西班牙人口占有97%的土地。因此，对那里的地主阶级来说，增加牧羊场的比例是相对容易的。16世纪早期，绵羊牧场主协会梅斯塔（Mesta）的成员，拥有大约300万只美利奴羊。为了喂养这些动物，需要大面积的卡斯蒂利亚荒地。于是西班牙政府授予了牧场主协会特殊权利。1501年，羊群主人得到了大片牧场的专属使用权。

老彼得·布勒哲尔（Pieter Brueghel）的作品《收割者》（*The Harvesters*）。请注意，图中劳动全部依赖于人力，妇女和儿童也全部参加。为了加快农活进度，午餐就在野外进行。为了防止降雨造成的损失，收割者们使尽浑身解数，将成熟的粮食收割和堆垛。该作品现存于大都会艺术博物馆。

而先前，这些牧场是用来为卡斯蒂利亚城镇种植粮食作物的。结果，乡村的人口数量急剧减少，一无所有的农民进入了城市。小麦的产量大大下降，西班牙遭遇了饥荒。具有讽刺性的是，在 17 世纪，牧场主协会的羊群在数量和价值上出现了下降。同期，激进的英国地主将他们的佃农，从 50 万英亩的土地上驱逐了出去，并将这些土地圈了起来，变成大牧羊场。但在 18 和 19 世纪以前，英国的圈地养羊运动并没有获得大面积的土地。与西班牙相比，英格兰的贵族和士绅控制的土地较少。17 世纪末期，在小农组成的英国农业人口中，几乎一半拥有自己的土地，或拥有长期租用的土地。英格兰和西班牙之间的一个更重要的差别，是英国农民的效率更高。在 17 世纪，一些有魄力的农民，将剑桥附近沼泽里的水排干，从而获得了土壤肥沃的新农田；其他人则砍伐了大量的森林，并学会了如何在那片荒地上开始耕作。17 世纪的英格兰，不仅羊毛的产量有了提升，粮食和奶制品的产量也完全能够满足不断增加的人口需求。到了本世纪末，英国的农民已经向外出口大量的小麦。

由于耕地稀少，人口稠密，尼德兰的农业学家可能是欧洲最具进取心的。这个国家的低洼地定期被北海海水淹没，土壤潮湿，除了在农业上下工夫，他们也别无选择。16 和 17 世纪，尼德兰人通过围海造田，开拓了大面积的土地。他们建造了堤坝和排水渠，用来防止海水入侵；建造了风车，用来抽去土地中的水分。他们在新土地上集中耕作，建设果园、卡车花园、粮田和牧场。培育郁金香成了尼德兰人的专长，这种五颜六色的球茎花卉于 16 世纪从土耳其引进。他们用三叶草和芜菁做实验，提高了土壤的产量，养肥了牛群。尼德兰人能够生产用于出口的黄油和奶酪，而由于每年冬天缺乏草料，英国奶农却屠杀了大多数的奶牛，奶制品业的发展受到了掣肘。由于土壤焦干和多石，西班牙急需一些尼德兰式的农业实验，但所有灌溉田地的努力都受到惰性的阻碍。17 世纪，西班牙的神职人员驳回了一项运河工程，而该工程的设计初衷是为了便利内陆运输。他们争辩说，如果上帝想要西班牙的水道用于航行，他自然就会把它们创造成那样。

17 世纪农业发展的一个典型例子，是法国香槟地区的葡萄种植者研发了一种制作上乘起泡葡萄酒的方法。法国红酒那时早已成为欧洲最好的红酒，但香槟地区并非著名的红酒产地。该地区的白垩质土壤上，生长着矮小的葡萄树，出产少量很甜的白葡萄和黑葡萄。其北部气候推迟了丰收的季节，延缓了关键的发酵过程。而正是通过这个过程，葡萄汁转变成了酒。制造红酒的标准方法是，在 9 月或 10 月收获葡萄，然后把它们碾压成糊状，最后发酵。在发酵的液体变成葡萄酒之前，会先被倒入大木桶中。这些液体会通过管道，从一个木桶输送到另一个木桶，目的是清除沉淀物，进行过滤，使其呈现出清澈的颜色。17 世纪的标准惯例，是在酒刚酿好的时候就饮用。但这些酒也可以被封入木桶之中，贮存达数年之久，直到它变成老酒。一名叫作唐 · 皮埃尔 · 培里侬（Don Pierre Perignon, 1638—1715）的失明修道士，是本笃会修道院（Benedictine abbey）的酒窖管理人。将香槟地区的红酒变成起泡白葡萄酒这道酿造工序，据说就是他发明的。首先，唐 · 皮埃尔将各种不同葡萄树上采摘的果实，放到榨汁器中，实现完美的融合。然后，在糊状物完成发酵之前，他将液体倒入瓶子而不是木桶中，再将它们放到兰斯（Reims）——香槟地区主要的城镇——凉爽的酒窖中去。发酵过程在瓶子中继续，从而使酒起泡。唐 · 皮埃尔需要非常结实的瓶子，在制造香槟的较早时期，大量的瓶子发生了爆炸。他需要结实的有线软木塞，而不是人们一直使用的浸过油的麻布塞。一项精湛技术的研发需要很多年，由于瓶装红酒用管道连通，也无法进行过滤，香槟的生产商需要找到另一种方法去除红酒中的沉淀物。他们将成捆的红酒瓶倒置，等到沉淀物沉积在软木塞上，然后打开每一个瓶子，将沉淀物清除，迅速加入少量白糖，使红酒具有甘甜的味道。最后在气泡消失之前，重新塞上木塞。17 世纪的香槟可能和现代的饮料味道不同，但它却已经是国王的杯中酒了。路易十四曾大量地饮用它。查理二世也特别喜爱这种起泡酒，在他年轻时访问法国的时候，将它引入了英格兰。

将目光从食物和饮品转移到制造业上来，我们又一次发现了区域差异，以及一种向大规模资本主义生产组织发展的普遍趋势。在 17 世纪，工业生产是为了满足基本的消费需求。布匹是最基本的制造业商品，在 17 世纪的欧洲，如同中世纪一样，纺织品生产是当时最大的工业。自 16 世纪早期以来，纺织品生产技术就没有发生过改变。用于制作外衣的多用途羊毛布料，通过农业生产系统在整个欧洲西部进行生产。大规模的纺织品商人雇用农民进行纺纱、编织，直至完成布料的生产。很多商人并不给布料染色，因为染色对技术有很高的要求。成品布料一半的价格在于它的颜色。尼德兰纺织品商人掌握了给羊毛染色的最佳方法（对此，他们当然竭力保密），他们从英格兰进口大量的“白布”，然后为布料染上颜色。极富进取心的商人可能还会购买不同品种绵羊的羊毛，然后将多种羊毛混合在一起，将不同的编织方法整合在一起进行试验，从而制造出满足公众喜好的布料。商人可能会雇用数以百计的男工和女工，然后由自已对从羊毛到成品布匹的每一道工序进行控制。他们的组织化生产与现代工厂的装配生产线十分相像。然而，真正的工作却在极为原始的条件下进行，通过半熟练的手工劳动完成。

像丝绸一类的奢侈纺织品，通常是在城镇而不是农村进行生产，因为完成这项工作，需要兼具高技能的劳动者、昂贵的材料及非常精细的机械。只有有钱人能够买得起丝绸和天鹅绒，比起数量，丝绸商人在质量上下的功夫更大。自 13 世纪以来，卢卡（Lucca）就一直是意大利最大的丝绸中心；像里昂（Lyons）和阿姆斯特丹（Amsterdam）一样的北方城市，直到 16 和 17 世纪才研发出这项工艺。自然而然，比起英国乡村半熟练的羊毛编织工和染色工，卢卡高技能的丝绸织工和染色工受到了更好的组织，拿到了更高的薪水。尽管如此，他们也只是大规模生产中的计件工人而已。

将成品布料缝制成外衣的裁缝，是最为传统的制衣工人。这些小规模、个体经营的工匠存在于每一个欧洲城镇中。如同数个世纪以来，他们组成了行业协会。裁缝按照协会规定的标准缝制外衣，并以其规定的价格将制成品卖给消费者。布匹商人和丝绸商人虽然憎恶这种具有保护主义和限制性的商业惯例，却希望国家能够保护和促进纺织品生产的各个环节。和其他政府一样，英国政府禁止农民将羊毛卖向海外，对所有进口的羊毛制品征收重税，还购买国内的精纺毛料和哔叽（一种结实的羊毛布），用来制作军装。此外，英国政府还要求每一位英国士兵的尸体，必须用羊毛裹尸布包裹下葬。实际上，比起即将在 18 世纪兴起于英格兰的棉花产业，17 世纪的羊毛工业，与中世纪的裁缝工艺存在更多的共同点。不仅仅是因为棉花价格便宜，而且更为实用；不仅仅是因为棉布是机器而非人工制造；不仅仅是因为棉纺织品集中在大工厂，而不是分散在乡间的村舍中，更是因为棉纱业巨头非常独立，他们对国家和地方的所有规定和保护嗤之以鼻。17 世纪的纺织品生产商，建立了他们自己的保护组织，不敢承担自由竞争的风险。他们认为自己活在一个勉强维持生计的世界里。

对于重工业来说，当时并没有多余的资本、劳动力或是太多的技术技能。16 世纪晚期和 17 世纪，英格兰是最为工业化的社会。英格兰北部沿着泰恩河（Tyne River）分布的煤矿地位重要，它的精密机械虽不能用于切割煤炭，但可以用于排出矿井内的水。矿工还是需要依靠双手，去开采和运输煤炭。16 世纪 50 年代，英国每年的煤炭产量是大约 20 万吨。到了 17 世纪 80 年代，这个数字已经增长到了 300 万吨。同期，英国的铁产量也增长了 5 倍。鉴于这些令人惊叹的成绩，英国早期煤炭行业首席权威约翰·内夫（John Nef）教授主张，英国于 1540 年至 1640 年间完成了工业革命，其重要性与始于 1760 年后[4]、更为人知的机器时代具有可比性。但对都铎和斯图亚特时代的英格兰来说，革命这个词似乎有点儿言过其实了。17 世纪英国的煤铁产量仍然十分有限，以至于无法对生产技术产生较大的影响。虽然英国人在他们的染坊、砖窑和玻璃窑中使用煤火——他们还在酿造厂中使用，尽管人们认为焦煤的味道污染了啤酒，但英国人还没有发明出用煤炭熔化铁矿石的方法，这个过程只能用木炭完成。伦敦人消费了大量的煤，以取代木头来温暖自己的屋子。新供应的铁，制成了锅、炉壁、刀子、针及其他的家用物件。17世纪40年代，英格兰生产的煤，是美国在20世纪50年代产煤数量的二百五十分之一，生产的钢铁是后者的两千五百分之一。英国人还无法像他们于18世纪晚期在棉纺厂所做的那样，生产出足够的煤和铁，用以煤为动力的钢铁机器取代手工制造。

在17世纪，无论英格兰经历了工业革命与否，欧洲大陆肯定是没有经历过。从16世纪30年代到18世纪早期，整个欧洲的钢铁产量一直维持在一个较低的水平，年产15万吨。在上述时期，英国的钢铁产量在增长，而德意志、波希米亚和匈牙利的产量却在下滑。战争本应该刺激重工业的发展，但宗教战争却产生了相反的效果。战争不仅没能推动采矿和金属加工业的发展，反而打断了它，大多数的武器还是简单到可以手工制造出来。古斯塔夫·阿道夫在三十年战争中使用的火枪和大炮，是在瑞典的国有工厂中制造出来的，但火药却是在农民的村舍中生产出来的。

交通状况有了或多或少的改善，方便了欧洲各地区商品在市场上的分配流通。马车和货车首次装备上了辐条轮和弹簧，极大地方便了陆路旅行和运输。柯尼斯堡距离克利夫600英里，勃兰登堡选帝侯的快马信使只需要一周，就可以将信函送到。但狭窄的、满是辙印的泥泞道路，阻碍了大宗货物的陆路运输，同时也不利于路匪和路卡收费员的盛行。1675年，据计算，从水道将煤炭运输300英里的价格，同陆路运输15英里的价格是一样的。比起1559年，

1715 年的商船体积和速度并没有多大提升，但数量上却今非昔比。价格低廉、操作简单的快速平底船，特别适合用来运输不便携带的煤炭、木材、盐和粮食等。因此，海港和河港迎来了来自世界各地的货物。相比之下，内陆村庄仍然实行自给自足。依赖集贸市场和流动商贩来满足所需的农民，不得不适度降低他们的品位。

总的来说，与我们现在的经济长期饱受供大于求的影响不同，17 世纪的经济长期受供不应求等问题的掣肘。几乎在整个 17 世纪，劳动力都受到低效手工劳动的束缚，仅仅能够提供基本的生活必需品——食物、衣物和居所。每 10 名劳动者中，就有七八名是农业工作者。但尽管如此，17 世纪的欧洲人还是面临着温饱问题。如今，在 20 世纪晚期的劳动者中，不到十分之一的人从事农业或纺织工作，但我们农场和工厂的产品却充斥着市场。在美国人口普查局（United States Bureau of the Census）于 1970 年列出的 450 个职业分类中，至少有 200 个（大多数都是白领一类）在 300 年前是完全不存在的。一位 17 世纪的企业家实在无法相信，在我们这个机械化的社会中，从事交通运输行业的劳动者，同农业劳动者的数量一样多。[5] 或者是我们不得不通过销售和广告，来创造消费者“需求”，劝说消费者在商品使用寿命结束前，将它们丢弃。17 世纪中产阶级的节俭、禁欲和克制等美德，在我们这个固有的淘汰时代，已经成了罪恶。

尼德兰商业资本主义

尼德兰人是17世纪欧洲最具进取心的商人。虽然他们确实是能干的农民和有技能的制造业工作者，但他们的成功并不来自农业和工业生产方面的优势。起初，尼德兰人扮演中间商的角色，他们购买、贩卖和运输他人的商品。他们从亚洲购买大量的香料、茶叶、瓷器和棉花，从美洲购买白糖、烟草和皮货。他们甚至还从欧洲北部购买更大批量的木材、粮食、牛群和铜，从欧洲南部购买羊毛、红酒、丝绸和白银。利用充足的商船船队，尼德兰人将所有这些货物运到阿姆斯特丹，以及其他的尼德兰城镇，然后把它们卖给聚集到那里的、来自欧洲各地的买家。作为中间商，只要一有机会，他们就会通过将进口的原材料变成成品，从而获得更多的利润。尼德兰的纺织厂、染坊、酿造厂、啤酒厂、皮革厂、糖盐精炼厂、烟草切割厂及肥皂厂，都依赖于进口原材料。通过在全社会发展对外贸易，尼德兰人克服了他们缺乏自然资源、人力和军事力量等困难。正如尼德兰的繁荣所证实的，中间商是17世纪经济的主要催化剂。

尼德兰商业资本主义的崛起，是一个不同寻常的故事。尼德兰人于16世纪60年代掀起反对腓力二世的叛乱时，北部省份（未来的荷兰共和国）远不如南方省份发达。作为中转港，阿姆斯特丹的位置也远不如安特卫普重要。但荷兰和泽兰这两个北部沿海省份的居民，历来有航海的民俗，拥有大量各种型号的船只。他们已经控制了北海的渔业，波罗的海的粮食及木材贸易。一旦“海上乞丐”

尼德兰东印度公司在阿姆斯特丹的库房和木材码头。从缪德（Muider）的这幅雕版画中可以看出，该公司的一艘商船正在建造中，旁边是为未来造船准备的成堆的木材。

于1572年攻占了荷兰和泽兰的港口，尼德兰人就可以在必要的时候打开堤坝，抵御西班牙军队的进攻。此外，他们还可以越过西班牙舰队去洗劫西班牙商船。在1581年尼德兰宣布独立与1648年同西班牙达成最终和平协议之间，尼德兰的商业发展迅速。尼德兰商人一面积极开发旧有的贸易通道，一面打开新的贸易通道；尽管战事不断，他们仍一边继续购买西班牙羊毛，一边将粮食卖给西班牙人，甚至还把军需品卖给西班牙军队！在葡萄牙与西班牙结盟期间，他们利用葡萄牙的弱点，占据了最具价值的葡萄牙殖民地和贸易港口。

1585年，在帕尔马公爵占领了安特卫普后，阿姆斯特丹迅速取代了它，成为欧洲最大的航运中心、商品市场和金融交易中心。尼德兰人坚持封锁斯凯尔特河（Scheldt River）河口，以使安特卫普无法重新恢复昔日的商业繁荣。

17世纪中期的尼德兰共和国非常小，领土面积差不多和马里兰州一样大，人口只有200万。与西班牙爆发持续80年的战争，没有对其特殊的政治结构带来任何明显的现代化。7个独立主权的省份——荷兰、泽兰、乌得勒支、格尔德兰（Gelderland）、格罗宁根（Groningen）、上艾瑟尔（Overyssel）和弗里斯兰，仍然十分珍惜自己独立的身份，一些愤世嫉俗的人将它们称为“四分五裂的国家”。富有、人口稠密和崇尚世界主义的荷兰，与闭塞、封闭和以畜牧业为主的格尔德兰，鲜有经济、社会或文化联系。中央政府的运行，建立在7个自治省份相互协商的基础之上。每个省份都会派大使到海牙（Hague）参加国民议会，国民议会很少做出积极动作，因为它的决策需要所有7个省份的一致同意。但是在危急时刻，其他的6个省份都会服从荷兰，因为荷兰为联盟贡献了超过一半的经济支持。在政治上，对荷兰进行控制的是统治阿姆斯特丹和其他一些城镇的商人寡头。虽然“沉默的威廉”所在的奥兰治王室，具有一些统治王朝的特征，但在尼德兰共和国，却没有核心的行政部门。在7个省份中，奥兰治王子一般是5个省份的联邦陆海军总指挥、总督和最高行政长官。尽管尼德兰联合共和国看起来不堪一击，百无一用，但它还是发挥了作用。尼德兰的政治，成了奥兰治王室和荷兰富商寡头之间的一场拔河游戏。除了在紧急的军事危机情况下，富商寡头一直占据上风。他们希望国际和平，因为和平有助于尼德兰贸易在全世界范围内的发展。

17世纪尼德兰的商业资本主义，虽没能产出像雅克·克尔（Jacques Coeur）、科西莫·德·美第奇（Cosimo de Medici）及雅各布·富格尔（Jakob Fugger）一样的巨人，但通过集中各种资源，尼德兰商人从事商业，即使是对过去的那些巨人来说，也太过昂贵和冒险。为了应对大型的商业项目，大量或大或小的投资者获得了国家的许可，组成各种公司。在这些公司中，最大的是尼德兰东印度公司，它成立于1602年，起始资金650万弗罗林。它是一家股份制公司，来自尼德兰共和国全境的、数以百计的投资者，将他们的资本投给这家公司作为营运资金。虽然负责运营东印度公司的17名董事是从最大的股东中选出来的，但其他的小股东也没有什么抱怨。该公司带回阿姆斯特丹的胡椒、丁香和肉豆蔻，年均能够产生18%的股息。

到了17世纪中期，尼德兰人已经创造了一个遍及全球的，与西班牙帝国完全不同的帝国。它是一个由私人公司所有和运营的贸易网络，几乎不受政府的监督。东印度公司和西印度公司（成立于1621年）这两个股份制公司，在全世界划分了势力范围。每一家公司都拥有占有和统治海外领土、协定条约和发动战争的主权权力。二者相比之下，东印度公司的地位更为重要。在17世纪早期，东印度公司的士兵和水手，将葡萄牙人从香料群岛（spice islands）、马来群岛（Malay Archipelago）和锡兰（Ceylon）赶了出去，使英国人无法进入这些地区。于是，尼德兰人实际上完全控制了苏门答腊的胡椒、锡兰的肉桂，以及摩鹿加（Moluccan）的豆蔻、肉豆蔻、丁香。该公司还在长崎附近的一个岛上占据了一个据点。在那里，多疑的日本政府允许尼德兰人垄断所有日本与欧洲的贸易。它还将从中国贸易据点获得的茶叶、瓷器，从印度贸易据点获得的棉花，从波斯贸易据点获得的丝绸，从阿拉伯获得的咖啡，运回尼德兰。1652 年，东印度公司在好望角建立了一个中转站，将从阿姆斯特丹到亚洲的漫长航行一分为二。运营于西半球的尼德兰西印度公司，就不如东印度公司那般成功了，因为其他欧洲国家的势力，已经在那里根深蒂固了。它不仅无法夺取任何重要的西班牙殖民地，在 17 世纪 40 和 50 年代，葡萄牙人还从尼德兰手中再次夺回了巴西和安哥拉（Angola）。在北美洲，尼德兰人也没能从曼哈顿（Manhattan）和奥尔巴尼（Albany）的皮草贸易据点获得什么可观的利润。1664 年，这两个据点被英国人占有了。然而，从利润丰厚的非洲奴隶贸易中，西印度公司却攫取了大量的财富。库拉索（Curacao）和圣尤斯特歇斯（St. Eustatius）这两个岛屿据点，是西印度公司在加勒比地区从事袭击和贸易的重要基地。

东印度公司和西印度公司体现了尼德兰商业资本主义的鲜明特征。但事实上，对于尼德兰经济而言，它们的重要性不及北海的渔业和欧洲西部的转口贸易。渔业为数十万的尼德兰人提供了就业，需要很多工人来建造、装备和维修渔船，驾驶北海舰队——这支舰队是用来打捞鲱鱼的、黑线鳕和鳕鱼的，以及驾驶北冰洋捕鲸船队。

渔业需要工人对鱼进行腌制、熏制和装桶，以备出口；还需要工人从葡萄牙和法国将需要的盐，从挪威将需要的木材运输回来，用来腌制鲱鱼，制造船只和木桶。虽然尼德兰人所需的木材全部依赖进口，但他们却建造了一支规模巨大的商船队。当时的人们猜测，在17世纪中期，尼德兰人拥有1.6万艘商船，约占欧洲总数的一半。丹麦的税费记录表明，在上述时期进入波罗的海的船只，三分之二是尼德兰的。在西属美洲沿岸，尼德兰船只的数量曾一度超过西班牙船只的数量。在英属美洲沿岸，情况也大致相同。1619年，运往弗吉尼亚的第一批黑奴就搭载在尼德兰的船只上。这支海外船队使尼德兰人得以赚取每单水上交易的中间利润，同时使阿姆斯特丹发展成为欧洲最繁忙的贸易中心。

在爆发于1566年的尼德兰叛乱之后，阿姆斯特丹的人口数量由3万人急剧上升为20万人。阿姆斯特丹是一个浅水港，居于内陆，距北海较远，并不十分便利。但这座城市居于北方，也是尼德兰最容易防御的港口，因此能够免于西班牙人的威胁。阿姆斯特丹坐落在通往波罗的海、莱茵河和英吉利海峡的航道上。没有人能够比阿姆斯特丹商人以更低的价格出售商品，因为他们从事的是大宗交易。他们通常会将一支满载着鲱鱼的船队开赴波罗的海，这些鲱鱼是尼德兰渔民在英国海岸捕获的。在返回时，船上或载着从丹麦带回的粮食，或2万头瘦牛——它们即将在荷兰的沿海低地被养肥。为了获取木材，他们从挪威购买活立木*；在葡萄成熟之前，他们就与整

* 指林地中生长着的林木。——译者注

个法国的葡萄酒商签订了合同；他们会从英格兰购买成船的、未经染色的布料、巴巴多斯（Barbados）糖和弗吉尼亚的烟草，然后由阿姆斯特丹的工匠将布料染色，将糖精炼，将烟草进行切割和包装，最后以英国人无法企及的价格，将成品在欧洲北部进行销售。在阿姆斯特丹，无论是精密镜头，还是一支5000人的军队所需的火枪，外国商人都可以买到，所以他们认为值得花时间在阿姆斯特丹购物。兑汇银行放松了信贷，海上保险政策为运输提供了保障。在这座城市，可以找到用欧洲各国文字写成的书籍。以法文和英文出版的报纸，甚至比本国的更为生动和翔实，因此，没有任何商人会感到陌生。

尼德兰共和国是一个加尔文教国家，但在17世纪中期的阿姆斯特丹，约翰·加尔文并不会有宾至如归的感觉。因为尼德兰的大商人不允许改宗后的神职人员干预政治和经济。在阿姆斯特丹，天主教徒、再洗礼派教徒、犹太教徒及无神论者都是可以被接受的。使尼德兰人发动反抗腓力二世的叛乱的情绪，以及16世纪80年代在一切都毫无希望的情况下，驱使他们继续不懈战斗的宗教热情，已经转变成一种赚钱的世俗热情。确实，相比于老对手西班牙人而言，尼德兰人失去了他们在16世纪中期的征伐动力。如果对比17世纪尼德兰和西班牙的海外传教工作，尼德兰人宗教热情的衰退，就更显而易见了。在菲律宾、印度、暹罗（泰国的旧称）和中国，数千名西班牙牧师和僧侣大力开展传教活动，精心打造了一系列天主教堂、学校、神学院及大学。尼德兰东印度公司，向亚洲派遣了一支人数众多的加尔文教传教士和教师，但他们的传教工作却是异常乏

达珀（Dapper）的雕版作品《1663年的阿姆斯特丹港》。从图中可以看到，由于内港船满为患，数十艘商船停泊在城外。在平坦的荷兰乡村的映衬下，请注意教堂的尖塔和风车。该作品现存放于位于阿姆斯特丹的荷兰国家海事博物馆（Scheepvart Museum）。

力。1683 年，一名尼德兰加尔文教徒哀叹道："不，耶稣会士和巴比伦妓女产下的蝗虫们，以如此耐心而盲目的热情，大力宣扬黑暗王国，而我们，在迎接仁慈王国的到来方面，却做得少得可怜！"[6]

比起早先的佛罗伦萨、威尼斯、奥格斯堡和安特卫普等资本主义中心，在阿姆斯特丹，无疑赚钱的风气更为普遍和强盛。然而，我们并不应该夸大 17 世纪尼德兰商业的现代性。阿姆斯特丹的商业结构，即它的银行、交易所、保险公司和股份制公司，建立在 16 世纪模型的基础之上。独特的阿姆斯特丹商业公司，仍然是一种简单的合作伙伴关系。在保护主义政策方面，尼德兰的股份制公司与中世纪的行会十分相似。东印度公司垄断了东部的贸易，禁止除股东外的任何尼德兰商人在香料岛从事贸易活动。该公司不仅仅抵制来自外部的竞争，为了限制供应和抬高价格，他们还人为破坏了公司拥有的苏门答腊胡椒种植园，以及摩鹿加肉豆蔻货物等。此外，尼德兰商业的繁荣，仅限于中上层阶级。扬·维米尔（Jan Vermeer）和彼得·德·霍赫（Pieter de Hooch）的绘画作品，呈现了衣食无忧、穿着华丽的自由民生活在一尘不染、家具齐全的砖瓦房中的画面，仅仅表现出了17世纪尼德兰生活的一个方面。阿姆斯特丹的一半居民，在贫民窟的条件下生活，居住在肮脏的棚屋或地窖里。尼德兰的工薪劳动者一天需要工作12到14小时，日常饮食为大豆、豌豆和黑麦面包。尽管如此，能有一份工作已经是十分幸运了。在17世纪，即使是像尼德兰人这样积极进取，也没能实现经济的富足。

财富和特权

在16和17世纪，欧洲相对较低的生产力水平，使其社会结构急剧分化。阶级分化的定型，甚至到了我们难以想象的程度。尽管相比于中世纪，这时的社会流动性更强，但人们对自己社会地位的自我意识，仍没有丝毫减少。社会的每个等级，从顶层的王公贵族，到底层的农奴乞丐，都有属于他们自己的鲜明的服装、饮食、居住和娱乐风格，他们自己的成长经历、风俗和心理状态。贵族、资本家和农民的价值体系有着天壤之别。一个人使用的词汇和口音，甚至是他的体形和仪态，都能够立刻反映出他的社会地位。这就解释了为什么对于一个来自任何等级的人（特别是底层或是顶层），跻身上一等级或是坠入下一等级是如此的罕见。等级制度被认为是社会文明的度量衡。在如爱尔兰、瑞典、俄罗斯和美洲等边远地区，社会等级是混乱和简单的。但在文明的中心法国，社会等级的界限清晰。在莎士比亚的《特洛伊罗斯与克瑞西达》(*Troilus and Cressida*)中，尤利西斯的一段经常被引用的独白，完美地表达了当时盛行的观念——社会等级有利于保护政治秩序和经济稳定。

宇宙本身、行星和这个中心，
都需服从纪律、秩序和地位，
坚持、进程、比例、季节、形式，
公职以及风俗，都有自己的规则，
没有了纪律，就像琴弦绷断，
听吧！刺耳的噪音随之而来！
接下来，一切都穿上了权力的外衣，
权力变成了意志，意志变成了欲望，
欲望，这头贪心不足的饿狼，
得到了意志和权力的两重辅佐，
势必至于把全世界供它的馋吻，
然后把自己也吃下去。

显而易见，莎士比亚期待资本主义精神的成长，能够瓦解传统的等级模式。然而，从某种意义上说，反而使等级模式得到了强化。可以肯定的是，对于拥有才能和进取心的人，现在有了更好的机会去提升自己。但上、中、下层社会的经济差距也变得越来越大。如果16和17世纪的欧洲人经历了像我们所拥有的经济上的富足和机械化生产，毫无疑问，穷苦人民的期望将会上升，而富有人群的品位将会下降。然而，建立在手工生产之上，仅能产出有限财富的经济状况，却只能产生相反的心理作用。一方面，对于站在社会等级顶端的人，财富和收入的增长，使他们能够享受奢侈的生活。即使是中世纪的国王和贵族，也无法企及。奢侈和浪费成了社会地位高的必要象征。另一方面，对于处于社会等级底端的人，继续着持续了数个世纪的贫穷。由于经济上长期的供不应求，在生活水平上，他们无法实现任何的提高。简而言之，宗教战争时代的欧洲，被前所未有地划分成了“富人”和“穷人”——富人和中产阶层垄断了财富和安逸，而仆人阶层明白，除了基本维持生活以外，他们不可能再拥有任何东西。

1696年，一位名叫格雷戈里·金（Gregory King）的统计学家就英国社会进行了一项调查，对这种“富人”和“穷人”在心理上的划分，进行了很好的说明。在英国生活了很长时间的他，通过个人的观察，以及对报税表、出生记录、死亡记录、婚娶记录等的分析，计算出了英国的总人口数为550万人，这个推算得到了现代人口统计学家的支持。有趣的是，金将总人口划分为两类的方式——270万

这两幅画反映了一位贵族的厨房和一个农民的厨房。对于贵族的食客来说（上），一群着装统一的仆人和厨师正在制作一场盛宴。而对于骨瘦如柴的农民（下）而言，除了面包和蔬菜以外，没有什么可以吃的。

人增加了王国的财富，而另外280万人则消耗了这个国家的财富。在他划分的第一类中，包括拥有利害关系（土地、官职、职业或技艺）的每一个人，包括贵族、乡绅、王室官员、商人、军官、律师、教师、神职人员、店主、工匠和农民。按照格雷戈里·金的说法，所有这些职业群体，都分享了这个国家一定的财富盈余。显然，一位拥有1万英亩土地的贵族地主所占有的财富，远远多于一个仅占有50英亩土地的自由民。但即使是对于一个工匠或小农来说，他们的劳动所得也足以支撑一个家庭之用。对于这一类别中的大多数人来说，土地是主要也是最具价值的财富形式。被金归类为第二类别的280万人，形成了总人口中贫困无产和被掩盖了的另一半，他们不占有这个国家的任何财富。在这些穷人当中，有农业工薪劳动者、家仆、士兵、水手、乞丐和流浪汉。请注意，17世纪士兵和水手的社会地位极低，他们是从社会渣滓中招募而来的。

在金看来，对于经济的发展而言，工薪劳动者的作用几乎和乞丐一样，他们的工资消耗了王国的财富。由于赚得太少，无法冲抵生活的基本开支，他们还需要得到社会慈善机构的救助。此外，工薪劳动者几乎没有经济能力婚娶。据金估算，相比第一类别中的社会上层人士，他们人均少生一到两个孩子。[7]由于他们的困境似乎无法得到改变，所以财富占有者对那些受压迫的工人——所谓的穷人——鲜有怜悯之心。社会上仅仅是没有足够的财富。因此，即使是最好的情况，英格兰也有一半的人口被归类于“害虫”。如果在相对富裕的英格兰，情形也不过如此。可以想象在易北河以东，这种心理划分更是何其的鲜明。在那里，一小部分地主阶层享有所有的财富盈余。而人数众多的仆人阶层，则被排除在了任何财富和安逸之外。

一个将一半以上人口归类为“不幸的累赘”的社会，没有为社会和政治民主做好准备。在欧洲的所有地方，占有财富的上层阶级，垄断了对政治的参与、对财富的占有，以及对舒适的享受。相比于今天，即使是像“自由”和“自主”一样的词汇，也严重缺少了平等的内涵。16 和 17 世纪的“自由”，是对特殊优势的一种享受，而这种享受他人无法得到。举个例子，在威尼斯，一个由 2000 名贵族组成的封闭圈子，掌控着治理国家的自由。他们对行政采取了寡头式的垄断，使威尼斯中下阶层无法选择立法者或就任官职。在尼德兰的自由民为保卫古老的自由权发起反抗腓力二世的抗争时，他们并非在宣告自治是全体尼德兰人与生俱来的权利，而是保护特权阶级的既得利益。同样，“自主”意味着豁免施与无特权人群必须遵守的限制：一个皮匠的徒弟，按照契约服务了 7 年后，得到了应用这门手艺的自主权。他现在为了自己的利益而做鞋，而不是为了师傅免费劳动。于是，他被接纳到了一个垄断鞋子制造的特权人群中。任何一名鞋匠，都必须在自己的鞋店开张前，先熬过自己的学徒期，从而赢得自主权。因此，“自由”和“自主”与它们所传达的现代意义——所有人以自己认为妥当的方式行动的自由——相去甚远，它们是两个与特权相关的表达。财富与特权紧密相连，“富人”和“穷人”或许可以更好地定义为“有特权阶级”和“无特权阶级”。今天，已经没有一个等同于“无特权”的社会概念，“弱势群体”一词的概念则与之相去甚远。我们将不能享受所有人应当享受的经济、社会和政治权利的社会成员，定义为弱势群体，而 17 世纪无特权的社会成员没有这样的权利。

为了使无特权阶级安于现状，每个政府都采用了镇压措施。乞丐遭到鞭打，并戴上了颈手枷。长久以来，由于监禁成本过高，罪犯要么即刻处决，要么使其致残——钻舌、削鼻、烙脸、砍去手脚，然后被释放。在英格兰，罪犯有时会被运往殖民地；在法国，他们会被派到皇家的桨帆船上进行强制劳动。针对财产的犯罪，同针对人身的犯罪一样，会受到残忍的惩罚。微不足道的盗窃，也可能被判处死刑。公众处决与斗熊、斗鸡游戏一样，营造出热闹的场面。执法当局惯于将被处决罪犯开始腐烂的人头插在桥梁或门道的尖钉上，以起到杀鸡儆猴的作用。一位17世纪的旅行者，看到了约150具强盗和杀人犯的尸体，在德累斯顿（Dresden）和布拉格之间公路边的绞刑架上摇摆。尽管刑罚如此严厉，但由于缺乏执法力量的存在，很多罪犯没有得到应有的惩罚。但通过在较大的城镇进行驻军，各政府至少能够对暴徒进行

鞭打流浪汉。画中一名流浪的乞丐正在被赶出城镇，旁边有很多围观者。这名流浪汉一路遭到鞭打，并被命令离开这座城镇。比起城门外绞刑架上被处死的罪犯，他可要幸运得多了。

威慑，维护基本的秩序。17 世纪，在一个像法国巴黎一样人群拥挤的城市，为展示军事实力而留出的空间大得惊人：像巴士底（Bastille）一样的巨大城堡，像荣军院（Invalides）一样庞大的军队营房和医院，像战神广场（Champ de Mars）一样的郊区阅兵场。王宫和贵族花园所占用的空间，更是大得令人吃惊。在巴黎的卢浮宫和杜伊勒里宫之间，修建了一个跨度长达一英里的花园，旁边就是塞纳河，它是为满足宫廷贵族之用而设计的。此外，在 17 世纪的巴黎市内，还修建了另外两座宫殿——卢森堡宫（Palais du Luxembourg）和王宫（Palais-Royal），两座宫殿均被广阔而整齐的花园所围绕，只有少数有特权的人能够进入。

在国内阶级分化、剥削和压迫严重的背景下，我们必须评估欧洲海外殖民地的奴隶制度。在 16 和 17 世纪，欧洲人奴役了数以

下图是卡洛特的作品《绞死盗贼》。这个严肃的场景展现了17世纪的刑事司法手段：军队在一旁警卫，牧师匆忙地聆听忏悔，24名犯人随即被处死。

百万计的黑奴和印第安人。在任何时候，一个欧洲人，无论是葡萄牙人、西班牙人，还是尼德兰人、英国人或法国人，初次遇到非洲黑奴、印度尼西亚人或美洲印第安人时，会本能和自然地认为，这些人比他国内无特权的仆人阶层，还要低上几个社会等级。原因再明显不过，一方面，这些深色皮肤的族群，未接受被欧洲人认为是重要救赎渠道的基督文化；另一方面，他们没有技术来抵抗欧洲人的征服。那时候，即使是军事实力强大和政治组织完善的土耳其人，也都被轻蔑地看作异教徒。这也就不难理解，为什么科尔特斯（Cortes）和皮萨罗（Pizarro）对轻而易举征服的阿兹特克人（Aztecs）和印加人（Incas）的文化成就嗤之以鼻了。一些国内的学者，如托马斯·莫尔爵士，可能将新大陆想象成了“乌托邦”（Utopia）；而另外一些像米歇尔·德·蒙田一样的学者，则认为新旧大陆之间的差别只是相对的。在16世纪70年代的法国宗教战争时期，蒙田提出，我们凭什么对巴西的食人族说三道四？但粗暴而充满活力、声称对美洲拥有所有权，以及在亚洲从事非法贸易的探险者们，可没有这样的顾虑。对他们来说，当地的人民都是野蛮人，应当为属于白色人种的主人工作。如果可能的话，需要使之成为基督教徒；如果必要的话，就将他们像害虫一样处理掉。

早在1443年，葡萄牙人就开始将非洲黑奴运回国内。1493年，哥伦布（Columbus）将印第安的阿拉瓦克奴隶带回了西班牙。然而，需要奴隶劳动的，不是欧洲，而是美洲。在16世纪的前十年，西班牙人的西印度矿山和种植园需要的是非技术性的人力劳动。而这种粗野的劳动，在国内都是无特权阶层来完成的，于是征服者们不愿意由自己来承担。很快，他们就发现西印度人并非理想的奴隶，在强制劳动造成了很多阿拉瓦克人死亡的情况下，凶猛的加勒比人又是不可驯服的。但是通过从几内亚（Guinea）海岸引入惯于在热带气候条件下艰苦工作的黑奴，这个问题得到了解决。1511 年，第一批有记载的奴隶船到达了西属美洲海岸，将它携带的黑奴贩卖到了那里。在史诗般的移民潮中，这些黑奴先锋并非心甘情愿。

据估计，在 16 世纪，约有 24 万非洲黑奴被运往了美洲，在 17 世纪，这个数字达到了 130 万。[8] 然而，无论这个数字是多么的有失精确，无疑在那个时代，来到美洲的非洲人，要比欧洲人多得多。虽然在 18 世纪和 19 世纪早期前，奴隶贸易还没有达到顶峰，但在 17 世纪，它也依然是十分兴旺的生意，而对于奴隶贩子而言，极具风险性和残忍性，且利润丰厚。在非洲西部，奴隶贩子利用和支持无休止的政治混乱，数以百计的小部落间，连续不断地发动着战争。任何一个能捕获一队囚犯的酋长，只要将他们卖给白人，就能换取枪支和各种小饰品。在整个 16 世纪，这种贸易都一直被葡萄牙人控制着；在 17 世纪中期，尼德兰人接手了对该贸易的主导权；而到了 17 世纪末期，英国人又主导着该贸易。与此同时，法国人、西班牙人、瑞典人、丹麦人和德意志人在这方面也非常活跃。任何奴隶贩子所面临的一个重要问题，是如何经济地进行奴隶运输，却又不造成过多奴隶的死亡。在又小又臭的船上，黑奴们被铁链固定在甲板上，像沙丁鱼一样挤在一起。在被贩卖到美洲之前，很多黑奴就悲惨地死去了。17 世纪 80 年代，英格兰皇家非洲公司（Royal African Company）的数据显示，奴隶贩子从几内亚海岸以每人 3 英镑的价钱购买黑奴，在穿越大西洋的过程中，23% 的奴隶会死去。但到了 18 世纪早期，对非洲俘虏的初始投资上涨到了 10 英镑，在运输过程中的死亡率却下降了 10%。[9] 奴隶贩子像运输任何易腐产品一样，精确计算着每件物品的成本与可容忍的腐败率之间的比例。

从某种程度上说，一名美洲奴隶的命运取决于主人的国籍。但事实上，地理位置——他是居住在大陆上还是岛屿上——则更为重要。葡属巴西的奴隶和西班牙殖民地的奴隶，与欧洲东部农奴的地位大致相同。西班牙人和葡萄牙人惯于奴役摩尔人和犹太人，他们给予非洲奴隶与其他奴隶一样的地位。他们承认奴隶也是有道德的人，坚持保有他们在天主教会的会员资格；为他们提供法律保护，防止奴隶主的虐待。巴西的奴隶则更为特别，他们可以赚取工资，赎回自由。然而，由于疾病和虐待，巴西的奴隶出现了大批量的死亡。对于美洲的英国人来说，蓄奴是一个新鲜事物。突然需要面对大量来自异域的、难以驾驭的、危险的黑人劳工，他们创造了镇压性的法律条文，将黑人永远地划归为非人的奴隶级别，使他们没有道德和法律地位，也没有获得解放的希望。英国式的奴隶制，在白人和黑人的心理上，制造了一个令人痛苦的区分。此外，为了防止黑人接受平等主义概念，或掀起叛乱，英国新教的神职人员很少引导黑人皈依，不对他们进行指导。然而，在很多实际的方面，弗吉尼亚等英国大陆殖民地的奴隶，比巴西奴隶的境遇好得多。他们的工作不那么艰辛，饮食更好，寿命更长，还可以组成家庭，他们的出生率与白人主人的出生率大致相当。对于生活在英属加勒比海地区产糖殖民地的奴隶来说，情况就大为不同了。在这些拥挤不堪的小岛上，奴隶们的食物匮乏，工作却异常艰辛，以至于死亡率远超出生率。在一个巴巴多斯种植园中，据记录，每死去六名黑奴，只有一个新生儿出生。这个种植园的管理者认为，与其将黑奴的生活水平提升到现有奴隶数量得以保持的程度，不如定期补充新的非洲黑奴，因为后者的成本低，效率高。马匹和家畜是依据不同的原则进行管理的，它们能够得到足够的关照，从而保持健康，并繁衍后代。

回顾黑人奴隶制的建立，我们很难避开道德的视角。但我们必须记住，那时毫无特权的仆人阶层，就像我们今天用的冰箱和洗衣机一样必要。16 和 17 世纪的作家构想理想社会的时候，之中也都能看到奴隶和仆人的影子。托马斯·莫尔爵士的《乌托邦》（1516）中，描绘了一个经济上实行平均主义的共产主义社会，在这个社会中，有一个奴隶阶层，来干脏活累活。弗朗西斯·培根（Francis Bacon，1561—1626）的《新亚特兰蒂斯》（*New Atlantis*，1627）中，描绘了一个由科学家和技术人员组成的合作性社区，其中，有一群仆人在为他们尽心地服务。一些社会批评家，尤其是西班牙的牧师巴托洛梅·德拉斯·卡萨斯（Bartolome de Las Casas，1474—1566），就对美洲印第安人被奴役展开了强烈和成功的抗议。然而，几乎没有人公开抗议对非洲黑奴的奴役，包括亲自到过那些产糖小岛的贵格会

（Quakers）成员。易北河东部的农奴制和美洲的奴隶制虽然丑恶，但在一个生产技术十分原始的时代，它们是欧洲人努力追求财富的天然副产品。

女性和巫术

法国的政治理论家让·博丹（Jean Bodin）在他的《共和六书》（1576）中，列出了社会秩序的原则。针对西班牙和葡萄牙在美洲对黑人和印第安人的奴役，他是为数不多的尖锐批评者之一。在博丹看来，由于奴隶为了夺取自由，总会发动叛乱，因此奴隶制给社会秩序造成了威胁。另外，博丹坚持认为，占总人口一半的男性，必须控制另一半的女性。由于男性理性，女性感性，而理智必须战胜情感，因此任何男女平等主义的倾向都是十分危险的。他承认，作为基本的社会单位，家庭中必须有妻子和母亲，但丈夫的权威必须在妻子之上，父亲的权威必须在孩子之上。当一名男性娶妻时，他将新娘从她父亲的家庭接入了自己的家庭之中，同时被他接管的，还有她的财产。他还可以禁止她参与任何公众活动。博丹厌恶暴力对待妻子，但他说，如果妻子在家中犯了错误，丈夫有严惩妻子的自由。罗马允许丈夫在不须进行公共审判的情况下，因妻子饮酒而将她杀死，博丹对此表示认同。[10] 博丹认为，酒精会释放女性不遵守秩序的欲望，引诱她们发生通奸，这是所有社会行为中，最十恶不赦的。通奸使爱情堕落成了淫欲，不仅破坏家庭，还颠覆社会秩序。

这是男性对夏娃持有的传统观点——她是男性需要的伴侣；在遵规守矩的时候，她是一个有用的人；但她也很脆弱，容易被诱惑，也容易诱惑别人。值得注意的是，博丹和莎士比亚一样，一心维护社会纪律、秩序和地位。实际上，在他的生命历程中，欧洲社会女性的角色发生了显著的变化。女性获得了新的政治地位、经济职能及宗教选择。她们面临着新的、令人忧虑的社会困境。

在政治方面，女性的地位仿佛昙花一现。16世纪晚期，政绩卓越的女王——伊丽莎白一世、苏格兰女王玛丽和凯瑟琳·德·美第奇等的继任者才华平平、精力有限。在1603年至1714年间，法国的太后玛丽·德·美第奇、女王玛丽二世、英格兰女王安妮，以及瑞典女王克里斯蒂娜是主要的公众女主角，然而她们起的作用并非十分耀眼。像路易十四的情妇曼特农夫人（Madame de Maintenon）一样的王室情妇，拥有相当大的幕后权力，但没有人主张任命或选举女性担任官职。在英格兰的清教徒革命时期，平等派（Levellers）大力提倡政治民主，但当涉及女性参政权的时候，他们却明显地保持了沉默。政治，仍然只能是男人的游戏。

在经济领域，女性角色的改变则更为深远和持久。广义上说，16和17世纪的女性，从事着比过去更多地以性别划分的工作。她们在田间与男性一起劳作和花在村舍织机上的时间减少了，而与其他女性一起从事家佣和主妇工作的时间增多了。过去，女性一直承担着洗衣做饭的任务，但随着中上层社会生活水平的提升，这些任务

《权力的争斗》。这幅1690年的法国雕版作品，讽刺了敢于挑战男性统治权的、专横跋扈的妇女。

变得越来越复杂和繁重。在我们研究的这段时期，建筑的改变使住宅变得更加有吸引力，更加舒适和更为重要。举个例子，在1575年至1690年间的英格兰，“住房革命”和“大重建”影响到了社会的各个阶层。贵族修建了富丽堂皇的乡间别墅和伦敦豪宅；乡绅翻新了他们的庄园；自由民翻新了自己的农舍；工匠翻新了他们城镇中的房屋。他们用砖块、石头和瓦片，取代了木材、茅草和泥土。他们还增添了新的房屋、楼层、台阶、壁炉和窗户。通过引进新的家具，房屋变得更加舒适。

很显然，一名贵族需要大量身穿制服的仆人来经营他新建的宅院。然而，即使是对普通的自由农来说，他们也比过去需要更多的劳力。在16世纪之前，典型的英国农舍结构非常简单，通常只有一个多用途的大房间，再加上一个灶台。在这个房间里，一家人做饭、吃饭、睡觉和娱乐。然而，在经过都铎王朝时间的农民翻修之后，这个大房间分成了很多屋子，各有各的功能：卧室在楼上，厨房和客厅在楼下。房子虽然不大，但它需要很多的劳力，特别是在家政的标准提高以后。为了做饭、洗衣、纺线和整个房屋的清洁工作，自由农的妻子需要女儿或是女仆的帮助。英国的住房革命并没有深入无产的下层社会，农场的劳工仍然居住在原始的、只有一间屋子的农舍里。但这一社会阶层的女性却越来越多地走出了田间地头，干起了用人的苦差事。中产阶级家庭中的青春期少女，在她们的大婚之日前，或帮助母亲一起操持家务，或在其他的家庭中做起了用人。

这种家政生活的出现，使女性的工作更加愉悦，职责也更加清晰，特别是培养孩子的责任，但付出的代价也很大。她们从基本的生产者，变成了服务劳动者。在一个日益资本主义化的社会，她们的新工作常常得不到报酬。前所未有地，女性的工作变成了男性不能或不愿去做的工作，而这样的工作在男性看来是边缘化的。尽管在生育的年龄段，女性的死亡率很高，但似乎女性比男性更长寿，活到60、70甚至是80岁。在村庄开展的普查显示，寡妇的数量多于鳏夫的数量。随着人口的压力不断增大，失业率、贫困率和犯罪率都有所增长，扶贫济贫的成本也增加了，人们开始抱怨社会上存在多余的人，于是人们将注意力集中到了社会中大量的年迈妇女身上。正是在16世纪，出现了对村中老妪的刻板印象：年迈、贫穷、无业、寂寞、非常脆弱。

也并非全部如此。对于各个年龄段和各个阶层的女性来说，新教与天主教之间的信仰冲突，产生了一种新的性别角色，对旧有的性别角色进行了挑战。经上帝恩典，经历了路德教的精神再生，而皈依新教的女性，能够与男性信仰者实现一种新的平等。识字的女性普遍较少，但为了学习《圣经》，信仰新教的女性开始学习阅读。虽然女性的激进主义（activism）非常罕见，但为了她们的信仰，新教的女性勇敢地站了出来。1557年，在巴黎举行的示威游行中，女性占到了被抓捕的胡格诺派教徒的四分之一。16世纪50年代，在英格兰被施以火刑的282名新教烈士中，50多人是女性。通常，新教教会吸纳的女性成员多于男性成员。在激进教派，女性成员担任职务，进行预言和布道。贵格会是17世纪新教派中最为激进的一支，践行男女平等。在贵格会成立初期，女性同男性的活跃程度相同。

然而，这里必须强调的是，在主流新教教会——路德教、加尔文教、英国国教等教会中，神职人员对女性的激进主义是充满疑虑的。他们认为，新教女性只有一个可以被社会认同的职业，那就是忠实本分的妻子或母亲。正如圣保罗（St.Paul）所说的，在教会中，女性应当保持沉默，如果想了解任何事情，她们应该在家向丈夫询问。我们还需知道的是，天主教的女性可以拥有新教徒所不能拥有

温塞斯劳斯·霍拉（Wenceslaus Hollar）约完成于1640年的雕版作品《贵族的夫人和农村的妇女》。从这幅迷人的作品中可以看出女性服饰的功能差别。农村妇女的帽子、厚厚的裙子，以及木底鞋能够使她远离污垢。在降雨、寒冷和泥泞的环境下工作；贵族夫人的华丽服饰使她无法从事任何体力劳动。

的职业选择和精神典范：她可以承担一项持续一生的宗教使命，成为一名修女；可以效仿男性或女性圣人们圣洁的生活；可以崇敬圣母玛利亚——这一点与新教徒不同，新教徒只向圣父和圣子祷告。一位名叫珍妮·德·朱西（Jeanne de Jussie）的日内瓦修女，记录了她在 16 世纪 30 年代的苦难经历。那时，一位新教的前女修道院院长来到了她所在的修道院，敦促那里的姐妹们像她本人一样快点儿逃离，嫁给英俊的丈夫。修女珍妮说，她向这位女士吐了口吐沫，因为在她看来，所谓新教神圣的婚姻并非新型的自由，而是丈夫统治妻子的家庭暴政。

在巫术盛行的背景下，我们必须将女性在其中的角色考虑进来，从16世纪60年代到17世纪60年代，巫术的盛行持续了大约一个世纪。虽然对巫术的崇拜无疑是一个普遍的现象，但对巫师系统的控诉是十分罕见的。在中世纪和文艺复兴时期，存在很多博学多识的巫师和占卜师。宗教异端分子被指控为崇拜恶魔，但很少有人以巫师的名义受到审判。即使是在16世纪上半叶，无论是新教一边的路德和加尔文，还是天主教一边的西班牙和意大利宗教裁判官，都对黑魔法进行了谴责，对恶魔崇拜者进行了抓捕。尽管如此，对巫师的审判仍相对少见。接着，在16世纪60年代，情况发生了大的转变。由于现存的资料十分不完整，所以我们只能对接受审判的、被处以火刑和绞刑的巫师数量进行猜测，据估计，那段时期内对巫师的审判多达10万次。我们知道，在天主教和新教的主持下，从西班牙到波兰，均对巫师进行了抓捕。在1561年至1670年间，仅德意志西南部一处，就处死了3229名巫师；1591年至1680年间，在瑞士的沃州（Vaud），3371名巫师被处死。在上述那些地方，大量的巫师受到了审判，被施以酷刑，认罪率很高。另一方面，在英格兰，巫术嫌疑者受到了单独的审判，他们不仅没有遭受酷刑，其中的大多数还保住了性命。

重要的一点是，各地对巫师的审判大都是一个模式。被指控的绝大多数都是女性。在卡斯蒂利亚，女性的比例占到了 71%；在日内瓦，占到了 76%；在威尼斯，占到了 78%；在芬兰，占到了 78%；在德意志，占到了 82%；在英格兰，占到了 92%。[11] 在 16 世纪晚期和 17 世纪初期，为什么对巫师的抓捕如此普遍，又为什么那么多的巫师都是女性呢？

简单的解释是难以自圆其说的，最明显的一个因素是 16 世纪强烈的宗教觉醒。新教徒和天主教徒均深信人类是普遍有罪的，并且魔鬼介入了人类的事务（天主教徒认为魔鬼是新教徒背后的支持者，反之亦然）。他们认为，罪恶的人与魔鬼订立了契约，能够获得超自然的力量和使用黑魔法，秘密地从事邪恶的勾当。罪孽、异端、魔法及鬼神学，合并起来成为巫术，因此它必须彻底铲除。然而，那只是事物的一个侧面。我们必须知道，在面对饥荒、瘟疫、贫穷和罪恶时，那时的人们得不到任何保护；16 世纪的科学也无法对气象进行解释、预测和控制；对于大多数的疾病，那时的医术都无法诊断和治愈。因此，人们对超自然的解释和治疗有着强烈的渴望。传统的基督教会能够在缓解病痛方面产生神奇的效果，但当宗教改革使人民对这种效果产生疑问时，人们则转向占星者或占卜师来寻求帮助，企图解决自己的困难。相应的，当灾难突然降临时，人们倾向于认为，是掌握黑魔法的人在对付他们。但这些也只是事物的另一个侧面。在对巫师的审判进行调查之后，可以发现控告者与被告者通常是彼此熟识的人，是有过争吵的邻居。很多时候，麻烦起源于讨要食物。在法国和瑞士，没能得到施舍的乞丐，很可能会以巫术的名义，控诉他们吝啬的邻居。在英格兰，乞讨非常遭人厌恶，因此情况会恰恰相反：他们的邻居会将当地遭遇的灾难，责怪到并未得到施舍的乞丐身上，并以巫术的名义控诉他们。在以上两种情形中，从对巫师的审判中可以发现，当人们处于极度的贫穷和饥饿中时，邻里关系也会彻底崩溃。

虽然男性和女性都可能操练巫术，但出于几个原因，女性更容易成为嫌疑目标。首要的原因是，她们在精神上更为空虚。犯了原罪的是夏娃，而不是亚当，受到魔鬼诱惑的，也是夏娃，而不是亚当。在16和17世纪，鬼神学被认为是与不为人知的性条件有关：女巫与恶魔私通。此外，那些被认定为女巫嫌疑的女性，通常会由于她们的年迈、唠叨和丑陋，遭到社会的反感。我们对巫师的满脸皱纹的丑老太婆印象无疑来源于16世纪。这些女性通常十分贫穷，饥饿不堪，以至于被迫乞讨：她们是当地遭人厌恶的人。而且，身处上述处境下的女性，如果由于受到男性法官和神职人员的逼迫，被迫“坦白”她们的罪行，或是在严刑拷打之下，被迫指认她们的同伙，也更可能指认其他的女性或熟人，而不敢将男性牵扯进来。无疑，大量受到蹂躏的女性，从某种意义上说是巫师，为了能够改善悲惨的命运，消除不满，她们渴望魔法力量，甚至是与魔鬼结盟。每一个牵连到的人，无论是博学的地方官、牧师、抱怨的邻居，还是嫌疑人本身，都积极地参与到对巫师的抓捕中去。认识到这一点很重要，因为通过这种方式，一旦一个人遭到控告，很容易牵连更多的人。

最终，对巫师的抓捕在政治上和社会上是安全的，很少有来自社会等级顶端的人受到牵连。英格兰国王詹姆斯一世写过一本关于鬼神学的书，但那些被认为是巫术受害者的人，与巫师本人一样，往往贫穷和无知。抓捕巫师的高峰期，有时也是饥荒、瘟疫、极端宗教冲突、战时屠杀及革命性巨变发生的时期。虽然这种控告很少是正确的，但关键问题是清晰的，那就是在宗教战争时代，欧洲人急迫需要魔鬼和替罪羊，通过将苦难施加到年迈和弱势的人身上，他们的需求得到了满足。

价格革命

16 和 17 世纪的欧洲人，对金钱的意识比以往任何时候都更强。1521 年至 1660 年间，西班牙人从墨西哥和秘鲁开采并带回了 1.8 万吨的金银，是欧洲现有白银供应量的 3 倍，将欧洲的黄金供应量提高了 20%。1580 年至 1620 年的 40 年间，是生产的峰值期，超过一半的稀有金属是在这个时间段进入西班牙的。为了把所有这些财富运回国，西班牙人可谓是付出了巨大的代价。每年春天，一支由战舰护航的西班牙舰队，载着上一年生产的银锭，从加勒比海到达塞维利亚。然而，只有相对很少的稀有金属永久地留在了西班牙人手中。在英国和尼德兰海盗对西班牙运宝船发动袭击的时候，一小部分的金银会遭到掠夺；还有相当多的金银被西班牙殖民者偷运进了欧洲西部，避免了向西班牙国王缴纳税费。在到达塞维利亚港的金银中，西班牙国王确实得到了超过四分之一，但他自己却无法占有，因为这些金银需要用来支付外国债主，以及为他在低地国家、法国和德意志的军队提供军饷。到达塞维利亚港的大多数金银，进入了外国商人的口袋里。在1600年，据估计，仅仅是用来支付法国进口产品的金银，就占塞维利亚金银总量的三分之一。通过上述渠道，西班牙的财富在整个欧洲西部进行流通。这些财富的归属十分多样化：一些被囤积起来；一些被制成了酒杯、盘子、餐具及类似的奢侈品；而另外一大部分则被铸造成了钱币——西班牙的埃斯库多金币（escudos）和雷亚尔银币（reals），法国路易金币和里弗银币，尼德兰杜卡特金币和弗罗林银币，英国基尼金币（Guineas）和先令银币（shillings）。

从16世纪初期到17世纪中期这段时间，欧洲经历了长期和惊人的通货膨胀。西班牙是最先受到冲击的，也是受影响最为严重的。在1600年，西班牙人购买商品，需要支付相当于1500年4倍的价钱。在20世纪，我们已经习惯了比这还高的通货膨胀率，但16世纪的欧洲人可适应不了。对他们来说，价格的上涨是一场名副其实的价格革命。是什么导致它发生的呢？在汉密尔顿伯爵（Earl J. Hamilton）看来，通胀的发生与从美洲涌入的金银有直接关系。据他计算，在整个16世纪，西班牙每年进口的金银与价格水平之间呈紧密相关。在17世纪，只要金银进口数量下降，价格就稳定了。汉密尔顿这个简单的推算并未得到其他经济学家的认同。他们声称，在1565年之前，西班牙的物价上涨得最快，但金银进口却是在1580年至1620年间达到峰值的。[12] 现在有人认为，16世纪的人口压力对通货膨胀率有着重大影响。对于任何商品，人们手中不仅仅有更多的钱可以购买它，同时对它的需求也有了增长。16 世纪 90 年代以后，人口的压力得到了缓解，这可能解释了为什么在 17 世纪中期物价再次步入了稳定期。

1500 年至 1650 年间，欧洲西部每个国家的物价似乎都增长了 2 倍或 3 倍。在英格兰，通货膨胀的情况几乎和西班牙一样严峻。在具体方面，价格革命意味着什么？我们从下面这张图表中可以略知一二，该表是由温彻斯特学院的古账簿编辑而成。温彻斯特学院（Winchester College）是英国贵族和乡绅的儿子学习的地方。这些数字的单位都是先令，从表中我们可以看出，学校的采购机构为了购买几种具有代表性的商品，支付的价格在不断上涨。[13]

	1500	1580	1630	1700
学校教堂的红酒（每 12 加仑）	8		64	96
学生校服的布料	40	80	120	120
一张羊皮卷	3	5	6	18
一打蜡烛	1	2	4	5
每 14 磅牛肉		1	2	2
每 12 只兔子		9	12	18

正如我们从这张表格中看到的，物价的上涨并非是统一的，但却是普遍的。1700 年，温彻斯特学院在日用必需品方面的开支，是 1500 年的 3 到 4 倍。教堂所需红酒的成本上涨尤其之快，可能是因

为男孩子们喜爱上了香槟的口味。但更可能的原因是，由于所有的红酒都需要从欧洲大陆进口，它们饱受了17世纪关税和消费税的盘剥。因此，英国人开始更多地饮用家酿的啤酒，对法国红酒的消费开始减少。十分有趣的一点是，温彻斯特学院购买的牛肉（很抱歉我们没有掌握1500年的数据）实际上似乎变得更加便宜了。在那段时期，英国的肉牛养殖在数量和质量上都有了一定的提升。因此，温彻斯特学院的厨房和其他地方，不再需要为了遮盖牛肉的味道，而在肉菜中添加大量的香料。

无疑，温彻斯特学院学生的家庭，有能力支付不断增长的账单。然而，很多的人却因价格革命而深受其害。西班牙、英格兰及其他欧洲西部国家短工的薪水，增长速度远跟不上消费品价格的上涨速度。换句话说，在16世纪晚期，农业劳动者和工匠的实际收入下降了。很自然的，只要有可能，地主和企业家就不愿支付更高的工资，于是他们动员政府建立了工资管控制度。自16世纪晚期以来，西班牙、英格兰、法国和德意志的无技能劳动者，通常为了支付最低标准的面包和饮品，而花光了他们的全部薪水；年老的人依靠储蓄度日；神职人员、教师和政府职员等有固定收入的人，日子过得也是步履维艰。关于大地主是价格革命的受益者还是受害者，存在着激烈的争论。如果地主将土地长期出租出去，那么他的收入是固定的，即他是受害者；如果他雇用工薪劳动者，从事经济作物生产，那么他很可能是受益者。可以断言的是，对于大部分的农民而言，只要他们精力充沛、办事有效，再加上那么一点儿冷酷无情，物价上涨对他们的影响十分有限。还有一点很明显，那就是在16和17世纪，传统上最为体面的财富形式——地产，已不再是快速赚取收益的最佳资源。

价格革命最为重要的影响之一，是它给政府预算造成的负担。传统上，税收与农业紧密相关。诸侯的大部分收益，来自他们的私人土地。其余部分，则主要来自向农场和作物征收的税赋。随着通货膨胀的进一步蔓延，这些农业税表现出不适应性和不充分性，到了令人绝望的程度。在物价上涨的过程中，首当其冲的是税费的征收对象——农民，他们的收入跟不上政府的开支。举个例子，在法国，王室收入的主要来源是土地税，它是从农民身上征收的一种较轻的税。16世纪的法国政府没有想到，商业比农业更能带来充足的资本供应，增加政府收入的最有效方法是推动经济的发展。相反，瓦卢瓦王朝的国王们向法国的商业新开征了很多通行费和关税，因而阻碍了商业的扩张，失去了额外的收益。无论什么时候，一旦法国的税收收入不足，政府就以支付高昂的利息为代价，向意大利、德意志或佛兰德斯的大型国际银行借款。瓦卢瓦王朝的国王们是臭名昭著的挥霍者，即使是16世纪以节俭著称的英格兰女王伊丽莎白一世，也因同西班牙的战争所造成的开支，被迫出卖了价值为80万英镑（相当于和平时代3年的收入）的王室土地，并欠下了巨额债务。

西班牙的腓力二世，是伊丽莎白一世强大的敌人。相比于16世纪其他的君主而言，他占有了有效开发利用流动资本的便利条件。然而，在腓力开始进行昂贵的对外战争后，他也遭遇了严重的财政困难。1556 年，他面对的形势十分紧急。查理五世留给他的年收入不足 200 万杜卡特，而他却要偿还超过 2000 万杜卡特的债务。在他统治的初期，腓力曾两次（1557 年和 1575 年）被迫宣布破产，暂停向富格尔家族和其他债主偿还债务。难怪在军事冒险方面，他远不如他父亲那般热心。但正如我们看到的，在他统治时期的最后 30 年，充斥着与摩尔人、土耳其人、尼德兰人、法国人和英国人的战争。腓力似乎认为，从美洲运来的金银足以支持所有这些战争。但实际上，美洲的金银从来都不是他收入的主要来源。到了 16 世纪 80 年代，他从每支宝船舰队中能够获得 200 万杜卡特的收入，相比于每年从卡斯蒂利亚农民身上榨取的 600 万杜卡特，这个数目仍比较小。腓力的臣民支付的税赋种类繁多，包括针对每笔交易征收的 14% 的销售税。到了 16 世纪 90 年代，西班牙的总收入达到将近 1000 万杜卡特。得益于其敲诈性的税收政策，腓力摆脱了物价上涨的影响。尽管如此，他也没能成功应对战争所带来的不断飞涨的巨额开支。腓力的所有收入都提前抵押了，在 16 世纪 90 年代，他每年的开支是 1200 万杜卡特。仅无敌舰队一项开销，就花费了他 1000 万杜卡特。于是，和他的父亲一样，他疯狂地举债。1596 年，又一次破产来临了。腓力去世两年后，他留下的主要遗产是欠邻国 1 亿杜卡特的债务。而另一项遗产，是富格尔家族的毁灭。1600 年后不久，这个家族就关门歇业了。

通货膨胀和财政危机的时代，延续到了 17 世纪的上半叶。在三十年战争时期，德意志诸侯的困难来自他们过时的税收制度。为了给自己的军队提供资金，即使是像巴伐利亚的马克西米利安一样的诸侯，也用尽了国库的储备。一旦雇佣军控制了局面，没有任何一位德意志诸侯能够阻止他们对国家的破坏。但是到了本世纪的中期，情形发生了巨大的变化。1630 年后，进口的金银数量下降，人口压力减小，物价结构稳定了下来。法国、英格兰和尼德兰的实际收入恢复或超过了 16 世纪初期的水平。在西班牙无法挽回地失去了其先前的经济和政治活力，沦为二流国家之时，法国、英国和尼德兰出现了史无前例的繁荣，它们的政府也展现出了前所未有的财政实力。1678 年，路易十四能够为一支人数为 27 万的军队提供给养，而这个数字，比腓力二世的军队在其顶峰时的给养还要多出 2 倍。即使是闭塞的勃兰登堡－普鲁士，也通过税收给养了一支 3 万人的军队，和腓力的无敌舰队人数一样多。在 17 世纪结束前，国有军队的发展壮大，是政府实力复苏的征兆。那么，路易十四和“伟大的选侯”占有什么样的有利条件，而腓力二世却没有呢？

答案在于若干因素的相互作用。首先，在 17 世纪，财富占有者的生活水平和剩余财富的积累都有了普遍的提高，特别是对三个主要的大西洋国家而言。其次，铸币得到了更为广泛的流通，人们对信贷的依赖性逐渐增强，为将欧洲财富作为流动资金创造了便利。最后，各国政府发明了更好的手段来创造财富——向消费者多征税，向生产者少征税。

与 16 世纪的瓦卢瓦王朝和哈布斯堡王朝不同，17 世纪法国的波旁王朝企图通过促进工业和商业的发展，来增加税收。但是在其他方面，尽管17世纪的法国财政体制能够支持路易十四庞大的军队，但它已经过时了。以英国和尼德兰的标准来衡量，它创造的收益很低。土地税仍然占据收益的最大比例，在法国的一些地区，征收的该项税目尤其繁重，尽管如此，无论在什么地方，贵族和资产阶级在很大程度上是免税的。路易十四的财政部长让·巴蒂斯特·科尔伯特（Jean-Baptiste Colbert），企图将土地税由农民所得税转变为向所有财富占有者征收的地产税，但却未能成功。尽管如此，他确实增加了间接的酒税，几乎每个人都需要缴纳。然而，法国的税费仍主要是从穷人身上征收的。法国的中上层社会认为，缴纳税赋是羞辱

在路易十四位于凡尔赛宫的花园中，有1400座喷泉。默西（Mercy）的这幅雕版作品，描绘的是其中一处。图中的景象意在说明，路易十四为法国特权贵族阶级修建的花园占地面积巨大，以及这样的建筑工程给国家预算带来的巨大压力。

的象征。科尔伯特也没能改变他们的这一观念。虽然不能说尼德兰和英国接受了“向富人开刀”的政策，但他们确实对有产者和无产者一视同仁地征税。

17 世纪 80 年代，英国政府企图放弃土地税，转而将王室收入的 50% 从与国际和殖民地贸易的关税中获取。在这项税务负担之下，英国的海外商业受到了一定的损失。但斯图亚特的君主们从关税中得到了足够的资金，从而摆脱了对议会中乡绅的依赖。在下一章中，我们会研究该政策产生的后果。由于比起英国人、尼德兰人更加依赖于对外贸易，所以他们并未施加这样重的关税，而是向国内商业征税，向一系列主要的市场商品征收消费税（类似法国的酒税）。像英国的关税一样，这种消费税的征收是有目的的：在不禁锢商业的同时，吸收多余的购买力。这项税目虽然繁重，但却是切实可行的。此外，勃兰登堡－普鲁士和英格兰也大范围地征收消费税。

这些国家的政府，没有一个可以仅仅依赖税收而存活。要想弥补战争或是其他紧急情况造成的开支，公共借款是必不可少的。在这方面，尼德兰人同样比法国人做得好。在路易十四不得不支付 8% 以上的利息，将他的大部分预算用来偿还贷款时，尼德兰人成功地将政府借贷的利率浮动在 3% 到 4% 之间。数以千计的尼德兰市民，包括身份非常卑微的人，都将自己的钱借给政府，并相信他们的投资十分安全。就在不久前，富格尔家族以近乎敲诈的利率，将他们的钱赌在了腓力二世身上，企图在国王违约之前，赶紧大赚一笔。

在 17 世纪，英格兰和尼德兰共和国在财政上是最有建树的国家，因为它们是商业化程度最高的国家。在价格革命的时代，比起农业和工业利润，商业利润更具有灵活性。尼德兰和英国政府，与阿姆斯特丹和伦敦的商人建立了成果丰厚的合作伙伴关系。两国政府授予商界商业特权和保护，作为回报，政府得到消费税和关税等收入，并在可承受的利率范围内获得公共借款。尼德兰和英国交通发达，国内外产品自由流通，产生的财富比美洲的银矿还要多。在过去，牧师认为商人是道德的寄生虫，因而憎恶他们；骑士则认为他们是道德上的懦夫。而现在，商人们自信他们形成了最具活力的社会阶层。17 世纪 20 年代，英国商人托马斯·曼骄傲地写道："看对外贸易的真正价值，它形成了国王的收入、王国的荣耀、高贵的商业、艺术的学派、需求的供应、穷苦人民的工作、国家的发展、海员的培养、王国的壁垒、财富的来源、战争的力量及敌人的恐惧。"

资本主义与加尔文主义

在商业的发展与宗教的热情之间，是否存在一种联系呢？在改革后的天主教禁锢资本主义的扩张时，激进的新教主义是否刺激了资本主义的扩张？最具活力的商人出现在信仰新教的尼德兰，工业发展最蓬勃的地方是信仰新教的英格兰，而这两个国家都是新教盛行的地方，这仅仅是巧合吗？在信仰天主教的法国商界，胡格诺教的表现卓越，这是什么原因呢？在信仰加尔文教的"伟大的选侯"

的统治下，信仰新教的勃兰登堡－普鲁士几乎是17世纪德意志唯一的、欣欣向荣的公国；在1559年以前，信仰天主教的意大利、葡萄牙和佛兰德斯，都曾经是繁荣的经济中心，但在1689年以后，它们个个变得萧条起来；那个时代最为激进的天主教国家西班牙成了令人震惊的、经济崩溃的受害者。所有这些，都是为什么呢？

在过去的60年里，学者们就这些问题展开了激烈的争论，却未能达成一致意见。1904年，德意志的社会学家马克斯·韦伯（Max Weber）发表了《新教伦理与资本主义精神》（*The Protestant Ethic and the Spirit of Capitalism*）一文，从而引发了这场争论。在他的论文中，他坚信早期的新教徒，特别是加尔文和他的追随者，对16和17世纪现代资本主义的开端有着强烈的影响。韦伯虽然认可在中世纪和文艺复兴时期，存在很多的个体资本主义者，但他认为，这些商人没能向欧洲社会注入一种普遍的逐利精神。他对资本主义精神的定义，是对利益的理性计算和高度系统化的追求，而不是对利润、权力和荣誉的非理性贪欲。从像佛罗伦萨的美第奇家族和富格尔家族一样的、改革前的商人银行家身上，韦伯看不到理性的资本主义。他认为这两个家族在它们华而不实的借贷业务中，表现出了非理性的贪婪。它们敢于下赌注，冒着风险将钱借给国王和教皇，并慷慨地将他们的所得挥霍在不相干的政治工程上、对艺术的赞助与奢华的生活上。对于现代资本主义精神的起源，韦伯追溯到了16和17世纪英格兰和尼德兰的少数商人。他认为这些商人为了建设一个理性有序的利益体系，践行了克制、冷静、勤劳和节俭。而他们的商业惯例，正是受到了加尔文道德教诲的启发。韦伯重视新教的观点——每个人的世俗职业或事业，是上帝分配给他们的使命。如果一个人成功地完成了使命，就是上帝已经注定了他的救赎。在韦伯看来，加尔文的宿命学说，使他的追随者产生了内心孤独、外部纪律、禁欲主义和本能需求等性格特征。加尔文主义商人的精力，使他们站在了仆人和工薪阶级之上。他们的高尚，是他们有别于贵族和银行家的奢侈和浪费的证据。正如韦伯的支持者托尼（R. H. Tawney）所说："加尔文为16世纪的资产阶级所做的，同马克思为19世纪的无产阶级所做的，是一样的。"

韦伯的理论在很多方面遭到了挑战。一些批评家否认了他的前提，即在宗教力量和经济力量之间，存在意义深远的文化互动。其他人则认为探寻资本主义精神的起源没有太大意义。

马克思主义者和其他的经济决定论者，通常会驳斥韦伯关于经济思想和心态导致商业惯例变革的论点，相反，他们认为商业惯例导致经济思想的改变。因此，焦点是经济本身，而不是周围的"精神"。还有一些批评家反对韦伯对改革前资本主义的忽视，认为文艺复兴时期的佛罗伦萨和威尼斯，以及16世纪的安特卫普，几乎使用了所有17世纪阿姆斯特丹和伦敦的商业手段；此外，在加尔文将它们神圣化之前，很多信仰天主教的资产阶级也在践行自律、节俭和勤奋。另一个攻击的角度，是韦伯曲解了加尔文的道德教诲。他们指控韦伯扭曲了这位改革者对于世俗"使命"的概念，弱化了加尔文对金钱和利润的敌视，忽视了日内瓦压抑的环境，这环境非但没能刺激，反而扼杀了商业的发展。此外，他们还声称，在 16 和 17 世纪加尔文教徒最为集中的欧洲地区，如苏格兰和尼德兰农村，经济上仍十分落后。与以农耕为主的弗里斯兰（Friesland）相比，阿姆斯特丹在践行加尔文主义方面差得很远，不仅它对天主教徒和犹太教徒采取包容的态度，改革后的传教士还淡化了加尔文关于宿命论的学说。韦伯被视为极端的批评家，甚至声称加尔文主义是资本主义的敌人。

近些年来，关于韦伯的争论仍未停止。今天，大多数这一特定历史时期的专家认为韦伯的理论太过简单化了。然而，无论韦伯提出的主张如何的不充分，但如果有人怀疑他提出的前提——16 和 17 世纪的经济力量和宗教力量之间有着强烈的相互作用，那就未免太过于幼稚了。

新教和天主教改革对欧洲商业环境产生的准确影响，永远也无法最终定论。但韦伯的论点，即新教提倡自律的个人主义，促进了欧洲西部商界价值体系的形成，似乎有一定的道理。毫无疑问，如约翰·加尔文所做的一样，圣依纳爵·罗耀拉强调情感和理智的纪律，但自律的加尔文主义者践行低消费，憎恶罪恶的排场。然而，遵守纪律的耶稣会却将他们的资源浪费在了巴洛克建筑上，目的是为了让上帝更加辉煌。巴洛克风格的罗马，被改革后的教皇国建筑——教堂、街道、广场、楼梯、雕像、喷泉和宫殿——所改变，更加生动地体现出韦伯所谓的比文艺复兴时的佛罗伦萨更加“非理性”和反资本主义。17 世纪的阿姆斯特丹，尽管商业一片繁荣，但仍是一个普通的城镇，鲜有醒目的公共建筑。这里的每一条运河都呈现出相同的景色：高高的、密集的、有三角墙的双排房屋，看起来非常的温馨和坚固。尼德兰商人通常将办公室设在自己房屋的底层，居室在中层，仓库在顶层。阿姆斯特丹的大资本家，常常在自己房子的梁木上，安装一个突出的滑轮。这个滑轮可以将木桶和包裹从房屋下运河的驳船中吊起，通过顶层的窗子，放入仓库。

加尔文主义对资本主义的影响，只能主观地衡量。而资本主义对加尔文主义的影响，则更容易通过几个不同的时期追溯。早期的加尔文主义者对赚取钱财表现得疑虑重重。16 世纪中期，日内瓦的圣人们居住在罪孽荒漠的一小片绿洲中，采取共同行动来控制高利贷者和大资本家的贪婪。但到了 17 世纪早期，加尔文的信徒渗入欧洲西部所有的经济中心，因此，他们不再能够将自己同邪恶邻居世俗的行为剥离开来。只有在像苏格兰、新英格兰（New England）及尼德兰的乡村等闭塞的地区，才可能维持独特和原始的、被选中者的社区。越来越多的新教的激进主义者不得不依赖于个人的自律。伦敦的清教徒商人，教导自己做好上帝的仆人，但上帝赐予他的商业成功，最终却鼓励他去重视世俗的劳动，赚取利润成了一项职责。到了 18 世纪初期，那些受加尔文主义熏陶的伦敦和阿姆斯特丹的资本主义者，仍致力于努力工作。但最初的道德目标“使命”，已经被世俗化了。1559 年的圣人，已经成了 1715 年拥有特权的财富占有者。

一种检测韦伯论点的方法是将 16 和 17 世纪新教和天主教对待穷人和济贫的态度进行对比。韦伯和他的追随者们认为，天主教慈善家将救济品分发给他们遇到的任何穷人，并以此作为一种善举，促成自己的救赎。新教的慈善家则将努力集中在社会福利计划方面，用以帮助那些“值得救助”的穷人改善他们的生活。毫无疑问，支持这一论点的证据是存在的。在西班牙，流浪是一种可以被接受的生活方式，那些为流浪乞丐筹集善款的天主教修士，反对任何清除街头乞丐并把他们投入工厂的行为。这些修士认为，将这些穷人隐藏于公共视线之外，并不能解决他们的困境，而只是将这种困境掩盖起来，这样做只会抑制富人的同情心。在英格兰和尼德兰，虽然私人赞助的新慈善机构，如救济所、孤儿院、学校和医院得以

下图为贝尔尼尼（Bernini）设计建造的罗马四河喷泉（Fountain of the Four Rivers），它展现了巴洛克风格罗马的奢华。

建立，但这些机构只帮助一些选定的穷人和病人，流浪汉仍遭到粗暴的对待。但在天主教的威尼斯，有一系列精心设计的、平等的机制，对穷人进行有目的的关照。那里的宗教社会将救济品发放给“受到尊重的”穷人，并为他们的女儿提供嫁妆。医院将麻风病人、梅毒病人及患有其他可传染疾病的病人进行隔离治疗。对于极度贫困的女性，他们还建立了特殊的救济所。为了把钱借贷给穷人，他们还建立了特殊的银行。同西班牙人不一样，威尼

17世纪早期，位于印度苏拉特（Surat）的英国东印度公司工厂。这是一幅古老的图画。在很多的亚洲城市，英国、尼德兰和法国都有类似上图的工厂和贸易据点。在下图中，前景的印度人显然在运送他们从工厂购买的商品。院子中的英国人之所以可以辨认出来，是因为他们戴着宽边帽。

斯人为一部分专门以乞讨为生的人发放执照，而其余的人必须离开街道。因此，与其说是新教与天主教之间的对比，不如说是组织效率高低之间的差别。

一项关于英国私人慈善事业的研究表明，1640 年财富占有阶级向慈善事业捐赠的善款，是 1480 年的 8 倍。商人的捐赠比任何人都慷慨，特别是在 17 世纪早期。那时，他们中的很多人都参加了清教徒运动。一旦我们理解了那个时期的物价已经上涨了 350%，以及英国商业的发展状况，我们可能会产生疑问，17 世纪的新教捐赠者是否比 15 世纪的天主教捐赠者更为大方呢？然而，毫无疑问的是，他们为的是两个不同的慈善目标。革命前的慈善家，会将自己遗产的 53% 捐赠给教堂（其中一半用来补贴为死者祈祷的人），而投入济贫、医院和社会福利计划中的比例，只占到了 15%。17 世纪早期的慈善家，会将自己遗产的 12% 捐赠给教堂（其中没有一分钱是用于补贴祈祷者），55% 的遗产用于济贫和社会福利。[14] 当然，这样的慈善活动对社会底层的真正帮助微乎其微。新教道德的笃信者认为，对于那些不值得帮助的穷人，根本就没有帮助他们的办法。

重商主义

1559 年至 1715 年间，半经济半政治主义受到了推崇。100 年以后，亚当·斯密（Adam Smith）轻蔑地给它打上了重商制度，即重商主义的烙印。一直以来，在对重商主义的定义、解读和评价中，历史学家对此表示了强烈的反对。另一些人，则更倾向于不使用这一概念。他们认为，17 世纪的经济思想尚不成熟，不足以被认定为一个制度。虽然大多数的政府可能采取了重商政策，但二者构筑的经济平台不可能相同。只有像法国的科尔伯特（Colbert）等少数辩论家和官僚，致力于宣扬纯粹的重商主义福音。虽然这些反对有一定的正确性，但我们必须认识到，重商主义不仅无处不在，而且势力强大。这个词形象地反映出欧洲西部政商关系的特征。重商主义的态度一部分是激进的，一部分是保守的，与财富不足时期的心理完全一致。

若是斗胆给它下个定义，我们可以说，重商主义者是这样的人，为了提升社会的财富和力量，他们支持将主权国家有意识和人为地发展成为一个经济单位。探索这一目标的商人和政治家，会因流动资金源源不断、对利润的渴望而感到兴奋，虽然他们依然相信财富的总量是相对固定的。他们认为，得到和占有尽可能多财富的最好方法，是通过一个有计划和合作型的社会。过去的经验已经告诉我们，极端个人主义是危险的。毕竟，像富格尔家族一样自由放纵的企业家，失去财富的速度比他们创造财富的速度快得多。像瓦卢瓦家族一样，以自我为中心的王公，醉心于王朝政治，灾难性地将自己抵押给了国外的债权人。重商主义者赞许博丹及其他社会理论家——他们厌恶政治的混乱和不负责任的战争——关于世俗主权的理念。他们同意博丹的观点，认为最终的权威和权力属于国家，而不是居于统治地位的王侯。一个主权国家可以也应该支持进取的商人，保护他们积累的财富。这种对国家计划经济的鼓吹绝不是什么新生事物，中世纪的城镇和文艺复兴时期的城邦，已经在作为一个经济单位运行着。但在16世纪的政治舞台上，意大利和德意志的城邦缺乏必要的面积和实力。在欧洲东部，像奥地利、波兰和俄罗斯一样的国家，面积当然足够大，但它们是纯粹的农耕国家，无法实现资本主义经济的利润。因此，重商主义集中发生在西班牙、葡萄牙、尼德兰、瑞典、勃兰登堡－普鲁士，尤其是英格兰和法国。

重商主义者倾向于持有固定的经济理念，其中一个（在新大陆财富涌入的感召之下）就是金银是财富最好的衡量标准。通过实现贸易顺差，一国可以积累金银，也就是说，出口商品的价值要大于进口商品的价值。为了最大程度上减少对进口商品的依赖，一个国家应该尽可能地实现自给自足。海外殖民地能够供应一国需要进口的商品，因而对实现自给自足有所帮助。一个国家的工业生产和贸易规模越大，出口的规模就越大，利润也就越高。对于产量受到原始手工生产方式制约这一事实，16和17世纪的重商主义者漠不关心，这一点很有启发性。艰苦劳动和全日制工作是他们提高生产力的简单办法。虽然我们将国内消费的扩大和生活水平的提高看作财富的指数，但它却很容易使重商主义者感到惊慌和沮丧。为了保证出口与进口的顺差，他们不停地宣扬节俭和禁欲。

一些解读者认为重商主义者的政治公设重于经济公设，问题是，除了对国家主权的普遍认同，不同的重商主义者在政治理论方面存在不同观点。举个例子，比起他们的英国同行，法国的重商主义者更为推崇家长式作风的中央政府。商人和公职人员认同互利互惠的合作原则，但他们在税收制度，以及哪类个人公民应当为塑造政府政策出力方面，却很少能够取得一致意见。尽管如此，重商主义者一般会鼓励政府对经济的刺激、监督和保护。他们从来都是爱国主义者，如果为了国家的利益，他们不介意牺牲个人或当地的利益，他们仍然可以在社区的集体力量中闪耀光芒。举个例子，托马斯·曼就是一名具有强烈爱国思想的重商主义者。

16 世纪的西班牙帝国曾经是首个重商主义大国，也是最后一个进行天主教征伐的大国，也只有西班牙人能够将二者结合在一起。西班牙以金银为中心的帝国体系，竭尽全力地鼓励和普及整个重商主义学说。西班牙坚持对外部定居者和贸易者封闭帝国的做法，得到了后期重商主义国家的效仿。西班牙帝国的中央行政机构，如印度的马德里会议、塞维利亚的印度群岛贸易馆（Casa de Contratacion）、新大陆的总督和法院，后来得到了法国的效仿，并在一定程度上为英国所仿效。

然而，即使是在其 16 世纪的鼎盛时期，西班牙也不曾发展出一套完整的重商主义体系。一方面，在经济上，西班牙帝国从来不是一个自给自足的单位。除了金银以外，殖民主义者生产的产品，无法满足西班牙国内消费者的需求。很快，他们对本国无法提供的制成品，甚至是农产品产生了渴望。因此，为获得塞维利亚－印度的大批货物，不得不以金银与佛兰德斯、法国及英国商人进行交换。腓力二世的士兵在尼德兰战争期间将安特卫普洗劫之前，它一直是西班牙统治下的主要商业转口港，而不是塞维利亚。在17世纪期间，西班牙帝国的重商主义色彩越来越淡化，金银的产量大跌，与塞维利亚–印度的贸易也衰落了下去。西班牙政府无力阻挡外国入侵者将商品走私进入西属美洲。虽然帝国的管理机制仍然完整，但它在经济上已经解体了。从重商主义的角度来看，西班牙丢弃了谷粒，而留下了谷壳。

在17世纪，经济的领导力为西班牙所占有。在3个与之展开竞争的大西洋国家中，联省共和国与西班牙风格的重商主义最为不同。这绝非偶然。尼德兰人掀起的反抗腓力二世的叛乱，不仅针对他的天主教和专制主义，还针对他的商业做法。出于政治和经济的双重原因，他们反对将主权国家作为经济单位的重商主义理念。在一个只有200万居民的小国中，怀揣重商主义梦想，企图通过国家权力实现财富积累，是毫无意义的。当这个国家的主要产品是郁金香和奶酪时，树立经济上的自给自足是荒谬的。由于尼德兰人是欧洲的中间商，他们的财富取决于开放的贸易。尼德兰的学者们撰写了精深的专题著作，为海上的自由贸易寻找法律依据。因联省共和国拥有当时欧洲最大的海上商船队，可能是受此启发。为了刺激贸易，尼德兰商人藐视最为神圣的重商主义大炮。正统的金银本位主义者，以东印度公司将货物运往中国和日本，用以交换东方的奢侈品为耻。而对于尼德兰的企业家而言，爱国主义可不像利润那样具有诱惑力。

1622年，在与西班牙的战争之中，尼德兰政府发现，有必要禁止经纪人为敌方的舰只和货物提供保险。在英国和法国政府发现尼德兰的投资者斥巨资订购英法东印度公司的产品时，它们大吃一惊，因为这些公司本是用来窃取阿姆斯特丹的亚洲贸易的。

然而，尽管尼德兰人反对教条的重商主义，他们也不是自由放任主义的坚定支持者，他们只是根据不断变化的环境，采取不同的经济主张。因此，在16世纪晚期和17世纪早期，当敌手是西班牙的时候，尼德兰水手能够从洗劫舰只和夺取殖民地中获利，阿姆斯特丹在战争的基础上繁荣起来。但在17世纪中期以后，他们的敌人变成了英格兰人和法国人，英法的海盗船对巨型的尼德兰运输船队进行了掠夺，使他们的海外贸易陷入了混乱。于是，尼德兰商人转而成为国际和平的支持者。尼德兰人历来坚持环丹麦岛屿通往波罗的海的航道通行自由，同时，他们先后于1609年和1648年使西班牙人涉足斯凯尔特河，目的是阻止安特卫普再次成为阿姆斯特丹的劲敌。尼德兰人对海上自由的信念终止于苏门答腊岛。为了防止来自所有香料群岛的入侵者，包括那些没有被尼德兰人占领的岛屿，东印度公司大量投资于堡垒、战舰和军队。1623年，尼德兰人屠杀了一些英国商人，因为这些商人竟敢在安汶岛（Amboina）的肉豆蔻岛上建立据点。同时该公司还禁止当地的印度尼西亚人生产过多的香料，防止其超过尼德兰船只的运输能力。在摩鹿加群岛北部，他们还推光了整个岛屿，砍倒了种植园中的丁香，杀死任何进行抗议的印度尼西亚人。尼德兰人小心翼翼地守卫香料禁地的程度，如同西班牙人守卫他们的银矿一样。

对于英国人和法国人来说，17 世纪中期尼德兰社会的强劲活力，既引人注目，又令人生厌。削弱了西班牙帝国的干腐病，既令人欣喜，又令人困惑。一个总的结论似乎显而易见：如果有人能夺取尼德兰人的商业帝国，再将它与西班牙的中央集权结合起来，充分地融合在一起，实现的将是重商主义者的梦想。1660 年以后，比起西班牙人和尼德兰人，英国和法国公共规划和民营企业的协调更为契合。这两个劲敌将重商主义体系发展到了极致，它们之间典型的敌对故事恐怕需要分开一章来讲。17 世纪的英格兰和法国，是财富与权力的竞争者。在政治、宗教和社会结构方面，二者形成了对立。在宗教战争时代，它们是两个最具活力的国家。

毫无疑问，西班牙和尼德兰是另一对敌手。在 16 和 17 世纪期间，就欧洲经济而言，即使是关于两国商业环境最为概括性的论述，也表现出复杂性和矛盾性。两国都受到了手工生产等原始技术的制约，受到了价格革命的巨大影响；在开发美洲和亚洲方面，都展现出了活力。对于西班牙的经济灾难和尼德兰的一片繁荣，我们无法给出一个简单的解释。西班牙进口了 1.8 万吨金银，结果到了 1715 年，它的处境比 1559 年更为寒酸。相比之下，尼德兰没有金矿或其他自然资源，但 1715 年的尼德兰，远比 1559 年的时候更为富饶。在西班牙，人口下降，农业生产下滑，羊群数量减少，纺织业崩溃。而在尼德兰共和国，人口增长，农业产量提高，畜牧业得到改善，纺织业兴盛。在西班牙，政府具有压迫性的税收政策和严格的贸易法规，扼杀了私人企业的发展。而尼德兰政府虽然从商业中收税，却不至于将其扼杀。同时，尼德兰商人将他们的资源汇集到股份制公司中去，组建了船队，发展了银行业务，将资本进行兑换、投资，以及为其提供保险，成了欧洲的中间商。大多数时间，两国都处于战争之中，但当腓力二世军队的开销让西班牙陷入不可挽回的破产中时，尼德兰却能在 17 世纪中期之前，在战争中实现繁荣。甚至在本世纪结束前，它还能够依靠低利率的政府借贷，用来冲抵军事开支。部分原因可能在于西班牙信奉天主教，而尼德兰信奉加尔文教。无论如何，西班牙人和尼德兰人拥有三个共同的特征：在两个社会内部，都分裂成为特权阶级和无特权阶级；二者都轻易地奴役了他们遇到的黑人和印第安人；二者都以各自的方式，展现了财富不足时代的特征。

第四章

君主专制与君主立宪的对立

17世纪的欧洲，出现了两类行之有效的国家政权形式——以法国波旁王朝为代表的君主专制，以英格兰斯图亚特王朝为代表的君主立宪制。这些对立国家间对比鲜明的发展，是本章讨论的主题。在政治和宗教方面，这两种社会都朝着相反的方向前进。在16世纪的宗教战争期间，法国瓦卢瓦王朝的国王们失去了对国家的控制。17世纪，一系列有掌控力的国王和大臣，如亨利四世、黎塞留、科尔伯特以及路易十四，他们使王室权力达到了前所未有的高度。在16世纪的英格兰，都铎王朝取得了巨大的成功，受到了广泛的欢迎。而在1640年和1688年的两次革命中，他们的继任者却先后遭到推翻。法国的代表机构逐渐衰退，而英国的议会则夺取了主权权力。在宗教方面，法国逐渐放弃了亨利四世为支持统一的国家天主教会，而在《南特敕令》中展示的宽容政策；英国则逐步放弃了伊丽莎白一世为支持和宽容少数宗教信仰，而极力主张的统一的国家教会。1684年，路易十四废除了《南特敕令》；1689年，英国议会通过了《宽容法案》(*Toleration Act*)。是什么促成了这种对立而深刻的发展？

由于法国和英格兰是如此的不同，它们是政治和宗教上的对手；而由于二者在经济上存在极大的相似之处，它们又成了经济方面的对手。除了像法国红酒和英国煤炭一样的特色产品，两国生产的其他各类产品大致相同。两国都拥护重商主义，通过在保护国内的农业和工业的同时，实现有利的对外贸易平衡，来寻求经济的自给自足。在全世界范围内的同一地点，法国人和英国人为相同的产品展开竞争。在印度，他们为棉花和棉布展开竞争；在非洲西部，他们为获取奴隶而展开竞争；在大西洋北部，他们为捕鱼展开竞争；在北美洲，他们为皮草和鹿皮展开竞争。在西印度群岛，他们在彼此的视线范围内，建立了敌对的甘蔗种植园，甚至还将一个叫作圣克里斯托弗（St. Christopher）的微型小岛一分为二，分为法国和英国占领区。

尽管敌对的情绪十分明显，但我们不能忘记，这两个社会存在一定共有的、使它们区别于邻国，特别是区别于那些莱茵河以东的国家的基本特性。与德意志、意大利、波兰、土耳其和俄罗斯不同，英国和法国已经实现了国家主权。相似的语言、文化和宗教经历，增强了两个国家的政治凝聚力。正如最近的历史所深刻反映出来的，民族意识并不是政治的万灵药，但相比于17世纪其他的社会而言，它毫无疑问地、极大地提升了法国和英国的商业活力。同样，特别是在英格兰，民族意识起着消除特权阶级和非特权阶级间心理隔阂的作用。相比于那些控制欧洲东部的贵族地主，英格兰和法国的贵族地主的实力相对弱小。在英格兰和法国，朝气蓬勃的城镇资产阶级掌握着越来越多的财富，中央机构倾向于向着抑制地方自治和特殊主义的方向发展。与除尼德兰共和国以外的任何同时代的国家相比，这两个大西洋劲敌的财富分配更为广泛，公共事务参与度和教育文化水平较高。在政治实力方面，它们也远胜于尼德兰。

对于大多数当代的观察家而言，法国比英格兰更为引人注目。正是法国人取代了文艺复兴的意大利，成为文明的标杆。他们的语言得到了广泛传播，他们的书籍拥有大量的读者，他们的品位被各地有教养的人所效仿。同时，在国际政治方面，17 世纪还是法国的黄金时代。那时的法国拥有最稠密的人口、最大规模的军队、最多的收入，以及最为得力的官僚机构，所以它足以取代西班牙，成为欧洲最可畏的帝国主义强国。很大程度上，由于法国取得了辉煌的成就，主导的欧洲政治趋势向着专制主义发展，而不是立宪主义。波旁风格的君主政体，不仅受到了德意志和意大利各个小诸侯的推崇和效仿，还受到了那时最为强大的统治者——西班牙哈布斯堡王朝的国王、奥地利哈布斯堡王朝的皇帝、勃兰登堡的霍亨索伦选帝侯，以及英国斯图亚特王朝的国王的仿效。

法国专制的建立，1598—1661

1598 年，法国宗教战争结束；1661 年，路易十四取得了国家的控制权。在这两个时间点中间，法国成功地恢复了其政治实力。在国内，法国人修补了政治体系；在海外，他们决定性地打败了德意志和西班牙的哈布斯堡王朝，无可争议地成为欧洲的主导力量。由于法国享有极有利的资源，如人口众多（1600年时拥有超过1600万人口）、经济多元化、强有力的政府和军事力量，因此取得这样的成就也并非难事。但在16世纪的宗教战争时期，它存在的问题似乎无法逾越。胡格诺教与天主教之间、贵族与王室之间、巴黎与各个地方之间的水火不相容，几乎将这个国家分裂成为众多自治的区域，像神圣罗马帝国一样。然而，法国人民不仅从国内战争中恢复过来，还使他们的社会比以往更富有活力。在很大程度上，这得益于三位有宏图大志的政治家——国王亨利四世、红衣主教黎塞留、红衣主教马萨林（Mazarin）。

第一位波旁王朝的国王和两位红衣主教性格迥异，采用的策略也大不相同，但他们追求的目标十分一致，那就是弱化特殊主义，加强中央王权，以及通过具有侵略性的外交政策，扩大法国的领土范围。这些目标并非新生事物。16世纪早期，法国文艺复兴时的君主就想要实现这些目标，但他们的努力被宗教战争和价格革命打断了。亨利四世、黎塞留和马萨林继承了弗朗索瓦一世和亨利二世的衣钵，用妥协和推诿巧妙地掩饰自己的策略，然而，他们仍无法消除法国社会的离心倾向。胡格诺教徒、顽固的天主教徒、封建的贵族、享有特权的公职人员、根深蒂固的资产阶级、自治的地方人民、受压迫的小农阶级及巴黎民众的反对持续不断，造成重重危机。特别是在1610年至1624年间和1648年至1653年间，上述几个持不同政见的派别，再次点燃了无政府主义的民间暴动。虽然每一次暴动都被平息了，但离心的过程仍然继续着。因此，尽管亨利四世、黎塞留和马萨林都不是锐意的改革者，但他们对国家长达 60 年的治理，却无疑产生了巨大的累计效应。

在法国的历届国王中，亨利四世显然是最让人们无法忘怀的一位君主。他时尚前卫、诙谐幽默，又诡计多端，并扮演着多重角色：在战场上敌众我寡的情况下，他是一名纳瓦拉士兵，头盔上插着一根华丽的白色羽毛，鼓舞人心地召集着自己的军队；他

帕布斯（Pourbus）的画作《亨利四世》。这位国王看起来性格多疑而顽皮。该作品现存于日内瓦大学公共图书馆。

是一名性感的朝臣，留着卷曲的胡须，追求着自己心爱的姑娘；他是一名尽职尽责的管理者，被奥利维尔·德·塞雷斯（Olivier de Serres）的一篇关于农业技术的论著所吸引，每天晚饭后都要让人读给他听。他还是一个身上散发着大蒜气味儿的普通人。他说希望在自己的有生之年，看到每周日每户法国农民的锅里，都炖着一只鸡。亨利将自己的形象打造得与以往的瓦卢瓦王朝国王、凯瑟琳·德·美第奇及其神经错乱而虚弱无力的儿子们尽可能不同。在一切都依赖于国王性格的体制中，亨利随和刚健的个性，能够产生直接的影响和长期的象征意义。他从不允许自己青少年时代的战争经历破坏自己的秉性，僵化自己的信念。他原来是一名胡格诺教徒，但他先后两次皈依天主教。亨利采用的权宜之计与凯瑟琳·德·美第奇并不存在多大区别，只是他的策略起了作用，而她的则没有。政治如同棒球运动一样，是一场咫尺攸关的游戏。

从1589年至1598年，亨利四世利用其统治的上半期结束了宗教战争，然后用从1598年至1610年的下半期巩固了国内和平。在战争末期，相比较而言，他克服的障碍还算是容易。亨利收买了所有的内部反对派，通过加入天主教，向他的天主教臣民示好；通过颁布《南特敕令》，保证了胡格诺教徒的公民和宗教自治；通过支付天主教联盟的指挥官们3200万里拉（这个数字比每年的王室收入还要多），解散了他们的军队。1598年，他如是说："法国和我自己，都需要休息休息了。"为了获得接纳，亨利曾常常屈服，自此以后，他致力于重整王室威严。在他看来，三级会议在1560年至1593年间共召开了四次，它是封建特殊主义（particularism）的工具。因此，他不再召开三级会议。自从拥有了对法国其余领土毫无异议的直接征税权后，他能够容忍地方代表继续在布列塔尼、诺曼底、勃艮第、多菲内（Dauphiné）、普罗旺斯及朗格多克（Languedoc）等地集会，以及他们在自己的领地征税的特权（税赋非常轻）。相应地，他也容忍了巴黎和各地议会与法院的要求，即通过注册登记的方式授权王室法令，只要他们事实上对他颁布的所有法令进行注册登记，包括像《南特敕令》一样不受欢迎的法令。亨利任用易于驾驭的资产阶级担任公职，而不是大贵族；他身边满是像胡格诺教的苏利公爵（duke of Sully，1560—1641）一样才能出众的顾问。在棘手的宗教问题上，他通过维持《南特敕令》中许诺胡格诺教的保护和宽容，来使他们满意。同时，为了加强对法国天主教会的控制，比已故瓦卢瓦王朝的国王更有控制力，他机智地纵横捭阖于意大利教皇国与高卢（Gallican）教会的神职人员之间。就连耶稣会士，也在他们于1604年重返法国后，成了波旁王朝国王的坚定支持者。

亨利四世对公共财政的管理，贴切地反映了他统治期间的成就和局限。他继承的是一个因战争而债台高筑的国家。1596年，他以高额的利息欠下了3亿里弗的债务，每年的开销是王室收入的2倍。和西班牙政府不同，法国政府不愿意宣告破产。尽管如此，亨利的财政大臣苏利公爵却拒绝承认部分王室债务，并以较低的利息推迟了还款时间。战争结束后，苏利开源节流，实现了预算平衡。到了

1609 年，他已经削减了 1 亿里弗的债务，并将价值 1200 万里弗的黄金，储藏在巴士底城堡的地窖里。然而，在改革法国税制结构中的不公平方面，苏利的努力还远远不够。贫穷的小农阶级仍然承担着大多数的税赋，而富裕的特权阶级却免于缴税。苏利削减了土地税，但他同时也提高了盐税。在这个国家的一些地区，这两种税的税率仍然非常之高。和以前一样，大多数的税收都是通过包税人来征收的。这种与政府订立合同的中间人，通过从农民身上压榨出更多的利润，使之高于他们与政府订立合同时的额度，从而赚取高额利润。长久以来，国王采取了将终身制的财政和司法官职卖给资产阶级的政策，而他们忙于提升自己的社会地位，没有履行职责的热情，于是公共财政被进一步削弱了。苏利不仅仅继续卖官鬻爵，还使这些官职可以被世袭，只要购职者每年缴纳一定的费用。

到了 1610 年，亨利四世再次做好了战争的准备。他的目标是法国的旧敌——哈布斯堡王朝统治下的西班牙。15 世纪晚期以来，每一位强悍的法国国王都通过与哈布斯堡军队开战来测试自己的才能与气魄，但他们负多胜少。实际上，法国被西班牙哈布斯堡王朝的领土包围着。一边是比利牛斯山，一边是弗朗什 – 孔泰、卢森堡、佛兰德斯等亨利急于吞并的领土。此外，在 16 世纪 90 年代，腓力二世通过向神圣同盟提供人力和资金支持，延长了法国的战事。对此，亨利始终耿耿于怀。1610 年 5 月，在开展军事行动前夜，亨利在经过巴黎一条狭窄街道的时候，他乘坐的敞篷马车暂时性地遇到了交通堵塞，一位名叫拉瓦克（Ravaillac）的发狂修道士蹿到了马车上，刺死了国王。对于拉瓦克来说，亨利是一名保护异端胡格诺教徒，与正道的天主教徒开战的叛教者。对于亨利的身后名来说，在与西班牙开战前惨遭杀害，也许是幸运的。不然，他会发现，哈布斯堡军队异常强大，苏利积累的1200万里弗很快就被消耗殆尽。尽管如此，他的突然离世，使法国陷入了长期的危机之中，与16世纪60年代，宗教战争开始时的情形惊人地相似。

法国的危机从1610年持续到了1624年。在他的父亲遇刺身亡后，新国王路易十三（Louis XIII，1610年至1643年在位）才刚满9岁。在路易年少时，亨利的遗孀玛丽·德·美第奇（Marie de Medici）担任摄政王。玛丽是凯瑟琳·德·美第奇的远亲，在善用阴谋和富裕程度方面，二者具有相似性。尽管玛丽比凯瑟琳更加虔诚和肤浅，但她对法国国王造成的损害却更小。她立即取消了亨利与西班牙开战的计划，事实上她很快就完全改变了他的政策，通过让年轻的路易与西班牙国王的女儿成婚，从而使两国结盟。在玛丽摄政期间，法国的大贵族取得了地方上的控制权，迫使她以发放新的津贴和修建办公楼的形式，挥霍了苏利积累的财富。1614年，玛丽被迫召开三级会议。但在议会召开的时候，贵族和资产阶级代表间的敌对情绪十分强烈，以致无法取得任何成果。很明显，在法国，一个全国性的代表机构已经毫无用处。于是，在1789年之前，再也没有召开过三级议会。

在这个国家毫无目的地放任自流之时，玛丽与自己的儿子发生了争吵。在路易十三步入青年之前，他曾多次遭到母亲的鞭打。

1617 年，他将玛丽赶下了台。比起他的母亲，这位年轻的国王更好地认识到了进行彻底行政改革的重要性，但他太过忧郁孤僻和缺乏自信，无法规划或实施任何变革。在国际事务中，法国变得无足轻重，在三十年战争的各个阶段，法国没有进行任何有意义的参与。到了 17 世纪 20 年代，宗教战争的火焰在法国南部再次燃起。胡格诺教控制的朗格多克城镇，公开掀起了反抗国王的叛乱。如果路易十三想要拯救父亲的遗产，那么他急需一位强有力的大臣。

1624 年，红衣主教黎塞留成为路易十三的首席大臣，并在他去世之前，一直主持着法国政府。他出生于阿尔芒·让·迪普莱西（Armand Jean du Plessis）家族，是一名小贵族的儿子。他以主教的身份开始了自己的事业，并在玛丽·德·美第奇摄政时期，开始为国家效力。玛丽希望通过黎塞留夺回对政府的控制权，于是她说服教皇，任命黎塞留为红衣主教，并说服国王让他加入了皇家委员会。然而，黎塞留并非她的棋子，任其摆布。他虽然看起来单薄而孱弱，但他犹如钢铁一般的意志、过人的智慧，以及他的简朴儒雅，完美地将他武装了起来，以国王的名义进行统治。由于他无情地打破了针对自己的无情的宫廷阴谋，玛丽和皇家委员会的其他成员很快就开始憎恶他。黎塞留将玛丽和路易十三的弟弟流放，将 5 位公爵和 4 名伯爵逮捕并以叛国罪的名义审判（一些是通过秘密法庭审判的），还处死了那些挑战自己权威的人。黎塞留贪恋权力，但无疑，他将自己的权力全部奉献给了法国和他的国王。就一名红衣主教而言，他十分尊重自己的国家。实际上，在王室利益有需要的时候，他的

菲利普·德·尚帕涅（Philippe de Champaigne）的作品《红衣主教黎塞留画像》。并排的三张肖像，巧妙地展示出黎塞留善于掌控形势的性格。该作品现存于伦敦的国家美术馆。

对外政策更倾向于新教，而不是天主教。他遵循国家理性哲学：只要对波旁王朝有帮助，任何可行的权宜之计都无可厚非。

黎塞留的首要任务是阻止胡格诺教的叛乱，防止其又一次扩大成全面的宗教战争。对他来说，幸运的是，他所在时代的胡格诺教已经不像 16 世纪那样具有威胁力了。他们人数更少，不如曾经那样热情和具有凝聚力，领导者也不如过去那样精明强干。1628 年，在经过 14 个月的包围后，黎塞留攻占了大西洋沿岸的主要胡格诺教据点拉罗谢尔（La Rochelle）。1629年，一支皇家军队消灭了朗格多克城镇胡格诺教叛军的全部剩余力量。1629年，黎塞留的《阿莱斯敕令》（*Edict of Alais*）对《南特赦令》做了修改，剥夺了胡格诺教徒所有的政治和军事特权，但宗教自由得到了保留。1629年后，这位红衣主教发现，如果不对法国的新教徒进行迫害，并不会在政治方面带来多大坏处，所以对他们表现出了宽容。

在很多方面，黎塞留都与亨利四世和苏利保持一致。他不断地努力削弱封建领地和区域的特殊主义，设法废除了6个地方议会中的3个（分别是勃艮第、多菲内、普罗旺斯）。他企图在朗格多克直接征收王室税收时，那里的反抗非常剧烈，最终迫使他不得不放弃了这个想法。他还派皇家委员会的成员到各地监督当地的税务收缴工作；他任命自己为航海和商业总管，将精力集中在法国被忽视的商船、海军及沿海防御上。在黎塞留开始掌权的时候，皇家军队名存实亡；位于大西洋的港口，根本就没有防御西班牙和英国进攻的能力；地中海沿岸海盗活动猖獗。在黎塞留开展一系列行动打击之前，也就是从1610年至1633年间，大约有2500艘法国船只被北非的海盗截获。他最值得骄傲的成就，是创建了强大的大西洋舰队和地中海舰队。这位红衣主教为了实行计划，消耗了大量财力，致使财政赤字不断，特别是在法国于1635年加入三十年战争之后。他在任期内，通过提高土地税，进一步压榨农民，最终使王室收入翻番。在法国的很多地方，黎塞留不得不对因征税而引起的暴乱进行镇压，但即使如此，他仍为自己的计划感到满意。他写道，那些普通人，不应该过得太舒适。“他们就像习惯于背负重担的骡子一样，比起艰苦的工作，长时间的休息会把他们惯坏。”[1]

在黎塞留的行政管理中，最引人注目的一面，是他的外交政策。在他重新建立了国内秩序后，他继承了1610年去世的亨利四世的衣钵，与哈布斯堡王朝开战。在黎塞留看来，17世纪20年代的国际形势非常紧迫。在三十年战争的前12年中，法国保持了中立，在一旁观战，而它的对手哈布斯堡王朝已经逐渐占了上风。斐迪南二世似乎就要将神圣罗马帝国转变成君主专制了，而他的西班牙表亲腓力四世（Philip IV），也已经将普法尔茨的部分领土纳入囊中，从而使自己的领土从米兰延伸到了佛兰德斯。同时，在征服尼德兰共和国方面，西班牙军队似乎也取得了一些小小的进展。因此，在1630年，黎塞留资助了古斯塔夫·阿道夫对德意志的侵略。在瑞典国王死后，他又组织了反抗西班牙皇帝的瑞典–德意志联盟。1634年，哈布斯堡王朝在诺德林根取得了针对瑞典的压倒性胜利，迅速消灭了这支联盟军队。这时，黎塞留被迫扮演了更为积极的角色。1635年，他对西班牙宣战，在意大利北部、莱茵河地区及尼德兰三个地方同时展开攻势。1636年，反击的西班牙人和帝国军队占领了皮卡第（Picardy），从而对巴黎构成了威胁，这个大胆的计划差点产生了事与愿违的结果。但自此之后，法国人将战争引到了本土之外，西班牙人却受到了葡萄牙和加泰罗尼亚内部危机的严重削弱。1643年，黎塞留的军队在罗克鲁瓦（Rocroi）消灭了一支规模比自己大且久经沙场的西班牙军队，但他本人却没有活着看到这一天。这是自

1516 年加入哈布斯堡王朝以来，自命不凡的西班牙步兵首次遭受全面的失败。然而，正是黎塞留为法国外交的成功及 1648 年在威斯特伐利亚大败哈布斯堡王朝，打下了基础。

将黎塞留的管理与同时期西班牙奥利瓦雷斯伯爵（count of Olivares，1587—1645）整顿腓力四世统治下的哈布斯堡王朝的卓越努力相比较，是十分具有启发性的。如同路易十三统治下的法国人，如果西班牙人想恢复 16 世纪高效的政府管理，他们急需一名卓越的政治家。路易十三和腓力四世没有太大区别，他们都天资聪颖，但却意志薄弱，都依赖于一位强悍的大臣。在 1621 年至 1643 年间，奥利瓦雷斯是腓力的首席大臣。同黎塞留一样，他通过赢取国王的信任和无情地消灭对手，取得了对政府的控制权。他身材高大，来去匆匆，足智多谋，精力充沛。他决心通过改变温和低效的统治方式，重新恢复西班牙帝国于 16 世纪的强大。和黎塞留一样的是，他不得不与飞涨的战争成本、严重失衡的预算，以及落后的、给农民造成严重负担的税收体制角力。和黎塞留一样，奥利瓦雷斯企图打破国家中存在的根深蒂固的特殊主义。伊比利亚半岛分裂成了四个半自治的王国：卡斯蒂利亚、阿拉贡、纳瓦拉和葡萄牙。其中，葡萄牙是在 1580 年被西班牙吞并的。在查理五世和腓力二世的统治下，一直以来，西班牙帝国都是卡斯蒂利亚的私有保护区和负担，但奥利瓦雷斯想把这份责任扩展，使边远的伊比利亚区域（那里的税收相对较轻）分担卡斯蒂利亚难以承受的财政和军事义务。葡萄牙人和加泰罗尼亚（阿拉贡的一个地区）人，对奥利瓦雷斯的“卡斯蒂利亚化”行动深表怀疑。这些地方的人民通过自己的议会，自行征收税赋。奥利瓦雷斯为了给养位于意大利、德意志和尼德兰的西班牙军队，不断要求他们提供人力和财力支持，但他的请求屡次遭到了他们的忽视。此外，在奥利瓦雷斯与黎塞留管理下的法国开战时，还没有与尼德兰人、瑞典人及德意志的新教徒讲和，于是灾难开始了。1640 年，葡萄牙和加泰罗尼亚掀起了叛乱，宣布摆脱哈布斯堡王朝的统治。加泰罗尼亚的叛乱最终于 1652 年被镇压了下去，而葡萄牙的叛乱没能遭到镇压，尽管在 1668 年前，哈布斯堡王朝并不承认葡萄牙的独立。而早在那之前，奥利瓦雷斯已经潦倒地死去了，西班牙的国际领导力也已经无可挽回地丧失了。

尽管黎塞留在一定程度上比奥利瓦雷斯更精明和谨慎，但他的成功与奥利瓦雷斯的失败形成的鲜明对比，不能说是两人性格的不同所致。他们为改革而付出同样的努力，却产生了相反的结果，这一点，只有通过两国社会的深层次区别来得出更好的解释。波旁王朝的政治和军事力量，一定与法国不断增长的财富和活力有关，就像哈布斯堡王朝在政治和军事上的无能，与西班牙社会和经济发展的停滞有关。比起西班牙，17 世纪的法国更加繁荣昌盛，于是黎塞留手中的资源必定更多。而相比于法国，西班牙则更为利己和守旧，于是奥利瓦雷斯富有想象力和强有力的政策，非但没有激励他的人民，反而令他们惊恐不已。在阻止西班牙衰落的过程中，奥利瓦雷斯实际上加速了其崩溃的速度。

1642 年，黎塞留去世，法国也陷入了国内动乱时期，但与西班牙不同，它恢复得很快。1643 年，路易十三驾崩，他的离世仅仅比黎塞留晚了几个月。路易十三将王位留给了他 5 岁的儿子路易十四（Louis XIV），遗孀奥地利的安妮（Anne of Austria，1601—1666）进行摄政。由于安妮曾是哈布斯堡王朝的公主，而且她将事务的管理权委托给她精明圆滑的情夫——一个叫作古里奥·马萨林（Guilio Mazarini）的意大利探险家，她的摄政立即引起了反感。这个马萨林，在法国被人们称作无人能比的机会主义者。作为教皇的大使，他进入了法国，并效力于黎塞留。尽管他不是牧师，却被任命为红衣主教。他收集价格昂贵的织锦和画作，将自己美貌如花的侄女嫁入了法国的豪门。真正令充斥着巴黎各个书摊的小册子的作者们恼怒不已和诽谤中伤的，是他成了王后的情人，还极有可能是她秘密的丈夫。但马萨林主教并不应受到如此待遇，因为他确实是一名英明的管理者，全心全意地继续推行黎塞留的政策和培养年轻的国王。在统治的前几年中，他使不合作的贵族被与西班牙和神圣罗马帝国皇帝的战事所缠绕。但是不断增长的战争成本使他逐渐应对乏力。他尝试了各种拙劣的权宜之计来筹集更多的资金，比如买卖新设立的、毫无用处的官职，操作牲畜市场，以及以莫须有的罪名处以罚金。雪上加霜的是，17 世纪 40 年代的法国遭遇了严重的农业减产和饥荒。绝望的农民不仅无法为贵族履行庄园义务，向国王缴纳赋税，还被迫将他们大部分的土地所有权出让给了资产阶级债权人。经济的紊乱与政治的不安定，催生了投石党（Fronde）之乱——一系列针对马萨林统治的暴乱（1648—1653）。

投石党之乱始于王室官员为反抗马萨林不当统治而爆发的一次抗议。事实上，这是一场反对由亨利四世发起的、持续了整整 50 年的专制统治的抗议。这些持不同政见的人，认为自己没能拿到应有的额外补贴。法国官员通过从国王手中购买官位，获得拥有特权的地位。可是他们发现，这些年来，苏利、黎塞留及马萨林这些人，不仅挨个削减他们的薪水，还新设立与之对立的官职，将监督官员强加到他们头上，剥夺了他们的权力。1648 年，巴黎的议会和法国的最高法院将这些委屈表达了出来，要求马萨林和王后恢复他们先前的特权和根深蒂固的官僚权力。为支持议会，巴黎民众发动了暴

下图是一幅反对马萨林的漫画，大约成画于1652年。投石党成员的领导者之一——蒙旁西埃郡主（Mademoiselle de Montpensier）以年幼皇帝的名义在奥尔良城召开集会，正准备用火把点燃这位遭人憎恨的红衣主教。

乱。实际上，“投石党”这个名字的来历源于弹弓。巴黎淘气的男孩子们使用它来投掷泥土或石头，把街道搞得一片混乱。然而，议会的官员们不支持这种暴乱和叛乱的形式，他们的目标是保卫自己在政府中的特权地位，而不是要将政府拆散。1649 年，议会与马萨林达成了协议。这时，三十年战争也已经结束了，法国的贵族军官渴望新的行动，他们将军队掉头转向这位受人憎恨的红衣主教。于是，投石党之乱突然转变成了由皇亲贵族领导的封建叛乱，他们感到自己被黎塞留和马萨林排除在了应有的地位之外。相比于巴黎议会的官员，这些贵族投石党成员更具危险性和破坏性。他们将马萨林赶出了法国，将国王和太后赶出了巴黎。他们中的很多人希望废除中央政府，将法国分割成像神圣罗马帝国一样的主权诸侯国联合体。长达三年的时间内，他们的私人军队足迹遍布了整个国家，像是一场大型的军事行动一样，彼此相互攻击。最终于 1652 年，14 岁的路易十四宣布成人，回到了巴黎。1653 年，马萨林也回到了巴黎，叛乱的贵族或回到了他们的庄园中，或遭到了流放而不再露面，投石党之乱就这样结束了。

如同 1560 年至 1598 年和 1610 年至 1624 年的法国危机一样，投石党之乱表明了在 17 世纪的法国，不存在取代君主专制的合适选择。投石党成员不满的地方有很多，但由于他们的动机明显是狭隘和自私的，他们无法发动一场有建设性的抗议运动，就更不用说找到一个马萨林的替代者了。整个危机期间，法国社会中各种各样的叛乱元素——贵族、官僚、农民及巴黎的民众，都存在彼此间的误解。

一支传统的反叛队伍——胡格诺教徒，并没有加入投石党之乱，因为他们认为对国王的忠诚是生存之道。实际上，对于所有看重稳定和繁荣的法国人，投石党都将他们看作忠实的保皇派。路易十四必然认为，这样的混乱局面一定不能再次出现了。1648 年至 1653 年的苦难经历，给年幼的国王留下了不可磨灭的印象。他记忆中那些狂暴的巴黎人，特别是于 1651 年的一天晚上闯入他的寝室，确保他没有跟随马萨林逃走的那群暴徒，使他做出了将王室从巴黎搬到凡尔赛的决定；他记忆中那些争抢战利品、毫无责任感的贵族，使他做出必须在政治上削弱贵族特权的决定；他记忆中的巴黎议会胆敢对王室政策提出批判，这使他在君权神授的基础之上，培养了一大群谄媚的下属，坚定了维护自己威严的决心。

然而，路易十四仍然太过年轻，不能独立地处理政务。因此，1653 年到红衣主教马萨林去世的 1661 年这段时间，这位主教继续主持政务。在马萨林的统治下，法国收获了黎塞留雄心勃勃的外交政策的果实。1648 年，在达成《威斯特伐利亚和约》的时候，法国正陷于投石党之乱，但马萨林还是拿到了非常有利的条件。阿尔萨斯和洛林的一部分领土被割让给了法国，同时，由于神圣罗马帝国内部的瘫痪，法国政府得以与德意志诸侯国结成联盟网络，共同对抗哈布斯堡皇帝。尽管双方都忙于应对国内矛盾，但法国与西班牙的战争仍然继续进行了 10 年。1659 年，随着《比利牛斯和约》（*Peace of the Pyrenees*）的签订，战争终于结束了。该和约是马萨林的又一次成功外交，法国获得了更多的领土——阿图瓦（Artois）、接壤的佛兰德斯、鲁西永（Roussillon），以及比利牛斯的毗邻地区。在两代人里，波旁王朝和哈布斯堡王朝的冲突，又一次被两个家族的联姻所平息。这一次，主人公是路易十四和他的表亲——西班牙公主玛丽娅·泰蕾兹（Maria Theresia）。通过他的新王后，路易对所有西班牙哈布斯堡王朝在欧洲和美洲的财产拥有了无可争议的继承权。因此，他希望创建一个比查理五世还要伟大的、新的王朝帝国。看上去，波旁王朝的野心或成功是没有止境的。自此，“太阳王”（Sun King）路易十四隆重登场，介入欧洲事务。

清教徒革命

17 世纪上半叶，在法国波旁王朝巩固政权的时候，英格兰的斯图亚特国王詹姆斯一世（James Ⅰ，1603 年至 1625 年在位）和查理一世（Charles Ⅰ，1625 年至 1649 年在位）却失去了对政府的控制。17 世纪 40 年代的英国国内战争，也被称为“大叛乱”或“清教徒革命”，相比于法国同期的投石党，是一次对君主政体更为激烈的反抗。表面上，这次的英国革命是一个难题。在上一任都铎君主伊丽莎白一世于 1603 年去世的时候，英国的君主政体非常受欢迎。伊丽莎白一世没有直接的继承人，于是王位传给了苏格兰国王詹姆斯·斯图亚特。詹姆斯和他的儿子查理毫无疑问是无能的国王，可他们却偏偏处于即使是有才干的国王也会为难的处境当中。比起法国，英格兰是一个更有凝聚力的社会，对上层强有力的管理不具有那么强的依赖性。英国的面积只有法国的四分之一，人口也只有法国的四分之一那么多。毫无争议，英国议会是全国性的代表大会，那里没有地区性的议会。议会中贵族、士绅、商人的代表，比法国更具有同一性，在政治上也能进行更好的合作，或是共同反对他们的国王。

经历了一个世纪都铎王朝家长式作风的统治后，在伊丽莎白一世统治的最后几年里，英国人越发变得难以驾驭了。国王受到收入不足、官僚主义浓重、缺少正规军队的严重制约。17 世纪早期，英格兰是少有的几个宗教矛盾非但没有缓和，反而变得更加剧烈国家之

英国王位的继承顺序，1558—1714

（备注：以下图表中注明的时间均为君主在位时间）

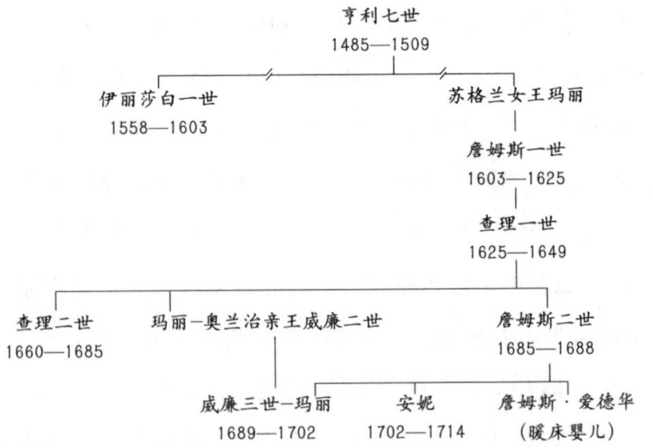

一，还包括神圣罗马帝国、瑞典及其他一些国家。在国教内部，清教徒发起了持不同政见的加尔文运动，就天主教仪式和制度要素展开了激烈的讨论。在英格兰，清教徒几乎无处不在，但在文化界，以及在伦敦市和议会中，特别是诺福克（Norfolk）、萨福克（Suffolk）、剑桥（Cambridge）和埃塞克斯（Essex）等东部小镇较小的地主乡绅中，他们则最为显眼。应对一场半遮半掩的、无组织的却又充满正义和热情的运动，绝不是件容易的事。

尽管第一位斯图亚特国王詹姆斯一世拥有宏图大志和真才实学，但他的结局却是悲喜交加，一事无成。他是苏格兰女王玛丽的儿子，有着令人忧虑的血统，但他几乎没有他母亲般鲁莽的激情，也没有她那迷人的魅力。他是一位博学的学者，并以此为骄傲。很多年来，他对苏格兰的统治十分成功。但他应对苏格兰野蛮领主和狂热长老会的专横策略，在英格兰是不合时宜的。1598 年，詹姆斯发表了《自由君主制的真正法律》（*The Trew Law of Free Monarchies*）。在该文中，他劝告苏格兰臣民服从他们的国王，而国王只对上帝负责。他声称，所有的法律都应由国王来颁布，所有宪政形式和议会的存在，完全看国王的心情。伊丽莎白一世默默地支持这种君权神授的理论，但她十分小心，没有以此为题大做文章，也没有以上帝赐予她的权力对议会耳提面命。而詹姆斯在继承了英国王位后，却一而再、再而三地做了伊丽莎白不敢做的事。詹姆斯看起来不大像是上帝的代理人，对于他的嘴而言，他的舌头过大，闪烁的眼珠使他总是面带忧郁。为了防止可能出现的刺客用匕首刺杀他，他总是穿着很厚的衣服。在外出猎鹿的时候，他有时会将自己绑在马上，以防止坠马。即使是惯于阿谀奉承的朝臣也厌恶这样的狩猎派对，在狩猎期间，国王可能会得意扬扬地切开一只鹿的肚子，把手伸进它的内脏里，将血溅在狗和侍从的身上。

在詹姆斯的统治过程中，革命的危机开始初步显现。新国王与清教徒发生了公开的争吵，主要是因为他认为他们与苏格兰长老会是一丘之貉，意在用加尔文教政府来束缚他。在一次与清教徒的会议上，他大声叫嚷："没有主教，就没有国王。"这是一句某天他的敌人会认同的格言。"我要么使他们屈从，"詹姆斯告诫清教徒说，"要么不停地找他们的麻烦，直到他们离开这片土地，或者比这还糟。"实际上，詹姆斯确实剥夺了很多清教徒神职人员的俸禄，结果导致这场运动在清教信徒之中传播得比以前更为有力。詹姆斯的财政政策招致了更多的批评，他的开销比伊丽莎白要多出一倍。一方面是由于不断扩大的通货膨胀，一方面是由于他需要负担妻子和孩子们的开支。但最主要的原因，是因为他比已故的女王更为奢侈浪费。为了增加收入，他诉诸各种不利于商业发展的权宜之计，比如数以百计产品的销售垄断权，人为地垄断了生产、销售，以及肥皂、煤炭、醋、饰针等日常用品的定价。在伊丽莎白时代，垄断者已经极为不受欢迎，而詹姆斯对他们不断增加的依赖，使顽固的地主和议会中的商人极为不满。

国王与议会的关系持续恶化。如果詹姆斯效仿伊丽莎白的做法，向议会尽可能少地要钱，确保他的大臣们提前准备好政府建议方案，

詹姆斯一世画像。和他大多数其他的肖像一样，在这幅雕版画中，詹姆斯看起来十分忧郁。他似乎是在担心自己会从马背上掉下来。该幅作品现存于伦敦的英国国家肖像馆。

通过上下两院操纵讨论和立法，情形就不会那么糟。但他毫无忌惮地向议会要钱，却不能拿出需要这些钱的理由。对政府的批评者很快掌握了讨论和立法的主动权，议会对国王君权神授的言论不予理会，只批给了他很少的钱，却用了大量的时间抒发不满。詹姆斯抱怨道，下议院是一个没有领导者的机构——自从国王放弃了领导的责任之后，确实如此。

在詹姆斯统治的最后几年，诸事不顺。他年纪越来越大，惰性也越来越强。他先前潜在的同性恋倾向显现了出来，于是，他将很多事务的处理权交给了他喜爱的年轻男性，而这些男性唯一的资质，就是他们的美貌和优雅。这些男宠中的最后一个，也是最具诱惑力的一个，是没有头脑的白金汉公爵（duke of Buckingham，1592—1628），在从1619年到国王去世的那段时间里，他完全控制着受迷惑的国王。詹姆斯于1621年和1624年召开的最后两届议会，对政府展开了比以往更为公开的批判。下议院出现了一名伟大的领袖爱德华·柯克爵士（Sir Edward Coke，1552—1634），是当时最为著名的法学家，但他已经被国王詹姆斯解除了职务。1621年，针对柯克的死敌大法官、思想家弗朗西斯·培根，议会重新启用了中世纪的弹劾程序，以贿赂罪的名义控告了他。对培根的弹劾，释放出了明确的信号，即议会对国王的大臣正在加强控制。此外，议会还废除了政府倾向于西班牙的外交政策——国王希望自己的儿子查理与西班牙哈布斯堡王朝联姻。1623年，他命白金汉公爵陪同自己的儿子查理，悄悄地来到马德里（Madrid），向西班牙公主求爱，企图赢得她的芳心。这位溺爱的国王焦虑地给两位"甜美的男孩"写信，称自己的儿子和男宠为"宝贝查理"和"斯蒂尼"。在信的结尾，他写道："你们亲爱的父亲和丈夫，詹姆斯。"但西班牙人拒绝了"宝贝查理"追求和迎娶西班牙公主的请求，于是查理怒不可遏地回了国。尽管老态龙钟的国王并未同意，但斯蒂尼还是获得了议会的同意，与西班牙开战。于是，在詹姆斯于1625年去世的时候，他所有的希望都化为了泡影，而对斯图亚特王朝的反抗却势不可当。

查理一世比他的父亲更为残暴。从1625年至1629年间，也就是在他统治的头几年里，对斯图亚特王朝在政治和宗教方面的批判者开始联合起来，组成了危险的叛乱组织。在安东尼·范戴克（Anthony Van Dyck）优雅的肖像画中，查理是一位形象完美的国王：他看起来十分英俊，性格内敛，生活节俭，富有教养。然而，这位新国王对民意毫不顾及，在政治上没有能力灵活运用“舍与得”的原则。查理一世是高教会信徒的坚定支持者，他重视英国国教中的天主教礼仪元素，继续秉承父亲君权神授的理念。遭人记恨的白金

范戴克的作品《查理一世》。这幅肖像画大约成画于1635年，那时候，国王似乎赢得了与议会和清教徒的战争。该幅作品现存于巴黎的卢浮宫。

汉公爵，继续担任首席大臣。比父亲有过之而无不及，查理立即与议会展开了激烈的争吵。新国王专横地索要钱财，但议会只想弹劾白金汉公爵。因此，查理开征了强制贷款，此举使他得到了本可以从议会得到的所有的钱。76 名身份显赫的绅士（包括几个议会议员）由于拒绝借贷，遭遇了牢狱之灾。

在查理一世仍然入不敷出的时候，他于 1628 年召开了另一届议会，却发现上下两院联合起来反对自己，他们紧密合作，拟定了著名的《权利请愿书》(*Petition of Right*)。通过增加一项税收的形式贿赂国王，他们换取了国王的一项承诺，即在未经议会同意的情况下，国王不得征税或借贷，也不能在不符合相应法律程序的情况下关押犯人。国王同意了上述条件，承认自己侵犯了公民的自由权。最终，《权利请愿书》成了一座具有重要意义的宪法里程碑。但它的即时效果并不理想，因为很快国王就开始绕过议会征税，并随意惩罚胆敢批评自己政权的人。1628 年，白金汉公爵遭到了刺杀，一大障碍终于被清除了，可谓是国王为之悲痛，而公众为之雀跃。1629 年，当约翰·艾略特爵士（Sir John Eliot）在下议院掀起新一轮抗议，并呼吁反抗王室政策后，国王和议会仅存的合作可能不再存在。国王命令下议院休会，而两名体格健壮的议员将扩音器放到他的座位上，以保持会议继续。兴奋的议会通过了艾略特的三个方案，宣布高教会进行改革，未经议会批准的新风俗是叛国行为。如此戏剧性的姿态，疏远了很多温和主义者，也使国王看起来比他的对手们更明事理。于是，查理立誓要在没有议会的情况下进行统治。在以后的 11

年里，他也确实这么做了。

查理一世在1629年至1640年间的统治，通常被拿来与同时期黎塞留在法国的统治相比较。但无论他最终的目的是什么，查理离建立一个波旁风格的君主国还差得很远。可以肯定的是，在白金汉公爵死后，他最为卓越的大臣大主教威廉·劳德（Archbishop William Laud，1573—1645）和托马斯·温特沃斯爵士（Sir Thomas Wentworth，1593—1641）认为，他们比人民更了解什么对人民是最好的，要求采用彻底的措施来实现效率和秩序。但二人常常被皇家委员会内的对手所挫败。无论如何，作为国王助手的温特沃斯，大多数时间都不在英格兰北部和爱尔兰。英国没有哪位大臣能够像黎塞留一样，将决议执行下去。查理一世没有监督官，也没有常备军。地方的管理仍然依赖于治安官，而他们中的大多数人是议会议员，对王室的政策持批判态度。政府捉襟见肘，在国际政治中无足轻重。国王的顾问们通过寻找法律的漏洞，来规避议会对税收的控制。举个例子，他们发现了一个早已被遗忘的规定，那就是，任何年收入在40英镑以上的男性，要在国王加冕时，亲自来到国王面前接受爵位的授予。在1626年，对于所有那些没能在自己加冕仪式上前来接受册封的贵族，查理可以向他们收缴16.5万英镑的罚款。更为重要的是查理对造船费的操控。造船费通常是在海港征收的一种税，目的是在紧急情况下，派出舰艇进行防御。而查理将造船费变成了一种每年收取的国税，不分沿海地区还是内陆地区，一概征收。约翰·汉普登（John Hampden，1594—1643）是一名富有的乡绅，在法庭上提出质疑，认为如果国家紧急情况存在，应当召开议会。皇家法官支持了征收造船费的合法性，但这种税收已经无法进行有效的征缴。因此，相比于黎塞留，查理的财政政策招致了更激烈的反对。法国的税收负担主要压在了无特权的小农阶级身上，但斯图亚特王朝在议会外征收的税收，却激起了贵族、乡绅及商人的不满。这些人虽然完全拥有承担税赋的能力，他们的财富远比国王要多得多，但对于自身财力不断增长，却被排除在权利体系之外的情形，他们痛恨不已。

然而，宗教是一个最具破坏力的问题。查理一世将对国教的管理，委托于大主教劳德。劳德有着军人一般的作风，十分勤奋和倔强。在红衣主教黎塞留尊重胡格诺教的宗教自由时，他却故意对清教徒进行挑战。他的目标是提升英国国教中主教的权力，以及英国国教在公众面前的威严。正如英国国教祈祷书中的崇拜顺序一样，通过教导英国人敬畏“教皇的完美”，劳德希望形成社会的礼法，压制清教的热情。在精神方面，这些目标更接近于天主教改革，而不是新教徒。这让我们想起了詹姆斯一世的座右铭——“没有主教，就没有国王。”而事实上，主教中很少有人支持劳德，在教区内，他的想法也常常遭到忽视。大主教通过迫害皇家法院中自己最为憎恨的清教徒批评家，而压制清教徒的企图，也令人痛苦地起到了适得其反的效果。1637 年，伯顿（Burton）、巴斯维克（Bastwick）、白兰（Prynne）三位反对教长政治的小册子作者，被剪去了耳朵，这在 16 世纪无情的宗教迫害中，只算得上是非常轻微的惩罚，随后他们立时被奉为受难者。当查理一世和劳德努力将英国国教祈祷书强加到长老会信徒身上时，更大的麻烦降临在了苏格兰。苏格兰人掀起了暴乱，拒绝接受该祈祷书。1638 年，他们立下了一个全国性的盟约，誓死捍卫宗教和政治自由。查理企图镇压苏格兰叛乱，但他拿不出一支强大的军队。到了 1640 年，苏格兰人已经侵入了英格兰北部。国王现在已经无路可退了，他没有钱，没有军队，也没有民众的支持，于是，他不得不于 1640 年召开议会。

这次召开的议会被称为“长期议会”，之所以这么称呼它，是因为从 1640 年至 1653 年，议会一直在会议中。长期议会导致了英国历史上最大的一次革命。学者们传统上主张，1640 年的危机是一场关于宗教和政治原则的较量——清教对抗英国国教，议会的自治政府对抗王权专制。然而，目前的趋势是关注在这些宗教和政治问题之下的经济和社会因素。举个例子，马克思主义史学家通过将英国革命视为阶级斗争的一种表现，像法国和俄罗斯的革命一样，来丰富我们对于这一危机的理解。他们认为，这是欧洲资产阶级在与封建阶级斗争中取得的第一次重大胜利。有相当多的证据可以支持此类观点：17 世纪 40 年代，英国特别是伦敦的商人和工匠通常支持议会，而贵族和经济落后的北部地区则支持国王。

然而，关于这种阶级战争的解读，存在一个令人尴尬的障碍，那就是乡绅及较小地主在其中的角色。在英国革命中，这些人是主要的参与者。在议会和王室两派阵营中，他们的人数也大致相当。是应该将乡绅定义为封建性质，还是资产阶级性质？在思想不统一的斗争中，应该如何从经济方面解释他们的异军突起呢？在这些方面，我们已经做出了诸多努力。一支采用马克思论点的学派，将他们看作一支崛起的农业中产阶级。1540年至1640年间，在国王和贵族利益受损的情况下，他们获得了繁荣。它还认为，为了巩固他们的权力，这一阶层最为富有和自信的成员，站在了议会和清教徒一边，领导了17世纪40年代的斗争。但另一支持相悖观点的学派则坚持认为，最为富有的乡绅成员，将自己与国王绑在了一起，而那些依靠农场收入过活的小地主，在1540年至1640年间，则变得日益萧条。受通货膨胀、农业萧条，以及缺少斯图亚特政府支持的影响，这些乡绅转向了清教和革命，为夺回他们的地位进行绝望的努力。这些解读中的第一个，似乎比第二个更符合情形，但二者都没有足够的说服力。现存的证据表明，17世纪中期，和大多数英国人一样，乡绅在经济上既没有欣欣向荣，也没有崩溃解体。与马克思主义者的说法相抗衡，很多学者现在强调传统的社会力量在1640年发挥着作用。通过分析议会成员，他们发现，在国王的支持者和批评者之间，不存在很大的经济和社会差别；通过分析雄霸伦敦的商人网络，他们发现，富有的人害怕变革；通过分析控制着40个郡县的乡绅群体，发现他们对中央权力表示深深的怀疑。那么，革命是如何发生的呢？由于一个从经济和社会角度的解读，要么将这场危机看作法国或俄罗斯式的巨变，从而扭曲了发生在英国的这场危机；要么否认发生了真正的危机，从而忽视了它的重要性，似乎重新强调国家政治和宗教问题的时候到来了。可以确定的是，在政治和宗教问题上，很多英国人非常痴狂。宗教是最强大的催化剂。1640年爆发的危机，最恰当的名称是清教徒革命，它组成了欧洲宗教战争时代最后和最宏大的篇章。

从1640年到1660年间，英格兰发生的一系列事件很难进行概括。因为英国革命同所有伟大的革命一样，是一个非常复杂的现象，有着自己独特的、史诗般悲壮的特征。在最初的1640年，似乎没有内战的可能性。议会拥有英国上层社会的联合支持，查理一世无助

一幅老版画《1640年的下议院》。下议院的议事厅非常小，正如我们从这张图中看到的，一些议员不得不站着。议长坐在高高的椅子上，在他前面，是两名书记员。一名带着武器的警卫，手里拿着狼牙棒（图下中部），他的职责是阻止陌生人进入。

地被孤立了。伦敦狂热的氛围使上下两院感到兴奋，他们迅速将国王从邪恶的顾问手里营救出来。在未经议会的情况下，这些顾问犯下了“十一年的暴政”的罪行。温特沃斯和劳德锒铛入狱，议会判决温特沃斯死刑。为了来到现场观看死刑的执行过程，伦敦半数的民众将塔山（Tower Hill）围得水泄不通，欢呼雀跃。

1640 年，议会的议员并未意识到自己是革命者，他们认为自己是英格兰古老自由的守卫者。虽然在事实上，约翰 · 皮姆（John Pym）采用了爱德华 · 柯克爵士的策略。在他的精明管理下，议会通过一系列宪法方面的创新，限制了查理一世的君权。国王近来绕开议会征收的税赋，全部被宣布为是违法的。温特沃斯和劳德使用的皇家法院遭到了废弃。此后，议会至少每三年召开一次会议，除非现在的议会同意自行解散，否则任何人不得将其解散。

在瓦解了旧有的政府后，议会于 1641 年开始组建新的政府。不料形势急转直下，议会的团结不复存在。随着具有争议性的问题涌现出来，如：议会是否应该任命国王的大臣？是否应该控制军队，重组教会？很多议员开始与查理一世结盟。最具争议性的问题是宗教问题：是否废除主教职位，并销毁祈祷书？在下议院，清教徒和政治激进分子占据微弱优势，他们形成了真正革命性的团体，下决心改造教堂和国家。与之相对应，在议会和整个国家范围内，形成了保皇党，他们反对进一步变革。1642 年 1 月，查理一世企图通过一场政变，击溃议会中的激进分子。但他的计划太过拙劣，在他率领 400 名全副武装的士兵走入下议院，企图抓捕皮姆和其他领导人时，发现抓捕的对象早已逃之夭夭。民众的压力迫使查理和他的支持者离开了伦敦。在之后的几个月里，双方都招兵买马，战争一触即发。

从规模和强度上说，1642 年至 1646 年的国内战争都不太大。即使是在战争的巅峰时期，也只有不超过十分之一的、适合战斗的英国人参战（在美国内战中，这个数字达到了四分之一），其他的军事活动给生命和财产造成的损失，是相对可以忽略不计的。因为清教徒喜欢将头发剪短，所以议会的士兵被称为圆颅党。相比之下，保皇党，也称为骑士团（Cavaliers），看起来具有神奇和浪漫主义色彩。圆颅党赢得这场战争并非巧合，他们控制着伦敦，以及英国经济发达和人口稠密的东南部。议会通过收缴消费税和不动产税，获取了大量的钱财。具有讽刺意味的是，其征收的上述税目远比查理一世征收的重。骑士团则占据着英格兰人口较为稀少的西北部，长期缺少资金、人力及战争物资。国王的军队与三十年战争时期由雇佣军领导的流动军事组织十分相像。鲁珀特（Rupert）王子是骑士团最为勇猛的指挥官，他能够以一次轻狂的骑兵冲锋，精彩地拉开一场战斗的序幕。但他有组织无纪律的骑兵，常常在搜寻敌人辎重的时候消失掉。而此时，圆颅党则进行了重组，赢得了战斗。圆颅党最大的初始资源，是他们高尚的道德热情。在整个 17 世纪 40 年代，前所未有的小册子洪流达到了平均每年 1500 册的程度，通过多种方式表达了对实现英格兰政治、宗教或社会重生的狂热追求。这些小册子中最为著名的，要数约翰 · 弥尔顿（John Milton）的《论出版自由》（*Areopagitica*，1644），该书概括了圆颅党的战斗精神。这位高尚的清教徒诗人吟诵道："我觉得，我在自己的心中，瞥见了一个崇高而勇武的国家，仿佛一个强有力的人一样，正从其沉酣之中振身而起，风鬓凛然。我觉得，我仿佛瞥见它是一头苍鹰，正在挣脱着它幼时的健翮，它那目不稍瞬的双眼因睁对中午的炎阳而被燃得火红。"但议会的领导人并不符合弥尔顿的愿景，长达两年的时间，查理一世的军队一直占据着上风，主要原因是圆颅党的将军们并不是真的想同国王开战，打败被上天选定的国王。1643 年，在皮姆设法使议会与苏格兰长老会结为军事同盟后，形势开始发生了变化。次年，两军在马其顿荒原（Marston Moor）展开了最为激烈的战斗，议会与苏格兰联军击败了鲁珀特。但从长期来看，更具有意义的，是一位天才的清教徒士兵的出现。他，就是奥利弗·克伦威尔（Oliver Cromwell，1599—1658）。

克伦威尔枯燥的战前生活使我们难以想象他在清教徒革命中扮演如此杰出的角色。在长期议会召开的时候，他只是一名无足轻重的中年乡绅、下议院中最不富裕的一员。在他反对国教主教而进行的、偶尔和混乱的发言中，很少有人注意到这个鲁莽和直率的中年男子。战争一爆发，克伦威尔便应征加入了议会的军队，并捐出 500 英镑（他一年的收入）来帮助支付军事开支。自 1642 年他参加的第一次战斗开始，到他于 1658 年去世的这段时间，一些内在资源——用克伦威尔的话说，那是上帝的救赎和恩典——使他拥有了磐石一般的力量，去征服他遇到的每一个困难。1643 年，他加入了一支倡导"正直和虔诚"的骑兵团。该骑兵团纪律严明，在追击骑士团的时候，他们高唱圣歌。大多数的清教徒（包括克伦威尔）相信上帝注定了他们的救赎，在战争期间和战争结束后，他们都会聚集在上帝选民的教堂中。克伦威尔从未加入清教教派中去，他将自己的骑兵团看作一种教派，看作上帝用来将英格兰从天主教会和奴役制度中拯救出来的工具。他所在的骑兵团，很快被称为铁甲军，逢战必胜。1644 年，在马其顿荒原击败鲁珀特的战役中，克伦威尔和他的军队是主力。他在描述一次战斗的时候这样写道："上帝使他们成为我们刀尖上的麦茬。"在他的鼓舞下，议会重组了圆颅党军队，将不

《奥利弗·克伦威尔》。这幅绘制粗糙的清教指挥官版画，展示出了他亲民的形象和意志坚强的内涵。作品现存于伦敦国家肖像美术馆。

愿与国王作战的将军革职。这支议会的“新模范军”以克伦威尔为副指挥官，于 1645 年在内斯比（Naseby）消灭了查理一世的剩余力量。1646 年，国王被俘，在此后的两年里，他在军队的守卫下度过。清教徒似乎已经取得了一个令人惊叹的胜利。

相对于签订和平协定来说，结束战争则更为容易。清教徒之所以能够团结一致，是因为他们对主教、祈祷书及君主专制的仇恨。而到了 1646 年，他们绝望地分成了三个派系。最为保守的当然是长老会，他们希望将英格兰教会转变为苏格兰模式的、组织严密的国家加尔文主义教会。认为国王应当受议会制约，但对于社会和政治秩序，他们不主张做进一步改变。在英格兰，长老会的势力不像在苏格兰那样强大，但他们占据议会的多数席位，而且主导着伦敦的商界。在权力中心，独立派（the Indepents）希望进行更为彻底的变革。他们拒绝任何形式的强制性国家教会，无论是英国国教，还是长老会。他们支持对各种各样的、自发自治的清教教堂给予宗教包容。在他们看来，为了更为有效地满足普通民众的需求，无论是议会，还是国王，都需要进行改革。独立派在议会拥有发言人，但他们的主力是新模范军（New Model Army）的军官。克伦威尔是独立派人。比独立派更为极端的是人数众多的激进清教徒教派，在 1640 年以前，他们中的大多数都不曾存在。这些教派的成员呼吁彻底重建英国社会。如同第五王国派（Fifth Monarchy Men）一样，他们中的一些人是悲观主义者，认为基督即将第二次降临人间；另一些人则更为世俗，如同平等派一样，他们起草了宪法，为男性参与的普遍性大选和保证人民享有主权做准备。但在19世纪前的英格兰或世界任何地方，民主原则是无法实现的。比平等派更为极端的是掘土派（Diggers），也被称为农业共产主义者，他们认为上帝不允许对私有财产拥有所有权。很显然，相对于富人，这些极端教派对穷人的吸引力更大。他们从新模范军的普通士兵中汲取满腔热情的支持。因此，在英国革命的大旋涡中，长老会、独立派以及极端教派，将加尔文的戒律发展成为一整套包罗万象的社会态度，从自以为是的偏见到对无特权阶级的同情，从镇压的保守主义到有远见的激进主义，从独裁统治到无政府主义。

1646年至1648年间，长老会、独立派以及激进教派在尝试与被俘的查理一世商讨和解方案时，为争取对革命的控制权，他们内部的斗争也异常激烈。议会中的长老会成员犯了一个致命的错误，他们企图在不支付军饷的情况下，解散新模范军。在克伦威尔的领导下，新模范军拒绝解散，即使如此，他也几乎无法控制军队中的极端分子。1647年，独立党军队发言人与平等派在普特尼（Putney）进行了一场激烈的辩论，一些关于当时情形的笔记被保留了下来。"英格兰的穷人和那些富人一样，也需要生活。"平等派的一名代表叫喊道，"在上帝的律法中，我找不到任何条款，规定可以从贵族中选出20名议员（议会的代表），而乡绅中只能选出2名，穷人却一个代表也没有。"独立派人则反驳说："在政府的选举中，即使是英格兰最普通的人，也可以发出自己的声音——但前提是，他需要在当地有利益存在。"也就是说，他必须在这个社会中拥有一定的财富，属于利益攸关方。在普特尼的这场辩论中，克伦威尔的角色就是在争论变得太过激烈的时候，号召大家一起做祈祷。作为一支不可战胜的力量，他的士兵仍然有着共同的目标。1648 年，他还以国王的名义，粉碎了一次长老会与骑士团的联合叛乱。他的军队进入了伦敦，执行了某种针对议会的军事政变。而在 1642 年的时候，查理一世却没能做到这一点。普赖德（Pride）上校将军队驻扎在议会周围，只允许那些与军队友好的议员（大约 60 名独立派成员）出入。"普赖德的清洗运动"（Pride's Purge）清除了长老会在议会中的大多数席位，把 1640 年骄傲的国民议会变成了"少数派"的会议。

现在，克伦威尔已经拥有对付国王的条件了。他相信查理一世是实现和平的最大障碍，决心要将他执行死刑，而且要尽可能地公开和庄重。少数派的议会成立了一个高等法院（High Court of Justice），将查理一世以暴君、叛徒、谋杀犯和英国人民的公敌等罪名判处死刑。1649 年 1 月 30 日，查理在他位于怀特霍尔（Whitehall）街道的宴会厅外被处决。在蒙面的行刑者一斧子斩下他的人头前，他对着怨声载道的人群抗议道："我是人民的殉道者。"

处决国王的做法并不得人心，但克伦威尔没有太多的选择。与一个拒绝以任何形式接受清教国家的人谈判，是毫无意义的。而且，无论是将查理关押在监狱，还是流放海外，都是不安全的。具有讽刺意味的是，为了找到一个仁慈的和解方案，克伦威尔的努力程度远远超过了他的敌人查理。但他的方法却变得比查理更为极端，更为残暴。保皇党、长老会及极端教派，都憎恶克伦威尔赤裸裸的军事统治。到了 1649 年，尽管独立派完全控制了局面，他们实现自由主义的目的却极大地打了折扣。

从 1649 年到 1660 年，英格兰是一个清教共和国。在它与其他国家的关系方面，这个革命政权展示出的力量让人为之惊愕。1649 年，克伦威尔征服了爱尔兰，对天主教徒的杀害，比在英国内战时对骑士团成员的杀害更为随意。在 1650 年至 1651 年间，他征服了苏格兰。通过强迫这两个地方的人民接受与英格兰的联盟，清教徒做到了没有任何一位英国国王做到过的事——将大不列颠打造成了一个单一的政治单位。在 1652 年至 1654 年间，英国人与尼德兰人之间爆发了海战，其间，英国捕获了 1400 艘敌船，提升了其相对于尼德兰商船队的竞争力。1655 年至 1659 年间，英国与西班牙开战，夺取了西印度群岛的牙买加（Jamaica），以及佛兰德斯的敦刻尔克（Dunkirk）。

然而在国内，这些革命者却不如在海外那样成功，他们找不到一个可以接受的宪法框架。1649 年至 1653 年间，政府由一个由少数派议会（1648 年未遭到清洗的 60 名议员）与军官形成的尴尬联盟组成。克伦威尔开始越来越相信，自己战无不胜的军队是上帝选中的工具。"难道这支军队不是一支合法的力量吗？"他问道，"它是在奉上帝的旨意，与国王战斗。它难道不能像反抗一种权威一样，去反抗另一种权威吗？"1653 年，他又一次发动了军事政变，解散了议会，与 1642 年前的宪法解除了最后的关系。克伦威尔以护国主（Lord Protector）的名义进行统治，实际上却和一个专制的君主没有

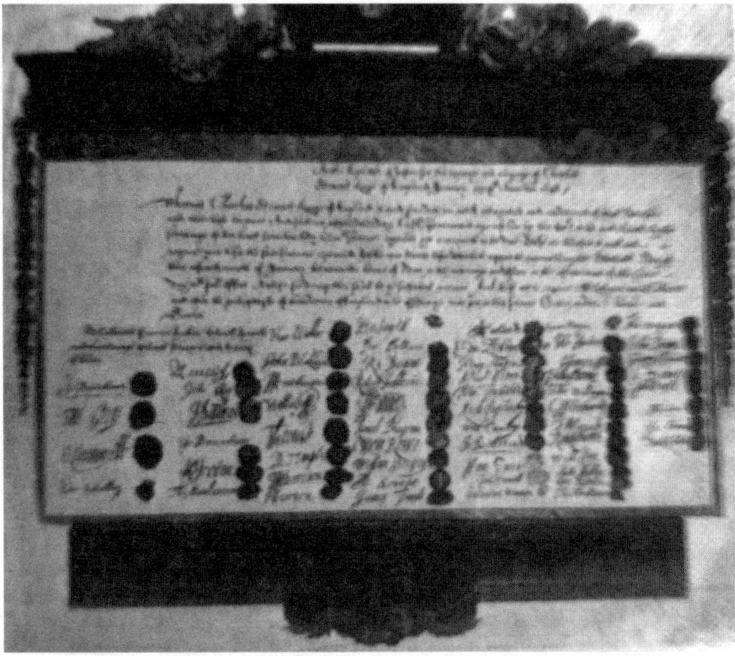

1649年，查理一世的死刑执行令。查理被判处叛国罪，高等法院的59名法官在执行令上签字盖章。奥利弗·克伦威尔的签名在左侧第一栏的第三个位置上。一些法官极不情愿地签了字，其中一人后来声称，是克伦威尔强迫他签的字。

区别。大多数的英国人想要一位国王，但由于他的军官们坚定地反对，克伦威尔并没使用王室头衔。这位护国主拥有一支5.5万人的常备军，他好战的外交政策所需的预算，是17世纪30年代查理一世预算的三倍。乡绅和商人进行了抗议，这次他们的理由比查理统治时期的理由更为合理，那就是，他们被征收了过重的税赋。克伦威尔解散了“长期议会”，召开了三次他自己的议会，但由于他不允许议会控制税收以及质疑自己的行政权力，所以他与议会的关系，比斯图亚特王朝好不到哪儿去。

克伦威尔并不是有意要做独裁者。对他来说，宗教问题最具重要性。无论是独立派、长老会、浸信会（Baptists）、第五王国派，还是极具煽动性的新教派贵格会，他给每支清教教派追求精神恩典的自由。宗教自由的教义，是清教徒最崇高的遗产。但是对于英国国教来说，自由是不存在的，更不用说天主教了。对大多数的英国人而言，清教的征伐已经僵化成为一部令人扫兴的、由宪兵强制执行的蓝法*。那个在 17 世纪 40 年代令人兴奋的信念——英格兰在精神上重生，一去不复返了。17 世纪 50 年代的氛围，用托马斯 · 霍布斯（Thomas Hobbes）的著作《利维坦》（*Leviathan*）来描绘较为贴切，该书是英国大革命时期最知名的著作。霍布斯支持护国主的独裁，并非站在宗教的立场上（他是一名愤世嫉俗的唯物主义者），而是因为相比于斯图亚特王朝，克伦威尔更为有效地剥夺了人民的个人自由，从而克制了他们相互损毁的天性。

1658 年，克伦威尔去世。在他死后的 18 个月里，一连串的政府先是被建立，接着又被推翻。军官中没有人拥有他的声望，但即使是革命事业破产，军队也依旧掌握着权力。最终在 1660 年的时候，乔治 · 蒙克（George Monck）将军组织了新议会的选举。新议会

* 蓝法（Blue Laws），因印在蓝纸上而得名。蓝法规定人们星期日行为活动的准则，带有浓厚的宗教色彩。《圣经》十诫中的第四诫规定，一周中必须有一天为安息日，因此蓝法规定禁止在星期日跳舞、喝酒等。——编者注

成立后，立刻邀请查理一世的儿子返回英格兰，他被称为查理二世（Charles Ⅱ，1660 年至 1685 年在位）。斯图亚特王朝复辟后，一个新的时代开始了。

一些历史学家倾向于把清教徒革命看作“普遍性危机”的一部分。在 17 世纪中期，这个危机横扫了整个欧洲西部。英格兰爆发的反抗查理一世的叛乱，与法国反抗马萨林的投石党之乱，以及西班牙反抗奥利瓦雷斯的葡萄牙和加泰罗尼亚叛乱，发生在同一时间段。在上述爆发于同一时期的叛乱中，议会或是与之地位相等的机构，就税收以及耗费巨大的、家长式作风的中央政府等具体问题，向国王发起了挑战。期间，无休止的三十年战争、不断恶化的通货膨胀、连年的农业歉收、日益萧条的布匹生意，以及混乱的国际贸易，[2] 都造成了经济和社会发展的低迷。对于欧洲的很多地方来说，17 世纪 40 和 50 年代确实是充满萧条和饥荒的年月。但英国人并不是因为贫穷和不安全而推翻查理一世的统治，他们那样做，是因为自身的力量强大。“普遍性危机”所塑造出的阴沉画面，几乎无法体现爆发于 17 世纪 40 年代的英国叛乱所充满的活力的创造力。比起投石党之乱和伊比利亚的叛乱，他们表达不满的方式，不仅仅在规模上更大，强度上也更激烈。他们是受到了宗教理想的刺激，而这在其他的叛乱中是缺失的。与保守的投石党成员、地方性的加泰罗尼亚和葡萄牙不同，清教徒萌生了强有力的新思想。他们虽没能建立一个持久的共和国，但使后来的英国国王再也不敢忘记 1649 年的教训。清教徒开始的任务，将会在 1688 年至1689年的英国革命中完成。

路易十四统治下的法国

在英格兰的革命危机悄然退去之时，法国迎来了一个全新的时代。1661年，红衣主教马萨林去世后，路易十四（1643年至1715年在位）掌管了法国政府。当时的条件，对拥有宏图大志的统治者而言，是十分理想的。由于亨利四世、黎塞留和马萨林已经奠定了指导原则，所以这位年轻的国王不需要进行任何激进的改革。路易接受了较少的教育，但这无疑是一个优势，因为他可以不必担心治理国家的微妙和复杂，天真地认为自己很伟大。他不喜欢读书，但却是一个很好的聆听者，即使是一天主持数小时的会议，他也感到很享受。路易是法国贵族的领袖，占有重要的地位。对他承担的角色而言，生育和仪式比大脑重要得多。即使比现在的自己再卓越、再聪颖一点儿，也会对他构成掣肘。路易将他的王宫从卢浮宫搬到了距巴黎12英里以外的凡尔赛宫，一方面是为了躲避骚乱的市民，另一方面是为了给贵族提供适当宽敞而且安静的空间。在凡尔赛，他建造了一座巨大的宫殿，仅仅是宫殿的正脸，就有三分之一英里那么长。房间由能够产生回声的大理石筑成，以哥白林式挂毯（Gobelin tapestries）和华丽的、以歌颂国王军事胜利为背景的天花板做装饰。环绕式的、宽敞的大花园主体，装饰有1400座喷泉，橘园有 1200 棵橘树。大厅和广场都装饰有古典的雕像——常常是太阳神阿波罗。今天的凡尔赛宫是一座巨大的博物馆，17 世纪晚期，曾居住着 1 万名贵族、官员和侍者。王室税收收入的 60%，都花费在了凡尔赛与路易宫殿的维修和保养上。

其实，路易十四成功的秘诀十分简单。就当前形势而言，他，也只有他一个人，能够将法国贵族和上层资产阶级最想要的东西给予他们。国王把每天一半以上的时间，用在宫廷内礼仪性的芭蕾舞团上。这些时间花费得很值得，因为长期以来，贵族一直是法国社会最难以驾驭和管理的元素，也只有在国王尊重和认可他们专有社

路易十四参观哥白林工作室。在一片繁忙的景象中，国王（左上）正在视察哥白林制造的挂毯、毛织物、家具、贵金属、瓮等。科尔伯特对奢侈品工艺进行了大量的补贴。该作品现存于凡尔赛宫博物馆。

会特权的前提下，他们才愿意合作。只有贵族能够在凡尔赛伴驾。路易十分精明，他要求所有贵族的主要成员必须居住在宫廷内。因为在那里，他可以观察到他们的一举一动。为了维护这座大型宫廷的秩序，高度颂扬自己的功德，驯化自己半封建的贵族，他通过一套严格的宫廷礼仪规范，严格地安排自己以及朝臣日常生活的方方面面。那些本可能在自己的城堡里策划一场新的、投石党之乱的贵族，现在却将时间耗费在凡尔赛的宫廷丑闻上。他们最大的志向，就是在路易穿衣服的时候，用手托着他衣服的袖子，听他讲上几句套话，看着他吃饭。路易是一个饭量很大的人，他喜欢独立用餐，不受贵族侍者的妨碍。等到仪仗队将晚餐从几个街区外的厨房护送到王室餐桌前时，食物早已变凉了，但这并不妨碍路易在一次用餐中清光了半打盘子里的肉食。而有一次宴会的菜单，包括了168道风格各异的配菜。

只有兢兢业业地侍奉国王，一名贵族才可能得到宠幸、美差及养老金。在国王的礼包中，有名目众多的荣誉职位。应当受到奖励的贵族会被任命为主教、将军、地方的管理者或是驻外国的大使。只有最高级别和最幸运的贵族才可能受到这样的恩宠。在20万名贵族成员中，大多数居住在自己的庄园中。但即使是他们，也享受免税的特权。总之，路易十四统治下的贵族享有很少的实权。但至少，比起他们曾熟识的封建自治，主要的贵族成员更享受路易给予他们的荣耀。尽管在路易统治的尾声他们曾想控制法国政府，但不再想解散它。在18世纪，贵族不断争取与之优越社会特权相匹配的政治权力，将成为法国大革命的根源。

路易十四一边将贵族调教成一帮一无是处的寄生虫，一边让上层资产阶级按照自己的命令对法国进行统治。对待自己的行政职责，路易像对待自己华丽的宫廷一样严肃认真。在马萨林死后，一切重要的事务他都自己决策，至少他自己是这么认为的。据说，他曾吹嘘说：“我就是国家。”他的一位主教是这样描述的：“他就是整个国家，他的意志就是全体人民的意志。”法国的君主专制概念，与同期欧洲东部的专制主义有着很大的不同。路易十四认为，他赋予了法国社会人性的特质；通过自己人民的集体智慧，他明确了自己的主权权力。与利奥波德一世和腓特烈·威廉不同，由于奥地利和勃兰登堡–普鲁士是不相关领土的集合体，所以二者的臣民没有国家意识。此外，欧洲东部君主的专制主义，建立在与领主的一种简单的合作关系之上，而在这一点上，路易十四与贵族和资产阶级，开发出了一种双重的合作关系。和波旁王朝的前任一样，路易选用中产阶级作为自己的大臣、议员及监察官。他的主要大臣，比如科尔伯特，是一名布商的儿子，在国王的直接监管下工作。在凡尔赛宫，王室成员或大贵族不允许参加每日的委员会会议。在该会议上，国王主持着对战争、外交、财政和司法的审议。监察官负责将委员会的命令下发到各个地方，并负责监督各层地方管理机构，尤其是法院、警察，以及税赋的收缴机构。对于剩余的、可能对自己中央官僚机构构成挑战的法国机构，路易有效地进行了清除。他从未召开过三级会议。通过逮捕和骚扰，警示胆敢批评王室政策的所有议员。

他的监察官对现存的三个地方议会的言论进行了封锁。最高法院也不再做出进一步抗议。

路易十四的中央管理体系有它的缺点。在地方，国王的命令只有通过 4 万多资产阶级官员才能得到执行，而他们享受终生的官位，是向国王花钱买来的财富。尽管监察官能够起到一定作用，但这些官员仍继续忽视或逃避不受欢迎的法令。尽管如此，这种合作

凡尔赛宫的中央庭院。该幅作品由一位不知名的画家所作。这幅作品表现出了路易十四的巨型宫殿刚刚建成后的样子。与腓力二世的埃斯科里亚尔不同的是，凡尔赛宫的设计初衷是为了最大程度地展示王宫的华丽和壮观。

关系进展得还算顺利，国王的公职人员比贵族更为顺从和有效。法国的资产阶级急于为国效力，他们发现为国家效力带来的荣耀，比商业和工业等庸俗的职业更能令人满足。也只有在18世纪，资产阶级和贵族一样，都对自己的地位感到不满。他们随后不断地争取与其政治和经济实力相匹配的社会特权，是法国大革命爆发的另一个根源。

如同每一位其他的17世纪的国王一样，路易十四为社会底层的、数量众多的无特权人民所做的太少。他确实保护了自己的人民，使他们不受内战和外国侵略之苦，至少在他统治的尾声以前是这样的。然而，在一个80%的人口是农民的社会，他却没有做什么来促进农业生产力的提升。在17世纪60和90年代，法国爆发了严重的饥荒。很多的法国农民拥有自己的土地，但他们仍然不得不向地主履行封建义务，提供劳役。处境更为贫困的农民，被迫将自己的抵押地块拱手让给了他们的资产阶级债主。17世纪晚期，按照佃农制度租用土地的佃农，以及那些依靠薪资度日的人口数量，可能有了一定的增长。那些无所事事的穷人，或被征召入了"太阳王"的军队，或被投入了济贫院。在路易十四的统治期间，税收几乎增长了2倍，从1661年的8500万里弗，增长到了1683年的1.16亿里弗，直至1715年的1.52亿里弗。在这期间，很多资产阶级设法获得了税收豁免权，于是，压在农民阶级身上的负担可谓是无情的。一旦农民企图发动反抗新税收的叛乱，路易十四就将士兵驻扎在叛乱地区，将叛乱头目绞死，或判决他们以奴隶的身份为国效力。

从法国农民身上榨取的钱财，主要用来支持路易的宫廷和军队，以及科尔伯特的重商主义政策。1661 年至 1683 年间，让 · 巴蒂斯特 · 科尔伯特（Jean Baptiste Colbert，1619—1683）担任财政大臣。他的精力异常充沛，是一位极端的教条主义者。从他在国王的税收制度上堵住了一个极大的漏洞，可以看出他精力之充沛。上任伊始，他就发现，在法国人民上缴的税费中，只有 25% 进了国库。而另外的 75% 消失在了包税人、贪腐官员及王室债务的利息支付上。科尔伯特对包税人进行了严格管控，并废除了部分债务。在他去世的时候，国库的净收入已经占到了总税收收入的 80%。以同样的精力，科尔伯特还追求着他的重商主义目标。他利用手中的一切策略，将法国转变成为一个自给自足的经济体。他认为财富就是金银。由于在 17 世纪晚期，金银的流通数量十分稳定，于是他认为，通过从其他国家获取金银，法国就可以增加自己的财富。由于十分嫉妒尼德兰的商业发展，他尤其急于从那里获取金银。为了使法国的出口产品进入尼德兰人控制的地区，他组织建立了一系列的法国贸易公司，其中最重要的要属东印度公司、西印度公司、北方公司（Company of the North）和黎凡特公司（Levant Company）。他向造船商支付赏金，向尼德兰和英国的进口商品征收更高的关税。他做了自己能做的一切——事实上他能做的是有限的——来促进法国内部商业的发展：修缮道路，修建运河，清除了一些收费壁垒。即使如此，横跨整个国家的货物运输仍然要花费一个月的时间。此外，花费在运输上的成本，比大多数船上货物的价值还高。为了提升法国的工业水平，科尔伯特付出了极大的努力。对于一直以来法国依赖进口的产品，他提供资助鼓励生产，特别是像丝绸、蕾丝、精毛纺、挂毯、镜子及玻璃等。

这些努力值得付出吗？科尔伯特所取得的成绩十分有限。他并没能建造一支商业船队，使之与尼德兰的商船队抗衡；他也没能阻止外国进口商品的进入；法国的国内贸易仍然受到各种通行费及区域性关税壁垒的阻碍；由于法国商人拒绝向科尔伯特的海外公司投资，国王不得不支付东印度公司和西印度公司一半以上的运营费用。尽管如此，在短短数年之内，科尔伯特的公司仍未逃出土崩瓦解的命运。他的工业项目更好地扎下了根，尽管他过于详细的规定扼杀了主动性，阻碍了发展。他忽视了像制铁那样的重工业的发展。由于法国的食品生产总体上是充足的，他疏忽了农业的发展。然而，毫无疑问的是，在科尔伯特家长式的推动下，法国的商业和工业取得了巨大的进步。在一个商人不受尊重的社会里，政府站出来保护和抬高商业、工业的角色，是非常重要的。除此之外，17 世纪晚期的法国，非常适合应用科尔伯特的重商主义学说。法国的经济比西班牙更加多元化，相比于尼德兰和英国同行，法国的商人更容易接受政府对私人企业的干预。

科尔伯特的成就之一，是将法国于本世纪初期建立的、分散的海外种植园，打造成了一个巨大的殖民帝国。17 世纪 80 年代，路易十四在印度建立了贸易据点，在印度洋上设立了几个岛路站，在非洲建立了奴隶站，在加勒比海占据了 14 个产糖岛。到那时为止，他

《一名法国的农民》。这幅富有同情心的漫画，展示出了受害的法国农民，面容憔悴，破衣烂衫，喂养牲畜，辛苦劳作，所得却都交给了税吏（右后方）。

最令人印象深刻的海外属地是新法兰西（New France）。皮草商人和耶稣会传教士在广阔的北美腹地——从阿卡迪亚（Acadia）和圣劳伦斯（St. Lawrence）北部到哈得逊湾（Hudson Bay），西到五大湖（Great lakes），南沿密西西比河（Mississippi）到墨西哥湾（Gulf of Mexico）——进行开发。可以肯定的是，只有几千法国人在这些偏远的地区居住。从新法兰西出口的皮草、鱼类及烟草的数量，令国王感到失望，只有产糖岛屿与印度的贸易据点成了法国巨大的财富源泉。然而，总的来说，在科尔伯特的领导下，法国在成为18世纪令人瞩目的全球经济体的道路上，迈出了一大步。

到目前为止，我们还没有讨论过宗教问题。由于在天主教会中担任的不寻常的角色，路易十四受到了极大的困惑。在他的国家内，他允许胡格诺教的异端分子进行礼拜，而对这一点绝大多数的天主教国君都无法容忍。同时，由于法国国王坚决拒绝与教皇或特伦托会议分享对高卢教会的控制权，对于特伦托会议颁布的改革法令，他的国家是唯一一个敢于忽视的天主教国家。毋庸置疑，路易十四从未想过让出自己在教会中的权力。相反，1682 年他还煽动主教们对外声称，对于法国教会，教皇没有世俗权力。但为了促进国家的团结，同时对得起自己的良心，他想要将与特伦托正统观念和原理类似的东西，强加于法国的宗教习俗上。要想统一法国的宗教习俗，不是一件容易的事。除了胡格诺教的问题以外，天主教徒正在经历一个高度多样化的信仰复兴。在 17 世纪，天主教改革的风潮来到了法国，明显比到达西班牙、意大利和德意志的时间晚了很多。新的修道会如雨后春笋般涌现出来，如特拉普派（Trappists）和基督教兄弟派（Christian Brothers）等。圣文森特·德·保罗（St.Vincent de Paul，约 1581—1660）建立了修女慈济会（Sisters of Charity），用来照顾那些生病的穷苦人民、被遗弃的孤儿，以及巴黎的妓女。改革者内部出现了争议，特别是三支教派——耶稣会、寂静派（Quietists）、詹生派（Jansenists），它们相互竞争，企图获得法国统治阶级的支持。路易倾向于支持耶稣会。在耶稣会的学校、讲坛和告解室里，他们在指导信徒避免教会分裂，服从教会和国家等方面，做得非常出色。然而，很多虔诚的天主教徒却感觉受到了冒犯，因为他们认为耶稣会教导的“天助自助者”（God help those who help themselves），是一种诡辩和实用主义。寂静派认为宗教是一种个人的神秘体验，他们乐观地相信，灵魂可以通过与上帝的被动联盟来实现完美。詹生派的理论与之相反，他们反对耶稣会关于自由意志的信念，重申圣奥古斯丁和加尔文的教义——人类与生俱来的堕落以及被上帝选中者无法抗拒的光彩。寂静派和詹生派的运动，吸引了一些17世纪法国的精英加入，弗朗索瓦·费讷隆（Franois Fénelon）和布莱士·帕斯卡（Blaise Pascal，1623—1662）分别是寂静派和詹生派的著名人物。然而，路易对他们却没有半点容忍力，他强迫这两个教派的成员要么改宗，要么就要面对被投入监狱或是遭到流放的命运。

既然路易十四对天主教异端如此敌视，那么就很容易联想到他对胡格诺教的态度了。自17世纪20年代以来，黎塞留打破了胡格诺教的政治和军事独立，该教的教徒便成了温顺的臣子和良好的市民。他们已经从16世纪宗教战争中好战的贵族派系，变为了受人尊敬的资产阶级官吏和商人。然而，在路易企图消灭新教异端的时候，法国仍然有至少100万胡格诺教徒。路易拆除了胡格诺教的教堂和学校，向改宗的教徒支付赏钱；在那些拒绝改宗的教徒家中，则驻扎了士兵。1685年，路易废除了亨利四世的《南特赦令》。自此以后，法国的新教徒丧失了公民的权利，他们的孩子将被培养成为天主教徒；他们的神职人员，或惨遭流放，或遭受牢狱之灾。1685年以后，新教虽然在法国存活了下来，但却只能用惨淡经营来形容。

大约有 20 万最为虔诚的胡格诺教徒逃到了英格兰、尼德兰及其他的新教国家。路易心甘情愿地付出了这样的代价，为的是像西班牙、奥地利和波希米亚一样，实现天主教的大一统。17 世纪晚期，尼德兰和英国在对新教的包容方面，做得非常出色。法国人对新教的反感，可能不及英国人对天主教的反感，但他们对新教的迫害却比后者更加凶残。路易同其他的专制君主一样，宣称对自己臣民的信仰拥有控制权。他信奉的箴言就是：单一国王、单一法律、单一信仰。

尽管他的做法极具高压性，但路易远非现代所说的极权主义独裁者。他的独裁政府建立在一个阶级分化的社会之上。在这个社会中，每一个阶级都有自己独特的功能和作用。为了使贵族和资产阶级能够配合，路易不得不扩大他们的特权。他很少离开凡尔赛宫，无法与无特权的广大农民建立直接的联系。而这些无特权的农民，仍然受制于封建领主。爆发于 1789 年的大革命在唤醒法国人民平等的民族意识的同时，还开启了超出路易梦想之外的国家权力新维度。比起在一个世纪之前腓力二世统治西班牙的方法，他统治法国的方法更加富有成效。猛然一看，这两位国王似乎有天壤之别——内向和忧郁的腓力，居住在他如同坟墓一般的埃斯科里亚尔修道院，而外向和世俗的路易，居住在华丽的凡尔赛宫中。尽管二人的脾气秉性存在不同，但他们都享有了欧洲近代早期专制主义特点的优势，同时也受制于它的缺陷。16 世纪的西班牙和 17 世纪的法国，都是农业的半封建社会。在这样的社会里，国王是否强大，要看他的军队和官僚机构是否强大；国王是否富有，要看农民上缴的税费是否充足。由于波旁王朝统治下的法国比哈布斯堡王朝统治下的西班牙面积更大，也更为富足，所以与腓力二世相比，路易十四可以从专制统治中获取更大的能量。他组建了更大规模的军队，利用这支军队，他可以追寻自己的王朝野心，挑战国际力量的平衡。然而，法国的敌人也并没有固步自封，路易如同之前腓力认识到的一样，发现即使是最为强大的专制君主，战争也能使他破产。

在路易统治的上半期，也就是1661年至1688年间，他的对外政策是他最为辉煌的成就。在征服了马萨林之后，他一不做二不休，接着沿着法国的北部和东部，吞并了更多的领土——佛兰德斯、卢森堡、洛林、阿尔萨斯，以及弗朗什－孔泰。他的将军们轻而易举地打败了西班牙和帝国军队。1672年，他们侵入了尼德兰共和国，并差点儿征服了它。为了防止反法联盟的产生，法国的外交家们纵横捭阖，将自己的敌人玩弄于股掌之间。英格兰和瑞典受到了法国的贿赂，与太阳王（路易）结盟。但在1688年之后，路易宏伟的外交政策突然间失去了它的魅力。法国不得不与国际联盟进行了长达25年的艰苦战争，这场战争起初终止了法国的扩张，接着使路易转攻为守。反法联盟的组织者是本世纪一位伟大的政治家——奥兰治亲王威廉（William of Orange）。他是一名体质虚弱的尼德兰人，在冷淡的外表下，隐藏着他精于算计的内心和不屈不挠的勇气。威廉将与路易十四及其所代表的东西作斗争，当作自己毕生的事业。

奥兰治亲王威廉三世（William III of Orange，1650—1702），是尼德兰共和国的总督，“沉默的威廉”的曾孙，以及掀起反抗腓力二世的、尼德兰叛乱的幕后主使。过去所经历的一切，使威廉对专制作风产生了敌视，无论是哈布斯堡王朝，还是波旁王朝。他掌管的尼德兰共和国面积不大，组织结构也很松散；他的国民除了维护从西班牙手中夺取的独立以外，没有任何政治野心。到了17世纪中期，尼德兰已经达到了其经济发展的顶峰。两支政治派别奥兰治派（Orangists）和摄政派（Regents），对当前的形势都十分满意。摄政派是荷兰的贵族商人，而到目前为止，在尼德兰共和国的7个省份中，荷兰是人口最为稠密和地位最重要的地区。他们支持政治上的寡头统治，采取宽容的宗教政策，致力于维护国际和平。正如它名字中暗含的意味，奥兰治派希望为威廉王室争取更多的权力。在国际危机期间，奥兰治王朝的军事才能是被迫切需要的。从16世纪50年代到1648年，"沉默的威廉"和他的儿子们长期领导着与西班牙的战争。在威廉小的时候，摄政派控制着尼德兰的政治，该派别的首领简·德·威特（Jan de Witt）将他的外交政策建立在与法国的友谊之上。因此，在路易十四于1672年侵入尼德兰共和国的时候，他的地位遭到了极大的削弱。在遭遇法国入侵的紧要关头，海牙一名情绪失控的暴民在街上找到了德·威特，并将他乱刀砍死。于是，年轻的威廉王子接过了重任，为了阻止法国人的进一步入侵，他可谓是破釜沉舟。他打开了大坝，淹没了须德海到莱恩河一带的土地。这个策略取得了成效，路易撤回了军队。在危机期间和危机过后，威廉虽然没有君主身份，却依然满足于自己的实权。他认识到，君主政体不符合尼德兰人民的传统和性情，所以他延续了已有的联邦共和体制。同时，威廉对政府内威特的拥护者进行了大清洗。但不管怎样，令他着迷的是外交，尤其是阻止法国的进一步入侵。

1674 年，威廉组织了第一个反法联盟，由尼德兰共和国、奥地利、西班牙和一些德意志诸侯国组成。令他颜面扫地的是，他的联盟在法国的军事压力下，土崩瓦解。1679 年，他向路易求和，接受了法国的条件。接下来，不堪一击的和平持续了十年，在此期间，法国继续无情地向莱茵河推进。1681 年，路易占领了斯特拉斯堡；1684 年，又攻占了卢森堡。到了这时，所有法国的邻居彻底受到了惊吓。于是，新一轮的、规模更大的反法联盟——奥格斯堡联盟形成了，它包含 1674 年的成员，同时瑞典和所有主要的德意志诸侯国也加入了进来。威廉知道，要想阻止路易，必须要将英格兰拉入伙。他也知道，英国人民即将爆发反抗国王詹姆斯二世的革命。威廉对英国政治和英国王位的去向非常感兴趣，因为他的母亲和妻子都是斯图亚特公主。1688 年，他指挥了一场针对自己岳父詹姆斯的政变，从而将英格兰拉入了阵容强大的反法联盟中。让我们跟随着他，到英吉利海峡的对面看一看。

光荣革命

1660 年至 1688 年间，英国出现了一系列令人振奋的戏剧性事件，地位仅次于重装上阵的法国专制主义。英国人已经将清教征伐的冲动从他们的体制中清除了出去。他们厌恶克伦威尔的军事统治和蓝法。因此，在1660年，他们兴高采烈地欢迎斯图亚特王朝的复辟。查理二世是已故查理一世的儿子，他身材高大，黑色卷发，嘴唇性感，目光闪烁，智力超群。在1649年至1660年间，他在法国和尼德兰共和国过着流亡生活，这段经历使他对政治和爱国主义产生了愤世嫉俗的看法。1660年，查理的复辟是无条件的。本质上，这意味着重新回到了1642年国内战争前夕的状态。国王拥有完全的行政权力，但在财政上，他却要依赖于议会。因此，国王与议会间争夺统治权的斗争并未得到平息。战前的宗教形式却没有完全得到恢复。1660年以后，英国国教再次成为英国的国家教会，尽管没有了大主教劳德和激进高教会的领导，主教和祈祷书再次登上了舞台。然而，英国国教不再对所有的英国人敞开怀抱。长老会、独立党、浸信会、贵格会等分支教派已经是根深蒂固，难以被清除。拥有绝大多数人口的国教鄙视和迫害这些新教的残余势力，但英国的新教徒却永远地分裂成为“信奉国教者”和“不从国教者”。1660年，在经济方面，王室和教会的土地得到了恢复。但相比于那些在革命期间失去了庄园的骑士团成员，许多的圆颅党地主和商人的处境则更为有利。在思想方面，却没有得到任何恢复。战前的文化思想是形而上学的、教条的、热情的和华丽的，而新时代的约翰·德莱顿（John Dryden）和皇家学会（Royal Society）则更为机械、多疑、机智和文雅。基调是新的，但是基本的政治和宗教问题仍然是旧有的，没有得到解决的。

17世纪60年代，英格兰的重商主义全面崛起，与科尔伯特在法国所付出的努力不相上下。英国重商主义政策不是由一个主持大局的天才所制定的，而是源自商界和政府的共同需求。科尔伯特监督着法国经济的方方面面，而英国的重商主义者将精力集中于一个最需要推动和保护的领域：海外贸易。在本世纪的前半叶，英国的海外贸易取得了一定的发展，但它仍然十分危险地依赖于一种产品的进口——呢绒布料，而这种布料的进口受到了商船不足的制约。为了抵制来自尼德兰的竞争，英国的商人需要保护。政府需要不断增加关税收入，于是，在1651年至1673年间，英国通过了一系列《航海法案》(*Navigation Acts*)，由清教共和国发起，查理二世的议会执行。该法案规定，进口到英格兰的产品，只能由原产地直接运输到英国，运输货物的船只，只能是原产地或英格兰的船只。于是，尼德兰的转口贸易被排除在外，阿姆斯特丹的转口港被绕开了。对于糖和烟草等英国殖民地产品，欧洲有大量的需求，但这些产品只能先被运到英格兰，殖民者被要求在英国的市场上购买他们所需的非英国产的商品。于是，如同尼德兰人一样，英国的商人被鼓励成为中间商。作为转口港，伦敦的发展受到了极大的促进。为了保卫他们的自由贸易原则，尼德兰人奋力反击。1652年至1654年，1665年至1667年，1672年至1674年，英国和尼德兰连续爆发了3次海战。两个商业敌手互不相让，进入了僵持阶段。但由于尼德兰人还不得不招架路易十四，他们被战争折磨得筋疲力尽，前途堪忧。最终，他们屈从了英格兰的重商主义政策。到了1700年，尼德兰的商业、工业以及金融业都停止了扩张，而从各项指标来看，英国的经济正在快速地发展。英格兰的海外和殖民贸易，表现得尤为繁荣。1660年至1700年间，英国进出口值增长了50%，船队规模扩大了2倍，关税收入增长了3倍。英国已经取代了尼德兰，成为了欧洲的商业领袖。

1660年以后，英国的殖民帝国也颇具规模。在16世纪和17世纪早期，在从金银和香料一样的珍贵货物里攫取暴利的征途中，比起西班牙和尼德兰人，英国的开拓者和殖民者就逊色多了。英国人用了一段时间，才成为海外农业殖民地的创始人。从英国人首次对北美洲的开拓，到1607年在詹姆斯敦（Jamestown）实现永久的定居，用了一个多世纪时间。从此以后，英国人在殖民方面付出了实质性的努力。在1607年至1640年间，英格兰大约有8万移民穿越了大西洋。这个数字，差不多和16世纪来到美洲的西班牙人数量一样多。来自英国的移民主要是中产阶级的年轻人，他们受到了自由土地和开放空气的诱惑。最初，英国政府在这方面扮演的角色比西班牙政府消极得多。詹姆斯一世和查理一世不认为能够从美洲的农业中获取高额的利润。由于早期的大多数定居地都是由清教徒管理的，国王不但拒绝为它们提供资助，还对它们进行了监管。因此，在没有任何总体规划和目标的情况下，24个小型的英国社区在美洲大陆生根发芽，零碎地分布在纽芬兰到圭亚那之间。每一个殖民地都作为一个自治体运行着，都有自己独立的身份认同。一些受到了股份制公司的资助，一些受到了个人业主的支持，而另一些则没有获得英国政府的任何认可。相比于西班牙人对阿兹特克人和印加人史诗般的征服，英国人则偏安于大西洋沿岸，对开拓他们身后广阔的大陆犹豫不决，无法使印第安人为自己工作，也无法和他们共同生活。但英国殖民者能够自给自足，这一点是美洲的西班牙人所缺少的。它的每一片殖民地，都有自己的代表议会，和宗主国有着一样的立宪理想。

17 世纪 70 年代，查理二世针对英属美洲启动了一项新的政策，目的是打破殖民地的自治，使每一个种植园与王室的关系更为紧密。认识到了加勒比海糖和切萨皮克（Chesapeake）烟草不断增长的商业价值，英国的重商主义者幡然醒悟，开始在各片殖民地建立一个中央帝国管理机构。经过整个英属美洲一代人的抗议和叛乱之后，到了 1700 年，殖民者已经适应了他们在帝国中的新身份。他们慢慢学会接受《航海法案》，比起内陆的殖民者，蔗糖种植园主更乐于接受。但他们阻止了宗主国政府以西班牙或法国的方式，彻底将帝国权力中央化的企图。相比于 17 世纪的任何欧洲社会，美洲的英国人在地方自治、多元化发展以及民主方面，表现得更为突出。同时，到了 1700 年，英国商人控制了可以牟取暴利的非洲奴隶贸易，英国的东印度公司依托孟买（Bombay）、马德拉斯（Madras）和加尔各答（Calcutta）的贸易据点，生意一片兴隆。总而言之，比起英国开拓者错失的金银和香料，英格兰在世界范围内的商业发展，取得了更大的价值。

尽管在查理二世的统治下，英国经济的繁荣程度前所未有，但英国的国内政治却动荡不定。新国王十分欣赏路易十四的君主专制，相比于英国新教，他更倾心于法国的天主教。然而，查理不具备成为另一个“太阳王”的条件。他在怀特霍尔的宫殿，远不如凡尔赛宫宏大辉煌；英国的上层阶级，也不像伊丽莎白或斯图亚特王朝早期统治时代那样依赖于王室的支持。他们要的是直接的政治权力，而不是狐假虎威般的荣耀。查理又太过狡猾，不愿冒险开始另一次革命。此外，他还过于懒惰，不愿在建设专制国家方面花费心思。

在他统治的前15年，查理二世通过雇用大杂烩一样的大臣，来掩饰自己的观点：老派的骑士团、前克伦威尔派、机会主义天主教徒。在这些人中，只有天主教徒深得国王的信赖。查理的第一届议会充满了保皇主义热情，以至于他认为这种情形将不需要做出任何改善。1661年至1679年，他将这种骑士团控制的议会连续召开了18年。但即使是这样，国王和议会很快就开始追求不同的宗教政策。骑士团控制的议会是坚定的英国国教支持者，他们通过一系列叫作“克拉伦登法典”（Clarendon Code）的迫害法令，来骚扰那些“不从国教”的教派。与此同时，国王暗地里答应路易十四，一旦条件成熟，英格兰会回归罗马，并以此作为换取法国资金援助的条件。查理小心翼翼地采取着行动。1672年，他中止了“克拉伦登法典”，以及其他针对天主教和新教“不从国教者”的刑法。然而，由于公众对此的反响异常强烈，查理决定废除他对路易的承诺。他恢复了那些迫害性的法令，重组了内阁，支持英国国教。17世纪70年代中期，在英国的上层阶级中，出现了两个不同的政治派别：支持查理政府的托利党（Tories，1833年改称“保守党”）和批评它的辉格党（Whigs）。托利党由国王的主要大臣丹比伯爵（earl of Danby，1631—1712）领导，与1642年的骑士团有着许多共同之处。他们宣扬君权神授，支持现有的英国国教教会。辉格党的领导者是一位前大臣——沙夫茨伯里伯爵（earl of Shaftesbury，1621—1683），它与1642年的圆颅党有许多共同之处。他们支持议会至上，对新教的“不从国教者”采取宽容态度。然而，有三个因素使17世纪70年代党派间的分歧，不如17世纪40年代时候的分歧深入。托利党和辉格党都害怕爆发另一场国内战争，双方都是反对天主教和反对法国的，都与国王存在分歧。

1678年至1685年，是查理二世统治的最后几年。在此期间，在没有诉诸武力的情况下，托利党和辉格党展开了激烈的争斗——向政党政治的驯化迈出的显著一步。1678年，辉格党获得了一个重要机遇，一个名叫泰特斯·奥茨（Titus Oates）的、诡计多端的人，向惊骇的世人宣布，他发现了一个可怕的天主教阴谋。据他所说，获得教皇恩准的耶稣会士计划暗杀查理，屠杀英国的新教徒，让国王的兄弟詹姆斯登上王位。各个阶层的英国人民信服了他这个荒谬的故事，奥茨给了斯图亚特王朝致命的一击。查理和他的一群情妇育有几个私生子，但他却没有合法的继承人。他的弟弟詹姆斯是王位的继承人，但由于詹姆斯在改宗前曾是一名狂热的天主教徒，所以他非常不受欢迎。两年来，英国掀起了狂热的、反对天主教的热潮。查理虽然知道奥茨是个骗子，但他不敢公开戳穿他的故事，以防自己与路易十四真正的天主教阴谋被人揭露出来。辉格党的领袖沙夫茨伯里也认为奥茨是个谎言家，但通过有技巧地操纵这场热潮。他不仅使托利党领袖丹比名誉扫地，还使辉格党赢得了议会的大多数席位。1679 年至 1681 年之间，在议会选举中，辉格党连续三次控制了议会。在沙夫茨伯里的领导下，每届议会都有一个单一的目标，那就是将詹姆斯从王位继承人中剔除。然而，最终的赢家是查理二世。1681 年以后，他摆脱了议会，自己进行统治。不断增加的关税收入，加上路易十四的援助资金，使他能够将议会抛在一边，从而对辉格党进行压制。查理恢复了托利党的主导地位。沙夫茨伯里被指控犯有叛国罪，死于流放之中。此外，国王还找借口处决了大量的辉格党领导人，并比以前更加毫无顾忌地迫害“不从国教者”。为了使地方政府屈从于自己，同时使未来的议会更加便于控制，他修改了大量城镇的宪法，重整了议会选区。1685 年，查理去世的时候，没有人能够对詹姆斯继承王位做出有效的反对。

表面上，查理二世似乎实现了如同路易十四一般的君主专制。但实际上，他几乎没有对英国向君主立宪制发展的趋势构成任何影响。查理并没能真正地独立于议会。一旦有任何紧急财政状况出现，比如说战争，国王只有通过议会批准才能征收税赋。查理之所以能够惩罚辉格党人，迫害“不从国教者”，重塑地方政府，是因为托利党大力支持他的这些政策。斯图亚特王朝的力量，来源于托利党的鼎力支持。一旦托利党与其反目，专制政策很容易被扭转。查理放弃了天主教阴谋，但英格兰对法国实力的畏惧，对天主教会的敬畏，却一点儿也没减少。詹姆斯二世（James Ⅱ，1685 年至 1688 年

做祈祷的詹姆斯二世。光荣革命后，这位虔诚的国王流亡法国，这幅雕版画就是在那个时候完成的。该幅作品现存于剑桥大学莫德林学院（Magdalen College）的帕比希安图书馆（Pepysian Library）。

在位）登上王位后的第三年，爆发了一场反抗斯图亚特王朝的新革命——光荣革命。

詹姆斯二世企图单枪匹马地扭转一个世纪的历史。很少有国王能够失败得如此狼狈，他被自己继承王位的轻而易举遮蔽了双眼。1685 年，皇家军队快速地剿灭了一次计划拙劣的辉格党叛乱。下议院忠实地通过决议，给国王提供巨额的收入，以至于在第一年后，他不需要再召开议会。他还从路易十四手中得到了资金援助。然而，詹姆斯疏远了前一个资金渠道，解除了他哥哥任命的托利党大臣的职务，将天主教徒安置到一切可能安置的、地方治安官以上的政府职位上。由于英国的天主教徒数量很少，詹姆斯所任命的人，要么毫无经验，要么出身卑微。在伦敦外围，国王还建立了一支常备军，军官主要由天主教徒担任。通过暂停查理二世针对天主教和“不从国教者”的刑法，詹姆斯尽了自己最大的努力来削弱英国国教。与查理不同，他公开表明自己的动机。他对自己的臣民说：“我们衷心地希望，我们国家的所有人民都能够成为天主教教会的一员。”结果，大多数的“不从国教者”不再相信他的宽容政策，英国国教徒也是愤慨不已。

1688 年 6 月，矛盾终于到了临界点。在国王命令国教教会的神职人员，在他们的布道坛上宣读他的宽容法令时，七位主教大胆地进行了抗议。詹姆斯将他们关入了伦敦塔中，以煽动教唆罪进行了审判。令他惊讶不已的是，审判团的判决结果是无罪释放。同样是发生在那个月，王后给他生了一个儿子。根据王室的继承法，这个婴儿即刻优先于两个已经成年的姐姐。而这两个姐姐都是新教徒，也是詹姆斯先前婚姻留下的产物。詹姆斯有了天主教的子嗣，令他的臣民感到十分忧虑。他的大女儿嫁给了奥兰治亲王威廉。如同很多的英国人一样，威廉乐于相信这个新生婴儿是个冒牌货。据传言，这个婴儿是放在长柄暖床器中，被偷偷地放在王后床上的。下面这首家喻户晓的童谣，描述了在 1688 年的最后几个月，在这位新生的王子和他的父亲身上真实地发生了什么。

宝宝的摇篮在树枝上，
当风吹起时，*摇篮就会摇摆。
当树枝断裂，摇篮就和宝宝都掉下来了。

在 1688 年 6 月，托利党和辉格党联手反抗詹姆斯二世。比起查理一世在 1640 年的情形，詹姆斯则更为孤立。然而，没有人希望看到另一场全面的动乱。在 1688 年至 1689 年的革命中，没有出现一个新的克伦威尔掀起反抗斯图亚特王朝的战争。相反，一部分辉格党和托利党贵族，谨慎地邀请了头脑冷静、足智多谋的尼德兰人奥兰治亲王威廉入主英格兰，与他同来的，还有一支外国军队。于是，英格兰人们的信仰和自由得到了恢复。尽管每个人都知道，威廉和他的妻子玛丽是英国王位的主要新教继承人，但在此次邀请中，丝毫没有提及推翻詹姆斯的事宜。威廉之所以接受邀请，是因为这增加了他将英格兰拉入反法阵营的筹码。可怜的詹姆斯被针对自己的惊天阴谋所震惊了。

1688 年 11 月，威廉的军队在英格兰西南部登陆，没有遭到任何抵抗。尽管国王陷入了惊恐和绝望之中，英格兰的人民最终还是投奔到国王的阵营中。如果詹姆斯率领军队与威廉开战，他仍然可能唤起英国人的爱国主义，反抗尼德兰的入侵者。但是国王被严重的鼻出血——光荣革命期间唯一的流血事件所困扰，没有能力那么

* 这个短语指的是在 1688 年 11 月，将奥兰治亲王威廉入侵的舰队由尼德兰吹上英格兰的强风。——译者注

做。威廉向着伦敦强势推进，詹姆斯则悲惨地逃到了法国。1689 年 2 月，议会宣布，詹姆斯二世正式退位，威廉和玛丽继承王位。新国王接受了议会的《权利法案》（*Bill of Rights*）和 1689 年的《大宪章》（*Magna Charta*）。《权利法案》规定了基本的公民自由，宣布诸如斯图亚特王朝国王的做法是非法的，见证了英格兰向君主立宪制的转变，规定了国王必须在征得议会同意和符合法律的前提下进行统治。

1688年，奥兰治亲王威廉在英格兰登陆。从这幅旧版画中我们可以看到，威廉如往常一样的镇定自如，他坐在尼德兰舰队后面的小艇上。此时，兴高采烈的英国人争相欢迎他们的拯救者。实际上，由于英国人几乎像厌恶詹姆斯的天主教一样，厌恶一个即将登基的尼德兰国王，所以，在威廉刚刚登陆的时候，很少有人加入他的阵营。

严格地说，光荣革命是一次政变，但从广义上说，它标志着代议制政府和宗教多元化在英格兰的最后胜利。在托利党的支持之下，辉格党的哲学理念取得了胜利。1689 年的革命性解决方案，是一种所有英国人都能够接受的妥协。威廉和玛丽仍然行使很大的行政独立权，但从此以后，议会每年都会召开，勒紧钱袋，在公共事务的发展趋势方面互通有无。在詹姆斯二世以后，没有哪一位英国国王企图摆脱议会进行统治，或是蔑视议会的存在。作为英国政治生活的一种永久性特色，党派之争继续存在着。但在 1689 年以后，辉格党和托利党仅在代议制政府的框架内争夺权力。

在宗教方面，1689 年的《宽容法案》，允许“不从国教者”公开做礼拜，但与英国国教徒相比，他们仍然是二等公民。《宽容法案》的条款不适用于罗马的天主教徒，但在革命后的自由主义气氛中，英格兰的天主教徒所受到的迫害，比法国的新教徒要少得多。经济方面，革命使商人和政府的合作关系进一步巩固。因此，相比于法国，商人和地主通过税收和贷款，更大意义上承担了政府的开销。建立于 1694 年的英格兰银行（Bank of England）利用私人资本进行公共服务。在法国，把钱借给国王仍然是具有风险性的，法国政府的任何赤字，都会被当成是国王的个人债务。但在英格兰，国王和议会在 17 世纪 90 年代，在保证最低收益率的情况下，欠下了巨额的战争贷款。有产阶级满怀信心地向他们控制的政府进行投资，国王的债务转变成了国家的债务。

光荣革命也有不体面的地方，它由有产阶级推动，为有产阶级服务，致力于将该阶级的特权地位永久化。对无特权阶级，也就是英国社会卑微的群体来说，这次革命没有带来任何好处。在 17 世纪 40 年代，对民主甚至是共产主义的渴望可谓是日益强烈，而在现在，这样的声音已经销声匿迹了。只有受过良好教育和富裕的英国人能够享有《权利法案》中所规定的自由，成为议会中的代表，利用宗教和经济解放的氛围。在爱尔兰，革命的结果更是特别不光荣。在这里，被压制的天主教大众必然支持他们的教友詹姆斯，反对信奉加尔文教的威廉。1691 年，在威廉和玛丽的军队取得对爱尔兰的控制权后，所有的权力和大多数的财富都集中到了少部分统治阶层手里——英格兰和苏格兰的新教徒。在过去的 150 年里，他们一直未放弃征服和开发爱尔兰的想法。在这些新教统治者中，部分人是不用劳动的地主，从爱尔兰自给自足的小农经济中，他们一点一滴地压榨财富，然后利用这些财富在英格兰过着奢华的生活。而他们在都柏林的同仁们，则制定了一部惩罚性的刑法，宣布天主教牧师和学校为非法，将天主教徒从公共生活中排挤出去，阻止他们占有财富或涉足贸易圈和学术界。这部刑法的目的，并不是要消灭天主教，而是使爱尔兰当地人保持在一个被奴役的状态。在欧洲西部，没有哪里的人民遭受过如此残暴的压迫。

光荣革命产生的主要国际影响，是威廉三世将英格兰拉入了反抗路易十四的奥格斯堡联盟。1689 年，是英法关系的一个重要转折点。在 1559 年至 1688 年间，尽管英格兰和法国各自的国内发展存在明显不同，但它们几乎一直处于和平之中。但在 1689 年至 1815 年，它们之间先后爆发了 7 次主要战争。不曾有一对敌手，如同这两个国家一样身经百战，因为在经历了 150 年的宗教战争之后，英法两国的实力都得到了增强。从 16 世纪 60 年代开始，为了争夺对欧洲西部的控制权，加尔文教徒和天主教徒开始诉诸武力。自那以后，时间已经过去了这么久。然而，正如我们已经看到的，加尔文教和改革后的天主教都有极强的生命力。1689 年，威廉三世被认为是约翰 · 加尔文的后代。在英格兰和尼德兰，他都运用了加尔文主义的资源。他的家族曾领导尼德兰进行反抗腓力二世的斗争；长达一个世纪以来，英国加尔文教徒进行着反抗斯图亚特王朝的叛乱，威廉为这场叛乱画上了一个圆满的句号。在尼德兰和英国的政商两界，加尔文教义留下了独特的印记。而路易十四运用的是一种不同的资源，其中，天主教改革是首要驱动力。他的王朝在法国恢复了天主教的大一统，他本人粉碎了胡格诺教，他的统治风格具有改革后罗马教会的很多保守性特点：宏伟庄严，家长作风，紧密有序，敌视具有颠覆性的新思想，在守卫旧思想方面具有进攻性。如此这般，在 18 世纪，英法两国开始了它们对世界领导力的争夺。

第五章

天才的时代

如果实在找不到研究1559年至1715年这个时间段的理由，那么这期间出现的一系列卓越的艺术家和思想家，仍然值得我们去关注。那是莎士比亚、塞万提斯（Gervantes）、格列柯（El Greco）、蒙田（Montaigne）、笛卡尔（Descartes）、伽利略（Galileo）、鲁本斯（Rubens）、弥尔顿（Milton）、莫里哀（Moliere）、贝尔尼尼、伦勃朗（Rembrandt）、委拉斯贵兹（Velazquez）、霍布斯（Hobbes）、斯宾诺莎（Spinoza）、牛顿（Newton）、洛克（Locke）的时代——所有这些创造性天才取得的成果，对今天仍然有着重要的影响。如果衡量天才的终极标准是创造出永恒的美丽和普世的意义，那么这些伟大的艺术家和思想家，能够与历史上任何天才媲美。

想用一句话概括现代早期欧洲文化的特色，实属不易，更不用说还要将这期间鱼龙混杂的流派和审美逆流等因素考虑进来。上面列出的16位天才，并不都代表共同的思想和理念。其中的六七位，可以被认定为17世纪科学革命的参与者，另外五六位可以被认定为巴洛克艺术家。但由于莎士比亚、塞万提斯和伦勃朗无法归为上述两类，上述划分实在是难以令人满意。17世纪，欧洲的文化经历了一个破除迷信、积极进取和实验性的特殊阶段。这种氛围中的某种东西，在鼓励着思想家们去质疑而不是去认同，感召着艺术家们去钻研最新的、最重要的，以及最多样化的题材。由于缺少一个更为确切的称谓，17 世纪通常被称为是“天才的时代”。

无法避免的，艺术和学术的所有分支，反映了欧洲西部和东部这一时期的一个显著特点，即在政治、经济、社会方面差异悬殊。在文化方面，对于西班牙、尼德兰共和国及英格兰而言，1559 年至 1715 年间是一个黄金时代；而对于法国来说，至少也是一个白银时代。但对意大利来说，黄金时代已经过去了；对于德意志而言，黄金时代尚未到来。长达三个世纪以来，意大利一直是欧洲的艺术中心，其在 17 世纪最为重要的人物，是一位叫作伽利略的科学家。欧洲中部的情况也是如此，最为卓越的人物也是两位分别名叫开普勒（Kepler）和莱布尼茨（Leibniz）的科学家。16 世纪晚期和 17 世纪，相比于中世纪和文艺复兴时期，波兰和俄罗斯更加孤立于欧洲文化的发展趋势之外。

为了更好地理解这一时期的欧洲西部文化，我们需要将精力集中于三个主题之上。第一，从哥白尼到牛顿的科学革命，关于人类对自然及自身的看法，新科学发挥了什么样的作用？第二，天主教和新教之间为控制欧洲而进行的争斗，是如何感召出新形式的宗教艺术，又是如何触怒了新的、反宗教的知识分子？第三，在穷人与富人之间，特权阶级与无特权阶级之间，存在社会和经济差别。艺术是如何反映社会两极分化的，在17世纪的历史进程中，为什么欧洲文化变得更为贵族化？今天的我们，站在了这些问题的阴影之下。

科学革命

在16世纪40年代到17世纪80年代之间，一系列杰出的天文学家、物理学家及数学家，如哥白尼、开普勒、伽利略、笛卡尔、牛顿，实现了真正的科学革命。他们站在了一个令人惊叹的新起点上，摒弃了关于自然和已确立的科学实践的传统观点，为物理学家提供了新的方法和标准。在18和19世纪，这些新的方法和标准发挥了非同寻常的作用。尽管这是一个完全的胜利，但它需要付出想象，才能理解一个有知识的人，是如何对哥白尼以前的、关于自然的观点深信不疑的。但在其自己的框架内，这种传统的观点也有科学的成分。很多个世纪以来，思想家发现这种传统的观点不仅具有逻辑性和经验性，还具有情感上的说服力。为了理解新科学发现的重大意义，我们必须重新构造这个被替代了的体系。

关于宇宙的传统观点，是一个由亚里士多德力学、托勒密天文学，以及基督教目的论组成的综合体。17世纪以前，该观点几乎被每一位受过教育的人所接受。基于常识的观察表明，亚里士多德的运动理论确实代表着上帝运行宇宙的方式。亚里士多德如是说，所有有重量的物体，都自然地向着宇宙的中心坠落，并最终静止在那里，除非它由一个发动机向着其他的方向推动。十分坚固而沉重的圆形地球，静止地处于宇宙的中心。天主教和新教的神学家将地球的沉重与堕落联系了起来，将陆地的易变性与天空之上不变的纯净进行了对比。因此，地球由神指定为凡人所用，实际上是宇宙的污水池，其最核心的部分是地狱。这样的教导与托勒密天文学保持了高度的一致。按照 2 世纪数学家托勒密的说法，一系列同轴心的透明球体，以纯净程度递增的次序，围绕着人类堕落的居住地旋转。月亮、太阳、行星、恒星及第十层天体（Primum mobile，古代天文学说中宇宙之最外层天体，带动其他九层天体绕地球转动），都围绕着正圆的轨迹旋转，每 24 小时绕地球一周。在第十层天体以外，是最为纯净的区域——上帝在天堂的居所。上述描述的一切，都符合人类的经验和期望。任何人都可以看到，地球是静止的，所有的恒星都是固定不变的。托勒密的和谐天体运动理论，与天文学家当时能够收集到的、原始的天文观测数据相一致。

哥白尼以前的科学，包含了一套相互一致的生物和化学假设，该假设当然也是符合人类的经验和期望的。人们相信，上帝在一个无边无际的、有目的的、和谐的递增次序内，创造了万物，即“伟大的存在之链”。无生命的事物（如液体和金属），属于存在的最底端；接下来，是拥有生命和存在的植物类；然后，是各个层级的、不能言语的动物，它们拥有感情和生命；接下来是人类，除了低级生物拥有的一切外，人类还拥有智力和灵魂；最顶端是天使，他们是纯粹的精神生物，拥有和人类一样的认知能力，但却没有罪恶和善变的本性。人们认为，天使生活在星球纯净的上空，超出科学分析的范畴之外。然而，人们讨论最多的，还是地球上物质的成分。在化学方面，基本的假设是所有的陆上物质，由四种元素构成：泥土、水、空气和火。泥土是最为低级的元素，火是最为高贵的。对于生命而言，这四种元素缺一不可。健康，取决于它们能否处于一种平衡之中。因此，在《李尔王》（*King Lear*）中，为了生动地表达风暴之乱，莎士比亚笔下的李尔王大声呼喊出这四种元素的水火不相容：

吹吧，风啊！胀破了你的脸颊，猛烈地吹吧！你，瀑布一样的倾盆大雨，尽管倒泻下来，浸没我们的尖塔，淹沉屋顶上的风标吧！你，思想一样迅速的硫黄的电火，劈碎橡树的巨雷的先驱，烧焦我的白发的头颅吧！你，震撼一切的霹雳啊，把这生殖繁密的、饱满的地球击平吧！打碎造物的模型，不要让一颗忘恩负义的人类的种子遗留在世上！

在人类生理学方面，这四种元素有四种相对物，分别是四种体液——黑胆汁（melancholy）、黏液（phlegm）、血液（blood）、胆汁（choler）。人们认为它们从肝脏到心脏的血管中经过。中世纪和文艺复兴时期，主要的医学和精神病学科实践的目标，是使病人的体液处于一种平衡状态，从而使他们保持良好的健康状况和正常的性情。

需要重点强调的是哥白尼以前科学的两个特征。首先，它很大程度上依赖于过去的权威（不仅是古希腊理论，还有古希腊的实验结论）。尽管伽林和托勒密的成就均取得于2世纪，但在16世纪中期以前，在人体解剖方面，没有哪位解剖学家尝试过改进伽林的权威实验。同样，也没有哪位天文学家敢于质疑托勒密的天体计算。其次，对世界的传统认知，使得科学和迷信，实验和法术之间很难划清界限。因此，还有许多重大的谜团尚未解开。尽管亚里士多德认为，所有的物质都趋向于静止，但整个宇宙都处在不停的运动之中，是什么在带动着第十层天体的运动？四种元素无法被人为地分开，体液甚至无法用肉眼看见，为什么它们具有如此的不可预测性？为什么一个健康的人会突然死去？为什么茁壮生长的作物会因病虫而枯萎？为什么瘟疫能够将一座城市毁灭？是什么导致了风暴、洪水和其他自然灾害的产生？又是什么使一种金属如此珍贵，而另一种却毫无价值？不知名的彗星在空中燃烧起来的时候，代表着什么意义？生命的变化无常似乎表明，上帝在大自然中，给命运、运气和偶然留出了发挥的空间。于是，那些号称能够通过星象来预测人类事件的占星家，也如同天文学家一样，得到了人们的信任。那些自称能够将基本金属变为黄金的炼金术士，也像化学家一样，受到人们的重视。传说，精灵、小鬼及其他一些超自然生物，能够或好或坏地影响人类事务，于是很多人被这些民间传说所吸引。正如我们所看到的，16世纪晚期和17世纪早期，是人们认可巫术、邪灵（坠落的天使）和魔鬼的高峰期。简而言之，人类那时还无法运用上帝赐予的智慧，来学习和控制身边的物理环境。

宇宙的新观点

第一位挑战传统自然观点的思想家是尼古拉·哥白尼（Nicolaus Copernicus），这一点颇具讽刺意味，因为哥白尼是一位保守主义者和一名安静的波兰牧师，而且他居住在一个不起眼的东普鲁士大教堂城镇。1543 年，他发表了托勒密地心天体运动理论的修订版，希望能够使托勒密天文学与时俱进。然而，他触动了已被人们接受的科学根基。托勒密认为，同轴心的透明球体，以正圆的轨迹围绕着宇宙的中心旋转。哥白尼虽并未否认这一点，但困扰他的是托勒密的球体并不是沿正圆轨迹运动的。即使是托勒密自己的天文观测，也表明只有太阳是沿着正圆轨迹运动的。有时候，月球、行星和恒星会加速移动，或改变方向。为了绘制出以球面的形式围绕地球旋转的、可以观测到的天体运动，需要一个由 80 个连锁圆和本轮组成的错综复杂的网络。哥白尼认为，上帝肯定为他的宇宙设计了一个更为简单、更为和谐的模式。

哥白尼的伟大发现在于，通过对元素做出简单的调整，他能够对天体运动中的不规则现象做出解释。他将太阳而不是地球设想为宇宙不动的中心。哥白尼似乎是一个太阳崇拜者，比起地球，他认为太阳是一个更为崇高的天体。他的核心假设是地球每天围绕着自身的轴心自转一周，每年围绕着太阳公转一周，这个假设暂时性地支持了古代的天体运动学说。围绕太阳的天体运动，可以通过 34 个连锁圆和本轮描绘出来，而不是托勒密的 80 个。但是这个“日心论”令人们对天体以纯净程度递增的说法产生了怀疑。现在，地球只是行星中的一个，与木星和土星的运行原理一样。而在此前，地球的位置可是重要多了。根据哥白尼的说法，遥远的恒星每 24 小时旋转一周的说法已经过时了。但比起地球每日自转一周，大多数人更乐意接受行星每日公转一周，而地球自转的说法与人们的常识之间出现了矛盾。假设哥白尼是正确的，那么离心力为什么没有将地球撕成碎片呢？对于这个问题，哥白尼也没有令人满意的答案。尽管如此，他刺激了其他的科学家就这一问题展开研究。

哥白尼死后的半个世纪里，他的“日心说”吸引了一些追随者。该理论只在唯一的一所西班牙大学——萨拉曼卡大学中教授，并不以俗人的语言对公众宣传。像博丹和蒙田这样 16 世纪晚期的学者，对哥白尼的学说不予理会。在哥白尼死后的半个世纪里，第谷 · 布拉赫（Tycho Brahe，1546—1601）是首屈一指的天文学家。然而，他对“地心说”深信不疑。他说道，如果地球在自转的同时公转，那么一块从高塔上掉下来的石头会向西坠落，而现实中根本不是这样的。用科幻小说的语言来形容，第谷 · 布拉赫简直是一位疯狂的科学家。在一座丹麦的岛屿上，他建造和运营着一座奇异的城堡——乌兰尼堡（Uraniborg）。在这座城堡里，配备有特大的仪器、天文台、实验室，以及一个研究助理团队。在那里，他开展天文学、占星学和炼金术的研究。尽管如此，对于科学革命而言，他是一个重要的贡献者。他追踪行星轨迹的系统性，可谓是前所未有。此外，他还汇集了大量的天文学观测数据，而这些观测已经到了裸眼观测可达精确度的极限。

第谷最为出色的助手叫作约翰尼斯·开普勒（Johannes Kepler，1571—1630），他是哥白尼学说的支持者。利用第谷的数据，开普勒无可争辩地证明了哥白尼“日心论”体系的数学对称性。和第谷一样，开普勒也是科学与伪科学兼具。在他未经整理和难以理解的著作中，对宇宙和谐及行星神奇的几何结构充满了的狂想和沉思。对开普勒来说，“星球的乐章”意味着：火星是一位男高音，水星一位假声歌手，如此等等。但他也是一个数学天才。数年以来，对于火星明显不稳定的轨道，他进行了冥思苦想。根据第谷的观测，火星的运行轨道远非正圆，而且在接近太阳的时候，它运行的速度比远离太阳时快。开普勒为探索火星轨道的数学解释而付出的努力，使他发现了行星运行的三大定律。他发现，火星、地球及其他的行星沿着椭圆的轨道，围绕着太阳运行；太阳也并非处于中心位置，它只是椭圆的一个焦点。相比于一个圆，椭圆显然在形状上并不那么完美，但它也有其抽象的特征，可以被转化为一个数学公式。开普勒进一步发现，尽管行星运行的速度不同，但行星和太阳的连线在相等的时间间隔内，扫过的面积相等。换句话说，所有的行星运动都可以用一个简单的数学公式描述。最后，他发现，尽管每颗行星绕太阳公转所需的时间不同，但其椭圆轨道半长轴的立方与周期的平方之比是一个常量。换句话说，所有行星的运行时段，也同样可以用一个简单的数学公式描述出来。

开普勒所做的，不仅仅从数学上证明了哥白尼是正确的，托勒密是错误的，他的定律还使理论与现实保持了一致。他揭开了一些关于宇宙的旧有谜团，并赋予了它新的机械定律。开普勒放弃了哥白尼关于透明星球的传统学说。他发现，尽管行星在无边无际的空旷天空中移动，受到他研究能力范围外的某种力量的驱动，沿着它们自己的轨道运行，但它们的运行总是与简单的、相同的、被证实的数学原理相一致。

第一位引起公众广泛关注的哥白尼派科学家，是一个勇敢的佛罗伦萨人——伽利略·伽利莱（Galileo Galilei，1564—1642）。文

第谷·布拉赫进行科学和伪科学调查研究的地方——丹麦的乌兰尼堡。

艺复兴时期的伽利略，与之前的莱昂纳多·达·芬奇（Leonardo da Vinci）和米开朗琪罗（Michelangelo）一样不同凡响。他是一位十足的、令人惊叹的科学家，一位思路清晰的思想家，一位颇具天赋的实验主义者，一位技术娴熟的技师，一位充满热情的作家。开普勒的定律抽象难懂，但伽利略对托勒密和亚里士多德的正面进攻，可半点儿谈不上抽象和难懂。

1609年，伽利略听说一名尼德兰人发明了一种望远镜。而通过这台望远镜，远距离的物体看起来仿佛近在眼前。很快，他就制作了一台自己的望远镜，能够将远距离的物体放大30倍。1610年，在《星际使者》（*Starry Messenger*）一书中，他欢欣鼓舞地将自己利用这台仪器在天空中观测到的、令人兴奋不已的新事物公布了出来。他描述道，月球和地球的表面十分相似，呈凸凹不平状。这充分证明了月球是由陆地物质构成的，而不是像亚里士多德所说，由更为纯净的物质构成。行星和恒星之间的区别，给伽利略留下了深刻的印象。从他的望远镜上观测，行星看起来像球状固体，恒星仍然没有清晰的大小和形状，比肉眼观测时的数量更多，尽管不那么闪闪发光。他认识到，恒星离地球的距离，一定非常非常遥远。在发现木星的周围有4颗卫星环绕后，他异常兴奋。因为这为反驳地球和环绕它的月球的唯一性，又提供了新的证据。不久之后，他又发现了土星周围的光环、金星如月相一样的变化和太阳表面的黑点。这些发现中的每一个，都使人们对托勒密宇宙理论的正确性产生了怀疑；每一个都表明，17世纪的实验主义科学家可以获得的自然知识，比古书中记载的多得多。1610 年，伽利略写道："亲爱的开普勒，帕多瓦有一位重要的哲学教授，我曾多次催促和请求他，通过我的望远镜观测月球和行星，但都被他固执地拒绝了。你为什么不在这里呢？要是你在的话，这个愚蠢的大傻帽一定会让我们笑掉大牙的！"在另一位轻视他望远镜的教授去世后，听说伽利略希望他在去往天堂的路上，能够发现新的天体现象。

伽利略知道，那些教授之所以否认他从望远镜中观测到的结果，是因为它与人们广为接受的、亚里士多德的天体运行理论相冲突。亚里士多德认为，要想使一个物体运动起来，一个原动力是必需的，无论它来自内部还是外部。他对自然运动、内部独立运动、剧烈运动、外部推动运动进行了区分。举个例子，重物之所以被认为是以一定加速度自然下落，是因为它们乐于回到宇宙中心的家中，而轻的物体会自然上升到适合的位置。对亚里士多德来说，如果说月球和行星可以永恒地在外太空运行，而它们和地球的重量又相近的话，这是违背自然规律的。上帝当然不会允许地球在无形体的太阳附近，无休止地剧烈旋转。

抛开亚里士多德的概念，伽利略发展了一套研究动力学的新方法，开展了对运动物体行为的研究。他想解释的并不是物体为什么运动，而是它们如何运动。在一系列的实验中，他证明了穿过时间和空间的物体运动，可以用数学公式描述出来。举个例子，在证实了无论移动的距离长短，固定长度的钟摆总是在固定的时间，完成它的摆动之后，伽利略可以用数学公式将钟摆的周期表达出来。相似的，在发现了炮弹的抛物线轨迹后，他可以用公式表达出炮弹的一般性理论。也许伽利略并未真的将10磅和1磅的铁球，同时从比萨斜塔的塔顶抛下，但他确实证明了同质的重物并不比轻物的下降速度快。不论重量大小，所有自由落体的运动，都可以用伽利略的加速度定律描述。这一系列的实验，与亚里士多德对自然运动和剧烈运动的区分相矛盾。伽利略的斜面滚球实验，让他获得了最重要的发现——对惯性的重新解释。他第一个发现，在没有重力和摩擦力的理想物理条件下，一个运动的球体将会无休止地滚动，除非它受到外力的阻止、推动而发生偏离。过去所有的思想家都将惯性等同于静止，力学也一直专注于对物体运动的解释。而在伽利略将惯性等同于静止或无限匀速运动之后，他发现，只需要对运动的改变做出解释。在伽利略看来，设想地球处于永恒的公转和自转之中，与设想它处于静止之中一样简单。在他的动力学原理建立后，传统的物理学变得与传统的天文学一样，一无是处。

伽利略对亚里士多德和托勒密的否定，使他陷入了与教会的纷争之中，但这并不足为奇。旧有的科学，虽然在根源上并不存在宗教信仰，但它与基督教的思想传统密不可分。而新的科学，与《圣经》的部分篇章产生了冲突。伽利略主张，《圣经》和自然应当作为不同的真理来区别对待，但他却倔强地对神职批评家愚蠢的科学思想进行了嘲讽。由于耶稣会施压，宗教法庭于1616年给哥白尼理论贴上了“愚昧荒唐，哲学上颠倒黑白，彻头彻尾的异端邪说”的标签。伽利略也收到了不要接受或宣传哥白尼主义的警告。然而，在

1632 年，伽利略认为是时候出版自己关于新旧两个世界体系——托勒密和哥白尼体系——的讨论了。将新旧天文学的优点以讨论的形式分别呈现出来，伽利略企图将自己伪装成中立状态。而实际上，他把旧有科学的支持者辛普利西奥（Simplicio）描绘成一个无知的小丑，在每次讨论中都输得一败涂地。教皇乌尔班八世（Pope Urban Ⅷ，1623 年至 1644 年在位）认为，伽利略将自己讽刺为辛普利西奥。于是，伽利略被带到了罗马，受到了宗教裁判所的审讯，公开承认了自己的错误，并被判处终生软禁。传说，在伽利略归隐到自己在佛罗伦萨的别墅后，他抬头望着天空，用力地跺着脚，喃喃自语道：“地球仍在转动。”

对伽利略的审判，受到了出乎意料的关注。他是一名虔诚的天主教徒，比起现代世俗的自由主义者，他更为优雅地接受了对自己的惩罚。教会并未阻止他继续工作或是写作。1638 年，这位无畏的老人，出版了他最后也是最伟大的一本书《两种新科学》（*Discourse on Two New Sciences*）。在这本书中，他为现代物理学奠定了基础。伽利略将这本书稿在荷兰的莱顿市（Leiden）出版，却并非出于偶然。在 17 世纪的漫长进程中，新教国家，特别是联省共和国和英格兰，为新科学的探索和讨论提供了最为自由的环境。

舆论的科学思潮

在本世纪的前半叶，有两位极具影响力的哲学家是科学革命强有力的拥护者：英国的弗朗西斯 · 培根和定居在荷兰的法国人勒内·笛卡尔（Rene Descartes，1595—1650）。培根和笛卡尔都公开表明了他们对过时的、旧科学的鄙视，如同文艺复兴破晓的彼特拉克（Petrarch）一样，他们将自己看作辉煌新时代的先锋者，肩负着结束长达 1500 年的知识停滞的使命。他们比彼特拉克更为勇敢，致力于将自己从所有过去的知识权威中解放出来，无论是经典的，还是中世纪的。亚里士多德和他中世纪弟子的呆板教条，让笛卡尔感到窒息，于是他扛起了一项文化使命，怀疑过去一切的知识和实践。除了以思想家和怀疑者“我思故我在”身份存在的自我，他对一切产生了怀疑。以此为前提，他建立了一套新的形而上学和物理学理论。培根和笛卡尔相信，正确地运用科学，能够给人类带来史无前例的进步。培根写道：“科学的真正目标，是使人类获得新的发现和能量，除此之外别无他求。”尽管培根生存在一个技术发展十分缓慢的时代，但他明白科学革命将会无限地加强人类对身边环境的控制力。他预见，科学与技术之间的相互作用，将会改变现代世界。

对于科学方法，二人都颇有见解。培根在 1620 年出版的《新工具》（*Novum Organum*）一书中强调，真正的科学家（与亚里士多德不同），利用有效的方法进行工作，由个体到普遍，由具体的实验到公理，再为进一步实验指明方向。培根劝告科学家们，要尽可能系统地进行实验，汇集他们的知识，寻找研究项目的共同点。最重要的是，对结果保持一个开放性的思维。虽然他自己并不是一个实验主义者，但他支持现代化学家和生物学家偏爱的实证和归纳程序。然而，培根的方法并没有被当时最伟大的科学家所采纳。数学家、

奥塔维奥·莱奥尼（Ottavio Leoni）的作品《伽利略》。图中是伽利略60岁时的样子，该作品巧妙地捕捉到了他的刻薄与神韵。

天文学家及物理学家的思想，比培根理解的更为抽象。

17 世纪最重要的科学是演绎法，正如开普勒演绎出了行星运动的普遍规律。而笛卡尔对于科学方法的理解，则更具有重大意义。他是一位伟大的数学家，创造了解析几何，完善了伽利略的惯性定律。在他于 1637 年出版的《方法论》一书中，笛卡尔为数学家们易于采用的抽象演绎推理制定了规则。据他所说，真正的数学家对具体的现象并不很感兴趣，而他们感兴趣的是解读自然和将自然系统化的规律。为了揭开自然的秘密，他必须寻找那些组成物理世界的、最简单的元素，然后对这些元素和原理进行推断演绎，使具体现象富有意义。相比于培根，笛卡尔的方法更接近于哥白尼、开普勒和伽利略获得重大发现的思维过程。

作为推动新科学发展的哲学家，培根和笛卡尔都有他们的局限性。培根对科学的定义太过于功利主义，笛卡尔则与经验脱离得太远。相比之下，培根的缺陷更为明显，对物质成果的坚持，使他看不到天文学和物理学发生的革命；他不认可那些灵光乍现的、抽象思想家的创造力；由于伽利略认为数学公式中存在运动的问题，从

一位不知名画家的作品《笛卡尔》。

而招致了培根特别的批判；培根让伽利略调查和解释特定移动物体的内部张力。如同受人轻视的经院哲学家一样，他对充满伪科学的自然定义十分执著。笛卡尔走向了另一个极端，他批判伽利略太过依赖于实验，不够抽象！笛卡尔自信地断言，比起伽利略的实验，他的综合性新哲学，更好地解释了宇宙为什么运行以及如何运行的问题。

笛卡尔将自然化简为两个完全不同的元素：意识和物质。他并不研究灵魂和精神这两块由神学家和教会控制的意识领域，但他的物质概念，使他能够以一个包罗万象和自我运行的机制，来解释物理自然的方方面面。据笛卡尔所说，宇宙不停地、完全地被无数的粒子物质所填充，每一个粒子都可以从数学的角度进行定义，拥有长度、宽度和厚度。他丝毫没有提及重力和磁力等超自然的力量。他以机械原理解释运动，认为运动存在于看不见的粒子之间，以旋涡的形式相互作用产生。他吹嘘道："只要给我物质和运动，我将可以构建一个宇宙。"在 17 世纪的知识分子当中，笛卡尔主义十分盛行，对于亚里士多德和托勒密关于自然的旧有观点，他们已经失去了信心。笛卡尔主义囊括了科学的各个分支。通过把人类的身体认定为一台机器，同样适用于宇宙机器的规律，笛卡尔对生理学做出了贡献。消极的一面是，他的解释过于宽泛和苛刻。他虽比亚里士多德更具创造性，但却同他一样教条，对自然的认识也比后者好不到哪儿去。17 世纪结束以前，笛卡尔主义被牛顿机械论世界观的改良版本所取代。

培根和笛卡尔为创造一个新的思想氛围贡献了力量，在这个新的氛围中，科学家成了受人尊敬的公众人物。1650 年以后，科学家获得购买设备和进行实验的资金也比以往更加容易了。他们的发现，不仅得到了更为广泛的普及，还受到了更为快速的接受。更重要的是，不同国家的科学家可以相互交流思想，这是前所未有的。由于传统的、知识生活的中心——大学蔑视新的知识，所以科学家们在与世隔绝的牛津、巴黎和帕多瓦，并不能自由发表自己的观点。培根督促他们去组建自己的科学社团，从而使新的思想和实验能够自由地放飞和开展。培根在 1627 年出版的《新亚特兰蒂斯》（*New Atlantis*）一书中，预想了一个理想的共和国，并细心描绘了所罗门家房子的运行。在这所房子中，一队科学家正忙着揭开自然的秘密。事实上，这个世纪的科学家确实已经开始组建他们自己的社团。伽利略就是早期山猫学会（Academy of the Lynx-Eyed）的成员。到了 17 世纪 50 年代，类似的非正式群体已经在佛罗伦萨、巴黎和伦敦定期举行集会。在后来的十年里，在英格兰和法国政府的资助下，更具实力的永久性科研机构得到了建立。1662 年，查理二世为皇家学会颁发了特许执照。1666 年，在科尔伯特的支持下，法国成立了科学学会。17 世纪晚期，大多数的科学巨匠都是这些机构的成员，他们听取学术讲座，分享科学仪器，收集标本，进行实验，并在《汇报》（*Transactions*）或《回忆录》（*Memoires*，现代科学杂志的原型）中，将他们的发现以报告的形式发表出来。此外，成员构成较为混乱，有专业的科学家，也有学者和业余爱好者。查理二世本人也很喜欢在他的化学实验室中工作。

新科学在业余爱好者中的普及常常招致嘲笑。在托马斯·沙德韦尔的《学者》(*The Virtuoso*)——1676年的一部非常受欢迎的英国喜剧作品中，一名叫作尼古拉斯爵士(Sir Nicholas Gimcrack)的人，被描绘成了一个擅长投机的蠢蛋：为了培育人体羊毛(human wool)，他将羊血注入人的体内(实际上皇家学会做过这项实验)；他通过望远镜，观察到月球上有军队在作战；利用腐烂的猪腿发出的磷光，他阅读了一本日内瓦《圣经》；当一位怀疑者向他发问：为什么要躺在桌子上像一碗水中的青蛙一样摆动着四肢？却发生了下面这样的对话：

爵士：我在陆上的泳姿几近完美。

怀疑者：您有到水中练习的打算吗，先生？

爵士：那绝不可能，先生。我厌恶水，我永远不会到水里去。

怀疑者：这样的话，练习游泳还有什么用？

爵士：这样感受一下游泳，就很满意了，我不在乎实践。我很少使用到任何东西，这不是我行事的原则，知识才是我的终极目标。

事实上，业余爱好者之所以大力支持新的科学社团，与其说是投机，不如说是功利主义。查理二世和科尔伯特希望获得培根哲学在技术层面的提升，他们在工业机械设计、船只模型、新酿酒配方等实验方面，进行了大量的投入。然而，在这些方面所取得的收获甚微。在17世纪的后半叶，最富成果的科学研究，仍然是十分抽象的。

艾萨克·牛顿爵士

来自英国的超级天才艾萨克·牛顿（1642—1727），将科学革命引向了高潮。牛顿并没有风趣和吸引人的个性，相反，他更是一位心不在焉的教授。工作的时候，他常常忘了吃东西；非得在受人催促的情况下，他才不得不公开自己的发现；他患有妄想症，几次诬告他的同事窃取他的想法；他将大多数时间和精力用在炼金术的研究，以及《圣经》事件发生日期的计算方面。但在他转向物理学和天文学之后，在17世纪的科学家中，在卓越的想象力和纪律方面，只有伽利略能够与他相媲美。在仪器制作、实验及理论方面，也只有伽利略同他一样，是一个通才。在数学方面，牛顿要比伽利略出色得多。在抽象思考方面，牛顿也更为擅长。和许多的数学家一样，牛顿的最伟大的成果是在他年轻时取得的。1665年，在他还是剑桥大学的学生时，一场鼠疫的流行迫使学校关闭。牛顿被迫在他母亲与世隔绝的林肯郡（Lincolnshire）的农场里，度过了将近两年的时间。在这个毫无希望的环境中，他开始进行光学实验，使对光学的研究首次成为物理学的分支。在数学方面，他发明了微积分；在力学方面，他开始构想万有引力和运动定律。他后来回忆说："那段时间，是我发明创造的黄金时段，其间构想出的数学和哲学原理，比此后的任何时间都要多。"

牛顿最伟大的成果是将开普勒的行星运行定律、伽利略的自由落体定律、伽利略和笛卡尔的惯性定律，以及他自己的重力定律，整合成了一个简单的数学物理系统。牛顿问及，是什么样的向心力使行星沿椭圆轨道绕太阳运行，又是什么使月球沿椭圆轨道绕地球运行？而根据伽利略的惯性定律，每一颗行星应该以直线轨迹无限远离地球。在他坐在果园的时候，坠落的苹果让他大吃一惊，将他引入了另一种思考：苹果坠落在地面上所受到的引力，与月球围绕地球运动所受到的拉力，一定是同样的力。他推断，重力一定是一种万有引力，平等地作用于一切天体和地球上的物质。任意两个物体间的作用力和反作用力，力的大小是相同的，作用是相反的。也就是说，月球对地球的引力，与地球对月球的引力是相同的；月球对地球的引力，是海洋潮汐产生的原因。就坠落的苹果而言，相比于地球的质量，苹果的质量太过于微小，所以它产生的引力也微不足道。在牛顿对他的数学证据感到满意前，又过去了 20 年。最终，在 1687 年，他在一本具有划时代意义的书《自然哲学的数学原理》(*The Mathematical Principles of Natural Philosophy*) 中，提出了他的万有引力和运动定律。它还有一个缩减版的拉丁名字《基本原理》(*Principia*)，每一本卖到了 5 先令。

《基本原理》是一本非常难的书，写给少数理解牛顿数学，并欣赏他优雅理论的学者。简短的概要无法捕捉它的智慧锋芒。首先，牛顿将 16 世纪的数学、天文学和力学结合了起来，合成了一个被迫切需要的综合体。特别是他将开普勒的天体力学和伽利略的地面力学关联了起来，从中提取出了运动的三大定律，并用数学公式表达了出来。接着，他提出了万有引力定律：自然界中任何两个物体都是相互吸引的，引力的大小与两物体的质量的乘积成正比，与两物体间距离的平方成反比。他的整个理论，都是在这个关键发现的基础上进行的延伸。牛顿并没有装作理解了重力这种神秘的力量，他的理论与笛卡尔发生了冲突，后者否认重力的存在，并从力学的角度解释了粒子为什么运动及如何运动。牛顿对于自然的观点，同笛卡尔一样兼具力学和数学，但他强烈憎恶笛卡尔的方法——创造一幅学术性的世界图像，与经验主义的观察没有一点关系。同伽利略一样，牛顿相信并应当描述宇宙如何运行，而不是为什么运行。对于推翻笛卡尔的理论，他表现得十分热衷。在一丝不苟地坚持抽象推理与实验证据相结合的同时，牛顿通过对天体系统结构的精准描述，结束了本书的创作。而这一部分，满足了读者的胃口，给他们留下了十分深刻的印象。举个例子，牛顿发现并计算出了地球的旋转地轴存在一个锥形扭转，这个扭转如此细微，以至于整个循环要花上 2.6 万年才能完成。他对宇宙的一般性描述，在长达一个世纪以来，是不需要做任何修改的。物理学家继续在牛顿学说或是经典力学的框架下工作，直到爱因斯坦时代的到来。《基本原理》立即被人们认定为经典之作，即使是不接受牛顿重力理论的笛卡尔追随者也是这样认为的。牛顿非但没有像伽利略一样受到迫害，反而被奉为名人。他被授予了爵位，执掌英国皇家造币厂，并被选为了皇家学会的主席。在他去世的时候，享受了国葬待遇，他被安葬于威斯敏斯特修道院。

生物和化学

到目前为止，我们很少谈到生物和化学，那是因为在 1559 年至 1715 年间，这两门科学并未出现过革命性的发展。生物仍然是医学实践的一个辅助物，常常遭到忽视；化学则是医学和冶金学的一个附属物。两种科学都没有发展出合理的方法、标准和目标。然而，在生物学的一些领域，特别是解剖学、生理学及植物学方面，已经取得了重要的进展。1500 年以来，伽林的医学教学第一次得到了修正和充实，主要是由欧洲领先的医学中心——帕多瓦大学（University of Padua）的师生完成的。1543 年，也就是哥白尼宣布“日心说”理论的那一年，一位帕多瓦大学的佛兰德斯教授安德烈 · 维萨里（Andreas Vesalius），发表了一篇关于人体解剖学的开拓性论文。维萨里解剖过的尸体，要比伽林多得多，因此他能够对伽林的很多错误（当然不是全部）进行修正。由于他的文字配有技艺高超的骨骼和肌肉绘图，因此，他的著作不仅是科学成果，而且是艺术作品。

比伽林更为根本性的进步，取得于 1628 年。英国人威廉 · 哈维（William Harvey）就读于帕多瓦大学，他向世人展示了血液的循环。起初，人们认为，静脉血是蓝色的，而动脉血是鲜红色的，两个系统的血液各自循环往复。伽林教导人们说，静脉血从肝脏开始给养，而动脉血给人类补充的是一种精神力量，也正是这种精神力量，使人类存活。哈维不认同上述观点。他证明了是心脏的高速跳动，促使血液

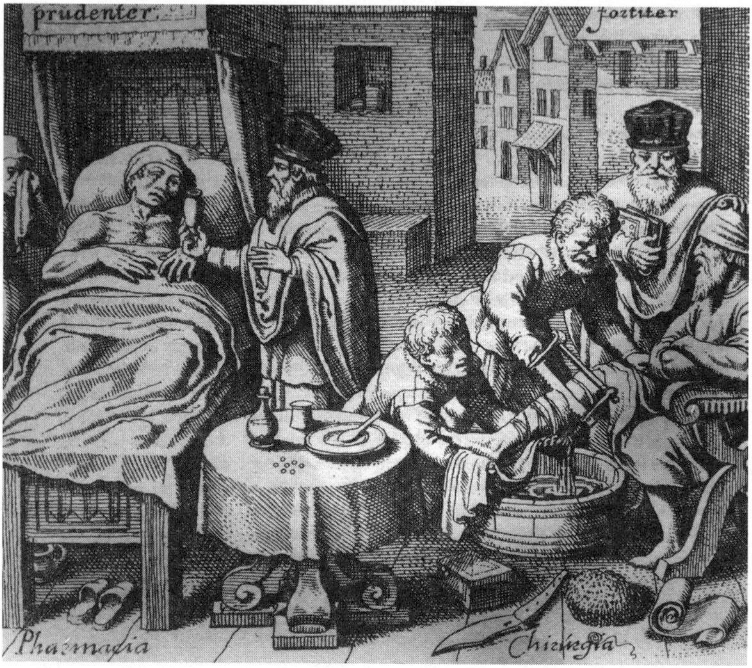

17世纪医学和外科学的巨大风险。上图是《医学的功效》（*De Efficaci Medicina*）一书的扉页。

进入动脉，流入血管，然后再返回心脏。正如哥白尼是一个太阳的崇拜者一样，哈维是心脏的崇拜者。他在很大程度上，受到亚里士多德信念的影响，认为循环运动是完美的。他的伟大发现，削弱了传统医学的体液理论，但是哈维的同事们并没有认识到这一点。即使是了解生理学循环系统的内科医生，也仍然认为，治疗几乎所有内部紊乱的解决办法，是给病人大量放血。

在植物学方面，自然主义者收集了植物王国的大量新数据。16世纪40年代，只有500种不同的植物种类被进行了区分。而到了17世纪80年代，这一数字已经变成了1.8万种。然而，却没有人对传统的物种恒定和“生物巨链”学说进行挑战。在这期间，荷兰人安东·列文虎克（Antony von Leeuwenhoek，1632—1723）制作了一台显微镜，将物体放大了300倍。通过这一仪器，他发现了凭借肉眼看不到的、单细胞生物的新世界。但他从未明白，那些他乐此不疲观察的、在人类唾液中游动的微生物，可能携带疾病因素。在19世纪以前，这一现象都未被人们发现。

在化学方面，这一时期并未取得太多意义深远的进步。当时的化学家数量是非常多的：检测矿石的采矿工程师、合成药物的药学家、企图把贱金属变成金银的炼金术士，以及推测物质原子结构的哲学家。内科医生喜欢用水银和锑等化学药物来治疗病人，特别是在他们企图治愈像梅毒一样令人害怕的新疾病时。比起传统的草药配方，这些化学药剂并没有多大副作用，但它们的效果却必然更为明显。现代化学家关于元素和复合物的概念，那时还没有被发展出来。罗伯特·波义耳（Robert Boyle，1627—1691）是当时领先的化学实验家和理论家，他摒弃了亚里士多德关于四种基本元素——土、水、空气、火——的说法，但在物质结构方面，他也拿不出更好的理论。直到18世纪晚期，拉瓦锡（Lavoisier）将氧气分离出来，并绘制出了第一张化学元素周期表时，化学革命才真正开始。

然而，在1559年至1715年间，科学思想和实践发生的累积变化却相当深远。科学革命中的一个方面，就是笛卡尔和牛顿劝说学术界以力学的角度观察宇宙的方法。牛顿的自然概念像是某种巨大的发条装置——世界机器，如同亚里士多德和托勒密的概念一样，在知识和情感两方面令人感到满意。人类不再崇拜完美的旋转和不断增加的纯净度，他们为自然的完美规律感到惊讶。在这些规律中，所有无生命的物体，无论大小，都受到这种永恒规律的制约。在旧有的世界观当中，当然有更多的浪漫元素，而在新的世界观中，更多的却是理性。怎么能将在激情、想象力及复杂性方面的损失，与在精确度、简洁及常识方面的收获相提并论呢？在1715年的学术界，不再有神话、法术及鬼神学的生存空间了。在1692年的塞勒姆（Salem）抓捕女巫事件中，马萨诸塞共有20人被处死，对于以这种特别形式爆发的公众疯狂，这是最后的几次之一。

新的哲学迫使人们重新构建他们的宗教信仰。像开普勒一样的新教科学家，以及像伽利略和笛卡尔一样的天主教科学家，都急于探寻一种将他们的发现与基督教目的论相融合的方法。然而，在牛顿机械论世界观的抽象数学构想中，很难找到任何明确的基督目的。这位“伟大的钟表匠”，无论“他”的工艺是多么精湛，都比加尔文或罗耀拉所崇拜的造物者更加遥不可及。相比之下，人类的动机似乎更为重要。可以确定的是，人类不再生活在宇宙的中心，而是生活在一个二流星球上，而这个星球无休止地在空旷的宇宙中旋转着。但人类在学着掌握身边的物理环境。如果是上帝让这台时钟转动起来，那么人类可以从钟表上读出时间。17世纪的科学革命，所造成的最为广泛的长期影响，莫过于让人们对理性的人类进步充满信心。

巴洛克时代的宗教艺术

同科学领域一样，1559 年至 1715 年间，艺术领域出现了一股反对传统标准和价值的潮流。16 世纪晚期，在绘画、雕塑和建筑方面的文艺复兴风格受到了有力的挑战。在 17 世纪，它让渡给了一种新的风格——巴洛克。在 16 世纪的前 30 年，文艺复兴的风格已经达到了顶峰，艺术史学家将这一时期称为文艺复兴的鼎盛时期，所以乍一看，巴洛克艺术的兴起令人感到困惑。在文艺复兴时期，5 位大师——莱昂纳多 · 达 · 芬奇（Leonardo da Vinci）、米开朗琪罗、拉斐尔（Raphael）、提香（Titian）和丢勒（Dürer），他们将人性美的文艺复兴理想用无与伦比的艺术表现了出来。后来的艺术家，没有人寄希望于超越他们对人类和谐、生动和典雅的描绘。莱昂纳多对心理的洞察力，米开朗琪罗对男性身体的美化，拉斐尔对女性身体的理想化，提香用色的鲜艳，丢勒对设计的掌控，怎么可能有人能够超越？文艺复兴鼎盛时期的作品是如此的完美，以至于在 16 世纪 20 年代，它走向了一条死胡同。米开朗琪罗本人，在已经解决了旧有风格的所有固有问题之后，开始构想一种叫作风格主义（Mannerism）的新艺术风格，刻意违反了文艺复兴时期的主旨。

16 世纪 20 年代，文艺复兴的传统受到新教运动从另一个完全不同的方面的攻击。路德公然抨击文艺复兴鼎盛时期的宗教艺术，他将它称为异教的产物，对宗教艺术的整个天主教传统发出了质疑。新教徒认为，在以纪念圣人的雕像和绘画作品为装饰，充满圣母像、耶稣基督以及上帝肉身呈现的豪华教堂中做礼拜，是亵渎神灵的行为。当然，天主教徒拒绝接受这种抗议，他们比以往任何时候都更为坚信宗教的意象功效。但到了 16 世纪中期，天主教徒也认为，文艺复兴的世俗风格令人不安，他们需要一种新的艺术形式来展现古老的真理。16 世纪早期，以及宗教战争时期新教与天主教的狂热征伐中，都出现了道德和审美问题，主要集中在 1559 年至 1715 年间天主教和新教艺术家产出的宗教绘画、雕塑及建筑作品上。

16 世纪的绘画作品

在整个 16 世纪，新教改革阻碍了欧洲北部艺术的发展。如同意大利一样，在德意志和低地国家，画家主要依靠宗教作品，比如说祭坛嵌板和教堂壁画，来赚取佣金。但路德、茨温利、加尔文的布道，煽动起了反对天主教崇拜神像的暴乱。新教暴徒砸毁教堂雕像，烧毁祭坛，将教堂壁画粉刷成了白色。路德教和加尔文教的教堂则保持着简单和朴素的特点。相比于过去的美好时光，在 16 世纪，即使是欧洲北部的天主教教堂，也很少为画家、雕塑家和建筑师提供佣金。与路德同时代的、德意志最伟大的艺术家阿尔布雷特 · 丢勒（Albrecht Dürer，1471—1528）并未受到这场危机太多的影响。丢勒依靠人物肖像和为书籍添加插图为生。丢勒是路德的崇拜者，尽管他并没有积极地参加路德的运动，但利用宗教雕刻艺术生涯的最后几年，他简化了风格，选择与改革精神相融合的《圣经》主题进行创作。杜勒的同事小汉斯·荷尔拜因（Hans Holbein the Younger，约1497—1543）则不得不放弃以圣母为主题的绘画作品，而这个主题是年纪轻轻的他最为擅长的。为了寻找工作，荷尔拜因从德意志来到了瑞士，后又从瑞士辗转来到了英格兰。在他艺术生涯的后半期，他将主要精力花在了为亨利八世（Henry VIII）和他的朝臣绘制肖像上。在德意志和英格兰，荷尔拜因没有继承者。在16世纪的法国和低地国家，也很少见到出众的艺术大师。

老彼得·布勒哲尔（Peiter Brueghel the Elder，约1525—1569）能够很好地反映出欧洲北部艺术倾向的变化。布勒哲尔是一名佛兰德斯的天主教徒，在16世纪60年代，他的创作进入了鼎盛时期。那段时间，也正是低地国家开始掀起反抗腓力二世叛乱的时期。他为安特卫普和布鲁塞尔的私人赞助者，而不是教堂进行创作，他的作品主要集中在不具有争议性的风俗画方面，比如农民农忙和娱乐时的情形，这些画面表面粗糙，不具艺术观赏性，但却内容翔实，独具匠心。布勒哲尔的宗教作品与他的风俗画作品风格一致。举个例子，他的《对无辜者的屠杀》就十分有违常规。这个题材可谓是具有轰动效应，内容主要是一些身体扭曲的戏剧性画面，画上的士兵手里挥舞着刀剑，母亲们恸哭着，赤身的婴儿死在了血泊里。布勒哲尔的图画非常与众不同，乍一瞥，我们看到的是冬天的佛兰德斯街景，接着注意到，一队入侵的骑兵手持长矛，封锁了村庄。惊慌失措的农民像热锅上的蚂蚁一样，孤立无助地四散在雪地之中，士兵四处窥探和打开他们的家门。画面中很少见到婴儿，只在地面上有一摊血迹。然而，由于欣赏作品的人知道接下来将要发生什么，也能像画中质朴的人群一样感到无助和恐惧，所以布勒哲尔的轻描淡写给这幅作品增添了极大的现实主义感和悲痛感。通过捕捉到士兵袭击平民所制造的、极大的恐惧感，布勒哲尔找到了一种展现古老基督故事的新方法。

在16世纪的意大利，艺术危机则更为复杂。欣赏着提香（约1477—1576）华丽的作品，一个人可能会认为，那时根本就没有什么危机。70年来，这位威尼斯大师在他宽大的画布上，以文艺复兴鼎盛时期的风格，继续描绘着维纳斯和童贞玛利亚，而其他的艺术家却背叛了道德和审美张力。1527年，查理五世的士兵洗劫了罗马，即使没有影响到威尼斯，却也结束了罗马文艺复兴的鼎盛时期。教皇暂时性地停止了对艺术家和建筑师的资助。16世纪中期，在主张改革的教皇的统治下，罗马形成了节俭和反人道主义的氛围。西斯廷教堂（Sistine Chapel）的壁画《最后的审判》（*Last Judgment*）是米开朗琪罗的作品，而壁画中赤身裸体的人物激怒了教皇庇护四世（Pius Ⅳ，1559年至1565年在位）。于是，教皇令人用缠腰带作画，然后把壁画遮挡起来。尽管如此，这座教堂很快就恢复了其往日的辉煌。1563年，特伦托会议做出结论，宗教意象有助于使信徒更加虔诚。圣依纳爵·罗耀拉重申了他关于教会信仰的主张，礼拜要求基督徒全身心地投入。他还专门撰写了《神操》（*Spiritual Exercises*），指导读者如何利用所有的感官，来获得一种生

布勒哲尔的作品《对无辜者的屠杀》（*Massacre of the Innocents*）。该作品现存于维也纳艺术史博物馆（Kunsthistorisches Museum）。

动的、个人的精神体验。渐渐地，教皇重新开启了建筑计划。在16世纪晚期、17世纪初期，圣彼得大教堂修建完工，耗资巨大。与此同时，整个罗马城也进行了修缮，焕然一新。等到天主教改革运动全面开始的时候，艺术家和建筑师们就开始享受到了教会前所未有的惠顾。

16世纪的意大利艺术家寻求一种适合于天主教精神复兴的新风格。16世纪30年代，米开朗琪罗·波纳罗蒂（Michelangelo Buonarroti，1475—1564）改变了整个方法，掀起了一场反对文艺复兴标准和价值观的变革。他在西斯廷教堂的两幅著名壁画，表明了其宗教艺术的概念发生了改变。屋顶的壁画图案来自《创世记》（*Genesis*），约绘制于1510年。尽管其规模宏大，却保留了古典希腊雕塑的比例、和谐与克制。然而，约绘制于16世纪30年代，在罗马惨遭洗劫后的壁画《最后的审判》，则充满了暴力和扭曲，刻意违背了所有的经典教会法规。当然，肯定没有哪位伟大的艺术家能够以创作《创造亚当》（*The Creation of Adam*）时的愉悦心情，来对待世界末日一样的主题。但只是几年的时间，即使是在创作相同的题材时，米开朗琪罗的风格变化也非常大。在圣彼得大教堂，米开朗琪罗首次尝试雕刻一座耶稣升天的雕像——《圣母怜子雕像》（1499）时，他通过手工艺术手法，完成了一座令人难以置信的、浑然天成的作品。他希望传递出一种双重视觉景象，一方面，圣母因耶稣基督被钉死在十字架上，而感到悲恸欲绝；另一方面，年轻的圣母玛利亚将还是婴儿的耶稣搂在自己怀里。于是，为了使耶稣能够优雅地躺在圣母的怀里，他给玛利亚塑造了一副年轻的脸庞，同时缩小了耶稣基督的体形。由于雕塑者对文艺复兴风格的精通——人体的完美解析及和谐的人物造型，我们感到这件人工作品是如此的逼真。在米开朗琪罗上了年纪以后，他以反古典主义的风格重新回到了这一题材上来。在佛罗伦萨大教堂，他的作品《基督落架图》（*Descent from the Cross*）虽未加润色，但耶稣基督被残害的身体，无疑是三个哀悼者抬不动的。米开朗琪罗加长和放大了基督的四肢，置传统的比例和尺寸于不顾，为的就是凸显耶稣自我牺牲的重量感。

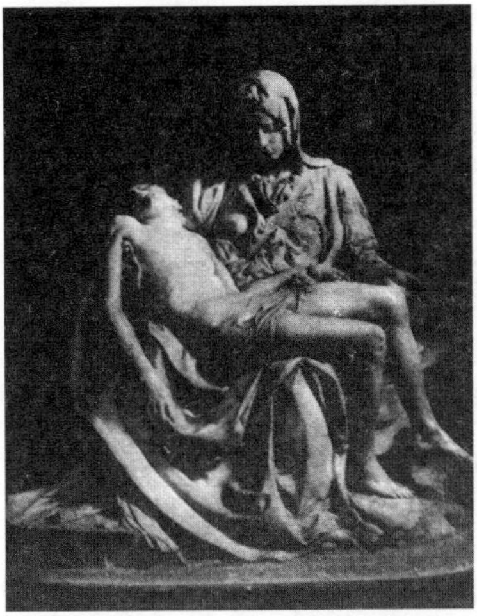

左边的《圣母怜子像》，是米开朗琪罗于1499年在罗马的圣彼得大教堂雕刻而成的。右边的《基督落架图》，是他于1555年在佛罗伦萨大教堂所作。

米开朗琪罗后期的绘画和雕塑，招来了很多的模仿者。这些模仿者被称为“风格主义”（Mannerist），因为他们惯于以米开朗琪罗的风格进行创作。如果一个人不是有米开朗琪罗那样的才华，模仿他是十分危险的。“风格主义”艺术家通常人为地操纵古典元素来实现反古典的效果。在 16 世纪晚期的意大利教会和宫殿，为了避免落入文艺复兴时期的俗套，圆柱、拱门、楣构，以及希腊－罗马建筑设计的三角饰，都不合常规地采用了并列结构。“风格主义”的画家用复杂的寓言画面来装饰墙壁和屋顶。今天，大多数的艺术和建筑说得好听些是看起来幼稚乏味，说得难听点，则是低级粗俗，绝不适合天主教的复兴。然而，有两位“风格主义”的画家，他们创造的宗教艺术作品，非常具有卓越性和原创性。一位是威尼斯的丁托列托（Tintoretto，1518—1594），另一位是西班牙托莱多的格列柯（El Greco，约 1548—1614）。

据说，丁托列托将自己的座右铭贴到了他工作室的门上：“米开朗琪罗的素描和提香的着色。”无论丁托列托最初的着色是什么样的，通常他的画布不如提香一般丰富多彩，但其作品的能量和大胆仍十分令人着迷。丁托列托对提香的异教主题作品没有兴趣，他青睐的是新教徒憎恶的宗教主题——圣人、奇迹及圣母像。丁托列托是位多产的艺术家，在模仿米开朗琪罗《最后的审判》时，他绘制了大量的巨型全景图。最为宏伟的，要属那张位于威尼斯公爵宫（Ducal Palace）的、70 英尺的《天堂》（*Paradise*）壁画。在这幅作品中，大约有 500 个人物聚集在圣母玛利亚和耶稣基督周围。在加利福尼亚的森林草坪公墓（Forest Lawn Cemetery）出现一幅更大的油画前，长达几个世纪以来，威尼斯人一直吹嘘，他们拥有世界上最大的油画。即使是丁托列托的一些小型画作，也同样是引人注目的。他的《对无辜者的屠杀》有如同雪崩一样的效果，与布勒哲尔的作品恰恰相反。他在歪歪斜斜的桌子上面，描绘《最后的晚餐》（*Last Super*）。画中的信徒们，像醉酒的蠢人一样懒洋洋地躺卧着，彼此冲撞着。他还可以描绘其他的世俗画面。在华盛顿的国家美术馆里，有一幅美丽的丁托列托作品。在这幅作品中，耶稣基督行走在水上，步态虚幻而庄严。神秘的光芒和微妙的韵律，使奇迹在我们眼前重现。

比起丁托列托，格列柯是一位更为独特的艺术家。给他贴上“风格主义”的标签，可能也是不准确的。他的真名叫作多米尼科·狄奥托科普洛斯（Domenico Theotocopoulos）。因为他来自希腊的克里特岛，所以被人们称为是“希腊人”。在于16世纪70年代来到西班牙之前，他一直在威尼斯和罗马当学徒。他想成为一名宫廷画师，但腓力二世并不欣赏这位异国画师的作品。因为他的作品与16世纪西班牙画家平淡无奇和衍生的风格完全不同。所以，格列柯只好在托莱多安顿下来，从事着繁忙而无奇的教堂画师工作。由于他被认为是当时最为“前卫”的画师，所以我们有必要在这里强调，他神秘而虔诚的秉性，与16世纪的世界完全合拍，与唐·吉诃德式的西班牙十分契合。他从丁托列托、提香以及米开朗琪罗身上学到了很多东西，但一直以来，他都是一位独立的艺术家。拥有拜占庭祖先的他，能够从一个局外人的位置，观察整个古典文艺复兴时期的传统。他从不必为了规避文艺复兴风格的、自然主义的陈词滥调，而伤神费力地拼命挣扎。在他的笔下，徘徊于天地间的、瘦长的、憔悴的、无性别特征的二维人物，丝毫没有任何不自然的痕迹。

格列柯把他的画作《奥尔加斯伯爵的葬礼》（*The Burial of the Count of Orgaz*）称为是“我的卓越作品”，这幅杰作确实成了他宗教风格作品的精粹。该作品是为了纪念当地的一个奇迹：虔诚的奥尔加斯伯爵在托莱多去世的时候，圣斯蒂芬（St. Stephen）和圣奥古斯丁（St. Augustine）从天而降，轻轻地将他放入了墓中。一个小男孩，形象来自格列柯的儿子，将这个奇迹展现给世人。右边凝视的牧师将我们的注意力转移到逝者的灵魂上，他的灵魂正被一位天使带到耶稣基督的身边去。通过巧妙地利用色彩、体姿及面部线条，画师小心翼翼地呈现出三个层级的现实：墓中的逝者，活着的哀悼者和上天的圣灵。在如此拥挤的画面中，传递出一种崇高向上的精神，真是十分了不起。格列柯的沉默力量，使我们感受不到任何虚情假意的多愁善感和耸人听闻的闹剧色彩。他的画在耶稣基督、圣人及世人之前，传递出一种爱的精神。这种精神，也正是天主教艺术的精髓。

在我们看来，格列柯的画作是如此的美丽，但对于同时代的天主教品位而言，它的力道却是远远不够的。世纪之交之际，罗马的米开朗琪罗·达·卡拉瓦乔（Michelangelo da Caravaggio，约 1565—1609）创造出一种现实和世俗的方法，与格列柯的创作方法截然相反。卡拉瓦乔强烈反对“风格主义”画派的矫揉造作。在他的画中，托马斯（Thomas）被描绘成了一位秃头和满脸皱纹的农夫，他用手指猛戳耶稣基督的伤口，这幅作品令世人震惊。他将圣母玛利亚升天的地方，描绘成了一间肮脏的农舍，在她僵硬的尸体周围，是一群乡野村夫。卡拉瓦乔是一位才华出众的画师，他的作品率直而粗鄙。如果说格列柯无法满足 17 世纪的鉴赏力，那么卡拉瓦乔则太过于平民化了。支付最多酬金的艺术赞助者，特别是那些诸侯和教士，对庄严和粗鄙都有需求。他们需要的是巴洛克——一种华丽的新风

格列柯的画作《奥尔加斯伯爵的葬礼》。现存于托莱多的圣多美教堂（Church of San Tome）。

格，由像鲁本斯、范戴克（Van Dyck）、委拉斯贵兹（Velazquez）一样的17世纪画家，以及像贝尔尼尼一样的建筑师创造出来的。

巴洛克

巴洛克是一种非常难以定义的概念。17世纪的巴洛克艺术和建筑，通常冠以庄严、矫饰、活力，以及直接的情感感染力等特征。尽管我们知道，这些特征在一部分巴洛克作品中，体现得更为明显。在16世纪的“风格主义”和17世纪的巴洛克之间，并没有清晰的差别。尽管巴洛克的艺术家们乐于持开放的眼光，不如丁托列托和格列柯那样生硬，但两种风格都属于反古典主义。巴洛克风格的仰慕者，倾向于将1550年至1750年间欧洲社会的所有积极特色，都贴上巴洛克的标签。他们说的不止是巴洛克艺术、音乐和文学，还有巴洛克思想和政治。[1]在17世纪艺术和音乐的巴洛克风格方面，是很难找出二者之间关系的。在音乐方面，最为明显的巴洛克表象是歌剧的发展。像意大利的蒙特威尔第（Monteverdi）、法国的吕利（Lully）、英格兰的珀塞尔（Purcell）等17世纪的作曲家，弘扬了这种新的世俗娱乐形式。歌剧将音乐、表演、舞蹈及盛装游行等结合起来，立即在整个欧洲的宫廷中盛极一时。17世纪的教会音乐也是一样，出现了新的辉煌和戏剧化成分，这一点在舒茨（Schutz）和胡德（Buxtehude）的对位合唱和管风琴作品中尤为明显。巴洛克风格在音乐方面达到鼎盛时期，要比在艺术方面晚得多。17世纪末期，科雷利（Corelli）和维瓦尔第（Vivaldi）创造了协奏曲；18世纪，斯卡拉蒂（Scarlatti）创作了他的大键琴奏鸣曲；另外两位最伟大的巴洛克大师巴赫（Bach）和亨德尔（Handel）的大多数作品也创作于1715年以后。

我们关注的是巴洛克的艺术和建筑。由于巴洛克的艺术家们懂得如何去通过庆祝上流社会生活的排场和奢靡来讨好有钱的赞助者，这种17世纪的新风格，比文艺复兴艺术的阶级意识更为强烈。相比于中产阶级和小农阶级，这种新风格对国王和贵族更有吸引力。在资本主义的荷兰，像伦勃朗、哈尔斯（Hals）、维米尔（Vermeer）一样的画家，对于宏大的排场没有什么好感。而在哈布斯堡王朝的领土上，在意大利、西班牙、比利时、奥地利和波希米亚，巴洛克风格生机勃勃地发展壮大着。哈布斯堡王朝信仰天主教，因此天主教徒比新教徒更加青睐巴洛克风格。还有什么能够比17世纪华丽而张扬的巴洛克教堂装饰非同寻常的华丽绘画和雕塑，更能展现天主教活力的焕然一新？罗马主要的耶稣会教堂——格苏大教堂，有着16世纪“风格主义”的外表和17世纪巴洛克风格的内在。其巴洛克装饰的豪华程度，难以用语言形容。在拱形天花板的壁画上，描绘着一群欣喜若狂的崇拜者，朝着耶稣的方向蜂拥而来。圣依纳爵的墓地，镶嵌着青金石和青铜，装饰得令人眼花缭乱。它令人感到的不是悲痛，而是得意。两边的雕像群，展示着宗教对异端邪说的践踏，以及野蛮人对信仰的崇拜。巴洛克的罗马，不再使人联想起异教徒的古典主义，而是表达了改革后天主教的力量和生机。不幸的是，自从18世纪以后，这种生机勃勃的风格，慢慢地退化成一种媚俗的方式，污染了大多数的宗教艺术，包括新教和天主教。

彼得·保罗·鲁本斯（Peter Paul Rubens，1577—1640）是第一位完全的巴洛克艺术家。他是一位意大利培养出来的佛兰德斯人。在安特卫普，他建立了一个异常成功的工作室。他轻松欢快、华丽绚烂的图画，充满了体态丰盈的、沐浴在色彩中的人物，深受爱好布勒哲尔细腻农村画风格的人们的喜爱。鲁本斯是一位艺术界的企业家，他经营着一家画厂，培养了全套的助手来帮助他完成创作。其中每一位助手都是绘画肖像、动物或背景方面的专家。鲁本

罗马格苏大教堂顶部的壁画《耶稣之名的胜利》（*Triumph of the Name of Jesus*）。请注意，将壁画与镀金的灰泥和雕像相结合的巴洛克设计，形成一种强有力的组合。

斯本人则为每幅画添上收尾之笔，通常也仅此而已。举个例子，如果他给一位潜在的客户送去24幅作品，其中只有5幅是完全属于他的作品。他可能会说："《被束缚在高加索山脉上的普罗米修斯》（*Prometheus Enchained on Mount Caucases*），画中的一只鹰正在吞食他的肝脏。这是出自我手的原创作品，这只鹰是斯奈德斯（Snyders）画的，卖500弗罗林。《十字架上的耶稣》（*Christ on the Cross*），真人大小，差不多是我最好的作品，值500弗罗林币。《最后的审判》，之前我为纽伯格王子（Prince of Neuberg）创作了一幅比这张要大很多的该幅作品，为此，他支付了我3500弗罗林币的现金。这张是我的一个学生着手创作的，由于它还是半成品，后面的部分会由我本人来完成，所以它也算得上是我的原作，值1200弗罗林币。"[2] 鲁本斯的批量生产技术，特别适合于英雄类壁画的创作，因为就壁画而言，他想象力丰富的设计，比细节要重要得多。此外，他的装饰天赋，也受到了欧洲各国国王的大加赞赏。法国的玛丽·德·美第奇和路易十三、英格兰的查理一世、西班牙的腓力四世，都曾聘用鲁本斯为王宫设计壁画和挂毯。当他在各个王宫间穿梭的时候，他还担任哈布斯堡王朝的外交代表。他是一名狂热的天主教徒，他近半数的作品都是以宗教为主题的。他常常宣扬天主教改革，正如他在圣依纳爵面前帮助病人驱赶魔灵时所做的。他的宗教题材作品，总是欢天喜地、栩栩如生，他最喜爱的一个题材，是《贤士来拜》（*The Adoration of the Magi*）。鲁本斯总是一成不变地将一群人聚集在马槽周围，从而使马厩看起来十分繁忙和拥挤。但所有这些喧嚣，都是那么的自然、愉悦和友爱，以至于观看者都融入对耶稣基督的崇拜中去。

另外两位主要的巴洛克画师，分别是范戴克和委拉斯贵兹。他们主要是宫廷的肖像画家，比起鲁本斯来，他们的宗教作品要少得多。即使是在天主教国家，他们也例证了 17 世纪艺术不断世俗化的特点。安东尼 · 范戴克（Anthony Van Dyck，1599—1641）是佛兰德斯人，在从事自己的画像生意之前，他在鲁本斯的工作室工作过几年。在优雅和奉承的风格方面，很少有人能够超越范戴克。给贵族画像时，他能赋予他们一种悠然自得的傲气，以及与他们华丽衣着相符的气定神闲。和鲁本斯一样，他是一位多产的艺术家。在英格兰生活的 10 年时间，他和助手们创作了 350 幅肖像作品，其中包括 38 幅查理一世的肖像。与范戴克同时期的西班牙同行迭哥 · 德 · 席尔瓦 · 委拉斯贵兹（Diego Rodriguez Velazquez，1599—1660），更是有过之而无不及。实际上，委拉斯贵兹是西方绘画艺术的巨头之一。在长达 37 年的时间里，他一直担任腓力四世的宫廷画师。他的天赋令那些于 17 世纪中期统治西班牙的平庸统治者们名留青史。他的腓力四世画像比范戴克给查理一世画的迷人肖像更为真实，但在魅力方面，却是不相上下。他设法将国王的威严和他个人的虚弱同时传递出来。

无论是国王还是宫廷小丑或侏儒，委拉斯贵兹在给他们画像时，都秉承着客观和真实的原则。他的教皇英诺森十世肖像，就表现出了他的真实和直接。这幅作品乍一看，好像是一幅讽刺画：这样一

鲁本斯的作品《贤士来拜》。图中巴洛克风格的设计，包括围观者扭曲的姿态——表明他们处于快乐和惊喜之中，和富有异国情调的骆驼，几乎抢了新生耶稣的风头。该作品现存于安特卫普的皇家博物馆。

个冷酷无情的人，是怎么装扮成一位教皇的呢？但我们对这幅画观察的时间越长，越会对英诺森审视的目光和蕴藏的能量发出钦佩之情。委拉斯贵兹是一位卓越的技工。在这幅画中，每一笔在明暗之间使教皇的袍子纹理分明，身上的肌肉轮廓清晰，栩栩如生。尽管委拉斯贵兹在色彩的使用和人物的着装上独具慧眼，但他仍然保持着简单、庄重和单一的风格。即使是他最具戏剧性的作品《布列达的投降》(*Surrender of Breda*)，也与文艺复兴鼎盛时期的作品一样庄重和内敛，完全没有格列柯强烈的张力和鲁本斯英雄般的簇拥。然而，他却表现出了两个重要的巴洛克特征：聚焦于王宫庭院，以及从情感上摒弃文艺复兴时期的理想主义。他是一名不折不扣的现实主义者，如实地，而不是理想化地将生活通过艺术作品反映出来。这种与古典理想美的分离，使他无法成为一名出色的宗教画师。他没有关于圣母玛利亚和耶稣的经典之作，也缺少拉斐尔和荷尔拜因追求人体之美的文艺复兴情怀。在这方面，他和范戴克存在一样的问题。两位艺术家笔下的圣母和耶稣虽略带忧郁，却虔诚而俊美，只是与他们在宫廷所作的真人肖像相比，显得缺少了点神韵。

在巴洛克的雕像和建筑方面，中心人物是吉安·洛伦索·贝尔尼尼（Gian Lorenzo Bernini，1598—1680）。身为那不勒斯人的他，大半生的事业都是在罗马完成的，曾先后为五位教皇设计建筑和装饰。在17世纪的艺术家之中，包括鲁本斯在内，也没有人能如此全面地将巴洛克精神体现出来。贝尔尼尼在吸引人们的注意力方面是个天才。相比于“风格主义”前辈们，他对古典主义建筑形式的处理更为自由。他设计建筑的外观、柱廊及楼梯，看起来像是舞台的道具。他雕刻了一座狂怒的大卫正在向歌利亚（Goliath）投掷石块的雕像。与米开朗琪罗那高贵的大卫相比，贝尔尼尼的大卫赤身裸体，威武而庄重，同时看起来还有一点儿滑稽。最初的时候，贝尔尼尼是一名教堂建筑师和装饰师，等到他成为教皇御用的建筑师之时，圣彼得大教堂已基本完工。但是他在宽广的教堂广场上添加了两个半圆形柱廊，此举可谓是神来之笔。这些相同的圆柱将参加礼拜的人吸引到了圣彼得大教堂，同时又将他们的注意力从教堂厚

委拉斯贵兹的作品《教皇英诺森十世肖像》。该作品现存于罗马的多里亚美术馆（Galleria Doria）。

重的顶部移开。在教堂内部米开朗琪罗设计的巨大穹顶下，贝尔尼尼竖起了一个青铜华盖，它由四根螺旋形铜柱支撑，足有八层楼房那么高。贝尔尼尼重视感官，因为他相信，教堂是一个以实物展示神圣奥秘的舞台。在一座罗马的教堂中，他敢于将《圣特雷萨的沉迷》呈现出来。在祭坛之上空的云端，靠着被一支代表上天之爱的火箭刺穿心脏而无法自拔的圣特蕾萨。她的脸，洋溢着充满幸福的痛苦，呈现出欣喜若狂的表情。一名微笑着的六翼天使位于她的上空，手里持着箭。此时，光亮的铜杆呈瀑布般落下，出现在场景中。

能够将一个传说实物化到如此地步，实属罕见。17 世纪的其他罗马建筑师、雕刻家和画师，相继追随了贝尔尼尼的脚步。这座教皇之城，变成了圆顶教堂，圆柱门脸，炫目的喷泉、纪念碑和墓碑，以及直冲天空的穹顶壁画组成的世界，好像要将人间变成天堂一般。

17 世纪后半叶，游历的意大利建筑师将巴洛克建筑风格带入了欧洲中部和西班牙。在德意志、奥地利和波希米亚，大半个世纪以来，持续不断的战火破坏了主要建筑工程的开展。直到 1648 年以后，巴洛克风格的建筑才开始在波希米亚出现；直到 17 世纪 80 年代，土耳其人被赶出了多瑙河河谷以后，巴洛克风格才得以在奥地利兴起。在西班牙，由于当地的建筑师已习惯于腓力二世简朴的埃斯科里亚尔风格，起初，他们是抵制这种新的意大利风格的。而巴洛克风格的建筑一旦立足，就在奥地利和西班牙兴盛不衰，直至 18 世纪 30 年代。在奥地利和西班牙，巴洛克建筑将当地的风俗与意大利的风格结合起来，形成了其自己独特的个性。在奥地利，巴洛克风格的教堂具有洋葱头式尖塔，以及罗马穹顶的特色。在西班牙，巴洛克教堂展现出的外观和祭坛的装饰，与贝尔尼尼的相似处很少。无论是在欧洲中部，还是在西班牙，相比于意大利的巴洛克，这里的新建筑风格虽然略欠老到，但却更加别出心裁。由于德意志人、斯拉夫人、西班牙人从未真正地将意大利文艺复兴时期的古典建筑风格吸收进来，所以他们能够更加得心应手地操控和增强装饰的效果，而不像贝尔尼尼，对过去的建筑传统有着强烈的叛逆感。

第一个著名的奥地利巴洛克建筑师是菲舍尔 · 冯 · 埃尔拉赫

贝尔尼尼的雕像作品《圣特雷萨的沉迷》，现存于罗马的圣马利亚·德拉·维多利亚教堂。

（Fischer von Erlach，1656—1723）。他曾在意大利学习，深受贝尔尼尼的影响。他的主要客户，是那些想要建设新宫殿的王公贵族。为了展现必要的排场，立下豪言壮语，菲舍尔设计出了欧洲中部巴洛克风格的特征：规模宏大的楼梯，不是有传统的柱子支撑，而是由肌肉发达的阿特拉斯的双肩扛起。他还设计建设教堂。在像波希米亚一样新近皈依新教的地区，建设了很多巴洛克风格的教堂和修道院。举个例子，在布拉格—— 一座拥有众多巴洛克建筑的城市，圣尼古拉（St. Niklas）耶稣会教堂的中殿，弯曲而规律的墙壁和穹顶，形成了一种呈波浪形起伏的非凡效果。西班牙的巴洛克建筑主要是基督教会，以西班牙最为著名的巴洛克建筑师荷西·丘里格拉（Jose Churriguera）命名，被称为“西班牙的巴洛克建筑”（churrigueresque）。他设计的教堂中外观呈回旋状的雕塑，以及祭坛上的大量镀金装饰，产生了强有力的震撼感。这种风格甚至传到了西属美洲。在17世纪80年代，遥远的墨西哥城市普埃布拉（Puebla）拥有36座圆顶教堂，包括宏大的、西班牙巴洛克风格的圣多明哥教堂（Church of Santo Domingo）。

法国、英国和尼德兰的艺术

巴洛克精神并非风靡全球。在法国，波旁的专制王朝偏好规模宏大、壮丽雄伟和彰显实力的艺术风格，但尽管如此，法国人没有接受巴洛克风格。他们抓住遭到巴洛克艺术家们反对的古典价值观和标准不放，认为鲁本斯的画作和贝尔尼尼的建筑太过浮华和浓烈，缺乏庄重感。17世纪的法国画家、雕刻家和建筑师注重清晰、简洁和设计的和谐。法国的古典主义，更像是文艺复兴鼎盛时期风格的一种生硬的版本。17世纪法国最著名的两位画家——尼古拉斯·普桑（Nicolas Poussin，1594—1665）和克劳德·洛兰（Claude Lorrain，1600—1682），其成就是在罗马取得的，他们希望重新捕捉到古罗马人的审美和道德价值。普桑擅长描绘古典神话中的场景，赞美古代共和国的庄严和帝国的宏伟。与丁托列托、卡拉瓦乔及鲁本斯的绘画作品相比，他的画作看起来平静、安详、朴素。相比于普桑，克劳德·洛兰的风格更为温暖。尽管如此，他也离热闹和喧嚣差得很远。他梦想中的罗马乡野风景，使得古罗马诗人维吉尔（Virgil）为此作了一首田园诗。所有这些，都与贝尔尼尼的艺术有着很大的差别。

在贝尔尼尼于 1665 年访问巴黎的时候，路易十四拒绝了他重建卢浮宫的计划。模仿一种与教皇国和哈布斯堡王朝如此相似的风格，令这位“太阳王”实在无法容忍。于是，他决定采用一种稳重和宏大的卢浮宫设计方案。他位于凡尔赛的宏大宫殿从规模上看，属于巴洛克风格，但从外形上看，却是另一种风格。它有节制的外观，没有半点儿浮华。花园中的喷泉和雕像，是路易风格严谨的宫廷盛况背景。和政治一样，在艺术方面，路易注重秩序。深受他喜爱的画家夏尔·勒布伦（Charles Le Brun，1619—1690），制定了创作、比例和画法的规则，以期其他的宫廷画家予以遵守。为了实现一种温和的宏伟感，勒布伦在凡尔赛宫组织了一支建筑师和装饰师团队。自此以后，这里就成了大多数宫廷建筑的范本，这支团队的成员压抑了自己的个性。

在欧洲北部的新教国家，巴洛克风格的影响相对较为表浅。特别是在英国和尼德兰，它们的资产阶级过于强大，以至于无法欣赏巴洛克式的世俗艺术盛况；它们在道德上强调严谨和禁欲，以至于无法欣赏巴洛克宗教艺术卓越的戏剧化风格。在 17 世纪的英格兰，斯图亚特王朝对鲁本斯、范戴克及其他一些不知名的社会肖像画家进行了资助。如果斯图亚特王朝国库充盈，那么查理一世和查理二世可能会修建巴洛克风格的宫殿。然而，17 世纪，英国最伟大的本土艺术家克里斯托弗·雷恩爵士（Sir Christopher Wren，1632—1723），在塑造自己高雅的古典艺术风格时，借鉴了文艺复兴鼎盛时期和法国古典主义风格，而不是巴洛克风格。雷恩是一名非常保守的英国人，他唯一一次海外旅行的目的地是巴黎。出人意料地，他成了17世纪欧洲最为多产的教堂建筑师。1666年，一次灾难性的大火吞噬了伦敦的80所中世纪的教堂，包括圣保罗大教堂（St. Paul's Cathedral）。于是雷恩受命重建这所教堂以及其他51所教区教堂。与贝尔尼尼的教皇国建筑相反，雷恩设计建造的教堂是与之对应的清教版本。弯曲狭窄的伦敦街道，无法为远景、柱廊和宏伟的外观提供设计空间。因此，雷恩不得不在拥挤的商业地带建设自己的教堂。在一排排紧密的商店门脸之间，他设法安插了教堂的大门。他十分聪明地把外观的重点放在了高耸而新奇的尖塔上，使得每一座尖塔都各具特色。这些尖塔奇妙地将哥特式尖顶的垂直度与巴洛克圆屋顶的古典装饰结合了起来。为了节省资金，在进行教堂内部建设的时候，他采用了刷上灰泥的砖块，而不是石头。他并不是清教徒，但是他设计建造的英国国教教堂，并不像神殿，而是像会议大厅。它们的装饰和设计十分保守，为的就是让做礼拜的会众能够看到布道台，听到布道者的训诫。与那些教区教堂相比，重建的圣保罗大教堂更加雄伟和辉煌；然而，与罗马的圣彼得大教堂相比，雷恩的教堂则显得含蓄和低调。在设计圣保罗大教堂的时候，虽然雷恩不光彩地窃取了其他建筑师的设计成果，但他将原始的创作效果完全地展现了出来。这座教堂一个最伟大的装饰，就是它的中央圆顶。该圆顶是雷恩古典精神的体现，它浮在伦敦的上空，朴素而庄严。

相比于英国人，尼德兰人对待巴洛克精神的态度则更为冷淡。如同在商界一样，在艺术界，他们对浮夸和奢侈持怀疑态度，相反更加注重常识和纪律。然而，他们并非不懂艺术之人，17 世纪是尼德兰绘画的黄金时代。每一位有尊严的市民都会拥有一张自己的自画像；每一个酒吧和济贫院都会有一张群体的肖像画；人们对艺术的需求是如此强烈，以至于街头的小贩都会叫卖风景画、海景画和风俗画。尼德兰画家并不会去意大利寻找灵感，或进行学习。像布勒哲尔和其他一些早期的尼德兰艺术家一样，他们认为在生活的简单细节中，就可以发现美和意义。他们的艺术既反对古典主义，又反对巴洛克风格，因为他们既不会将他们的资本主义社会理想化，也不会将它戏剧化和夸张化。他们的主要题材具有明显的世俗性。举个例子，在 17 世纪，三位最出色的尼德兰画家——弗兰斯 · 哈尔斯（Frans Hals，约 1580—1666）、彼得 · 德 · 霍赫（Pieter de Hooch，约 1629—1638）和扬 · 维米尔（Jan Vermeer，约 1632—1675），他们从未涉足过宗教作品！

弗兰斯 · 哈尔斯是一名欢快的肖像画家。利用自己疾驰而过的画笔，他创作了一画廊的、缺乏艺术欣赏力的中产阶级市民画像，有的甚至是捕捉到了他们大笑的画面。哈尔斯率真的作品，站在了范戴克贵族社会肖像的对立面。彼得 · 德 · 霍赫的题材，主要是安静的室内和庭院的画面。他并没有哈尔斯令人物栩栩如生的天

位于伦敦的圣布莱德教堂(St. Bride's Church)的尖塔，由雷恩设计建造。

赋，但他认真讲究的风格，为他所居住并钟爱的一尘不染的房间、瓷砖地板及砖墙增添了魅力。扬·维米尔现在被认为是比哈尔斯和德·霍赫更为全面的艺术家。尽管在他当时所处的时代，他的作品并没有得到欣赏。扬维米尔只有几幅关于琐碎场景的小型画作，但通过这些画作，他创造了一个拥有永恒之美的世界。至于扬·维米尔在工作室中的画像，当然没有什么吸引人之处，因为这位画架旁的艺术家可能就是他自己。但由于他背朝着我们，我们看到的是工作室中一堆杂乱的物品。他的技艺是如此的完美，以至于桌上的石膏会被认为是米开朗琪罗的“布鲁特斯”(Brutus)。低地国家墙上精致的地图，可以精确到最小的细节。在 17 世纪的欧洲，尼德兰人是最好的制图师。但是，创作时扬 · 维米尔不仅是一名摄影师，他还将工作室的场景描绘得清澈纯净，好像是想告诉世人，生命中最普通的东西也有它们的美和意义。

在所有尼德兰艺术家中，最伟大的非伦勃朗 · 凡 · 莱因（Rembrandt van Rijn，1606—1669）莫属。在事业起步之初，他可谓是尼德兰的鲁本斯。30 岁之前，他已经在阿姆斯特丹开办了一家时髦的工作室，通过自己丰富的巴洛克式配色方案——深褐色和深红色，辅之以粗线条的金色，形成光彩耀眼的效果，创作了大量的肖像画和夸张的场景。和鲁本斯一样，他是一位多产的画师。他流传下来的作品，有超过 600 幅油画，以及将近 2000 幅蚀刻画和制图。但是伦勃朗变得越来越不愿意迎合公众的口味。在他技巧日益精湛的同时，他不再像以往那么受到大众的欢迎。他的标志性杰作《夜巡》（*Night Watch*），描述的是阿姆斯特丹的民兵正在巡逻。这幅画让委托其制作的民兵组织不满意，因为在画中，他们大多数被昏暗的灯光、倾斜的矛头和向前冲刺的身影，衬托得面目模糊。从年轻时的成功到年边时的破产，这位骄傲的艺术家的悲剧性陨落，可以从他一系列的自画像中看出来。他从未离开过尼德兰，是一位沉默寡言的艺术家。他将尼德兰、意大利文艺复兴和巴洛克艺术的元素，都融入了自己无与伦比的风格之中。和其他 17 世纪的尼德兰画家一样，他是一名现实主义者，擅长观察普通人的喜悦和悲伤。即使是他早期的巴洛克风格的作品，也一点都不浮夸。随着年龄的不断增

扬·维米尔的油画作品《画室》（*The Painter in His Studio*）。现存于维也纳的孔斯特历史博物馆（Kunsthistorisches Museum）。

长，他的作品也越来越表现出自省的意识。他是一名虔诚的门诺派（Mennonite）教徒，尽管新教徒对宗教作品持厌恶态度，但他近半数的绘画作品、蚀刻版画及制图作品，表达的都是《圣经》的故事。因此，伦勃朗是17世纪唯一一位伟大的新教宗教画家。

在伦勃朗的宗教艺术作品中，他选择的《圣经》题材，使他能够站在新教的角度上，将个人与神的关系表达出来。他年轻的时候，回避了那些像“创世记”“洪灾”“屠杀无辜者”，以及“最后的审判”等历史性的场景，偏爱“参孙的致盲”等外在的戏剧性题材。但在晚年时候，他倾向于描绘人类内在的堕落和磨难。和莎士比亚一样，他尝试从每一个参与者的视角来想象一个场景。他最为形神兼具的肖像作品，描绘的是他在阿姆斯特丹的犹太邻居，他将这些男子和女子描绘进了《圣经》故事的图画中。他对基督生命和热情的想象，不仅仅来自《福音书》(*Gospel*)的记载，更来自基督的、犹太批评家的视角。这就从一个新的维度，给宗教艺术增添了人类的悲剧感。在他的私人文件中，藏有数百幅《福音书》场景的草图。比如说，其中有一张祭司长派人去抓捕耶稣的场景。通过该作品，他以极简的形式展现了自己的天赋。只需寥寥数笔，表达出的东西却比大片画布表现出来的还要多。他能捕捉到对抗的戏剧性效果：一群愤怒的人涌向顺从的耶稣基督，而耶稣基督身上散发出来的光辉，使他们惊慌失措。伦勃朗宗教艺术一个更为全面的表现，是他创作的最后一幅作品《浪子回头》(*Return of the Prodigal Son*)。这幅极简的画作，违背了创作、着色、画法及比例等所有的古典主义原则，完全不符合文艺复兴时期关于人的尊严和自力更生的概念，也同样不符合浮夸风格的巴洛克风貌。伦勃朗将注意力放在年迈父亲的同情和宽恕，以及衣衫褴褛的儿子的忏悔方面。他笔下的人物表面一本正经，岿然不动，却使我们的内心深受感动。对那些疲倦和忏悔的人，上帝持有仁爱和慈悲之心。毫无疑问，这是年迈的画家本人心中对上帝慈爱的最后一次描绘。

伦勃朗是第一位，也是最后一位伟大的新教画家。而在天主教改革时期，出色的天主教画家可是要多得多。丁托列托、格列柯、鲁本斯和贝尔尼尼，只是其中的几位佼佼者。然而，巴洛克时代的作品，却是天主教和宗教艺术的绝唱。自1700年开始，从广义上说，具有创造力的艺术家和建筑师开始追逐世俗的目标。脱离了现代世界审美标准和价值的基督教艺术作品品质，在过去的两个半世纪里，已经低到了令人苦恼的程度。天主教徒和新教徒一样，对于多愁善感的画作和雕像，以及由此而衍生的、毫无创造性的教堂建筑感到满意。自1700年以后，很少有重要的画家、雕刻家或建筑师是属于宗教艺术家的。在1500年之前，也同样少有重要的画家、雕刻家或建筑师是不属于宗教艺术家的。没有什么比这更能直白地展示出16和17世纪现代社会的世俗倾向和欧洲深远的文化变革。

五位哲学作家

1559年至1715年间，是一个道德哲学和政治理论层出不穷的时期。这段时期，一般知识分子对传统权威的反抗，使思想家受到了感召，于是他们提出了关于人性和社会组织等根本性问题。这些问题非常重要，因为16世纪初期，以人为本的道德理念和知识已不再适用。伊拉斯谟和他的人本主义者们，深信人类的理性，认为以古典文学和《福音书》的训诫为根基，人类能够获得所有必要的美德和学问。但是他企图通过将异教和基督教的价值观融合起来，实现欧洲的文明开化与和平稳定的努力，被新教革命彻底摧毁了。皮科·德拉·米兰多拉（Pico della Mirandola）自以为是的“人性高尚论”，被加尔文的“人性堕落论”所颠覆，甚至从某种程度上说，被哥白尼的“日心论”颠覆了。就连马基雅维利对政治行为的理性分析，都由于受到了恶名昭著的、丧失理智的、波及了16世纪整个欧洲的王朝和宗教战争的影响，遭到了人们的质疑。16世纪晚期至17世纪，针对旧有的道德和知识问题，推理思想家和作家创造了各式各样的新方法。但由于在宗教、政治和科学问题上存在着严重的分歧，他们没能达成一致性的结论。直到18世纪，哲学家们才重新构建了知识框架，相当于已被人们摒弃的文艺复兴时期的“以人

伦勃朗的作品《抓捕耶稣》（*The Arrest of Christ*）。该作品现存于斯德哥尔摩的国家博物馆。

伦勃朗的作品《浪子回头》。现存于圣彼得堡的冬宫（Hermitage Leningrad）。

为本”论断。现代早期欧洲的哲学创造性和争议性所形成的混乱局面，以寥寥数篇文字，不可能描述得清楚。我们至多只能将精力集中在5位世界知名的哲学作家——蒙田、帕斯卡、霍布斯、斯宾诺莎和洛克身上，来简析那一时期知识领域的深度和活力。

蒙田

米歇尔·德·蒙田（Michel de Montaign，1533—1592）是一位古典人文主义者。他悲惨地认识到，自己的标准和价值已不再适应16世纪晚期的法国了。他的父亲是佩里戈尔（Perigord），一名富有的乡绅，于是，他接受了伊拉斯谟希望所有富家子弟都能接受的古典教育。在 6 岁以前，他只会讲拉丁语。相比于法国文学，他更钟情于拉丁文学。他曾说：“我不太欣赏现代作家，因为古代作家似乎更具生命力，更处于巅峰时代。”蒙田用了几年时间从事律师和王室大臣的职业。但在法国宗教革命爆发的时候，一时冲动、训练不足的他加入这场残暴的战争之中。1571 年，在战争进行得如火如荼的时候，他毅然退出了公众生活，躲在城堡里，闭门不出。在那里，他将一个塔楼储藏室改装成了书籍成排的书房，开始创作他的随笔，即一系列非正式的、关于自己经历的一些思考。在胡格诺教和天主教的军队侵入他的城堡时，他并没有进行抵抗。但出人意料地，他们都没有对他进行骚扰。胡格诺教和极端天主教的意识形态令蒙田感到厌恶。他感到，他们每一方都想消灭另一方，那是一种卑鄙的、错误的处理复杂社会生活的方式。他写道：“灵魂的伟大之处，并不在于爬得多高，走得多远，而在于自律，使自己融入秩序与规则之中。在我们当中，我总能看到相处得十分融洽、和谐的事物，如高尚的思想和隐秘的行为。”在他看来，胡格诺教和极端天主教的征伐者，是自欺欺人的受害者。“非但没有把自己变成天使，反而把自己变成了禽兽。”蒙田行事小心谨慎，以至于他没有对法国战争中的任何参与者进行点名批判。但他在自己的随笔中，不断地宣扬节制和宽容。他对迫害儿童、仆人及动物的抨击，表明他对圣巴塞洛缪大屠杀中歇斯底里的杀戮感到厌恶。

蒙田不是一位系统的哲学家，但在道德反思方面，鲜有著作比他的《随笔》(*Essays*) 更为深入。他说：“除了抒发自己的情感以外，我没有其他任何目的。”他并没有夸夸其谈，也没有对自己的罪恶进行坦白。他与苏格拉底 (Socrates) 有着共同的信念，即自知之明是有意义的人类实践的出发点；他鼓励读者进行自我反省，他向我们保证说：“没有什么比描述自己更困难和有益了。”他用高雅的机智和迷人的坦诚，来描写自己个性的古怪和复杂。人们很少注意到，这位有教养的绅士过的是一种多么单调的生活。他用具有讽刺意味的怀疑态度对待大多数的话题。他不仅质疑新教和天主教征伐者鼓吹的道德至上论，同时，对所谓“文明”的欧洲人在道德方面比新大陆“原始”的印第安人更为优越表示怀疑。“难道我们不都是同类相残的动物吗？”蒙田这样问道。他是一名彻头彻尾的俗界思想家。他撰写的关于教育、忏悔、死亡、永恒的文章，丝毫不提及基督教的真理。他写作的语调，像一个疲倦的中年人一样，了解自己的局限性，厌恶任何形式的暴力变革，却总是对生活中不可避免的丑恶达成妥协。从本质上说，他所呈现的是温和版的人文主义——由伊拉斯谟在文艺复兴时期所倡导，只是没有了它的积极乐观和基督教的理想主义。

尽管如此，对于自己国家的苦难，蒙田并不完全是一个消极的见证者，他成了政客党派的主要发言人，该党派最终终止了法国的宗教战争。在自己的城堡里，蒙田款待了纳瓦拉的亨利。16 世纪 80 年代，他支持亨利对抗瓦卢瓦和吉斯家族的势力。他没能活着看到亨利实施改宗天主教的权宜之计，也没有看到他颁布的《南特赦令》。但毋庸置疑的是，蒙田也会赞同这些措施，因为这些措施例证了他节制和宽容的哲学思想。

帕斯卡

对布莱士·帕斯卡来说，蒙田所标榜的人文主义，在文化和精神方面都是有所欠缺的。帕斯卡是一位复杂和具有争议性的人物。在短短的一生中，他忍受着剧烈的头痛和其他使人虚弱无力的疾病，这或许可以解释他为什么形成刚韧与柔软兼具的独特个性。帕斯卡将强大的知识力量与人类道德困境的痛苦结合了起来。他的父亲是法国的一位政府官员，对孩子表现出的数学和科学天赋，予以了鼓励。在他还是青少年的时候，帕斯卡就已经发表了一篇关于圆锥曲线的论文，精心地进行了有关气压的各项试验，并发明了一台计算器。在科学革命中，他是一名表现卓越的参与者。1654 年的一个夜晚，他经历了宗教般的狂喜。"火！"他写道，"亚伯拉罕（Abraham）的神、以撒（Isaac）的神、雅各（Jacob）的神，感受欢乐、和平，基督耶稣的神。"如此这般，满满一页的惊叹词，也不足以表达他的狂喜。他短短的一生，是在简朴中度过的。他最著名的《致外省人信札》（*Provincial Lettérs*）和《思想录》（*Pensees*）两本著作，都是为宗教辩护的。

帕斯卡为詹生派所吸引，该派在法国天主教会众中掀起了一项运动，宣扬人性堕落和上帝选民的半加尔文主义信条。他定期到詹生派社区罗亚尔港（Port-Royal）隐居。而在当时，耶稣会指责詹生派为异端邪教，并向法国政府施压，要求关闭罗亚尔港。帕斯卡以《致外省人信札》一系列匿名的小册子予以反击，控诉耶稣会士为了获取权力，不惜采用非道德的伎俩。《致外省人信札》达到了轰动性的讽刺效果，采用了莫里哀的嘲讽风格。为了揭露耶稣会的决疑论，帕斯卡引用（或错引）了各式各样的纵容邪恶行径的耶稣会忏悔手册中的语录。在其中的一封信中，一名耶稣会士得意地向帕斯卡解释有保留地做忏悔的技巧："在我大声说'我发誓'没有做过这件事之后，低声加上一个'今天'；或者在大声说出'我发誓'之后，然

帕斯卡的计算器。在帕斯卡19岁的时候，他发明了这台机器。在他的监督下，共生产了50台这样的机器，下图是其中的一台。用它做加减运算，不如做乘除运算的效率高。令帕斯卡气馁的是，在实践中使用这台机器的成本过于高昂。

后悄声插入一个‘我说’，接着继续大声说，‘我做过这件事’。这样，你会发现你说的是实话。”帕斯卡回答说：“确实如此，尽管低声说的是真话，而高声说的是假话。”然而，耶稣会士获得了最后的胜利，在帕斯卡去世后，罗亚尔港遭到了关闭，詹生派运动被粉碎了。

在帕斯卡生命的最后几年，他主要的辩论目标并非是耶稣会，而是继承了蒙田思想的理性主义自由思想家。尽管他从《随笔》上学到了如何自省，但他反感蒙田对新思想和崇高理想的优雅怀疑。帕斯卡是一名实践科学家，他清楚地知道，对数学和物理的理性追求正在塑造一个比蒙田更为世俗的科学世界观。除非 17 世纪的科学能够与天启教实现结合，否则知识界将会陷入完全的不可知论。因此，通过同时对理性主义者的思想和情绪产生感召力，基督教将会改变他们的信仰。他活着，并不是为了写一本书，但他确实留下了将近 1000 篇的零碎笔记。在他死后，这些笔记被收集整理成他的《思想录》予以出版。读者可以以欣赏的眼光，将这本书看作精心设计、条理清晰的片段，也可以将它们串联成为一个统一的观点。为了证明自然世界并非我们最终的家，他详细论述了人类尘世生命的脆弱和愚昧。他的主要观点可以压缩成一句谚语“人类的状态：善变、倦怠和不安”。在另一个著名的文段中，他说：“人，只不过是一根苇草，是自然界最脆弱的东西，但他是一根能思想的苇草。”他相信，能够思考的能力，能使我们强烈地意识到无法承受的道德冲突和精神空虚，而这些，只有上帝的恩典能够予以缓和。他的观点可能并没有能够改变多少理性主义者的信仰，但他的《思想

一位不知名画家的作品《帕斯卡》。这幅作品传递出了他令人难以忘怀的、敏锐和痛苦的目光。

录》却引起了令人奇怪的不安。18 世纪的启蒙运动者企图掩埋他，但他对以后的道德哲学家，尤其是 20 世纪的存在主义思想家产生了持久的影响。

霍布斯

同帕斯卡一样，英国哲学家托马斯 · 霍布斯（Thomas Hobbes，1588—1679）对人持有消极的看法，但却不认为宗教是解决人类问题的方法。他是一位唯物主义思想家。有一个传说，他的母亲由于受到无敌舰队枪炮声的惊吓，导致了他的早产。但他出生于西班牙舰队到达的三个月之前，所以这个传说的可信度并不高。然而，托马斯对自己的环境是十分抵触的：他的父亲是一名无能的郊区牧师，除了中世纪亚里士多德的烦琐哲学外，他在牛津大学的老师们也拿不出什么新鲜的东西。在辅导英国贵族和伴护他们游历欧洲大陆的同时，他逐步拓展了自己的知识视野。他与当时主要的科学名家伽利略、培根、笛卡尔及哈维等结为了友人。这些名家对待自然的实验态度让他激动不已，因此，他决定将新的科学方法应用到研究人性方面。通过翻译修昔底德（Thucydides）对政治行为进行了深入和令人惶恐的解读的《伯罗奔尼撒战争史》（*History of the Peloponnesian War*），他加深了对人类行为的理解。对霍布斯来说，17 世纪 40 年代的清教徒革命，似乎是修昔底德所描述的手足相残的病态重现。英国的革命危机爆发后不久，在认为生命受到威胁的虚惊之下，他从伦敦逃到了巴黎。在流放期间，他成了威尔士王子即未来的查理二世的老师，但是没有显著地增加自己的影响力。他还创作了《利维坦》，这是他在如何组织革命动荡方面做出的具有深远意义的论述。尽管他是专制主义的支持者，但他并不是正统的专制主义者。在查理一世于 1649 年遭到处决之后，他就成了这个清教专制主义国家的盟友。1651 年，《利维坦》得以出版。在克伦威尔的独裁统治之下，他返回英国，并定居下来。1660 年斯图亚特王朝在英国的复辟加深了他的忧虑，但查理二世十分慷慨地给了自己先前的老师一小笔养老金。在此后的日子里，很多的批评家指责他的著作不仅堕落，还主张无神论主义，霍布斯则忙于与他们进行论战。

霍布斯的《利维坦》被认为是在政治哲学方面最伟大的英文论著，这是一个特别的赞扬，因为这本卓越论著的读者们，鲜有人支持书中的观点。霍布斯对政治行为的分析，建立在人类心理学的机械概念基础之上。他把人类看成是一种动物，受喜好厌恶而非受理性分析和道德理想的驱使。霍布斯的“人类为自我保护而进行绝望和持续的挣扎”的观点，先于达尔文“动物世界的优胜劣汰”的观点200年。他认为，人类在剥去所有的社会习俗之后，是最为可怕和贪婪的禽兽。在自然的状态下，每一个人都与其他人处于战争状态。用霍布斯尖刻的话来形容，就是他的生命“孤独、穷苦、肮脏、野蛮和短暂”。霍布斯并不否认人类理性力量的重要性，但他认为，理性仅仅能抑制情感，而不能征服它们。理性使人们相互合作，形成人民的政府，从而将他们从好斗的自然状态中解救出来，克制住相互毁灭的冲动。每一个人都将自我管理的权力交给他的邻居们，前提是每个人都这样做。通过这样一个共有的社会契约，人们建立了共和国，霍布斯称之为“伟大的利维坦”（或者说得更虔诚点，凡人的神）。是它给我们带来和平和保护。共和国将其集团主权授予一名元首，通常是一个人，他将成为唯一的法官、立法者和执行者。元首的唯一目标，是阻止战争的发生。对于他的臣民，他拥有绝对和无限的权力。当然，他不能迫使他们自杀，因为这违背了人类最基本的自我保护规律。臣民有义务不掀起叛乱，而元首总是有镇压叛乱的义务。如果元首没能有效地行使权力，那么他将失去至高无上的权力，臣民将效忠于另外一位新的、能够保护他们的元首。通过这种方式，霍布斯为英国元首由查理一世变为克伦威尔，继而由克伦威尔变为查理二世找到了正当的理由。

自从 1651 年以来，评论家们就霍布斯政治理论的含义争论不休。其中的几个观点，是一般被大家所接受的。霍布斯将科学方法运用到社会分析上的努力，产生了一个比蒙田更宽容的人文主义，或是一种比帕斯卡对上帝恩典的追求更具腐蚀性的思想。自马基雅维利以来，还没有人将权力政治置于这样一个无情和功利的分析之下。尽管与马基雅维利不同，霍布斯的方法是理论上的，但两人都通过掌管权力的能力对政治家展开判定；通过抑制人民劣根性的效率方面，对政府机构展开判定。霍布斯为君主专制的辩护，并不借助于通常所见的历史合法性，以及荣誉等君主主义观点。由于他对“君权神授”理论的批驳，英国的保皇主义者与他水火不相容。和马基雅维利一样，霍布斯将天启教、俗世的政治与脱离世俗力量的精神区分开来。因此，他对将今生与来世混为一谈的天主教和新教征伐者同时发难。此外，他还认为世俗的元首应当对宗教机构拥有完全的控制权。在国家权力的概念方面，他是第一个将国家元首的现代观点表述出来的人。在这方面他远远超过马基雅维利，甚至是 16 世纪的法国理论家博丹。霍布斯心目中的国家元首对其臣民所拥有的强制性权力，是路易十四做梦都想不到的。然而，那些给《利维坦》贴上极权主义宣言标签的人，忽略了霍布斯的基本前提。那就是共和国为其个体成员提供和平和满足。在 17 世纪，《利维坦》震惊了自由的立宪主义者和保守的君主主义者。但现在十分明确的是，在预想现代全权国家方面，霍布斯比当时任何思想家都起步更早。

斯宾诺莎

本内迪克特·斯宾诺莎（Benedict Spinoza，1632—1677）是一位比霍布斯更具正义性的思想家。不幸的是，斯宾诺莎的非正统观点很难在不扭曲的条件下概括得清楚。他的哲学体系复杂深奥，与蒙田、帕斯卡及霍布斯不同，他写作的风格令人非常难以理解或欣赏。在他的拉丁文论著中，斯宾诺莎寻求将中世纪烦琐哲学的抽象精确度与17世纪科学的数学精确度结合起来。举个例子，他的《伦理学》（*Ethics*）是一长串的几何定义、格言、命题和推论。他过着受人排挤的生活。出生于阿姆斯特丹的他，是一名犹太商人的儿子。在他还是个小男孩时，就对阿姆斯特丹犹太团体与世隔绝的希伯来学术规范产生了叛逆心理。为了掌握17世纪新的科学知识，他开始学习拉丁语和其他几种现代语言。1656年，他所在的犹太教会以异教徒的身份将他逐出教会。在此之后，斯宾诺莎没有皈依任何宗教派系，尼德兰加尔文教的神职人员反复给他贴上无神论者的标签。他靠打磨光学镜片勉强维持生计，却依然拒绝到海德堡大学担任教授，原因仅仅是这有碍他的清静和学术自由。然而，他并非象牙塔中的隐士，置尼德兰加尔文教神职人员的反对于不顾，他于1670年出版了《神学政治论》（*Tractatus Theologico-Politicus*），提倡思想和言论的自由。在海牙，他差点儿惨遭一伙暴徒的迫害。他准备在阿姆斯特丹出版《伦理学》的时候，遭到了强烈的抗议。直到他去世后，该著作才得以出版。为什么在与斯宾诺莎同时代人的眼里，这位归隐的、不合群的思想家是那么的招人厌恶？

斯宾诺莎本是一名虔诚的信教者，但比起蒙田的怀疑论和霍布斯的唯物主义论，他对上帝的定义更加触怒了正统的犹太教徒、新教徒及天主教徒。笛卡尔和霍布斯将纯粹哲学从物质自然中分离出来，只对后者进行研究的做法，令斯宾诺莎感到不满。相反，他将纯粹哲学与物理学融合在了一起。在他的构想中，自然是统一的，包括所有的思想和所有的物质，包含精神与肉体。他对哲学的定义，是头脑知识与整个自然的统一。在斯宾诺莎看来，自然界的一切事物，都属于上帝，没有任何东西可以独立于上帝而存在。同时，上帝也不应该被认为是与他创造的世界所分离的。上帝对所有人类的行为以及自然界中的一切事物进行裁判。然而，我们也不能给他扣上“宿命论”的帽子。在人类潜能方面，他的观点要远比加尔文、帕斯卡或霍布斯的观点更为积极乐观。他说，大多数人都被他们的情感所支配，但是一种情感可以被另一种情感所征服。而理性教会我们如何以德报怨。人类的最高目标，是对上帝知性的爱。这种爱可以使我们领略宇宙的无限之美，获得比任何上天所赐之物更多的满足感。

我们不难发现，人们缘何将《伦理学》称为无神论著作。斯宾诺莎的上帝，无法被拟人化地想象出来。在他泛神论的体系中，不存在犹太教和基督教所宣扬的，上帝通过《圣经》和奇迹显灵的概念，也不存在上帝的赏赐与惩罚、不死之身等说法。对于17

世纪来说，他的异端观点太过于理性；而对于 18 世纪而言，他的观点又太过于神秘。他的第一批热情的崇拜者，是 19 世纪浪漫主义派的歌德（Goethe）和雪莱（Shelley）。而在那之后，他才登上了伟大哲学家的万神殿。

洛克

我们已经讨论过的四位哲学作家，或多或少都属于孤独的叛逆者类型。霍布斯研究出的政治理论，令他的读者感到反感；蒙田、帕斯卡及斯宾诺莎通过探索富有争议性的道德问题，煽动了很多人，但却没有获得多数人的支持。我们最后的这位哲学家，英国的约翰·洛克（John Locke，1632—1704）则要幸运得多。他的政治哲学被 1688 年至 1689 年的光荣革命所神化了；他的常识道德令 17 世纪晚期的听众感到安慰；他对人性的定义，完美地与牛顿对物质自然的定义相辅相成。洛克的父亲是一名清教徒律师，在英国内战期间，他的父亲短暂地加入过议会军军队。洛克在威斯敏斯特学校和牛津大学读过书，回顾一下过去的话，他和霍布斯持相同观点：英国的学校和大学落后而束缚人的思想，十分具有危害性，尽管其学术经历足够开放。牛津大学给了他一个不需要教学的职位，此外，他还加入了皇家学会，游历于欧洲大陆。洛克事业的转折点出现在 1667 年，那时，伟大的辉格党政治家沙夫茨伯里伯爵邀请他到自己的家中担任医生、秘书和学术伙伴。在与沙夫茨伯里结伴之前，洛克是一名传统的、对宗教和政治持有异议的英国国教保皇党成员，而沙夫茨伯里将他推入了混乱的辉格党政治之中。在天主教叛乱以及废除詹姆斯继承权行动那风雨如磐的岁月里，他目睹甚至是帮助这位伯爵，开展反抗查理二世和其兄弟詹姆斯的计划。在1683年，在沙夫茨伯里和辉格党被打败后，洛克逃到了荷兰。这段经历完成了对他的教育，将他打造成了一名政治自由主义、宗教自由主义、文化包容的倡导者。

在17世纪80年代，也就是在查理二世和詹姆斯二世强权统治的鼎盛时期，洛克完成了他全部的主要著作。两篇《政府论》，本来是为了为沙夫茨伯里针对查理二世的、中途流产的叛乱寻找正当理由，结果在叛乱失败后，被搁置在了一边，没有公开出版。他在荷兰流亡期间创作的《人类理解论》（*An Essay Concerning Human Understanding*）和《论宽容》（*Letter Concerning Toleration*），只通过手稿的形式在他的友人间传阅过。一夜之间，光荣革命将这位被遗弃的人变成了一个名人。1689年，洛克匆匆回到家乡英格兰，并出版了他的三本主要著作。他的常识哲学正逢其时且清晰明了，很快获得了大众的认可。在他生命的最后几年，洛克所享有的学术圈知名度，仅次于牛顿。

在他的两篇《政府论》中，洛克提出了限制议会政府的理论。《政府论》上篇嘲笑了国王“君权神授”的观点；更为重要的下篇，则主张一国的臣民拥有不可剥夺的生命、自由和财产权。这个理论为光荣革命提供了支持，尽管它最初的目的是为了给十年前沙夫茨伯里的行动做辩护。此外，洛克还对霍布斯的《利维坦》进行了反驳。与霍布斯相比，洛克认为，人类受到驱动的来源是理性，而不是情感。他脑海中人类处于自然状态的画面，是完美的自由和平等的原始生活，而不是霍布斯哲学理论中的斗争状态。因此，洛克主张在文明的社会，人类自然的自由应当尽可能地得到维护。与霍布斯无所不能的元首相比，洛克主张政府最小限度地进行管控。他并未拿出人类自然权利的经验主义证据，但在整个 18 世纪，这个理论和它关于限制政府的推论十分受欢迎。根据洛克的说法，人类的自然权利之一是获得私有财产。他认为财富的不平均分配不利于人们自然的平等，并会促使犯罪的发生。因此，人们需要一个公民政府去保护他的生命、自由和财产。他坚信，政府应当体现大多数人的意志，在英格兰这就意味着，大多数的财产所有者都在议会中拥有代表。更重要的是，他捍卫人们反抗和推翻暴君的权力。他的理论促成了 1689 年《权利法案》的出台，在更广泛的意义上，促成了革命后英国社会的代议制政府、贪婪的资本主义，以及有产与无产阶级明确划分的产生。洛克的政治哲学在英格兰备受欢迎并不足为奇，即使是在他死后，仍然对 18 世纪的法国和美洲产生了更大的影响。

洛克对宗教的看法，同样受到了多数英国人的认同。他的《论宽容》对用武力的方式传播和捍卫基督教理念进行了抨击。他认为，只要崇拜者信仰上帝，遵从上帝的意志，相信来世善有善报，恶有恶报，即便是有各式各样的宗教习俗，也并没有什么害处。他不认可贵格会一类的新教狂热者，在他看来，他们对待上帝的态度是不敬的。出于政治原因，他不仅反对对罗马天主教——外国势力实施颠覆行动的代理机构——持宽容态度，还反对对无神论者的宽容，因为他们可以不

西尔维斯特·布朗努瓦（Sylvester Brownover）的作品《约翰·洛克》。画家是洛克的仆人。该作品现存于伦敦的国家肖像美术馆。

受誓言的限制去履行公民的义务。对于一些批评家来说，洛克的自由主义信条有些接近无神论。一位加尔文教的小册子作者嘲讽洛克说："把霍布斯的《利维坦》当成《新约》一样，把霍布斯本人当成是我们的救世主和十二使者。"确实，洛克有和霍布斯一样的、实现政教分离的想法，或说得更确切些，将国家从教会的控制下解救出来。他的宗教宽容概念，与17世纪40年代清教徒的宗教自由相去甚远。约翰·弥尔顿呼吁拥有追求不受世俗政治掣肘的、精神真理的自由，而洛克则致力于将人们的理性力量从宗教桎梏中解放出来。1689年的

《宽容法案》(*Toleration Act*) 将洛克的理论变为了现实。

洛克的常识哲学，表面上清晰明了，实际上却处于混沌状态。他思想中的绝大部分困惑，源自17世纪理性主义与经验主义的冲突。正如我们所看到的，培根是归纳和经验论的倡导者，在他看来，知识是通过观察和实验获得的。虽然伽利略和牛顿与培根大为不同，却也仍是践行经验主义方法的模范。笛卡尔是一名卓越的理性主义者和演绎系统的构建者，他通过抽象推理来发展自己的理论。霍布斯和斯宾诺莎虽然与笛卡尔的思想相左，却也是理性主义的思想家，他们的结论同经验主义观察没有半点儿关系。洛克有时是一名理性主义者，有时却是一名经验主义者。严格地说，他的政治哲学属于理性主义，他的核心原则——自然权利的存在，是一个无法用经验主义证实的命题。另一方面，他的《人类理解论》呈现出了他思想中的经验主义理论。在这本书中，他否认人类具有天生的思想或原则，认为人类在出生时的思想是空白的。他说，通过可以感知到的经验，我们武装自己的头脑。我们的无知是没有边际的，总是比知识多得多。因此，我们没有理由在信仰方面过于死板。该篇论述同洛克其他的著作一样，感染的是读者的知性，而不是他们的信仰或情感。他一贯回避传统基督教对原罪和道德痛苦的强调，而是和他的朋友牛顿一样，倾向于表现通过将理性运用到对自然的研究中去，人类能够取得什么样的成就。洛克没有能够像牛顿发现运动的普遍规律一样，发现简单的、统一的、具有权威性的社会定律体系。但是他提出，人们通过教育和心智训练，能够拥有自我提升的希望。在伟大的哲学家中，洛克是最不引人注意的一员，但却表达出了他所在的社会对通过自由、个人主义和辛勤工作而实现世俗进步的、不断增长的信心。

英国、西班牙和法国戏剧的黄金时代

若不提及16世纪晚期和17世纪早期的文学艺术——这一时代最为不朽的成就，我们如何结束对欧洲早期现代文化的概览。在诗歌艺术方面，从意义深远的史诗性题材，包括塔索（Tasso）的《被解放的耶路撒冷》（*Jerusalem Delivered*）、斯宾塞（Spenser）的《仙后》（*The Faerie Queene*）、弥尔顿的《失乐园》（*Paradise Lost*），到多恩（Donne）大胆的抒情诗，以及其他的哲学诗人，如西班牙的贡戈拉（Gongora）和荷兰的冯德尔（Vondel）的诗作。米格尔·德·塞万提斯（Miguel de Cervantes）创作了第一部伟大的小说《唐·吉诃德》（*Don Quixote*），约翰·班扬（John Bunyan）创作了最为经久不衰的基督寓言故事《天路历程》（*Pilgrim's Progress*）。班扬、培根、弥尔顿、托马斯·布朗爵士等为英国散文风格的惊人发展做出了重要贡献。1559年，英语只是一种用来传递思想和烘托气氛的笨拙工具，但是到了1715年，英国散文作家却能依靠它而迸发出巨大的能量，表现出最微妙的细微变化。与此同时，为了开拓法语的高雅、精确和诙谐，蒙田、帕斯卡、拉罗什富科（La Rochefoucald）以及布瓦洛（Boileau）

等法国散文作家，正在纯化和润色他们的母语。

总而言之，这是一个戏剧的黄金时代——英国人马洛（Marlowe）、莎士比亚（Shakespeare）和琼森（Jonson）的时代，西班牙人诺普·德·维加（Lope de Vega，1562—1635）和卡尔德隆（Calderon）的时代，法国人高乃依（Corneille）、莫里哀以及拉辛（Racine）的时代。英国和西班牙戏剧的黄金时代，时间段可以精确到 1580 年至 1640 年。法国戏剧作品的鼎盛时期来得稍晚一些，在 1630 年至 1680 年之间。17 世纪的戏剧同它在 20 世纪的情形一样，与其说是艺术，不如说是表演。戏剧制作的环境，很大程度上反映出同时期的社会和经济环境。创作这些戏剧的本来目的是为了取悦反复无常的公众，但同时也反映出当时的宗教和文化氛围，以及欧洲社会 16 和 17 世纪的政治架构。对于社会历史学家来说，1580 年至 1680 年英国、西班牙和法国戏剧最有趣的地方，在于逐渐变化的观众群体。1580 年，剧作家的作品同时呈现给穷人和富人；而到了 1680 年，剧作家就只为富人创造作品了。为什么戏剧变成越来越贵族化了呢?

英格兰

16 世纪 70 年代突然出现的专业戏剧，与英格兰之前存在的戏剧大不相同。在中世纪，英国戏剧主要以宗教题材为主。在 100 多个城镇里，当地戏剧协会每年都会上演几部戏剧，用来庆祝基督教的神迹。此外，还有一些关于罗宾汉和圣乔治等人物的中世纪民间戏剧。每逢国家的重要场合，伦敦会举办精心设计的盛会。到了 16 世纪早期，随着“人文主义”理念的传播，英国的学校和大学开始创作以罗马戏剧和悲剧为基础的戏剧。然而，到了 1576 年，由表演团队运营的首批两家专业剧院在伦敦运营，观众们需要花钱才能观看。相比于说教类型的中世纪宗教类戏剧，或人文主义的校园剧，他们通过种类丰富的、更为精彩和欢乐的浪漫戏剧，来吸引公众的注意力。

最初成功的两部英国专业戏剧是托马斯·基德（Thomas Kyd）的《西班牙悲剧》（*Spanish Tragedy*）和克里斯托弗·马洛（Christopher Marlowe）的《帖木儿大帝》（*Tamburlaine*），两部作品都是在 16 世纪 80 年代创作的。基德的《西班牙悲剧》在伊丽莎白时代广受欢迎，它讲述的是一个令人毛骨悚然的故事：因为儿子惨遭杀害，父亲先是悲恸欲绝，继而狂怒不止。为了报仇雪恨，他将整个舞台堆满了尸体。伊丽莎白时代的大多数悲剧作品中，都是以复仇为主题的，其中，《哈姆雷特》（*Hamlet*）是最为典型的一个例子。相比于基德，克里斯托弗·马洛（1564—1593）是一个更为著名的文学艺术人物，尽管他的 5 部作品都是在他年轻时创作的——他在 29 岁时就英年早逝了。马洛是第一位在戏剧中巧妙地运用无韵诗的英国诗人。他的主角们特别是帖木儿和浮士德，十分与众不同。他们以一种特别的力量，诉说着自己的无礼要求，震撼着伊丽莎白时代观众的内心。即使是今天的观众，也仍然会受到那样的震撼。如同基德和马洛一样，其他伊丽莎白时代剧作家的作品也相当震撼人心。他们的喜剧既无厘头又猥琐，他们的悲剧激烈而血腥。这些戏剧的背景很少设在同时代的英格兰，而是设在意大利。一方面是因为剧作家们从意大利小说中借鉴了很多情节，另一方面是因为伊丽莎白时代的人相信，意大利什么事情都有可能发生。由于所有的戏剧都需要经过王室的许可，大多数的剧作家（包括莎士比亚）都会避免触及那些具有争议性的题材。历史类的题材是十分受欢迎的，古典历史提供了说教的有利机会；中世纪的英国历史为展示爱国主义提供了机会，正如莎士比亚的作品《亨利五世》(*Henry V*)。鲜有伊丽莎白时代的戏剧触及新教与天主教的对抗，这是当时最具争议性的话题。

伊丽莎白时代的话剧生意十分兴隆。1580 年至 1640 年间，有 300 多个剧作家在为 100 多个演员群体创作作品。在伦敦及其周边地区，每星期的六个下午，都会上演 4 到 6 部专业的话剧。瘟疫流行的时期，演员们则会打理行装，游历于各省之间。像莎士比亚的环球剧场一样，一些伦敦的剧院是无顶的建筑结构，最多可以容纳 3000 人。环球剧院一半的观众需要支付 1 到 2 便士的入场费。而在那时，召一个妓女或是在酒馆度过一个下午就要花费至少 6 便士。唯一廉价的娱乐方式，是在泰伯恩（Tyburn）的行刑场上观看绞刑的执行。如黑衣修士剧院（Blackfriars Theatre）——莎士比亚的表演团队也在那里演出——一样的其他伦敦剧院，剧场顶部是矩形的，能容纳的观众不超过 500 人，票价高到普通民众无法承受。据估计，任意一天下午，伦敦总人口的 10% 都会到剧场中观看戏剧。

伊丽莎白时代的戏剧观众包含来自各行各业，各个等级的人群，如宫廷贵族、律师、店主、学徒及流浪者，都会前来观赏。他们组成的观众阵容对得起莎士比亚的作品，感召他去创作符合各个人群口味的戏剧。当然，并非所有那个时代的人都为此欢欣鼓舞，清教徒不断对伦敦舞台上的不正之风发起责难。伦敦市政府的官员认为剧场是一个公害，于是所有的伦敦剧院不是修建在城墙之外，如泰晤士河另一边的环球剧院，就是像黑衣修士剧院一样，修建在王室的土地上，不在市政府的管辖之内。伊丽莎白一世十分喜欢戏剧，为了对抗清教徒和市政府的抵制，她邀请专业剧团来到宫廷，表演他们最好的作品。但女王又十分小气，在16世纪80和90年代，她一年仅仅赞助6到10次宫廷演出，比斯图亚特王朝时要少得多。因此，伊丽莎白时代的剧场，都是没有受到资助的私人企业。为了赚钱，伊丽莎白时代的戏剧团队每年要不辞辛苦地表演50部戏剧之多，其中包括12部新剧目。每一部新剧目都会连续几天持续上演，然后变成库存剧目，如果并不受欢迎，就会很快被人们遗忘。在1580年至1640年间创作的剧目中，有将近2000部存活了下来，而这个数字只占总数的三分之一。

威廉·莎士比亚（William Shakespeare，1564—1616）无疑是伊丽莎白时代最伟大的剧作家，同时也是当时最受欢迎的剧作家，尽管环球剧院和黑衣修士剧院的观众并不关心他比其他英国诗人的水平要高出多少。在同时代的人眼里，莎士比亚完全是为戏剧而生的。他是36部成功戏剧的作者，同时也是当时主要剧团张伯伦剧团

（Chamberlain's Company），后又被称为国王剧团（King's Company）的演员和股东。令人遗憾的是，关于莎士比亚的事业，我们能够找到的东西少得可怜。然而，关于他生活的记载，要比同时代除本·琼森以外的剧作家都详尽。很多人拒绝相信，一个斯特拉特福手套商人的儿子，只接受过文法学校教育，竟能够创作出《哈姆雷特》那样的作品。如果那些作品是由一位受过大学教育的某位贵族秘密创作，比如说弗朗西斯·培根或牛津伯爵，那就容易接受多了。与那些将天才与课本学习和贵族血统画等号的人进行理论，是白白浪费时

伦敦的天鹅剧院（Swan Theater）。这是唯一现存的伊丽莎白时代剧院内部景观的写照。该剧院修建于1594年，是一座露天剧院。它是为白天的表演而设计建造的，与莎士比亚的环球剧院十分相像。

间的。但需要强调的是，伊丽莎白时代的舞台，为一个像年轻的莎士比亚一样的、胸怀梦想的乡村孩子，提供了不尽的用武之地。尽管演员和剧作家在社会上的身份仅仅高于乞丐和妓女，他们也可以过很好的生活。但演艺生活也是残忍的。克里斯托弗·马洛死于酒馆斗殴，一只眼睛被刺穿了；由于在一场决斗中杀死了一名演员，本·琼森险些为此丧命；相比于上述二位，莎士比亚的结局可就美好多了。莎士比亚在伦敦辛勤工作了大约 20 年，在赚到了足够的钱后，他回到他热爱的沃里克郡（Warwickshire），享受起了舒适的退休生活。当然，比起那些三四个劣等剧作家用几天的时间组团拼凑戏剧，他的创作速度会稍显逊色。但毫无疑问的是，他创作戏剧作品的速度非常之快。

在张伯伦勋爵剧团里，莎士比亚总是小心翼翼地为那 24 名演员设计戏剧。他后期作品的主演，通常要比早期的年龄大。这是因为，剧团的主演理查德·伯比奇（Richard Burbage）的年纪渐渐变大了。在他的戏剧作品中，少有女性角色的出现，那是因为在伊丽莎白时代的舞台上，女子的角色通常被剧团中经验较少、演技尚不娴熟的男童演员所替代。莎士比亚出版了他的一些诗集，但他从未出版过自己的戏剧，因为他把它们看作剧团的财富，没有独立的文学价值。幸运的是，由于他的戏剧很受欢迎，莎士比亚在世的时候，有十八部戏剧作品以盗版的形式印刷了出来。更为幸运的是，1623 年，他的朋友们将他的作品收集在大对折本上，根据真实原稿出版。实际上，那些大对折本上的文本是远非完美的。比如，《麦克白》

（*Macbeth*）只是以简短、修改后的剧本形式留存了下来，可能只是用于在各省进行巡演。

在莎士比亚于1613年退休前，伦敦的戏剧已经开始发生变化。他年轻的同事本·琼森（约1573—1637）正在以同时代的伦敦为背景，创作嘲讽类型的喜剧，以及以古罗马为背景，创作迂腐的悲剧。相比于坐在廉价位置上的观众，这些作品取悦了那些坐在厢座中的朝臣。弗朗西斯·博蒙特（Francis Beaumont）和约翰·弗莱彻（John Fletcher）正在合作创作一系列悲喜剧——一种逃避现实主义的新娱乐方式，比莎士比亚的悲剧要肤浅得多，比他最为浪漫的戏剧要更为牵强和奇异。比起环球剧院一样的宏大露天剧场，在像黑衣修士剧院一样的小型封闭型剧院中，这些戏剧演出的效果更好。剧作家们变得越来越敢于触及具有争议性的题材。1624年，托马斯·米德尔顿（Thomas Middleton）的《弈棋》（*A Game at Chess*）轰动一时。该著作讽刺了查理王子（Prince Charles）为了赢得西班牙公主的芳心，不远万里前往西班牙的故事。在王室外出的时候，这部作品在环球剧院连续演出了9天，总共赚了1000英镑。为了到剧院亲眼观看，观众们不惜排上几个小时的队。詹姆斯一世听说这件事后，对该作品下了禁演令。

随着清教徒对伦敦戏剧的批评日益激烈，剧团只好与斯图亚特宫廷联手。在戏剧演出方面，詹姆斯一世和查理一世比伊丽莎白出手更为大方。詹姆斯一世指派本·琼森创作宫廷剧本，在这些剧本中，歌曲、舞蹈、背景及服装远比歌词更为重要。琼森将他精彩的反清教戏剧《巴塞洛缪集市》（*Bartholomew Fair*）献给了詹姆斯，其中对虚伪和谄媚的描绘，一定非常受詹姆斯的欣赏。1632 年，清教徒威廉 · 白兰（William Prynne）对该风格的另一部作品《优伶酷评》（*Histriomastix*）进行了长达 1000 页的谩骂。白兰只看过四部戏剧，但他鄙视戏剧表演这一行业。他暗指查理一世的王后亨丽埃塔 · 玛丽亚（Henrietta Maria）是一个荡妇，原因仅仅是因为她在宫廷戏剧中出演过角色。此外，他还要求查理一世关闭剧院。他说："难道戏剧、诗人和演员（魔鬼最主要的代理人）还没有将世界搅得天翻地覆吗？他们用肮脏猥琐的语言、人神共愤的罪孽玷污了剧院。"由于公开发表上述辩论，白兰被割去了双耳。而在此后的 10 年，戏剧和诗人继续进行着他们的"玷污"，未受丝毫影响。到了 17 世纪 30 年代，伦敦的舞台出现了堕落的趋势。剧作家为已经厌倦了的观众提供情欲和放荡的场面。英王查理一世时代戏剧的腐蚀性辉煌，与 16 世纪 80 年代基德和马洛青春期的喧嚣，以及 1660 年查理二世复辟以后的诙谐顽皮大为不同。清教徒很快展开了他们的报复。1642 年，在他们控制了伦敦之后，很快关闭了剧院。在此后清教徒当权的 18 年里，剧院一直不得开放。

查理二世于 1660 年复辟后，伦敦的剧院重新对外开放，成为了上层阶级专属的娱乐形式。复辟后的戏剧，比伊丽莎白时代的戏剧更为精湛、放荡和有限。那时，女演员开始扮演女性角色，戏剧在一个拱形的、精心设计的、有人工照明的、配有机械装置的舞台上进行表演。然而，公共剧院不再如昔日那般生意兴隆。1660 年至 1700 年间，平均每年在伦敦舞台上上演的新戏剧只有 10 部。尽管复辟后的剧院规模较小，但观众的人数更是稀稀拉拉，不足以支撑两家剧院同时经营。查理二世是一个戏剧迷，他甚至将当时最受欢迎的女演员内尔·格温（Nell Gwyn）纳为自己的情妇。像白金汉公爵二世（second duke of Buckingham）一样的大贵族，以创作戏剧作品为乐。当时最优秀的剧作家埃瑟里奇（Etherege）、韦策利（Wycherley）、康格里夫（Congreve）、范布勒（Vanbrugh）、法夸尔（Farquhar），在年轻的时候进行戏剧创作，接着很快退出了演艺圈。约翰·德莱顿（John Dryden，1631—1700）创作了一系列庄严的英雄主题戏剧。而当时的舞台，给人印象最为深刻的，要属诙谐滑稽类的喜剧，因为它们能够完美地反映出 17 世纪晚期英国贵族愤世嫉俗和滑稽的秉性。

西班牙

1580 年至 1640 年间，也就是伊丽莎白时代戏剧欣欣向荣的时期，西班牙的戏剧迎来了它的黄金时代。同英格兰一样，中世纪的西班牙戏剧以宗教类题材为主。为了庆祝圣体瞻礼节（Corpus Christi），西班牙城镇的各个戏剧协会会表演该类型的戏剧。在贵族的庭院中，还会上演 16 世纪人文主义的田园剧。第一批专业剧院开办于 16 世纪 70 年代的马德里和塞维利亚，同英格兰表演剧团一样运营，尽管在文艺特色方面，他们上演的戏剧与伊丽莎白时代的戏剧存在很大不同。专业剧院开始运营后，他们制作的戏剧由伟大的小说家塞万提斯、塞内卡（Seneca）和普劳图斯（Plautus）等创作。但西班牙的公众和英格兰的公众一样，希望看到一些更为浪漫和具有娱乐性的作品。16 世纪 80 年代，诺普 · 德 · 维加开始了戏剧作品的写作，很快就形成了一种非常成功的套路，受到其他西班牙剧作家的模仿。

西班牙的戏剧由三部分组成——歌舞短剧、民谣和舞蹈，其整体效果的综艺性比英格兰更强。后者的戏剧自始至终没有任何穿插和中场休息。相比于伊丽莎白时代的剧院，西班牙剧院的最大优势，在于女性不仅被允许在戏剧中扮演角色，她们还可以在演出间跳上一段令人充满遐想的萨拉邦德舞（zarabanda）。相比于伊丽莎白时代华丽的无韵诗，西班牙的剧作家采用轻快的诗歌形式，使他们的戏剧活泼而流畅。这种戏剧有点像现代的电视剧本，不时插入一些商业广告。它的主要目的是炫耀他们的演员，具有很强的感染力。如同电视剧一样，戏剧也只是上演几次就不再重复。因此，西班牙的剧院比伊丽莎白时代的剧院更需要源源不断的新剧目。不难想象，西班牙剧作家的报酬低于英格兰，但其演员的报酬却高于后者。尽管大部分存活下来的西班牙戏剧都有其独到之处，但在这几千部戏剧之中，却没有杰出的文艺作品。其戏剧题材的覆盖面包括：喜剧、悲剧、历史、神话、宫廷生活、城市生活、农民生活及圣人生活。浪漫与爱情是普遍的主题，故事背景设定在同一时期的西班牙。西班牙戏剧的保守而不自省，比伊丽莎白时代剧作家有过之而无不及的是，诺普 · 德 · 维加和他的同行们不加鉴别地推崇西班牙的生活方式。

整个社会为戏剧而痴狂。马德里是戏剧表演活动的中心，但由于它的城市规模比伦敦要小得多，所以只能支持两座公共剧院的运营。尽管如此，西班牙的每一个城镇都有自己的剧院，即使是在遥远美洲的墨西哥城，剧团也会带去最新的西班牙戏剧。在整个伊比利亚半岛，到处都有流动艺术团体的表演。偏远村落发生的一些逃跑事件，看起来像是《唐·吉诃德》中的场景：一支夜间表演的艺术团正在表演《拉撒路》(*Lazarus*)，扮演耶稣的主管喊了几遍“复活吧，拉撒路！”半天没有任何动静。没想到扮演拉撒路的演员已经设法悄悄溜出墓室，逃之夭夭了。主管为此大为恼火，因为这名逃跑的演员偷走了他的戏装，但农民观众却感到十分满意，因为他们相信拉撒路已经奇迹般地升入了天堂。在马德里，由于那里的观众比伦敦更加多样化，所以也更难取悦。腓力二世没有对通俗戏剧给予多少推动，很多神职人员也表示不予支持，但社会各个阶层的人士都争先恐后地涌入马德里的两所剧院——在设计上类似环球剧院的露天剧场。如果戏剧迷们喜欢剧团的表演，他们会高喊：“胜利者！胜利者！”如果他们不喜欢，则会吹出带有嘲讽意味的口哨声，坐在那里的女性观众还会向演员投掷水果。初级剧作家最好围绕圣人的生活创作喜剧作品，因为看在圣人的面上，观众也不会做得太不得体。相对于英国，西班牙通俗戏剧中的宗教题材更为显著一些，原因很明显：整个人口都信仰天主教，他们对圣人十分忠诚，对圣迹保持接受态度，习惯于在教堂中看到神圣故事的表象。在庆祝“圣体瞻礼节”时上演的西班牙圣礼剧（autos sacramentales），在17世纪达到了其辉煌的顶峰，受到了极大的欢迎。这些圣礼剧是像诺普·德·维加一样的主要剧作家创作的，也是由专业的演员表演的。

在西班牙，诺普·德·维加是相当于莎士比亚的人物。他有着同样的中产阶级背景，接受了正规的教育，脾气也相当暴躁。他一生艳遇不断，对象一般都是有夫之妇。在成为牧师之后，他终于与这些情妇中的最后一人安定了下来。他是一位多产的作家，在不到50年的岁月里，共创作了1500部戏剧。其中的约500部，一直流传到了现在。60岁的时候，他一周完成两部作品的创作。诺普享有很高的声誉，也从他的作品上赚取了大量财富。但相比于他那些现在已经被忘却了的史诗，戏剧在他心中并不算什么。他曾经写道："如果任何人对我的戏剧进行无端指责，认为我是为了名利才创作它们，那就让他醒醒，然后告诉他，我就是为了钱财创作它们的。"然而，与莎士比亚不同，诺普·德·维加出版了他的大量戏剧作品。在策划情节的时候，他一般会尽可能地推迟结局，因为观众一旦猜到了结局，就会转身走开。在《克里斯托弗·哥伦布发现新大陆》（*The Discovery of the New World by Christopher Columbus*）这部戏剧里，由于哥伦布发现美洲新大陆的结局是一个不争的事实，诺普无法在这方面做文章，所以在第二场刚一开始时，他就将西班牙人带到了西印度群岛，在此后将大量笔墨花费在了为无知的印第安人提供帮助上。在第三场的剧情高潮中，魔鬼召唤印第安人杀害了一些西班牙掘金者，并推倒了他们的十字架。这时，奇迹发生了，十字架立时竖立了起来，那些野蛮人被这一幕惊呆了，从而皈依了基督教。别的剧作家可能不得不对这个故事中的道德问题进行探索，而诺普却很乐意用各种各样的浪漫来给他的观众带来欢乐。

到了 17 世纪 30 年代，西班牙的戏剧舞台开始了衰落，原因有很多。首先，诺普后继无人，在吸引观众方面，没人能达到他的水平；其次，西班牙经济崩溃，票房收入锐减；最后，如同英格兰的清教徒一样，西班牙的神职人员对男女演员伤风败俗行为的批评日益尖锐。此外，他们还向政府施压，要求关闭剧院。在腓力四世统治的时候，由于这位风流倜傥的君主，同时也是委拉斯贵兹的资助者，是戏剧和女演员的狂热拥戴者，所以神职人员的煽动并没有掀起多大风浪。腓力四世将西班牙戏剧由通俗艺术变成了王室的新宠。他建造了一座宫殿似的剧院，在宫廷戏剧创作方面挥金如土，以至于主要的剧团开始仰仗他的资助。国王甚至还会中途打断马德里剧院的公众演出，命令特定的演员立即前往宫廷，为王室表演进行排练。

不断变化的戏剧特色，在诺普 · 德 · 维加之后的主要西班牙剧作家佩德罗 · 卡尔德隆（Pedro Calderon，1600—1681）的戏剧作品中能够反映出来。诺普是为人民而创作，卡尔德隆是为宫廷而创作。在他年轻的时候，一直到 1640 年，卡尔德隆创作了许多关于为情所困的贵族追求情妇的喜剧，以及嫉妒的权贵追捕自己妻子情人的悲剧。他的戏剧比诺普更为微妙和复杂，但是种类的变化较为单一。

所有的一切都建立在贵族的荣誉准则上：为了弥补失去的政治权力和威信，骄傲的西班牙人采用的一种精神胜利法。对于绅士间进行决斗，以及根据不忠的传言，谋杀他们漂亮的妻子等行为，卡尔德隆明确表示支持。在17世纪40年代爆发的危机期间，加泰罗尼亚和葡萄牙都陷入了动乱之中，所有的戏剧表演均暂时停止。他接受了教会的指令，在他生命的最后30年，仅创作西班牙圣礼剧和宫廷歌剧。他没有继承者，到了本世纪末，西班牙的专业剧院渐渐消亡，其处境比英格兰更为恶劣，因为在英格兰，戏剧至少还能够在宫廷中进行表演。

法国

在法国，伟大的戏剧时代约开始于1630年。而那时正是英格兰和西班牙戏剧渐近尾声的时候。在16世纪晚期，第一批专业的法国剧团开始运营，但它们只是为普通观众进行简单表演，它们在巴黎受欢迎的程度，也不如其他省份。在这段时期，没有任何一个法国剧作家可以同马洛、莎士比亚或诺普相提并论。16世纪宗教战争引起的政治动荡，以及玛丽·德·美第奇摄政期间的再次动荡，无疑阻碍了法国大众戏剧的发展。黎塞留的治理，最终给法国带来了自信和稳定，而这种稳定，西班牙和英格兰早在50年前就实现了。1629年，发生了两件幸运的事情：一支成熟的剧团在一座巴黎剧院安定了下来；一位极具才华的剧作家——皮埃尔·高乃依（Pierre Corneille，1606—1684）创作了他的第一部戏剧。17世纪30年代，在黎塞留的支持下，法国的戏剧开始呈现一片繁荣，戏剧开始成为社会精英的娱乐活动，有如同期受到查理一世资助的英国戏剧，以及受到腓力四世支持的西班牙戏剧。在1630年至1680年的法国戏剧鼎盛时期，其与宫廷的关系极为密切。在世纪之交，英国和西班牙大众涌入剧院观戏的时候，高乃依、拉辛和莫里哀等法国剧作家却从没有为广大群众创作过任何作品。他们的观众群体虽更为精英化，却也很有局限性。在17世纪的法国巴黎，剧院至多不超过3家，一周上演3次戏剧。如果没有王室的资助，剧作家和演员们将入不敷出。黎塞留开办了巴黎最豪华的剧院，为剧作家和演员发放津贴和补助。马萨林就不那么慷慨了，但是年轻时候的路易十四非常喜爱戏剧，由于他的支持，5家剧团得以生存发展，分别包括3家法国剧团、1家意大利剧团和1家西班牙剧团。举个例子，莫里哀的剧团不仅得到皇室的资助，还获得了皇家剧院的使用权。除此之外，他还担任了国王的寝宫管理员。他的很多戏剧都是受命于国王，为在凡尔赛宫的表演而创作的。路易还为拉辛提供资助，但对他的工作并不是十分满意。

同艺术和文学一样，波旁王朝希望培养一种纯粹和尊贵的古典戏剧风格。宫廷的资助使17世纪的法国剧作家远离了伊丽莎白时代和西班牙舞台华丽的浪漫主义。黎塞留时代，法国的批评家在戏剧创作方面采用了亚里士多德的规范。17世纪法国的剧作家一般遵守“三一律”，即情节、时间、地点的三者统一，避免出现莎士比亚不羁的情节，以及“大悲剧、小喜剧”相结合的创作特点。观众不会看到谋杀、决斗及类似的暴力情节，此类情节以信使报告的形式进行处理。17 世纪的法国戏剧深受古典主义的影响，其情节多半源自希腊和罗马。相比于英格兰伊丽莎白时代和西班牙哈布斯堡王朝时期的浪漫主义悲剧，法国的悲剧更为文学化，缺乏舞台表现价值。但法国的新古典主义悲剧作家，就并非盲目的抄袭者了。他们总是能够将古代的历史和神话进行再创作，从而迎合 17 世纪的口味，将其推而广之，剔除异教徒的宗教元素。拉辛的希腊巾帼英雄和高乃依的罗马英雄，总是能够在波旁的宫廷中找到原型。

皮埃尔·高乃依是第一位伟大的法国剧作家，他创作了大量优秀的戏剧作品，但却被人们铭记为一位新古典主义悲剧作家。1636 年，高乃依的《熙德》(*Le Cid*) 一时引起了轰动，它的戏剧诗歌、激昂的抒情诗体、人物性格描写以及剧情结构，如同马洛的《帖木儿大帝》震撼了伊丽莎白时代的观众一样，不仅令观众激动和震撼不已，而且是有过之而无不及，因为《熙德》是一部更为优秀的作品。它讲述的是一对由于家族恩怨，相爱却不能在一起的恋人故事。在男主人公杀死女主人公的父亲后，她的忠孝没能阻挡住对男主人公的爱情，她同意嫁给他。这个结局令道德主义者感到震惊，由此引发的骚动或多或少地对高乃依产生了一些消极影响。在后来的创作中，他尽力通过一些较为安全的题材来取悦批评家们，大力颂扬荣誉、爱国主义、君主政体及基督教。他最喜爱的创作背景是罗马帝国，因为这为他就仁慈专制政治的美德进行说教提供了众多的机会。此后高乃依再没能找到《熙德》的神韵、激情和热度。到了17世纪60年代，他悲哀地失去了自己的才华。为了与年轻的拉辛抗衡，他在晚年创作了一系列荒唐做作的情节剧。

比起高乃依，让·巴蒂斯特·拉辛（Jean Baptiste Racine，1639—1699）是一位更有品位和控制力的诗人。他实现了法国新古典主义悲剧风格的完美化。在拉辛四岁的时候，被送到詹生派据点罗亚尔港的学校学习。在那里，他萌生了一种类似帕斯卡的禁欲和虔诚思想，对古典主义作品产生了深深的喜爱之情。通过一部献给路易十四的、名为《亚历山大大帝》的戏剧，他很快在宫廷里名声大噪。他于1667年创作的另一部作品《昂朵马格》（*Andromaque*），取得了巨大的成功。它讲述了这样一个故事：特洛伊（Troy）陷落后，赫克托耳（Hector）的遗孀被逼迫做出选择，要么嫁给希腊战胜者，要么亲眼看着自己的孩子被他杀死。换句话说，这是高乃依以悦耳和精美的诗歌形式表现出在“爱情与荣耀”间抉择主题的再次体现。在后来的戏剧作品中，拉辛在他最喜爱的希腊诗人的题材上进行了再创作。《菲德拉》（*Phedre*）差不多是他最优秀的戏剧作品，这部作品与古希腊悲剧作家欧里庇德斯（Euripides）的《希波吕托斯》（*Hippolytus*）极为相像，部分情节读起来像是从希腊文翻译过来的。

17世纪法国最伟大的喜剧大师非莫里哀（1622—1673）莫属了。莫里哀的真名叫作让·巴蒂斯特·波克兰（Jean Baptiste Poquelin），他的父亲是巴黎一名富裕的家具制造商。他年幼时，父亲将他送到一所耶稣会学校，去接受笛卡尔、卡尔德隆、高乃依，以及数以千计的耶稣会学生所接受的古典教育。年轻的波克兰立志成为一名演员，为了证明自己的才学，他经历了一段艰苦的学徒期。1643 年，以莫里哀的艺名，他组建了一支巴黎剧团，但该剧团很快就破产了。在返回巴黎之前，莫里哀和他的团队已经在各个省份间游历了 12 年。在游历期间，他创作了自己的第一部戏剧。1658 年，他的剧团重新在巴黎登台，在年轻国王的面前圆满完成了演出，并且获得了卢浮宫内一个剧院的使用权。在莫里哀生命的最后 15 年里，他为自己的剧团创作了大量杰出的滑稽剧、打油诗、讽刺作品。由于莫里哀是一名非常出色的喜剧演员，通常情况下，他会亲自饰演主演的男仆，或是喜剧中的侯爵。他能设法使巴黎的资产阶级和凡尔赛宫的贵族对他们自己进行自嘲。在《守财奴》(*The Miser*) 中，他讽刺了资产阶级的贪婪；在《平民贵族》(*The Bourgeois Gentleman*) 中，他嘲弄了为了争取更高的社会地位，而拼命向上爬的行为；在《愤世嫉俗》(*Misanthrope*) 中，他嘲讽了宫廷社会的腐败；在《伪君子》(*Tartuffe*) 中，他嘲弄了伪善的、偏执的神职人员的虚伪；在《无病呻吟》(*The Imaginary Invalid*) 中，他讽刺了医疗骗术；在《女学者》(*The Femal Savant*) 中，他嘲讽了接受了过高等教育的女性。与高乃依和拉辛不同，戏剧就是莫里哀的生命。他的戏剧非常受欢迎，他的剧团表演更是精湛，除了莎士比亚的作品外，他的作品比任何 17 世纪的戏剧都更具活力。莫里哀的幽默是现实主义和尖锐的，这一点同本·琼森十分相像，但却更为普遍和人性化。同英国复辟时期的喜剧一样，他的风格是机智和文雅的，但却不那么猥琐和俗气。很自然地，他招致了很多人的不满。由于《伪君子》激怒了神职人员，该剧被禁演了长达5年。因为受到国王的支持和保护，他才没有遭到更为严重的处罚。毫无疑问，莫里哀是非常幸运的，因为他的《伪君子》是在路易十四变得虔诚并开始迫害异己之前创作出来的。显而易见，如果他敢冒险嘲讽波旁王朝的专制主义，或是设法令他的王室赞助者进行自我嘲弄，他的艺术才华也就会早早地被扼杀了。然而，具有讽刺意味的是，本世纪最优秀的社会讽刺作品，竟然得到了欧洲最为自满和独裁君主的支持。

莫里哀死后，拉辛也退出了戏剧生活。随着路易十四将注意力放在了国际战争上，法国戏剧的黄金时代渐近尾声。将莫里哀和拉辛的艺术作品，与诺普·德·维加和莎士比亚的艺术作品相比较，就可以再次看到现代早期欧洲令人困惑的文化多样性。艺术家和学者比以往任何时候都离得更近，但建立于中世纪和文艺复兴时期的文化圈已经被打破了。当然，科学家相互合作，取得了前所未有的成果。他们相互分享各自的发现，在彼此的实验和理论基础之上，进行自己的实验和总结自己的理论。画家、雕刻家和建筑师齐聚意大利。在北部的几个大城市里，他们接受培训；为了得到佣金，他们游历整个欧洲。这就解释了为什么巴洛克风格能够从意大利传播到西班牙，再到比利时和奥地利。但巴洛克也不是在各地都能被接受。同神学方面一样，哲学方面也没有取得任何共识，甚至连一次对话

莫里哀的戏剧《无病呻吟》。上图是该剧于1674年在凡尔赛宫为路易十四进行的表演。该作品现存于法国的凡尔赛宫博物馆。

都没有。17 世纪的艺术和思想界呈现出一片支离破碎的状态，这反映出传统的宗教统一已被打破，自治的主权国家开始纷纷建立。对于艺术，天主教和新教的回应大为不同。文学，历来是最为沙文主义的艺术形式，在这方面各个国家自觉形成了自己的国家风格。在本世纪即将结束的时候，各地的社会上层人士都争相仿效法国人的品位，但这种态度仅仅是即将到来的另一个时代——启蒙运动——的前兆。17 世纪的文化界，是毫无秩序的、争论不断的、心胸狭窄的，令人震惊的思想极容易使群众感到躁动和不安。像伽利略和斯宾诺莎一样，敢于同传统观念和权威做斗争的人，遭到了禁言和扼杀。即使是像弥尔顿和莫里哀一样的诗人，也因为他们具有争议性的艺术，面临着遭到迫害的风险。然而，即使是监察官和宗教裁判官，也无法阻止一般知识分子对传统权威的叛逆。这一点，是那个时代最为宝贵的财富。

第六章

迈向新的势力均衡

1688年至1715年间，整个欧洲上演着翻天覆地的权力重组。在战争和外交较量的年代，领土被重新划分，17世纪最具纷争的问题也得到了解决。新的时代——18世纪的启蒙运动时代即将到来。在这风云变幻的岁月，路易十四于17世纪80年代，威胁要推翻一切邻国政权，却最终受到牵制；在17世纪的大多数时间，英国已经从欧洲大陆全身而退，却在欧洲事务中重新确立了领导地位；17世纪末期，濒临消失的西班牙帝国迎来了新的领导集团；奥地利哈布斯堡王朝建立了全新而辽阔的多瑙河君主国；彼得大帝统治下的俄国，首次积极参与欧洲政治。总之，欧洲主要国家实现了新的势力均衡，国际秩序得以稳定。

这些变化是通过一系列波及范围广泛、耗资巨大、腥风血雨的连锁战争而得来的。此外，蓄势良久的权力转移，也通过这些战争达到了高潮：在西欧，发生于1688年至1697年的九年战争和1702年至1713年的西班牙王位继承战，实际上形成了法国路易十四与英国、尼德兰共和国以及奥地利领导的反法联盟之间长达25年的冲突。而路易十四骨子里企图主宰欧洲的野心，最终被觉醒的邻国挫败了；在东欧，1683 年至 1699 年间，奥斯曼土耳其人与由奥地利、教皇国、威尼斯、波兰和俄国组成的另一支联盟开战。1711 年至 1718 年间，与俄国、威尼斯及奥地利的战争进一步延续。早在 16 世纪 20 年代，为控制多瑙河中部流域，奥斯曼土耳其人与哈布斯堡王朝就爆发了冲突。通过这次战争，该冲突得到了解决；在波罗的海地区，瑞典于 1700 年至 1721 年与俄国、波兰和丹麦开战，此次北方战争结束了瑞典充当大国的短暂时期，标志着俄国这个新兴力量成了欧洲的主要国家。

1683 年至 1712 年间爆发的战争与之前的军事行动有很大的不同，如 1562 年至 1598 年法国的宗教战争，1566 年至 1609 年尼德兰、英国与西班牙的战争，1618 年至 1648 年的三十年战争，以及 1642 年至 1646 年的英国内战。17 世纪晚期，政治家们不约而同地追求新的风格。虽然他们的军队规模比以往任何时候都要庞大，但却管理严明，训练有素。掌握军队的军官成了国家的服务者，而不再是雇佣军的首领；应征入伍的士兵不再是十字军的狂热宗教信徒；不再像腓力二世的军队那样，为了拖欠的军饷，在佛兰德斯发动兵变，以致军队瘫痪；不再像平等派那样，为了政治权力在英国引起骚动。长期的战争给精英荟萃、骁勇善战的将军和国王们足够的空间施展拳脚，如英国的马尔伯博罗（Marlborough）、萨伏依的欧根（Eugene of Savoy）、瑞典的查理十二世（Charles Ⅻ，1697 年至 1718 年在位），以及俄国彼得大帝。马尔博罗的稳扎稳打、步步为营，与查理十二世和彼得大帝的灵活多变、见机行事的作战风格有着很大的不同，这也反映出东欧和西欧长久以来存在的差异。但所有的将军，都对军队有着强有力的控制权。他们领导的军队，浴血奋战，成为推行国家政策的工具。虽然宗教意识或多或少地影响着国王和将军，但他们更多的是为了幸福、荣誉和国家利益而战。于是，他们淡忘了 1559 年至 1648 年发生的信仰冲突，将战争恢复到宗教改革前的状态，变成了国王之间的竞技运动。

1688—1713年的欧洲西部的战争

1688 年，路易十四独占鳌头，在任法国国王 45 年间，进行专制统治达 27 年。在他统治时期，法国建立了欧洲最庞大的军事系统，打败了西班牙、尼德兰及神圣罗马帝国的军队，取得了一系列的成功。法国于 1648 年吞并了阿尔萨斯的大部分地区；1659 年，占领了阿图瓦；1668 年，得到了里尔（Lille）；1670 年，攻占了洛林；并先后于 1674 年和 1678 年获得了弗朗什－孔泰和佛兰德斯的部分地区；1681 年，得到了整个阿尔萨斯；1684 年，侵入了卢森堡，其疆域逐步向西北拓展。在大多时候，通过逐步推进的策略，路易十四都能够设法诱骗或威胁住大多数邻国。反法联盟曾于 1668 年和 1674 年进行了两次反法战争，但都以失败告终。路易十四以其在 17 世纪 80 年代的征服进度，一点一点儿吞噬并最终取得了莱茵地区和尼德兰的其余领土。除奥地利的利奥波德和勃兰登堡的腓特烈 · 威廉 之外，路易十四占领的神圣罗马帝国疆土比其他所有选帝侯都要多。此外，由于在八位选帝侯中，有六位都受到了路易十四的资助，所以他登上王位也在情理之中。又如（本书第二章）哈布斯堡王朝图所示，一旦膝下无子、疾病缠身的现任皇帝卡洛斯二世离世，路易十四通过母亲和妻子，将会比其他选帝侯更有资格接管疆域辽阔的西班牙帝国。因此，在1688年，蒸蒸日上的“太阳王”辉煌依旧，正致力于打造一个更美好的未来。

历史学家对路易十四的扩张战略颇有微词。他的确是欧洲历史上最具进攻性的人物之一，不过路易其实并不想参与到持久血腥的战争中，甚至在1688年之前，他都没有这个想法。路易十四是个因循守旧的人，比起之前的查理五世和腓力二世，他更加拥护王朝政治。有欧洲“第一绅士”称号的他，运用高超的外交、战略及法律手段，保证了自己作为法兰西国王和波旁家族首领的个人权力。这些个人权力主要来自通过历史渊源或是波旁家族继承而来的领土。举例来说，他在通过《威斯特伐利亚和约》获得了阿尔萨斯的大部分领土后，又于1679年至1681年间在那里成立了法院，用以解决该地区管辖权重叠问题。法院规定，斯特拉斯堡和不在路易十四控制范围内的阿尔萨斯城镇，曾是其控制范围内阿尔萨斯领土的附属国，于是，他重新统一了整个地区。一方面，他的权力是在历史渊源的基础上获得的；另一方面，他通过他妻子的继承权，获得了阿图瓦、卢森堡和弗朗什－孔泰地区；并于1685年通过他妻妹的继承权，获得了莱茵地区的普法尔茨。由于波旁王朝与当时所有的主要王室家族进行联姻，路易十四拥有获得几乎所有欧洲领土的可能性。

对于他的邻国来说，相比于100年前腓力二世讨伐尼德兰、英国和法国新教的策略，路易十四的战略更令人闻风丧胆。路易十四统治下的资源比腓力二世更多，拥有规模更加庞大的军队和更为核心的地理位置。在1685年至1688年间，德意志诸侯、尼德兰，以及奥地利哈布斯堡家族组成了新的反法联盟——奥格斯堡联盟。但由于这些联盟国成员被各自国家的问题所干扰，所以难以形成一个有力的同盟。1688年，奥地利的利奥波德一世在匈牙利与土耳其人陷入战事胶着，威廉三世也因英国事务难以脱身。值得注意的是，威廉三世企图入主英格兰，驱逐其岳父詹姆斯二世的决定，比路易十四的任何王朝策略都更为冒险。

1688年，路易十四采取主动进攻的策略，企图利用敌人内部之间的分歧。他原本可以通过出兵尼德兰阻止威廉三世侵略英格兰，正如他通常所做的那样。但他更希望威廉三世和詹姆斯二世打一场互毁互灭的英荷之战。另外，如果他进攻尼德兰的话，就会惹怒西班牙。而如果波旁王朝想要推翻卡洛斯二世统治下的西班牙王室的话，就需要加强和马德里的关系。路易十四此时的主要目标是扩大在莱茵河流域的领土，于是他决定加快侵略的步伐，以求赶在利奥波德一世和其德意志盟友重组它们在西线上的军队之前。而此前，他们刚刚从土耳其人那里取得了贝尔格莱德，所以在1688年9月，路易十四占领了科隆和普法尔茨。然而，这位法国国王失算了。由于德意志诸侯召集了强大的军事力量，路易十四被迫撤离莱茵河。

没有经过杀戮，威廉三世就登上了詹姆斯二世的宝座，并将英格兰并入同盟。到了 1690 年，西班牙也加入了奥格斯堡联盟。因此，路易十四设想的速战速决，最终演变成了一场大战。

九年战争

这场战争是一场持久的防御性战争。从 1688 年开始到 1697 年结束，路易十四和奥格斯堡联盟以尼德兰为主战场，展开围城战役。法国尤为擅长这种作战风格。沃邦元帅（Marshal Vauban）就曾因高超地运用围城战术，指挥过 53 次战役而闻名。所有人都竞相模仿他的战术来进攻或者是防御坚固的堡垒。双方的军队很多都是外国的雇佣兵，甚至在顶峰时期有 3 万瑞士人受雇于法国或是同盟国。因为 1693 年的战役，总共有将近 25 万军队投入了尼德兰战区。此外，这一庞大的军队并不怎么流动。战场上到处都是要塞、战略要地和防线。军队尽可能地与老百姓相互隔离，以防军队抢劫和叛逃。战场训练也变得正式起来，军官轮流给军队分配任务，这样就去除了不可控因素。由于军费开支庞大，战争伤亡率又高。所以，军官不愿陷入激战的泥潭。步兵开始使用燧发枪，比过去的火绳枪省时省力。那时，立场坚定、严守纪律的步兵们远比中世纪主导战场的骑兵和长矛兵致命得多。在 1690 年的弗勒吕斯（Fleurus），仅仅数小时的战斗中，7 万战士中就有五分之一伤亡。

由于威廉的军队身陷爱尔兰，詹姆斯二世发动了反击；西班牙实力弱小，无法守住尼德兰边塞；德意志的军队协调能力不佳。因此，如果路易十四把所有的军队都投入一个战区中，倾巢而出攻击英格兰、尼德兰或者是莱茵地区，那么他可能在 1689 或是 1690 年就促成了协议的签订。1690 年，法国海军在英吉利海峡的比奇角（Beachy Head）打败了英荷舰队，使侵入英格兰成为可能。但是，路易十四并不是孤注一掷的人。到了 1692 年，英荷实际上控制了这片海域，而路易十四却错失了良机。与此同时，威廉于 1690 年在博伊奈战役（(Bottle of Boyne）中打败了詹姆斯，并将他从爱尔兰驱逐了出去。在此后的战争中，威廉挺进佛兰德斯，利奥波德也在维也纳驻兵，而路易十四只是偶尔到战区督战。与亨利四世和古斯塔夫·阿道夫一样，威廉是一位穷兵黩武的国王。尽管威廉没能战胜法国，但他却使同盟国真正团结在了一起。

到了 1694 年，路易十四开始感受到压力。当时，他统领的军队达到 40 万人，军费消耗占国库收入的 74%。即使是在科尔伯特主政的和平年代，路易十四的财政制度也依旧缺乏弹性。为了满足军费开支，法国故技重演：向农民征收重税，签署高利贷协议，增设官职，卖官鬻爵。接着在 1693 年至 1694 年间，继两次大饥荒后，法国又爆发了本世纪最严重的生存危机。至少十分之一的法国人死于当年的饥荒。路易十四被迫减少军事行动，法国外交官们也努力争取实现和平。然而，在各有所图的同盟国意识到战争已经陷入无望的僵局前，它们选择持续对抗。1697 年的《里斯维克和约》（*Treaty of Ryswick*）基本上使各国恢复到了 1679 年路易十四、威廉与利奥波德最后一次签订协议的状态。路易十四放弃了对科隆和普法尔茨的

占领康布雷。这一古老的画作呈现出路易十四热衷的围城战作战方式。法国使用攻城炮突破城墙（图中偏左），于1677年占领此西班牙所属的尼德兰小镇。康布雷使者正在谄媚地迎接路易十四（图中偏下）。

所有，归还1679年至1681年吞并的卢森堡、洛林和部分阿尔萨斯地区，承认威廉英国国王的地位。通过《里斯维克和约》，路易十四失去了他在过去20年所占有的领土，但是没有失去法国的王位和波旁王朝的领导者地位。

《里斯维克和约》只是休战协议，它没能解决当时外交的主要难题：谁会继承膝下无子的西班牙国王卡洛斯二世的王位？

卡洛斯二世发育迟缓，在他四岁登上西班牙王位时，既没有断奶，也不会走路。随着他渐渐长大，卡洛斯二世继承了哈布斯堡家族的遗传特征：下颌严重突出，导致牙齿难以咬合，不能嚼碎食物。更重要的是，他不仅智力迟钝，而且没有生育能力。他的第一任妻子是法国的公主，第二任妻子是德意志的公主，两任妻子都无法怀孕时，这位可怜的国王认为他一定是被施了魔法，于是令牧师为他降妖驱魔。与此同时，他的两个表兄——娶了他大姐的路易十四和娶了他二姐的利奥波德，都虎视眈眈地觊觎着西班牙的王位。西班牙人自然有保护帝国完整性的决心，但是英荷憎恨路易十四和利奥波德肆无忌惮的索取。特别是他们无法容忍法国人接管西属尼德兰，或者是和西班牙海外殖民地进行贸易。在九年战争中，路易十四由于攻打西班牙而错失了机会，所以在签订《里斯维克和约》时，对该条约进行了慷慨的修订，将他自 1679 年以来夺取的所有西班牙领土予以归还。1698 年，威廉三世和路易十四做出外交妥协，达成一致同意：西班牙及其大部分的领地，都移交给卡洛斯二世的侄孙——6 岁的巴伐利亚亲王约瑟夫 · 斐迪南（Joseph Ferdinand）这一中立的继承人。而剩余部分由法国的波旁家族和奥地利的哈布斯堡家族瓜分。该条约的妥协在马德里和维也纳引起了不满，但却取得了良好的效果，只可惜约瑟夫 · 斐迪南在 1699 年就去世了。

至此，波旁王朝和哈布斯堡王朝之间爆发全面战争的可能性大大地增加了。比起利奥波德一世，路易十四更敢于以身犯险。虽然

卡洛斯二世。他是最后也是最无足轻重的西班牙哈布斯堡国王。该作品现存于维也纳艺术史博物馆（Kunsthistorisches Museum）。

他不想爆发另一场大战，也不期望获取西班牙的继承权，但如果涉及波旁王朝的利益，或者是他本身想要借一场战争来大显身手，那么他就会时刻为开战做好准备。得知英格兰和尼德兰联省共和国考虑到没有领土得失，并不热衷于发动另一场战争后，路易十四与威廉三世策划了第二次分割条约。这一次，这两个仲裁者把西班牙的大部分继承权分配给利奥波德一世的儿子查理大公（Archduke Charles of Austria），将米兰、那不勒斯和西西里岛分给法国王位的继承人王太子路易。尽管这条协议看似有利于奥地利，但实际上却使意大利受制于法国。这样的话，奥地利和西班牙的哈布斯堡家族就无法联手。利奥波德一世和卡洛斯二世都毅然决然地拒绝了这些条款，因为对利奥波德一世来说，奥地利最重要的继承权就在于意大利。而对于卡洛斯二世来说，他不同意分割这一想法。路易十四的代理人奔走于马德里，向卡洛斯的大臣们指出，如果西班牙想要避免被分裂的命运，就需要一个强大的保护者。因此，在西班牙国王于 1700 年病入膏肓时，被迫立下遗嘱，要求西班牙帝国必须保持完整，并指定路易十四的孙子——安茹的腓力（Philip of Anjou）为唯一王位继承人。如果腓力拒绝继承西班牙王位，则由查理大公继承。

此时，路易十四面临着执政以来最艰难的决定：是执行自己的分割条约，还是遵循卡洛斯二世的遗愿？对于波旁家族来说，显然遵循遗愿更有利，但它也使法国无法获得西班牙帝国的领土，而分割条约却能使法国得到对意大利的直接控制权。此外，如果他违背了分割条约，那么可能出现与英格兰和尼德兰联省共和国开战的风险。但如果不继承遗愿，则会疏远西班牙。因为利奥波德既不会继承遗愿，也不会签订条约，所以路易十四无论选择哪种方式，可能都无法避免战争。不出所料，路易十四接受了卡洛斯的遗愿，并赞同自己的孙子成为西班牙国王腓力五世。即使在这个节骨眼上，他也没能精心策划，保持克制。他本可以在不发动战争的前提下与利奥波德和威廉达成条约。但是，成功助长了他的魄力。1701 年，他派兵进入西属尼德兰，蓄意挑衅；他承认詹姆斯二世的儿子为英格兰国王，蓄意挑衅英格兰；他派法兰西商人进入西班牙殖民帝国，蓄意激怒尼德兰和英格兰。很明显，西班牙是受路易十四，而不是腓力五世实际控制的。于是，尼德兰、英格兰、奥地利和普鲁士迅速组成新的大同盟对抗路易十四统治下的大君主国，并于1702年再次爆发了战争。

西班牙王位继承战争

路易十四和大同盟的第二场战争爆发于1702年至1703年间。该战争似乎是九年战争的重现，却比后者更具戏剧性和决定性。由于英格兰加大了战争的投入力度，原有的势力均衡被打破了。

1702年，英格兰并没有做好充分应战的准备。威廉三世说服英格兰加入九年战争的过程充满艰辛，而他又在第二次战争爆发前去世了。由于威廉三世的妻子玛丽比他去世得还要早，所以王位传给了玛丽的妹妹安妮——詹姆斯二世的新教小女儿。安妮女王（1702年至1714在位）的统治能力比威廉要弱得多。她在位的整个期间，政治局势处于动荡不安的境地。

安妮女王统治期间，英格兰政治的显著特征是争端层出不穷，但是历史学家普遍赞成两点：在整个欧洲，英格兰的政治家是唯一宣称自己是广泛选民的政治人物（大约有25万人为议会成员投票），而在两党制度下，这些政治家比欧洲其他地方的政治领导者更难发挥作用。自17世纪70年代开始，托利党和辉格党出现意识分歧以来，各自为了影响民意而大肆宣传；为了赢得议会选票而组织选区竞选；为了得到女王支持而机关算尽。两党都没有严密的组织，许多政治家都凌驾于政党之上，或者仅仅为了个人利益而行动。但是英格兰的政治景象比其他任何地方都要熠熠生辉，因为在基本问题上，这里的权力操纵者和权力争夺者更倾向于自由站队。[1]对于光荣革命，托利党人并未取得一致意见。此外，对于与路易十四开战而消耗的巨额财富，他们还进行了严厉的批判。如果非要与法国开战，他们认为战场应该是在海上，而不是陆上。受英国政党结构的影响，辉格党强烈反对法国，热烈拥护战争。

安妮女王虽然在情感上站在托利党一边，但在路易十四承认其同父异母的兄弟——斯图亚特的"王位觊觎者"为英格兰的合法国王后，她不得不被迫支持战争。此外，英格兰的最高将领约翰·丘吉尔（1650—1721）深受女王的信赖。而这位马尔博罗公爵又主张与法国进行陆战。1702 年至 1710 年间，安妮女王的主要大臣们要么保持政治中立，要么就是辉格党人，大肆鼓吹开战。尼德兰接受马尔博罗公爵作为他们的最高指挥官。马尔博罗公爵——温斯顿·丘吉尔（Winston Churchill）的先辈，成为继奥利弗·克伦威尔（Oliver Cromwell）后最为杰出的英国将军。他与清教徒战士们大相径庭，属于完全的世俗主义者，极度渴望财富、地位和名誉。为了达到这些目的，他在詹姆斯二世、威廉三世和安妮女王身边兢兢业业辅佐了多年。从外表来看，马尔博罗公爵是位完美的绅士：风度翩翩，衣着华贵，知书达理，和蔼可亲，谨言慎行。他同时又是一位完美的外交家，善于伪装自己的想法，虚情假意地接受他人的建议。在 1688 年的最后关头，他背叛了詹姆斯二世，并于 17 世纪 90 年代涉嫌与流亡国王交易，以叛国罪的名义遭到逮捕。然而，威廉希望他指挥英荷军队，因为他是一位百战百胜的将军。在1704年至1708年间的三场大规模战役中（包括布伦海姆之战、拉米伊之战和奥德纳尔德之战），他果然击败了法军。

在1702年至1703年间的两场战争中，马尔博罗公爵为了能够进行正面作战，企图转变同盟国尼德兰和敌对国法国的围城作战思路，却最终徒劳无果。在西属尼德兰，马尔博罗成功地将法国军队压制在防线以内，但是每次他对敌人发动军事进攻时，他的尼德兰友军都由于害怕折损军队，拒绝发动进攻。在尼德兰受困后，马尔博罗公爵决定于1704年将军队部署在一个全新的战区——德意志南部的多瑙河上游地区。

由于法国军队对维也纳展开猛烈攻击，企图迫使奥地利退出战争，所以多瑙河流域成了主战场。除巴伐利亚选帝侯马克斯·伊曼纽尔（Max Emmanuel，1662—1726）以外，路易十四几乎没有同盟者。马克斯也是德意志南部举足轻重的选帝侯，因为他的国家毗邻奥地利利奥波德一世的领土。1703年，路易十四派兵跨过莱茵地区，穿越黑森林，与马克斯·伊曼纽尔的军队会合。这支法巴军队开进蒂罗尔和奥地利，给维也纳带来了恐慌。由于受到匈牙利叛乱的牵制，维也纳年迈的国王无法予以反击。为了应对这一危机，马尔博罗公爵采取了大胆的军事行动，震惊世人。为了不把目的地泄露给荷兰和他的高级军官，马尔博罗公爵带领四万军队，从尼德兰到莱茵地区，再越过多瑙河流域，艰苦跋涉250英里。马尔博罗公爵从两翼包围两支法国军

《马尔博罗公爵肖像》。这幅约翰·克劳斯特曼（John Closterman）的肖像画约完成于1688年。那时，马尔博罗刚刚从詹姆斯二世的阵营投诚到了威廉三世的阵营。该作品现存于伦敦的国家肖像画廊。

队时，法军面面相觑，不知所措。他们认为马尔博罗公爵会在他的军火库周边作战，袭击洛林或阿尔萨斯。马尔博罗公爵的红衣军队，徒步走过泥泞的道路，平均每天行进 10 英里。由于莱茵河的驳船正在运输他们沉重的行囊，所以只能按照这个速度前进。后勤为他们这 6 周的远行做了全面的物资准备。战士们每到一个营地，就有相应的补给；每遇到一条河流，就有大批的驳船接应；在巴伐利亚的中途美因茨，4 万双崭新的靴子在那里等着他们。1704 年 6 月，马尔博罗公爵在巴伐利亚的边境与奥地利的杰出将军萨伏依的欧根亲王会合。虽然欧根亲王带来了 1.8 万人的军队，但是法国也向巴伐利亚派驻了援军。

于是，这两支联军的指挥官决定发动他们梦寐以求的激战，来对抗更为庞大的法国军队。

1704 年 8 月的一个傍晚，马尔博罗和欧根亲王爬上了多瑙河村庄教堂的高塔。通过望远镜，他们发现在 5 英里以外，靠近布伦海姆的地方，有一片空旷的野地，6 万法国白衣军队正在那里安营扎寨。而他们的军队合起来，包括英格兰军队、尼德兰军队、丹麦军队、普鲁士军队、黑森雇佣兵，总数不过为 5.2 万。此外，法国的军队在他们大炮的射程之外，如果他们想打到法国的据点，就得踏过沼泽，穿过小溪，爬过后面的高地河岸。而且，由于法国营地的一边挨着多瑙河，另一边是丛林密布的小山，所以他们无法从侧翼攻击法军。这样看来，他们的进攻将会无比困难。尽管如此，联合军队在午夜过后不久，收起营帐，驶向布伦海姆。黎明时刻，法国元帅塔拉尔（Marshal Tallard，1652—1728）震惊地发现，联合军队竟距离自己如此之近。不过，由于法军处于优势，塔拉尔自信能够做到运筹帷幄。

正午，经过几个小时的礼炮、军乐及宗教礼仪后，杀戮开始了。尽管在行军途中，马尔博罗公爵对军队进行了无微不至的关照，但在这场战争中，他做好了牺牲四分之一军队的准备。他派出大量的步兵骑兵，不断冲锋陷阵，火力全开，直到到达敌人的防线为止。其军队跨过小溪，袭击村寨，把大量的法国步兵围困在街道和农场里。结果，联盟军队在旷野作战中更具火力优势，马尔博罗公爵训练有素的步兵重创了法国骑兵。塔拉尔元帅和其 9000 战士被俘，至少 2 万多名法国官兵或死伤或逃亡。虽然联盟军队在布伦海姆的损失也很惨重，死伤 1.2 万人，但相比其胜利，就显得微不足道了。因为在历史长河中，这是战无不胜的法国军队第一次吃败仗。自此以后，路易十四失去了同盟国巴伐利亚，也失去了使奥地利退出战争的机会。

布伦海姆战役仅仅是联盟军一系列胜利中最具戏剧性的一场。此后，马尔博罗公爵返回尼德兰战场，于 1706 年在拉米伊击败了另一支法国精锐之师。这场败仗使法军士气严重受挫，不得不放弃了西属尼德兰的大部分领土。1708 年，法国元帅旺多姆（Marshal Vendome，1654—1712）企图重新占领佛兰德斯，但在奥德纳德被马尔博罗公爵和欧根亲王俘获，打得头破血流。联盟军队跨过法国边界，控制了里尔这一要塞，并蓄势待发，准备向巴黎挺进。与此同时，反法联盟在意大利边境也同样取得了胜利。路易十四唯一的意大利同盟军——萨伏依公爵维托里奥·阿梅迪奥二世（Vittorio Amedeo Ⅱ,1666—1732），于 1703 年投靠了大同盟。在伦巴第（Lombardy），欧根亲王开展了一系列军事行动，击败了多位法国将军。1706 年，他在都灵取得了巨大的胜利，将法军赶到了阿尔卑斯山的另一侧，使奥地利占领了那不勒斯。同样，在西班牙战场，联盟军队也正在向着胜利迈进。1703 年，葡萄牙加入了大同盟。英格兰控制了直布罗陀（Gibraltar）和米诺卡岛（Minorca），第一次在地中海拥有了自己的海军力量。1705 年，英荷军队占领了巴塞罗那。奥地利的查理大公以西班牙国王卡洛斯三世的名义建立了宫殿。这反映了联盟军队在西班牙取得的胜利是有局限性的。大多数的西班牙民众尊波旁王朝的腓力五世为国王，而视卡洛斯三世为外来的篡位者。1707 年，腓力五世在阿尔曼萨（Almanza）打败了查理的军队，巩固了腓力五世的地位。

尽管腓力五世在西班牙站稳了脚，但他的祖父却丧失了意大利和尼德兰。到了 1709 年，路易迫切渴望实现和平。1693 年至 1694 年间，路易十四不仅在战场上连连失利，而且大后方也灾难不断。1708 年，法国爆发大饥荒。紧接着，1709 年 1 月出现了有史以来的最低温，另一场大饥荒即将接踵而至。面包的价格增长了 3 倍。军队被派去护送粮食运输，控制灾民暴乱，镇压抗税运动。于是，路易十四不得不放下尊严，请求议和。他做好准备归还自 1661 年以来取得的几乎所有领土，接受卡洛斯三世为西班牙国王，并且撤回对腓力五世的军事援助。但不幸的是，由于路易十四曾在 1700 年违背过自己的诺言，所以此次同盟国不相信他做出的承诺。同盟国企图从他那里得到更多的好处，特别是马尔博罗公爵提醒他们，再有一两场军事行动，法国就会被彻底摧毁。此外，由于每个同盟国都有它们各自不同的战争目标，所以它们只能在一些最高诉求上达成一致意见。于是，在 1709 年 5 月，联盟军队告知路易十四，如果他想要和平，就必须将他的孙子在两个月之内驱逐出西班牙，而这是路易十四所不能接受的。

于是，战争只能继续。路易十四召集他的子民抵御外来侵略，并临时组成了一支拥有八万将士的、缺乏训练的军队，由维拉尔元帅（Marshal Villars，1653—1734）统率。1709 年 9 月，他在马尔普拉凯（Malplaquet）对抗来自马尔博罗公爵和欧根亲王率领的 11 万大军。这是马尔博罗指挥的四场大规模战役中最浩大、最血腥的一场。同盟军虽然迫使维拉尔元帅撤退，但也已经精疲力竭，无力继续追击。维拉尔元帅虽败犹荣，因为联盟军损失了4.4万名战士，而法军的伤亡人数仅为1.2万人。马尔博罗公爵的进攻渐渐步履维艰。此时，同盟军才意识到，他们当初应该接受路易十四的议和。然而，一切都为时已晚。在1710年至1711年间的军事行动中，无论是在法国还是在西班牙，联盟军都无法再取得胜利。

接着，在1711年，大同盟开始分崩离析。利奥波德一世的儿子——奥地利首席大公约瑟夫一世（1705年至1711年在位）突然去世。他的弟弟卡洛斯三世——前查理大公、未来的西班牙国王继承了他的王位。查理六世（1711—1740年在位）的继位成为新的王朝威胁，因为他不仅是神圣罗马帝国的皇帝和庞大的奥地利哈布斯堡家族的首领，对欧洲中部和西部拥有统治权力，也掌控着联盟军队在战争期间取得的意大利和尼德兰地区。随后，尼德兰和英格兰不愿再协助查理六世征服西班牙，因为他在那里的胜利，将会重现查理五世统治下的、幅员辽阔的君主国。

然而，大同盟受到的打击还没有结束。在英格兰，安妮女王已经渐渐厌倦了无休无止发动战争的辉格党，因此于1710年将辉格党大臣们替换成托利党派人士。并且，托利党在议会选举中赢得了多数席位。1711年，安妮女王收回了马尔博罗公爵的军队指挥权。由于议会指控马尔博罗公爵贪污腐败，所以在安妮女王去世前，他一直在国外隐退。与此同时，托利党外交官亨利·圣约翰子爵（1678—

1751）经过与法国的秘密协商，无耻地违背了英格兰对同盟国的义务。尼德兰单枪匹马，也感到力不从心。就连顽固的奥地利也不得不放弃了他们原本不现实的战争目标，最终接受了和平方案。

由于大同盟已经四分五裂，所以签订统一的条约是不可行的。因此，参战国达成了一系列复杂的条约，其中最重要的是 1713 年法国、英格兰、联省共和国、普鲁士和萨伏依签订的《乌得勒支和约》（*Peace of Utrecht*），以及 1714 年法国、神圣罗马帝国和奥地利签订的《拉施塔特和约》（*Peace of Rastatt*）。具有讽刺意味的是，这两份和约体现了 1698 年至 1699 年路易十四和威廉三世签订的分割条约的精神，其目的是为了阻止大战的爆发。所有的参战国在这场较量中，都有所收获，但是它们多数都做出了相当大的让步。腓力五世的西班牙国王身份虽然得到了认可，但也不得不宣布放弃对法国波旁王室的继承权。其统治下的西班牙帝国失去了位于地中海的 3 座岛屿，以及尼德兰和意大利半岛的所有领土。而奥地利的查理六世虽然占领了伦巴第、那不勒斯、萨丁尼亚岛和西属尼德兰，却丧失了西班牙国王的地位。路易十四保住了孙子的西班牙王位，也将法国疆域维持在了 1697 年的状态，失去的仅仅是一些美洲的领土。然而，条约的签订也意味着路易十四扩张政策的彻底破产，他企图建立法兰西大帝国的梦想破灭了。而且，在以后的 35 年里，他从国际战争中获得的最重要的成果就是占领了斯特拉斯堡。奥地利控制了西属尼德兰，阻止了法国未来对联省共和国的进攻。英格兰单独与西班牙和葡萄牙签订的贸易条约，对尼德兰的商业构成了打击。英

布伦海姆战役。在这幅范·汉克顿巴勒 （van Huchtenburgh）创作的全景图中，马尔博罗公爵和欧根亲王（前景左中）正在庆祝他们的胜利，被俘的法国元帅塔拉尔 （前景左）被

关押在了马尔博罗公爵的大马车上。同时，联盟军正在以方正的队形，通过下方宽阔的平原。图左是蜿蜒的多瑙河和布伦海姆村庄，远处的法巴大营正在燃烧。

格兰保留了其在直布罗陀和米诺卡岛的部队，并且从法国那里获得了部分美洲领土——纽芬兰、阿卡迪亚、哈得逊湾，加勒比海圣基茨岛（Caribbean island of St. Kitts）。

辉格党据理力争，认为英格兰本应在乌得勒支获得更多的利益。然而，实际上，这场战争已经给英格兰带来了实实在在的好处，不仅促进了英格兰商业的发展，还加强了其海外殖民帝国的实力。此外，英格兰和苏格兰于1707年成立议会联盟，组成了大不列颠王国（Kingdom of Great Britain），自此以后被称作英国。在参战的大国中，唯独英国从战争中受益匪浅，发展势如破竹。对小国来说，萨伏依公爵获得了西班牙的西西里，不久后又换成了奥地利的萨尔迪纳（Sardina）。巴伐利亚的继承人马克斯·伊曼纽尔，重新获得了在布伦海姆战役中失去的王权；勃兰登堡的继承人腓特烈一世（Frederick Ⅰ），获得了西属格尔德兰，并被授予了全新的王室头衔——普鲁士国王。

从某种意义上说，《乌得勒支和约》和《拉施塔特和约》都是经过慎重协商的，挫败了路易十四于1688年和1701年的扩张目标，打压了大同盟于1709年提出的报复性要求，摧毁了哈布斯堡家族企图恢复查理五世王朝的努力。而从另一角度来看，在实现新的势力均衡方面，两则和约都起到了积极作用，使大国之间互相牵制。势力均衡并不是新提出的理念，早在15世纪的时候，意大利5个主要的城邦就曾运用过这一外交理论。15世纪90年代，瓦卢瓦王朝和哈布斯堡王朝对意大利发起了进攻，摧毁了其运作系统，同时扼杀了权力均衡的理念。在十六七世纪，王朝劲敌之间时而通过休战协定打断战争进程，例如，1559 年瓦卢瓦王朝和哈布斯堡王朝签订的和平协定，或是 1598 年和 1659 年波旁王朝和哈布斯堡王朝签订的协定。然而，这些协议只是为战争提供了一丝喘息的机会，对达到势力均衡状态并不起作用。于是，这些王朝劲敌通过王室联姻来进行调节，但也恰恰是由于这些联姻导致的继承权纷争，重新点燃了战火。在乌得勒支和拉施塔特，外交官们努力平息彼此之间的怨气。他们尽量分离开法国、西班牙和奥地利几个君主国；保持法国周围有强大的邻国对其进行牵制；增加萨伏依的领土面积，从战略上使其更加重要。然而，就像历史所不断重复上演的那样，复兴的势力均衡理论并不是万灵药。但 1713 年至 1714 年的条约使国际关系更加合理，其所建立起来的领土分配系统处于各大国的容忍范围之内。在 18 世纪 40 年代以前，该系统为欧洲西部带来了一个时代的和平和安定。

1683—1721年的欧洲东部战争

路易十四在与大同盟（Grand Alliance）激战时，在易北河和阿尔卑斯山以东，正在同时进行着一系列漫长而血腥的战争。相比于欧洲西部，这里的政治形势更为动荡。欧洲东部的君主们，没人能像法国国王一样集权。奥地利、土耳其、俄国、瑞典、波兰、勃兰登堡－普鲁士这 6 个国家，在 1683 年至 1718 年的土耳其战争，以及 1700 年至 1721 年的北方战争中，开始进行对领导权的争夺。这些国家都是高度军国主义化的。它们的军队，由贵族地主出身的、在社会各个方面占主导地位的军官来领导；它们的士兵是从农奴劳动力中征召入伍的。比起法国、英格兰或联省共和国，东部国家的人均财富少得可怜，但它们的角斗场却要大得多，人口密度要低得多。这些战争的风格，反映了上述政治、社会、经济和地理条件。这些国家的军队规模（除土耳其军队外）通常要小得多，战斗力也不如西部国家，战场十分偏远，将军们敢于冒险，战争的胜利和失败不是凭借科学的战术和后勤，往往依靠个人英雄主义，当然有时也依赖于运气的好坏。总体上，土耳其战争和北方战争是关键性事件。在相当大程度上，它们改变了领土的划分，见证了部分国家的崛起，特别是奥地利和俄国，以及部分国家的力量的削弱，主要是土耳其、瑞典和波兰。这些战争与欧洲西部的战争结合起来，共同塑造了欧洲新的势力均衡。

奥地利与土耳其的对抗

奥地利对匈牙利、特兰西瓦尼亚、克罗地亚的征服，以及其于 1683 年至 1699 年的战争中从奥斯曼土耳其人手里夺取斯洛文尼亚的情况，本书前半部分已经讨论过了。为什么利奥波德一世的扩张政策成功了，而路易十四却失败了呢？这个问题是值得思考的。到了 1683 年，利奥波德已经担任神圣罗马帝国皇帝，波希米亚国王，奥地利大公，西里西亚、克恩滕州、卡尼奥拉公爵，摩拉维亚和施蒂里亚侯爵，以及蒂罗尔伯爵，长达25年之久了。他的帝国疆域比法国幅员辽阔，人口也相差无几。包括路易十四在内，没有一位统治者能够像利奥波德一样，一心一意地维护自己王朝的领土。但比起路易十四，利奥波德却不那么有力和进取。性格平淡冷漠的他，对麻木的宫廷生活十分着迷。奥地利哈布斯堡王朝是一群独立省份的集合体，缺乏像法国波旁王朝一样的凝聚力。相比于利奥波德的支出，他的财政收入可谓是杯水车薪。在17世纪晚期和18世纪早期的战争中，尽管在增加收入方面付出了巨大的努力，但奥地利的军事开支只相当于法国的五分之一，英格兰的三分之一。利奥波德的军队人数不足，他手中掌握的军队至多只有10万人，而在法国的军事鼎盛期，路易十四统领的军队人数达到44万。此外，奥地利是唯一一个不得不同时处理东部和西部事务的国家。因此，在17世纪80和90年代，为了应对土耳其和法国，利奥波德不得不在东西两线建立要塞，部署军队。这位依赖盟国作战的君主，为什么还会如此成功呢？

1683年的战争发动者是土耳其，而不是奥地利。奥斯曼帝国历来实行高度的军事化，但它的军队却是叛乱不断、腐败不堪。在过去的30年里，为苏丹穆罕默德四世（Sultan Mehmed Ⅳ）掌管军事机器的大维齐尔们（伊斯兰教国家的首相），通过为他们暴躁不安的士兵——步兵、骑兵及巴尔干和克里米亚等属国忠诚度不高的边疆军团找到事情做，设法将这支军事力量管理得井井有条。1682年，大维齐尔卡拉·穆斯塔法（Kara Mustafa）决定率军进行一次冒险的行动，去占领奥地利哈布斯堡王朝的首都维也纳。由于现代学者还没能对17世纪奥斯曼大部分的历史记载进行研究，所以我们无法确定这位大维齐尔的动机，但毫无疑问的是，卡拉·穆斯塔法极为蔑视利奥波德一世和居住在奥地利的基督教信徒。他与匈牙利（被利奥波德控制的狭长地带）已经建立了同盟关系。在那里，匈牙利的爱国者正在掀起反抗奥地利统治者的叛乱。卡拉·穆斯塔法很可能是认为，相比于刚刚挫败了其向乌克兰扩张计划的俄国，奥地利更容易下手一些。

大维齐尔的计划十分鲁莽和大胆，但他几乎实现了自己的计划。1683年7月1日，他率领一支至少10万人（准确的数字无人知晓）的大军来到了土奥边境。不屑于围攻奥地利边境要塞的卡拉·穆斯塔法，将企图分散其注意力的小股奥地利军队轻而易举地进行了扫除。接着，他直接向多瑙河上游发起进攻。仅仅用了不到两周时间，在几乎没有遭到反抗的情况下，土耳其人挺进了80英里，包围了维也纳。在围着维也纳城池安营扎寨之后，他们开挖了直通奥地利要塞之内纵横交错的、深深的壕沟和地道。鞑靼骑兵在多瑙河河谷肆意横行，烧杀劫掠。皇帝和他的大臣们逃到了巴伐利亚边境，维也纳要塞中的1.1万名驻军可谓是寡不敌众，而利奥波德的军队也因人数太少而解围无力。只有在得到大规模外部援助的条件下，维也纳才能得到解救。

利奥波德的邻居为土耳其此举感到大为震惊，于是他们决定伸

《土耳其人包围维也纳》。弗朗茨·盖菲尔兹（Franz Geffels）在这幅绘画作品中，描绘了1683年9月12日激战的场面：波兰国王约翰·索伯斯基率领的援军从俯瞰维也纳城的位置冲锋下来。土耳其人精心打造的围城工事（中心），几乎已经快要渗透到城内。在画的前景部分，可以看到奥斯曼土耳其的士兵、帐篷和骆驼。该作品现存于维也纳博物馆。

出援手。波兰国王约翰·索伯斯基（John Sobieski）率领1.6万人，从华沙出兵；萨克森选帝侯约翰·乔治（John George），率领1万人从德累斯顿出兵；巴伐利亚的选帝侯马克斯·伊曼纽尔率领1.1万人，从慕尼黑出兵；瓦尔德克伯爵（Count Waldeck）率领8000弗兰克人（Franconians），从美因河流域（Main River area）出兵；当然，像勃兰登堡–普鲁士选帝侯腓特烈·威廉（在德意志的军队实力最强）一样的帝国诸侯，拒绝提供任何军事援助。此外，由于援军出兵较晚，而且距离较远，所以无法及时赶到维也纳。波兰国王约翰·索伯斯基需要6个星期的时间才能召集他的士兵，并将他们带到400英里远的地方去。尽管奥地利人认为他刻意拖延磨蹭，但比起他于1704年从马尔堡赶到多瑙河的速度，这次可是要快多了。奥地利应当感到庆幸，因为维也纳的守军誓死不降，顽强地抵抗着土耳其人发动的攻势。即使如此，8月12日，土耳其人还是突破了维也纳城的外部攻势。到了9月4日，一颗土耳其地雷在内城炸开了一个直径30英尺的洞。然而，由于卡拉·穆斯塔法的火炮威力有限，他的尖叫嘶喊、挥刀舞剑的士兵，又在近距离作战中被奥地利的长枪兵和火枪手所阻挠，所以仍然无法进入城内。如果卡拉·穆斯塔法认为有加强攻势的必要，他本可以加快进攻的速度，于9月份拿下这座城池。但在他看来，奥地利人很明显不可能会向他的攻城阵营发起反击。他那有组织无纪律的鞑靼骑兵，没能发现正在向他靠近的援助军队，更不用说在渡河的时候对他们进行阻击。即使在他获知敌军已经在维也纳西部会合，正准备向他发起进攻之时，他竟然也没有加固自己的营寨，更没有派人登上山丘，为大营进行警戒。

1683年9月12日，一支6000人的援军被部署在了可以俯瞰维也纳的位置，指挥官正是波兰国王约翰·索伯斯基。这支部队中，四分之三的士兵都不是奥地利人，他们面对的是一支只有2.8万人的土耳其骑兵部队——穆斯塔法将大部分步兵投入了围城工事中，从而失去了人数上的优势。在盟军发动攻击的时候，土耳其人奋力反抗，但穆斯塔法的鲁莽和草率，使奥斯曼军事系统中的弱点暴露无遗。

在夜幕降临之前，土耳其军队被击溃了，士兵四散而逃，将1万名死伤的士兵抛在了身后，同时被抛弃的所有的土耳其辎重，包括火炮、弹药、马车、帐篷、牛马、骆驼和各种器物，还包括丝绸、地毯、宝剑、关在镀金笼子中的鸟，以及数不清的咖啡豆，以至于不久后，维也纳人就开办了他们的第一家咖啡店。就这样，穆斯塔法在17世纪发动的最为冒险的进攻，最后沦落为本世纪最大规模的惨败。

发生于1683年的这场令人震惊的战争，对奥斯曼体系所产生的震动长达数年之久。穆斯塔法被苏丹处以绞刑，穆罕默德本人也于1687年遭到罢黜。1683年至1703年间，5位苏丹和12位大维齐尔企图恢复稳定，但最终都以失败告终。同时，奥地利哈布斯堡王朝认为，对东面这位可憎的邻居发起反攻，收复匈牙利（自16世纪20年代起被奥斯曼帝国控制）的时间到了。此外，威尼斯、波兰和教皇国也希望从土耳其的崩溃中获益。1684年，在神圣同盟的战争中，它们与神圣罗马帝国皇帝并肩作战，企图将伊斯兰教赶出欧洲。威尼斯设法将土耳其人赶出了摩里亚半岛（Morea peninsula），但波兰的收获却小得可怜。维也纳的救世主约翰·索伯斯基计划夺取摩尔达维亚（Moldauia），并在黑海上建立一个波兰的出海口。但波兰议会的什拉赫塔对此并不支持，他那拿不到军饷的军队仅仅在德涅斯特河（Dniester River）占领了几个要塞。相比而言，利奥波德一世实现了他所有的目标。帝国对多瑙河中部沿岸的主要土耳其要塞发起了集中攻击：1683年夺取格兰（Gran），1685

年占领诺伊豪森（Neuhäusel），1686 年攻占布达，1687 年获得了奥西耶克（Esseg），1688 年攻占了贝尔格莱德。通过攻占这一系列的要塞，哈布斯堡王朝使土耳其的边境控制系统陷入了瘫痪，仅仅用了 6 年的时间，就将奥斯曼赶出了匈牙利、特兰西瓦尼亚、克罗地亚和斯洛文尼亚。帝国的军队大多不是奥地利士兵，由非奥地利将军指挥，军饷则来自教皇国的收入，但最大的受益者却是利奥波德。1687 年和 1688 年，他召开了匈牙利和特兰西瓦尼亚议会，并获得议会承认，正式成为他们的世袭国王。

在 17 世纪 80 年代土耳其开展军事行动的时候，萨伏依亲王欧根才开始崭露头角。欧根是利奥波德一世最精明强干的将军，也是一名纯粹的世界主义者。他出生于巴黎，父亲是一位法国伯爵，母亲是马萨林的侄女，也是一个罗马美人儿，曾做过路易十四的情妇。他的表弟是萨伏依公爵（duke of Savoy）。欧根并没能继承母亲的美貌，他身材矮小、面色苍白、满脸痘痕、无精打采。路易十四认为他只适合从事神职，于是拒绝了他加入法国军官行列的请求。无奈之下，这位年轻人前往了奥地利，参与了土耳其战争。在 1683 年解救维也纳的军事行动中，初步展现了军事才能。在奥地利军队中平步青云的他，在 10 次军事行动中，率领帝国军队打击土耳其人。此外，他还参与了 20 次针对路易十四的军事行动，尽管他的祖籍是法国。整个欧洲都是欧根亲王的战场——多瑙河中部、德意志南部、意大利北部、法国南部、莱茵河畔及尼德兰境内。通常情况下，他率领的军队人数较少，所以常常寡不敌众，输掉了一些战斗。但总的来

对萨伏依亲王欧根的神化。这座巨大的巴洛克雕像，矗立在欧根位于维也纳美景宫（Belvedere Palace）的中央大厅中，目的是为了纪念他在土耳其战争中取得的胜利。这位得胜的将军，由天使将他托起，一面将敌人踩在脚下，一面用一只手覆盖住名誉之号角。该作品现存于维也纳的奥地利国家美术馆（Oesterreichische Galerie）。

说，他取胜的次数更多。在奥地利哈布斯堡王朝的构建中，没有人比萨伏依欧根亲王的贡献更大。

1688年以后，奥地利不得不双向作战。在路易十四入侵普法尔茨，掀起九年战争开端的时候，大部分的帝国军队急忙从多瑙河流域赶回莱茵河流域。利奥波德应该感到幸运的是，1683年至1688年的土耳其战争可谓是硕果累累。1690年，土耳其人重新夺回了贝尔格莱德，但由于其军队过于涣散，无力击败驻守匈牙利和特兰西瓦尼亚的小股奥地利军队。到了1697年，随着西线的战争接近尾声，利奥波德能够腾出手来，命萨伏依亲王欧根率领5.5万人，来到了多瑙河前线。在9月下旬的一个下午，欧根给了苏丹及其军队重重一击。当时，土耳其人正在利用船只搭成的浮桥，缓慢地渡过贝尔格莱德西北部森塔（Zenta）地区的蒂萨河（Tisza River）。苏丹和他的骑兵已经到达了河对岸，而步兵正在跟随他们过河。在欧根率领军队来到河岸的时候，还有2个小时就要天黑了，他的士兵也已经因10小时的急行军而疲惫不堪。但他仍然立即对拥挤在桥头的步兵发起了进攻。苏丹命令骑兵返回河对岸，对步兵进行援助，但是这一举动造成了浮桥的堵塞，看到后退无路，步兵们大为惊恐。数以千计的步兵坠入河中溺亡，其他人则对自己的军官横刀相向。苏丹丢弃了所有的补给，仓皇逃跑。这次惨败使土耳其人看到，收回领土已毫无可能。于是，他们被迫于1699年与神圣同盟签订了《卡尔洛维茨和约》（*Peace of Karlowitz*）。伊斯兰教虽然没有被逐出欧洲，但土耳其元气大伤，利奥波德占有的领土是1683年的两倍。《卡尔洛维茨和约》将利奥波德从与路易十四争夺西班牙王位继承权的战争中解放了出来，但不久之后，西班牙王位继承战争再次使维也纳面临了两线作战的问题，并让世人看到，奥地利不是法国的对手。1703年，费伦茨·拉科齐（Francis Rakoczi，1675—1735）发动了反抗哈布斯堡统治的匈牙利叛乱，这次叛乱横扫了特兰西瓦尼亚和匈牙利。同时，土耳其战争中最强大的帝国支持者——巴伐利亚选帝侯马克斯·伊曼纽尔，在德意志南部与法国联手。如我们所看到的，由于马尔博罗公爵取得了胜利，奥地利才免遭一劫。欧根后来对意大利北部的征服才给哈布斯堡王朝腾出了足够的军队，将费伦茨·拉科齐于1708年掀起的叛乱镇压下去。此外，在《拉施塔特和约》签订后，奥地利征服西班牙的行动以失败告终，使哈布斯堡王朝再次将注意力转移到土耳其身上。1715年，奥斯曼土耳其人宣布对他们最为弱小的基督教邻国威尼斯共和国开战，并且迅速占领了摩里亚。奥地利继而出兵干涉，很显然，欧根亲王宝刀未老。1716年，他在彼得瓦拉德（Peterwardein）击溃了一支比自己规模更大的土耳其军队；1717年，在以寡敌众的情况下，他再次拿下了贝尔格莱德。1718年，奥地利与土耳其签订《帕萨罗维兹条约》（*Treaty of Passarowitz*）。根据该条约，又一块多瑙河流域领土，包括巴纳特（Banat）、塞尔维亚北部和瓦拉几亚，划归为奥地利所有。

如同之前的土耳其战争一样，在这场战争中，奥地利的运气好得不得了，它的对手急于开战而又易于被打败。而且，奥地利是唯一一个与土耳其接壤，而又足够强大到击败它的国家。在地中海东部地区，威尼斯企图夺回自己的领土，但是没能成功。波兰和俄国企图向黑海扩张，但也以失败告终。只有奥地利哈布斯堡王朝能够从鲁莽的土耳其人身上获益。虽然我们不能说，利奥波德和他的儿子约瑟夫一世（Joseph Ⅰ）和查理六世（Charles Ⅵ）建设了一个在实力上可以同法国或是英格兰相提并论的国家（显然，奥地利也属于西方模式的单一制国家），但在多瑙河中部流域，哈布斯堡的国王们在消灭威胁其统治的因素方面，做得相当成功。他们不再是过时的、黯淡神圣罗马帝国领袖，而是欧洲中部一个由多国组成的王朝国家的专制统治者。

瑞典与俄国的对抗

1700 年，在神圣同盟发起的战争刚刚结束，西班牙王位继承战争即将开始的时候，战争在另一个地区——波罗的海地区爆发了。在这里，瑞典是占主导地位的国家，正如它在整个 17 世纪中扮演的角色一样。得益于瓦萨国王们（特别是古斯塔夫 · 阿道夫）在军事上的努力，瑞典人已经建立了一个包括芬兰、卡累利阿、英格利亚、爱沙尼亚（阻挡了俄国进入波罗的海的通道）、利沃尼亚（波兰北部）、波美拉尼亚（与勃兰登堡接壤）、不来梅，以及其他一些与丹麦接壤的德意志北部领土。因此，瑞典人控制了波罗的海海岸东部和北部的所有地区，以及南部的大部分地区。他们和丹麦人一起分享对松德海峡（Sound）的控制权，而所有波罗的海的运输都必须通过这里。在古斯塔夫 · 阿道夫统治期间，瑞典虽然人口稀少，资源有限，但在战争方面，他们可是纪律严明，行动有方。除了一支 2.3 万人的常驻军驻守着 90 座要塞和城堡外，还可以从农民中动员 7 万人的士兵和水手。在 17 世纪，瑞典一次又一次地与自己的波罗的海邻国开战，并以胜利告终。而这些邻居则卧薪尝胆，伺机复仇。在骁勇善战、独断专行的瑞典国王查理十一世（Charles Ⅺ，1660 年至 1697 年在位）的王位，被一个年仅 15 岁的男孩儿继承的时候，对这些邻居而言，复仇的时机到了。1698 年至 1699 年间，丹麦、波兰和俄国的君主秘密策划了一次联合袭击。1700 年，他们同时向瑞典相距数百英里的据点——荷尔斯泰因、利沃尼亚及英格利亚发动进攻。

就这样，大北方战争（Great Northern War）爆发了。在 1700 年，没有人能够想象，这场战争竟然会持续 21 年。向瑞典发起进攻的 3 支联盟军队，开战的初衷各有不同。丹麦人希望夺回 1658 年被瑞典占领的与哥本哈根隔松德海峡相望的斯堪尼亚（Scania），这样他们就可以再次控制波罗的海的入海口；波兰人对这场战争的兴趣不大，但他们的国王奥古斯特二世（Augustus Ⅱ，1697 年至 1733 年在位）极为渴望进行军事征服。在约翰 · 索伯斯基去世以后，奥古斯特，也就是萨克森选帝侯，在充满争议的选举中获得了波兰王位。他之所以被人们称为“力神”，不仅是因为他可以仅用双手掰弯马蹄铁，还因为关于他有 300 个非婚生子女的传闻。这位多子多福的君主，希望能够夺回于 1629 年被瑞典占领的利沃尼亚。接着，他要么以王朝统一的形式，将这块地区划归萨克森，从而与勃兰登堡 – 普鲁士相抗衡；要么像约翰 · 索伯斯基曾经所做的一样，将它送给波兰，通过对外取得杰出的胜利来强化自己尚不稳定的王位。

这次攻击行动的第三方俄国沙皇，是最令人难以捉摸的。当时，彼得一世（Peter Ⅰ，1682 年至 1725 年在位）还没有赢得他“彼得大帝”的称号。1700 年，他仍是一个未经世事、半开化型的人物。尽管如此，他显然是很久以来俄国最具活力和最为强悍的统治者。他已经从姐姐索菲亚（Sophia）手中，夺取了对这个国家的控制权，并且通过野蛮的折磨和大量的屠杀，挫败了一起禁卫军叛乱。彼得还明确打算允许西方商业进入俄罗斯，并建立俄国海军。为此，他还亲自拜访了尼德兰和英国造船厂，并与土耳其人争夺黑海的使用权。而现在，他则希望重新夺回英格利亚和爱沙尼亚（于 16 世纪被瑞典占领），将海军驶入波罗的海。

面对这三个敌手的人，正是年轻的瑞典国王查理十二世。他是个伟大的人物，同时也有着令人不安的天赋。在他年幼的时候，就对射击和战争游戏十分感兴趣。他在 8 岁的时候，就手刃了第一只鹿；10 岁时，杀死了第一只狼；11 岁时，杀死了第一只熊。精于数学的他，读书的时候就能够解决军事战术问题。在冬季，这位年轻的国王就骑着马，在浮冰上跃来跃去，并通过这样的方式来愉悦自己；在春季，他会在宫殿长廊上追逐奔跑的野兔，将家中的器具从宫殿的窗户扔出去。但查理很快接受了尚武和禁欲的文化。他蔑视整日酗酒狂欢的君主，如波兰的奥古斯特和俄国的彼得。于是，他滴酒不沾。他看不上纨绔子弟的行为举止，于是他拒绝穿戴卷曲的假发——那个时代绅士的标配，将自己打扮成实干家的样子，身穿朴素的蓝色制服，扣着黄铜纽扣。他对女人、宫廷仪式、内政事务并不感兴趣，唯一能挑起他兴趣的只有战争。因此，1700 年，查理急于将瑞典军队带上战场。在此后统治的 18 年里，他再也没有回到过斯德哥尔摩。

瑞典首先入侵丹麦，包围了哥本哈根。丹麦人慌忙与查理十二世讲和。3 个月后，也就是 1700 年 11 月，他率领一支 1.1 万人的军队穿越爱沙尼亚，前去营救被 4 万俄国人包围的纳尔瓦。沙皇彼得认为，对于自己未经训练的农民而言，四比一的优势还远远不够，于是他突然离开了俄军营地。在一个暴风骤雪的日子里，瑞典人发动了进攻，彼得的士兵一触即溃，成群结队地放下武器投降。纳尔瓦一役令查理觉得俄国人根本不知道如何打仗，击败他们简直轻而易举。于是，他掉头去对付萨克森和波兰的奥古斯特。1701 年，他在利沃尼亚击败了奥古斯特的萨克森军队，来到了波兰境内，要求波兰人罢黜他们的国王。到那时为止，查理十二世的行为同 1683 年卡拉·穆斯塔法的做法如出一辙，企图用超越自身军事实力的极端方案解决问题。在此后的 6 年里，他将自己陷入了波兰政治的泥潭中。希望瓦解波兰的立陶宛，以及希望一位懦弱国王登基的波兰盟友，查理都可以找到。但大多数的波兰人憎恶践踏他们领土的北欧侵略者。在这些年里，瑞典军队的人数从未超过 3 万人。他们追赶撒克逊人、波兰人，以及波兰周围的俄国军队，依次占领波兰的主要城镇，却没有掌握实际的控制权。1704 年，华沙的一群由瑞典士兵护送的什拉赫塔，被要求“选举”查理指定的候选人斯坦尼斯瓦夫·莱什琴斯基（Stanislas Leszczynski，1677—1766）为新任波兰国王。1706 年，在查理率军进入萨克森的时候，奥古斯特签订了一则耻辱性的条约，接受自己的王位被废，承认斯坦尼斯瓦夫新任国王的地位。然而，查理所实现的成就都是无法持续的：他扶植的波兰傀儡政权，完全依靠军事力量而存在。1707 年，瑞典国王率军向俄国挺进，剑指俄国沙皇。

查理在波兰期间，彼得继续谋划着自己的波罗的海出口策略。

他将1700年在纳尔瓦的失利看作一次必要的教训，于是重组了俄国军队，并派军队返回英格利亚、爱沙尼亚和利沃尼亚，与那里的瑞典驻军作战。在1702年至1704年间，也就是查理正在对奥古斯特进行穷追猛打的时候，俄国人占领了芬兰湾南部沿岸大多数的瑞典港口（包括纳尔瓦）。这些军事行动给彼得的士兵带来了自信和战斗经验。1703年，沙皇开始在芬兰湾头的涅瓦河（Neva River）上建设一座新的城市——圣彼得堡。在俄国海军舰只开入了芬兰湾的同时，彼得将第一批西方商船迎入了他的新港。如果查理十二世愿意放弃对圣彼得堡的声索权，他急切希望与瑞典之间实现和平。很显然，所向披靡的瑞典国王没有任何理由将任何一块波罗的海领土拱手让给俄国。更何况，查理对和平并没有什么兴趣。如同三十年战争中四处游荡的雇佣兵首领一样，他已经变成了一名战争狂人。到了1707年，两位骁勇善战的国王一决雌雄的时候到来了。

查理十二世率领4万人，向东开往俄国边界，这是他召集的规模最大，也是最为精良的部队。批评家可能会质疑，查理连波兰都没能征服，以这个规模的军队，怎么可能征服像俄国那样幅员辽阔的国家？这个问题的答案是查理的目标并不是要征服俄国，而是与彼得的军队决一死战，然后将他们消灭。一次压倒性的军事胜利，可能会促成莫斯科的政权更迭，从而产生一位更为温顺的新沙皇。接着，俄国人必定会从波罗的海撤退，从而使自己先前对丹麦、波兰及萨克森取得的胜利得以保证。查理进攻的目标是莫斯科，他选取了最近的路径，穿越波兰来到斯摩棱斯克（Smolensk）的第聂伯河河畔。毫无疑问，这是个错误决策。他本应该首先进攻圣彼得堡，如果有必要的话，再从那里移师莫斯科，从而保证来自波罗的海的补给和增援路线的畅通。在冬季，欧洲西部的指挥官会停止军事行动。与他们不同的是，在严寒时节，查理率军渡过了冰封的河流和沼泽。1708 年 2 月，他差点儿在立陶宛的格罗德诺（Grodno）活捉了彼得。可是从那以后，查理就诸事不顺了。彼得总是避免正面与他作战，而以小规模战斗和袭击对瑞典军队进行骚扰。俄国人实行坚壁清野的策略，致使瑞典人缺衣少粮。1708 年夏天，查理都在斯摩棱斯克附近，等待从波罗的海运来的补给。然而，由于补给

《瑞典国王查理十二世》。注意，与之前马尔博罗公爵和欧根的肖像比较，查理看起来既不庄严，也没有贵族气息。他没有戴假发，身穿一身简单的骑兵军官制服。该作品现存于斯德哥尔摩军事博物馆。

线路被俄国人切断，这批补给最终也没有到达。这时，查理已经没有力量向莫斯科直接发动攻击了，于是他率军南下，与乌克兰境内一支由伊凡·马泽帕（Ivan Mazepa，约 1644—1709）率领的哥萨克叛军联手。通过这一举动，查理获得了一些补给和援助，但他变得比以往任何时候都更加危险和孤立。在 1709 年冬天（正如我们所看到的，法国出现了粮食歉收和饥荒），很多的瑞典士兵被冻死了。伤亡、饥饿、疾病和气候等，将查理作战部队的规模缩减到 2 万人出头。

1709 年 5 月，为了进行下一步军事行动，查理急于在乌克兰建立一个基地，于是他率军包围了波尔塔瓦（Poltava）。此次围城，他率兵 4 万人。6 月下旬，查理脚部中弹，高烧不退，行动只能依靠担架。虽然如此，他仍然不肯撤兵。7 月 8 日，尽管瑞典军队既没有火炮，也没有占据有利的地理位置，但他们还是对彼得的营地发起了攻击。由于俄军占有人数、补给等优势，瑞典军队溃败，波尔塔瓦战斗很快以俄军粉碎性的胜利而告终。瑞典人逃往了克里米亚，死亡和被俘的士兵达到将近 1 万人。躺在病榻上的瑞典国王认为波尔塔瓦战斗只是一个暂时性的逆转。一支小型卫队将他带到土耳其寻求庇护。他剩下的 1.4 万残兵败将，被困在了宽阔的第聂伯河东岸，在彼得的面前束手就擒。

实际上，波尔塔瓦一役结束了瑞典作为强国的时代。1709 年至 1713 年之间，查理十二世通过军事获得的领土和利益，统统不复存在。奥古斯特重新夺回了波兰王位，斯坦尼斯瓦夫则开始了流亡生涯。汉诺威（Hannover）、普鲁士和丹麦联手对瑞典进行袭击，几乎将瑞典在波罗的海南部沿岸的所有据点据为己有。俄军则占领了从里加（Riga）到赫尔辛基（Helsingfors）等波罗的海东部沿岸的领土。查理十二世固执地——有些人可能会说是盲目地——拒绝承认这些损失。从1709年至1714年的这段时间，他一直在土耳其度过，企图重新组织对俄国和波兰的军事行动。后来，他又更名改姓，乔装打扮，途经奥地利和德意志，来到在波罗的海剩下的唯一的领地——瑞典的波美拉尼亚。1715年，他开始了针对普鲁士、汉诺威、萨克森和丹麦的军事行动。1718年，在他刚刚侵入挪威（当时在丹麦的统治下）的时候，就被敌军射杀身亡，当然也可能是被自己的士兵开枪打死。

对查理十二世的评价褒贬不一。对于一些人来说，他是个人主义的原型，敢于向整个世界发起挑战；或更为贴切一点儿，他被看成是一名悲剧性的希腊英雄，狂妄自大是他的致命缺点。另一些人则把他看成是一个疯子，将自己忠实的追随者引向灭亡。俄国的历史学家认为他与1812年的拿破仑和1941年至1943年的希特勒有相似之处。不论人们如何评价这位勇士国王，他毕竟输了战争。查理死后不久，瑞典正式将不来梅割让给了汉诺威，将荷尔斯泰因割让给了丹麦，将斯德丁（Stettin）转让给了普鲁士。更为重要的是，根据1721年签订的《尼斯塔德条约》（*Peace of Nystad*），瑞典将利沃尼亚、爱沙尼亚、英格利亚、卡累利阿，以及芬兰的东南部割让给了俄国。至此，北方战争宣告结束。

彼得大帝

毫无疑问，俄国沙皇彼得一世是那个时代最为杰出的公众人物。此外，他还是一位比查理十二世更具正义性的领导者。在1709年以前，他统治的方法在大多数外国人眼中，是十分古怪的。对大多数的俄国人来说，也绝对是灾难性的。但他在波尔塔瓦对瑞典作战的胜利，证明了他策略的正确性，也预示着姗姗来迟的俄国，进入了欧洲强国的行列。

1682年，彼得登上俄国皇位的时候，年仅10岁。慢慢地，他进入了角色。即使是于1689年推翻了姐姐索菲亚的摄政地位后，他仍把时间花在战争游戏上（这一点与年轻的查理十二世一样）建造船只，为烟花表演制造火箭等。彼得身高将近7英尺，身材高大魁梧，而在那个时代，很少有人能长到5英尺10英寸那么高。在喧闹愉悦与怒发冲冠之间，他的性情摇摆不定。他有公牛一样的体魄，曾在无数个夜晚通宵畅饮，却没有给身体带来什么损害。17世纪90年代，在一个被称为“莫斯科德意志郊区”的地方，他装扮成一名西方工匠或水手，与外国工匠和士兵寻欢作乐，此举令莫斯科人愤怒不已。由于支持亚历山大·缅希科夫（Alexander Menshikov，1672—1729）等起于市井而贵为王子的新起之秀，他令博伊尔贵族*气愤不已。为了学习造船技术，招募外国的工匠，以及游览风景，在1697年至1698年之间，他到尼德兰和英格兰游历，极大地打破了旧有的传

* 沙皇贵族阶层，地位仅次于王公，后被彼得大帝废除。——译者注

彼得正在剪去一位贵族的胡须。在这幅木版画作品中，漫画家将这位身材高大魁梧的沙皇，画成了一个擅长搞恶作剧的孩童。

统。他在西方的招待人发现，俄国人的家务管理非常的“糟糕”（在伦敦，为了生火，彼得的随从打坏了房间内的所有50把椅子），[2]并小心翼翼地将沙皇描绘成为一位“非常有天赋的野蛮人”。回国后，彼得手持剪刀来迎接主要的贵族，然后将他们长长的胡须和莫斯科服装的长袖剪了下去。接着，他迫不及待地对数百名传统的克里姆林宫禁卫军队员进行了审讯和折磨。对被判犯有叛国罪的禁卫军成员，这位沙皇甚至还请莫斯科的外国居民对他们执行斩首。

在伊凡雷帝之后，俄国人还没有经历过这样一位傲慢专横的统治者。以另一种方式，彼得令人回忆起了他16世纪的前任：尽管他支持西式的发明创造，但却采用了伊凡传统的莫斯科治国方略，沙皇拥有专制权力，精英为国效力，对大众进行农奴式的统治。在北方战争时期，他的这种治国方略在对俄国军事力量的重组中，体现得尤为明显。在挫败了禁卫军之后，彼得于1700年在纳尔瓦发现，他招募的外国军官不懂指挥，征召的农民缺乏战斗素质。于是，他开始打造一支更为专业的俄国军队。自此以后，彼得对俄国的贵族家庭实行实时在籍登记，要求所有的贵族成员到陆军、海军或官僚机构中服兵役。军官的职位则留给精英——那些出身高贵或拥有出众才华的人。年轻的军校学生要么在新组建的火炮或工程学校接受最基本的训练，要么在沙皇的精英卫兵（禁卫军的继任者）中担任列兵。一旦被任命为军官，他们的军衔就会得到晋升，地位也会随之提升。同时，通过从每20户农民中征召一人的方式，彼得创建了一支由10万农民士兵组成的常备军。如果应征入伍者战死或逃亡，他的位置将被一名替补士兵取代。战争时期，为了给这支军队提供军饷，彼得设法将政府收入增加了2倍（在其他的欧洲国家中，只有英格兰可以与它相媲美），却没有欠下任何国际或国内债务。相反，他从所有男性农奴身上征收了一种新的人头税。为了给军队提供枪炮、弹药及军装，彼得建立了很多新的国有工厂，包括52家钢铁厂，工人都是受逼迫而来的农民劳力。据估计，平均每户农民家庭，每年向沙皇彼得贡献的劳动时长达到160天左右。很自然，地主并不赞同沙皇从农奴身上榨取繁重的税收和劳力，但他们却对一

1698年，彼得处决禁卫军成员。从这幅现代画中我们可以看到，在克里姆林宫城墙外的绞刑架上，悬挂着大量的尸体。彼得将这些腐烂的尸体在原地悬挂数月之久，以此警示那些坐在马车中经过这里的莫斯科人。

条沙皇颁布的法令表示欢迎。该法令规定，没有白纸黑字的通行证，任何农奴不得离开主人的庄园，因此，地主对劳动力的控制得到了加强。彼得的统治加剧了俄国地主和农奴之间在社会和经济方面的对立。

彼得“西化”政策的特点历来是人们讨论的焦点。它仅仅是做做表面文章，还是产生了根本性的变革？它是被沙皇人为促成的，还是反映了俄国的需要和渴望？彼得在对外政策方面的创新，肯定不仅仅是表面文章。17 世纪 90 年代以前，俄国从未在欧洲事务中扮演重要角色，但彼得对瑞典和土耳其开展了大规模的军事行动，并将军队派入了波兰和德意志。说到吞并的领土面积，彼得还算不上俄国扩张主义者中的佼佼者。然而，他对波罗的海的征服，为俄国提供了通向西部的通道。彼得创建的新都圣彼得堡，其设计建造的初衷是仿照阿姆斯特丹，坐落于俄国的西部边疆。它是一个象征性的行为，至少同腓力二世的埃斯科里亚尔大教堂和路易十四的凡尔赛宫一样具有意义。他打破传统的另一个决定，是效仿欧洲西部的王朝联姻，使罗曼诺夫王朝与异国（特别是德意志）联姻。该惯例一经实施，就一直持续到了 1917 年。彼得的军事改革是以普鲁士体系为范本的，他的官僚体制改革是以瑞典体系为基础的。这些国外的“拿来之物”，适应了俄国现存的发展趋势。举个例子，通过提倡西部服饰，鼓励讲德语和法语，上层阶级形成了他们针对农奴的社会优越感，保留了他们的胡须、俄国服饰及语言。彼得总是希望俄国人将西方有用的东西，主要是科学技术，统统“拿来”，而避免成为盲目的模仿者。他进行了两种方式的接触：1697 年至 1698 年间，还是一名新手的他，来到了尼德兰和英格兰；1716 年至 1717 年间，他返回了阿姆斯特丹、哥本哈根和巴黎。人高马大的他，对一个幅员辽阔的国家拥有绝对的控制权。在站在平等地位与西方接触方面，相比于在他前后的大多数同胞，他更相信自己的能力。

彼得雄心勃勃的向西扩张计划，绝非是完全成功的。首先，他没能在黑海上建立一个俄国的出海口。1696 年，俄国人从土耳其人手中夺得了顿河河口的亚速镇，使彼得的海军取得了通往亚速海的通道。1711年，在土耳其与俄国重新开战时，彼得大胆地挺进摩尔达维亚。很显然，他的目的是在多瑙河河口建立一个俄国的基地。他号召生活在多瑙河流域和巴尔干半岛的土耳其东正教徒揭竿而起，与他并肩作战，但他很快发现自己和查理十二世在俄国的处境相似，陷入了极其危险的孤立。当土耳其大军在普鲁特河（River Pruth）将

彼得大帝位于圣彼得堡的冬宫。该幅作品由阿列克谢·祖博夫（Alexei Zubov）雕刻而成。值得注意的是，彼得为新首都选择了一种非俄国的、巴洛克式的建筑风格。

彼得的军队团团包围之时，他匆匆忙忙与对方签订和约，将亚速镇拱手让给了奥斯曼人，放弃了通向黑海的希望。尽管彼得从瑞典人手中获得了波罗的海的出海口，但他并没能使俄国变成一个海军强国。他最偏爱的军种——海军，对俄国人而言是那样的陌生和无关紧要，最终被继任者所抛弃。此外，彼得也没能与其他的欧洲国家建立起有意义的联盟关系。对于俄国对德意志北部和斯堪的纳维亚中部的入侵，丹麦、普鲁士和汉诺威感到惊慌失措，所以在其入侵瑞典内陆时，他没能使上述国家加入俄军的阵营。1717 年，在他访问巴黎的时候，曾坦率地对他的法国接待人说："我俄国沙皇，想要在与法国的关系方面取代瑞典。"但是法国人却心怀顾虑，因为他们希望同这个新的"北方奥斯曼帝国"保持距离。

在俄国国内，彼得的统治风格招致了强烈的反对。他对修道院生活的管控，对俗人可以上教会人员学校的规定，以及架空莫斯科牧首区，使其从属于国家的决定，造成了很多神职人员的不满。他对教会仪式的不屑，以及对欧洲西部教义的包容，使俄国东正教教徒感到恐慌。于是，社会上流传着这样的谣言：在彼得于 1697 年赴西部国家游历的时候，他就被外国人杀害了，1698 年返回俄国的沙皇是一个冒牌货。旧礼仪派教徒（指 17 世纪抵制莫斯科牧首、脱离俄罗斯正教会的教徒）认为，外国人送回来的沙皇，是基督教的反对者。贵族也没能幸免于难。他们看不起彼得身边出身低微的同伴，比如他的利沃尼亚农民妻子凯瑟琳（约 1684—1727）；对于被迫离开他们的庄园，到军队或官僚机构履行职责，他们非常痛恨；对于受压迫的农奴而言，彼得更是不受欢迎；为了摆脱彼得新增的税目和可怕的劳动规定，数以千计的农民开始了逃亡生活。顿河流域的哥萨克人，历来十分看重他们传统的自由，于1707年至1708年掀起了反抗彼得的叛乱。更糟糕的是，对于彼得所做的一切，他的儿子、王位继承人阿列克谢（Alexis，1690—1718）都完全反对。彼得越是想训练他，他就越是畏缩不前；彼得越是欺负他，他就越是害怕和憎恨父亲。到了1716年，他身边基本上都是贵族和神职人员中的保守派。这些人计划着，只要彼得一去世，就恢复旧有的、孤立的外交政策，恢复牧师和地主原有的自由，并将首都改回莫斯科。阿列克谢先是逃到了维也纳，然后又到了那不勒斯。彼得派人将他抓捕回来，进行审讯和折磨。阿列克谢遭受了鞭打四十的惩罚，在他被公共处决前，就死于伤口感染。

7年以后，也就是1725年，彼得去世了，几乎每个人都松了一口气。直到今天，关于他所带来的伤痛，人们仍然记忆犹新。对于这位将外国习俗和标准强加给他们的领导者，俄国人的情感非常复杂；对于将俄国引向欧洲政治舞台的彼得，西方人也有着复杂的情感。很少能有领导者像他这样兼具残暴和创造力。可以肯定的是，彼得并非单枪匹马地将莫斯科大公国变成了今天的俄国，这样的变革也不可能与过去完全决裂。但彼得将自己巨大的个人能量发挥出了最大的效果。在一系列精明强干的君主之中，彼得是当时最为精明强干的。无论是好还是坏，他都赢得了自己的头衔：他确实是名副其实的彼得大帝。

1715年的欧洲

1715 年 8 月，远在俄国的疆域之外，另一位伟大的国王路易十四，也在凡尔赛宫奄奄一息了，这时的他已经将近 77 岁了。早在 1643 年，他就登上了王位，自 1661 年以后，他独自掌控着整个国家。他比自己年轻的弟弟、儿子、3 个孙子之中的两个，以及 5 个重孙中的 2 个，活的时间都要长。他王位的继承人是自己 5 岁大的重孙，这个孩子将会以路易十五（Louis XV）的头衔登上王位。法国的皇权从强大的太阳王传给了一个小男孩，是欧洲事务中的一个标志性事件。路易在其统治期间，从始至终都十分拘泥于礼仪，直至即将离世也是如此。他对大臣们说："我即将离开你们，但法国将会永远地存在下来。"他对王太子[3]说："力争与邻国保持和平，我征伐过多了。"最后一点再真实不过了，1688 年至 1713 年的战争，对路易的影响是灾难性的。但这位老国王并没有指出一个深层次的问题：伟大波旁王朝的体制，以及路易最引以为豪的传统，对于新世纪不断变化的形势而言，太过于死板了。曾令法国在 17 世纪保持内部稳定和外部实力的治国体系，在路易十五的统治时期，就难以见效了。此外，由于法国的贵族、资产阶级和农民阶级都要求进行根本性的变革，这套体系最终于 1789 年彻底崩溃了。

在 1715 年，没有哪位先知能够预测革命的发生。因为在欧洲的政治体系中，法国是最为稳定的。强有力的统治者在各地主持中央政府，国内冲突鲜见。由于新的势力均衡已经实现，国际冲突也得到了缓和。对于有才学的当代观察家来说，路易十四统治的结束，标志着欧洲文明进入了一个令人欣喜的阶段。

在16和17世纪造成局势如此动荡和紧张的问题，18世纪早期的人们又怎么能够解决呢？首先，他们重新划分了政治版图，从而使主要国家的核心利益都得到了保证。从16世纪中期开始，法国、英国、奥地利、俄国以及普鲁士的领土边界都极大地拓展了。西班牙丧失了一部分领土，这反映它不断下降的实力和地位。尼德兰共和国的领土仍然处于紧缩状态，但这反映了它的主要利益在于商业，而不是领土，同时也反映出它的地位正在下降。总而言之，1715年的地图比1559年的地图看起来更加“现代”。在16世纪，欧洲划分为3个部分，而今天的划分就更为简单了：以商业为主的、资本主义的和单一民族的西部国家，以及以农业为主的、多民族的东部国家。7个主要的欧洲国家，按照重要性由高到低排列，分别是法国、英国、奥地利、联省共和国、俄国、西班牙和普鲁士，其中4个是大西洋沿岸国家，另外3个是东部国家。按照这个级别划分的话，奥斯曼帝国可以排到第四或第五，但由于文化和宗教原因，它仍被排除在欧洲体系之外。

在1715年的地图上，仍然有大面积的政治真空区——特别是德意志西部、意大利和波兰。在近期的战争中，唯一扮演了主要角色的德意志西部国家巴伐利亚，受到了极大的削弱。波兰也受到了沉重的打击。在1713年至1714年的解决方案中，4个最大的意大利邦国——伦巴第、那不勒斯、西西里岛和萨丁尼亚岛，被可耻地拱手让给了新的统治者。目前形势下存在的危机，在于部分主要国家可能会向真空区域扩张，从而引发新的战争。但由于主要国家已经饱受战争之苦，骁勇善战的查理十二世和彼得大帝的政治生涯正渐渐走向尾声。1715 年其他的主要君主并不十分好战。路易十五还只是一个孩子，大英帝国的乔治一世（George Ⅰ）、奥地利的查理六世、西班牙的腓力五世，以及普鲁士的腓特烈·威廉一世，都将自己的王朝野心抑制在了心底。《乌得勒支和约》和《拉施塔特和约》很快被 1718 年和 1721 年的条约所取代。后两则条约结束了土耳其战争和北方战争，认可了 17 世纪中期后发生的权力转移，为 18 世纪前半叶创造了一个有利的国际环境，建立了一个虽经多次修改，但至今仍在延续的国家体系。

相比于加尔文和罗耀拉时代，宗教问题显然变得更加缓和。可以肯定的是，路易十四对胡格诺教的迫害，招致了新教对他的仇视，但这并未导致新教和天主教之间进一步冲突的爆发。在新教国家英国、尼德兰和普鲁士认为有必要对路易十四开战的时候，它们毫不犹豫地与信仰极端天主教的奥地利和西班牙人结成联盟。在达成和平协议的时候，没有人就恢复胡格诺教的自由做出努力，也没有任何国家改变了宗教信仰。新教和天主教的冲突不仅无药可救地陷入了僵局，还成了与政治毫不相关的东西。在各个地方，世俗机关都牢牢控制着有组织的宗教，正如它们在宗教改革早期，也就是 1517 年至 1540 年宗教战争爆发以前所做的那样。欧洲的大地上遍布着教堂，其中一些是天主教堂，一些是新教教堂。但无论是前者还是后者，都从属于国家，并由国家管理。在信仰天主教的领土内，宗教宽容仍被认为是无法容忍的。而在信仰新教的地方，一定程度的多元化有时是可以被允许的，但真正践行多元主义的只有尼德兰。到教堂参加礼拜是公民的义务。除了黑色的服装以外，很难将教区的神职人员与当地政府的其他公务人员，诸如税务官员、治安管员、招募官员区分开来。

如果神职人员发生了变化，贵族也一定发生了变化。在宗教战争时代，贵族是十分难以驾驭的。正如我们所看到的，16 和 17 世纪的主要叛乱，都是由敌视中央政府的地方权贵组织的，如德意志新教诸侯对查理五世的反抗，胡格诺教贵族对瓦卢瓦王朝的反抗，尼德兰贵族对腓力二世的反抗，波希米亚贵族对斐迪南二世的反抗，英国乡绅对查理一世的反抗，法国投石党对马萨林的反抗，辉格党和托利党的贵族对詹姆斯二世的反抗，以及俄国禁卫军对彼得一世的反抗。到了 1715 年，这样的矛盾就不复存在了。无论是在法国、奥地利、普鲁士及俄国这样的专制国家，还是在英国和尼德兰共和国一样的宪政国家，一种对双方都有利的、中央与地方的合作关系已经形成。权贵阶级的组成在各地的差别非常大。但同 1559 年一样，1715 年各地的政治和社会结构依然是充满等级分化和精英主义的。上层阶级比以往任何时候都更加富裕，比为他们提供劳动的无特权阶级享有更充分的权力。但上层的特权阶级比以前更为驯服，更愿意为国效力。

在欧洲东部，1683 年至 1721 年的战争使这种新型的合作关系变得更加稳固。利奥波德一世、腓特烈三世及彼得大帝将奥地利、普鲁士和俄国军队的管理权，交到了贵族领主手中。这套体系显然有利于奥地利的领主和普鲁士的大地主，他们可以从中获得军事上的晋升、荣耀与钱财，却不用缴纳沉重的战争税。在战争中后期，奥地利贵族在维也纳修建的巴洛克式宫殿，如欧根在城内修建的冬宫和郊区建造的美景宫（Belvedere），表明新的多瑙河帝国的建立不仅是哈布斯堡王朝的胜利，还是贵族的胜利。俄国的贵族对彼得的改革进行了顽强的反抗，但他们也发现，与沙皇建立合作关系，可以

一个时代结束的象征。年迈的路易十四正在指挥一次军事行动。在这幅肖像画中，国王摆着最为夸张的姿势，穿着像罗马皇帝一样的衣服。古典服装并不适合路易年迈的体形，但是用罗马的比喻，却十分适合他推行的战争和扩张政策。

获得的利益比损失多。只有波兰的什拉赫塔毫不妥协，仍然拘泥于16世纪离心的政治模式。波兰是一个拥有贵族社会，却没有为国效力的贵族阶层的典型例子，因而很快，它将失去政治上的独立性。

在欧洲西部的资本主义国家，国家权力与精英财富的新型共生关系更是令人感到吃惊。1688年至1713年的战争时期，法国、英国和尼德兰政府能够空前地驾驭财富占有者（乡绅贵族）的私有资源。在上述每个国家中，政府通过内部借贷的方式，筹集到战争所需用款的约三分之一。英国在这方面的成绩更是令人惊叹。在英国于1689年进入战争时代的时候，它并没有长期借贷的机制。而它有的，只是王室破产和违约的历史，以及年均仅200万英镑的王室收入。然而，通过于1694年建立的英格兰银行，伦敦的商界开始大规模地向政府借钱，并很快创立了建立在私人认购形式之上的国债。在1688年至1714年间，为了满足公共支出的需求，英国筹集了1.71亿英镑，其中的三分之一是通过借贷的形式实现的。到了1714年，国债的额度已经高达4000万英镑。由于英国政府不敢拒不偿还这笔债务，从而在以后的许多年里，这笔债务成功地阻止了英国参与到新的战争中去。

由于从1688年至1713年的战争中攫取了高额利润，伦敦、阿姆斯特丹、巴黎的商界领袖拥有了成为经济爱国者的资本。获得了军事订单的商人们，开辟了新的战时市场，或是利用商品短缺和高物价的有利条件，创造了大量的私人财富。可以肯定的是，战时的风险是巨大的，很多传统的商业模式都遭到了极大的破坏。尼德兰人的处境最为不利，因为他们在北海的鲱鱼捕捞受到了敦刻尔克私掠船的骚扰，他们在波罗的海的谷物、木材、焦油贸易，受到了瑞典与俄国战争的影响。1715 年，尼德兰商人仍然是欧洲主要的中间商，拥有最大规模的商业船队，但英法与它的差距越来越小。在战争期间，尽管英法两国承受了沉重的货运损失，但它们已经建立起了与美洲、亚洲及非洲的远距离贸易通道。这是迄今为止英国海外帝国最为繁荣昌盛的时期。1715 年，加勒比海的英国种植者是世界主要的蔗糖供应者，切萨皮克的英国种植者是世界主要烟草的出口商。为了给这些殖民企业家提供劳动力，在战争期间，英国人将 25 万名奴隶从非洲运到了美洲，这个数字比 1688 年以前整个英国奴隶运输的数量还多。

尽管商人的经济实力不容小觑，但他们在政治上扮演的角色却十分有限，即使是在英国和尼德兰。政治，仍是有空闲时间的绅士或是专业的官僚和律师所进行的一场游戏。我们很难想象 1715 年政治世界的排他性。那些管理着君主专制国家的官员，通常在封闭的会议上或是宫廷中，经过一番密谋策划而后做出决策。政府的政策通过张贴在教堂或是集市上的王室文告，来传递给街道上平凡的老百姓。报界会受到严格的审查，但无论如何，报业还处在婴儿学步的阶段。流言蜚语是公众意见的替代者。即使是尼德兰和威尼斯共和国，也只是封闭的寡头政治，只为了几千人而运作。只有英国人可以对它们早已建立起来的、混乱的公共政治，尖酸刻薄的报业以及街头剧院引以为荣。因此，非常有趣的一点是，在法国战争的尾声，英国的体系变得越来越有秩序，纷争变得更少，与专制国家的政治模式更为接近。

1714 年，英国出现了一次重大的政治震荡。斯图亚特王朝的最后一位君主安妮女王去世了，身后并无任何子女。根据议会于 1701 年通过的《继承法案》(*Act of Succession*)，新的国王是安妮的远房德意志表亲——汉诺威的选帝侯。1714 年至 1727 年间，他以乔治一世的名义进行统治。乔治之所以能够当权，是因为他是一名新教徒，也是因为议会选择了他。因此 1689 年革命性的解决方案在 1714 年仍然得到了广泛的认可。乔治继承王位以后，安妮统治时期激烈的两党斗争突然得到终结。于 1710 年至 1714 年控制安妮政府的托利党人，在忠于英格兰教会与忠于斯图亚特王室之间，遭到了致命的分裂。该党的领导人博林布鲁克（Bolingbroke）企图让詹姆斯二世流亡海外的、信仰天主教的儿子，也就是所谓的“觊觎王位者”（Pretender）继承王位。但由于博林布鲁克摇摆不定，踌躇不定，最后被大多数不愿意接受一位天主教国王的托利党人所抛弃。乔治来到英格兰的时候，他向辉格党人寻求支持。1715 年，一场以“觊觎王位者”为旗帜的叛乱，被轻而易举地镇压了下去。从此以后，托利党名誉扫地。对新辉格党的批评被污蔑为政治上的罗马天主教。1715 年以后，辉格党完全处于支配地位，意识形态不再如昔日那样重要。议会选举的角逐也往往不如过去那样激烈。如同世界各地一样，这里的政治成了一种半私用的游戏。相比于 17 世纪，1715 年以后的英国议会运作形式与法国的专制体制更为相像。

在很多观察家眼中，大英帝国似乎是取代了法国模范社会的地位。英国人已经打败了路易十四的军队，现在，它正在与尼德兰商人进行角逐。即使是对于工薪一族来说，他们的生活水平也有了提高。过去，为了寻找工作，每年有数以千计的英国年轻人移民到美洲殖民地，但在 17 世纪 80 年代以后，这些年轻人在国内就可以找到工作，不必远赴千里之外了。然而，英国取得的大多数令人惊叹的成就，都源自个体自由与公共秩序的结合。当然，只有五分之一的成年男性能够参与投票选举。1689 年的生活、自由和财富信条，没有给予无产的下层社会参与政治的权力。尽管如此，相比于它的专制邻居，英国培育出了更具个体多样化的氛围，根据个体的才能，为他们提供了更多展示才华的途径。在 17 世纪的英国，比起对于维护秩序的追求，人们对自由的追求表现得更为强烈。但乔治一世顺利地继承王位，表明国内的分歧并没有多么深，几乎每个人都接受了 1689 年的解决方案，并且一些艰难的决定可以通过代议制政府得到和平的解决。

英国还是艾萨克 · 牛顿爵士和约翰 · 洛克的故乡，也是新数学科学和知识进步的前沿阵地。到了 1715 年，牛顿已经是一位白发苍苍的老者了，洛克也已经不在人世了。尽管如此，他们的影响是巨大的，并且这种影响还会继续扩大。在 17 世纪尾声的知识革命之际，对于将欧洲文化界变得支离破碎的、破除旧习的、有争议的思想和态度，牛顿和洛克似乎通过和解和斡旋，重新构建了文化秩序。这一点，在牛顿身上体现得尤为明显。牛顿将哥白尼、开普勒及伽利略的研究发现结合起来，形成了自己关于宇宙的权威概念。这方面在洛克身上的体现在于他找到了一条政治信条的中间路线。对于18世纪的人们而言，这条路线比他百般嘲讽的君权神授理论或马基雅维利和霍布斯愤世嫉俗的专制主义，或平等派不切实际的激进主义更受欢迎。洛克对人类理性力量的坚定信仰，给了人们希望，让人们相信，牛顿在数学方面所取得的成就，在其他的知识领域也可以得到复制。因此，牛顿和洛克创造了一种新的精神面貌，没有神话、诗歌、激情，以及16世纪文化氛围的恐怖（莎士比亚、塞万提斯、罗耀拉和加尔文曾经热衷的）。18世纪启蒙运动即将来临。

于是，这样的均衡于1715年形成了。我们必须要知道的是，在很多方面，欧洲的生活质量与16世纪中期没有什么差别。人口几乎没有什么增长，手工作坊式的生产几乎没有什么变化；穷苦的劳动人民仍然受到压迫和蹂躏；女性没有发言权；传统的、精英主义的社会结构如同过去一样牢固。这就是为什么在1715年，没有一位先知能够预见未来的事件和发展。然而到了18世纪，欧洲的人口开始增长，粮食生产也有了大幅度的提升，工业化进程开始启动，政治压力进一步攀升，传统的社会结构突然变得如同抓捕女巫或异教征伐一样陈腐和过时。在18世纪结束的时候，稳定有序的旧体制被暴力革命所瓦解，但那就不在本书的讨论范畴之内了。

注　释

第一章

[1]　G.R. 埃尔顿在《新剑桥现代史》(*New Cambridge Modern History*) 第二卷中的文章《改革的年代》"*The Age of the Reformation*",（剑桥，英格兰，1958)，第 5 页。
[2]　约翰 · 加尔文,《基督教要义》(*Institutes of the Christian Religion*)，约翰 · T. 麦克尼尔编辑(费城，1960)，第一卷，第 223 页。
[3]　迈克尔 · 沃尔泽,《圣人的革命》(*The Revaluation of the Saints*，剑桥，马萨诸塞州，1965)。
[4]　J.H. 艾略特著,《1469—1716 年的西班牙帝国》(*Imperial Spain*，*1469—1716*，纽约，1964)，第 223 页。
[5]　《塞万提斯便携读本》(*The Portable Cervates*)，塞缪尔 · 普特南翻译及编辑(纽约，1951)，第 706 页。
[6]　《皮埃尔 · 德 · 埃图瓦勒所见的纳瓦拉的亨利时的巴黎》(*The Paris of Henry of Navarre As Seen by Pierre de l'Estoile*)，南希 · 李曼 · 罗尔克编辑(剑桥，马萨诸塞州，1958)，第 58 页。
[7]　更多细节请参见杰弗里 · 帕克的《佛兰德斯军队和西班牙之路》(*The Army of Flanders and Spanish Road*，*1567—1659*，纽约，1972)。

第二章

[1]　杰罗姆 · 布拉姆著,《俄国的领主与农民》(*Lord and Peasant in Russia*，普林斯顿，新泽西，1961)，第 229~230 页。
[2]　迈克尔 · 罗伯特引用于《古斯塔夫 · 阿道夫，1611—1632》(*Gustavus Adolphus*，1611—1632，伦敦，1953—1958)，第二卷，第 789 页。

[3] C.V. 韦奇伍德著,《三十年战争》(*The Thirty Years War*，伦敦，1944)，第 526 页。

[4] F.L. 卡斯滕引用于《新剑桥现代史》中的文章《三十年战争之后的帝国》"The Empire after the Thirty Years War" 第五卷(剑侨，英格兰，1961)，第 438 页。

第三章

[1] 勒华拉杜里著,《盛宴的时代，饥饿的时代：1000 年以来的气候史》(*Times of Feast, Times of Famine: A History of Climate since the year 1000*，伦敦，1972)，第 58，67，140~143，235，367 页。

[2] 皮埃尔·辜伯特著，*Beauvais et le Beauvaisis de 1600 a 1730*（巴黎，1960）第一卷，第 45~58 页；第二卷，第 44~61 页。

[3] W.G. 霍斯金斯著,《米德兰的农民》(*The Midland Peasant*，伦敦，1957)，第 6~7 章。

[4] 约翰·U. 内夫著,《战争与人类的进步》(*War and Human Progress*，剑桥，马萨诸塞州，1950)，第 10，35，80~81，291 页。

[5] 美国人口普查局,《美国的历史数据，殖民时期至 1970 年》(*Historical Statistics of the United States, Colonial Times to 1970*，华盛顿，1975)，第 127，140~145，467，670~671，709 页。

[6] 彼得·盖尔引用于《17 世纪的尼德兰》(*The Netherlands in the Seventeenth Century*，伦敦，1960—1964)，第二卷，第 188 页。

[7] 乔治国王的表格被用在查尔斯·威尔逊的作品《英格兰的学徒》(*England's Apprenticeship*，1603—1763）中，(伦敦，1965)，第 239 页。

[8] 菲利普·D. 柯廷著,《亚特兰大奴隶贸易》(*The Atlantic Slave Trade*，麦迪逊，威斯康星州)，第 116，119，268 页。

[9] K.G. 戴维斯著,《皇家非洲公司》(*The Royal African Company*，伦敦，1957)，第 292~293 页。

[10] 让·博丹著,《国家六论》(伦敦，1606)，第 9，14~20，38，44 页。

[11] E. 威廉·蒙特尔著,《法国与瑞士的巫术》(*Witchcraft in France and Switzerland*，伊萨卡岛，纽约，1976)，第 119 页。

[12] J. 汉密尔顿伯爵著,《美洲财富和西班牙的价格革命，1501—1650》(*American Treasure and the Price Revolution in Spain*，*1501—1650*，剑桥，马萨诸塞州，1934)，第 301 页。关于汉密尔顿的评论文章，参见 J.H. 艾略特著,《1469—1716 年的西班牙帝国》(纽约，1964)，第 183~187 页。

[13] 数据提取自详细的温彻斯特学院表格，参见威廉·贝弗里奇爵士所著《英格兰的价格和工资》(*Prices and Wages in England*，伦敦，1939)，第 81—90 页。

[14] W.K. 乔丹著,《1480—1600 年英格兰的慈善事业》(*Philanthropy in England, 1480—1660*, 伦敦, 1959), 第 367~387 页。

第四章

[1] 查尔斯 · W. 科尔,《科尔伯特和一个世纪的法国重商主义》(*Colbert and a Century of French Mercantilism*, 纽约, 1939), 第一章, 第 139 页。
[2] 关于"普遍性危机" 更详细的阐述, 请参见《1560—1660 年的欧洲危机》(*Crisis in Europe, 1560—1660*), 特里沃 · 阿斯顿编辑(纽约, 1965), 第 15~16 页。

第五章

[1] 卡尔 · J. 腓特烈一位巴洛克风格爱好者。《他的巴洛克时代, 1610—1660》(*His Age of Baroque, 1610—1660*) 展示了对这一运动包罗万象的解读。
[2] 《鲁本斯 : 绘画和素描》(*Rubens: Paintings and Drawings*), R.A.M. 史蒂文森编辑(纽约, 1939), 第 26 页。

第六章

[1] 杰弗里 · 福尔摩斯所著《安妮时代的英国政治》(*British Politics in the Age of Anne*, 纽约, 1967) 讨论了从根本上存在两党体制。罗伯特 · 沃尔科特所著《十八世纪初的英国政治》(*English Politics in the Early Eighteenth Century*, 剑桥, 马萨诸塞州, 1956), 则认为应该是多党体制, 在这种体制下意识形态并不重要。
[2] 引自《约翰 · 伊夫林的日记》(*The Diary of John Evelyn*), E.S · 德 · 比尔编辑(牛津, 1955), 第五卷, 第 284 页。
[3] 约翰 · B. 沃尔夫著,《路易十四》(Louis XⅣ, 纽约, 1968), 第 18 页。

推荐阅读

通俗读物

J. H. Elliott，*Europe Divided*，1559—1598（New York，1968）
Marvin R. O'connell，*The Counter Reformation*，1559—1610（New York，1974）
A. G. Dickens，*The Counter Reformation*（New York，1969）
H. Outram Evennett，*The Spirit of the Counter-Reformation*（Cambridge，Eng.，1968）
R. H. Tawney，*Religion and the Rise of Capitalism*（New York，1926）
Michael Walzer，*The Revolution of the Saints*（Cambridge，Mass.，1965）
Carl J. Friedrich，*The Age of the Baroque*，1610—1660（New York，1952）
F. L. Nussbaum，*The Triumph of Science and Reason*，1660—1685（New York，1953）
John Stoye，*Europe Unfolding*，1648—1688（New York，1970）
John B. Wolf，*The Emergence of the Great Powers*，1685—1715（New York，1951）
Henry Kamen，*The Iron Century：Social Change in Europe*，1550—1660（New York，1971）
Charles Wilson，*The Transformation of Europe*，1558—1648（Berkeley，Calif.，1976）
Hugh Trevor-Roper，*The Age of Expansion：Europe and the World*，1559—1660（London，1968）
Trevor Aston，*Crisis in Europe*，1560—1660（New York，1965）
Theodore K. Rabb，*The Struggle for Stability in Early Modern Europe*（New York，1975）
R. B. Wernham，*The Counter-Reformation and Price Revolution*，1559—1610（Cambridge，Eng.，1968）
J. P. Cooper，*The Decline of Spain and the Thirty Years War*，1609—48/59（Cambridge，Eng.，1970）
F. L. Carsten，*The Ascendancy of France*，1648—88（Cambridge，Eng.，1961）
J. S. Bromley，*The Rise of Great Britain and Russia*，1688—1715/25（Cambridge，Eng.，1970）

政治史

J. H. Elliott, *Imperial Spain*, 1469—1716 (New York, 1964)
John Lynch, *Spain under the Habsburgs*, 1516—1700, 2 vols. (Oxford, 1964—1969)
R. Trevor Davies, *The Golden Century of Spain*, 1501—1621 (London, 1937)
H. G. Koenigsberger, *The Practice of Empire* (Ithaca, N.Y., 1969)
Charles Gibson, *Spain in America* (New York, 1966)
J. H. Parry, *The Spanish Seaborne Empire* (New York, 1966)
Peter Pierson, *Philip II of Spain* (London, 1975)
Geoffrey Parker, *The Army of Flanders and the Spanish Road*, 1567—1659 (New York, 1972)
Garrett Mattingly, *The Armada* (Boston, 1959)
J. H. Elliott, The Revolt of the Catalans (Cambridge, Eng., 1963)
Henry Kamen, *The War of Succession in Spain*, 1700—1715 (London, 1969)
J. H. M. Salmon, *Society in Crisis* (New York, 1975)
J. R. Major, *The Estates General of 1560* (Princeton, N.J., 1951)
N. M. Sutherland, *The Massacre of St. Bartholomew and the European Conflict*, 1559—1572 (New York, 1973)
Sir John Neale, *The Age of Catherine de Medici* (New York, 1943)
Robert M. Kingdon, *Geneva and the Consolidation of the French Protestant Movement*, 1564—1572 (Geneva, 1967)
A. Lynn Martin, *Henry III and the Jesuit Politicians* (Geneva, 1973)
Davis Bitton, *The French Nobility in Crisis*, 1560—1640 (Stanford, Calif., 1969)
David J. Buisseret, *Sully and the Growth of Centralized Government in France* (London, 1968)
A. D. Lublinskaya, *French Absolutism: The Crucial Phase*, 1620—1629 (New York, 1968)
Orest Ranum, *Richelieu and the Councillors of Louis XIII* (Oxford, 1963)
Georges Dethan, *The Young Mazarin* (London, 1977)
P. R. Doolin, *The Fronde* (Cambridge, Mass., 1935)
C. V. Wedgwood, Richelieu and the French Monarchy (New York, 1950)
Roland Mousnier, *La vénalitié des offices sous Henri IV et Louis XIII*, second ed. (Paris, 1971)
Roland Mousnier, *The Assassination of Henry IV* (London, 1973)
Roland Mousnier, *Les Institutions de la France*, 1598—1789 (Paris, 1974)
Pierre Goubert, *Louis XIV and the Twenty Million Frenchmen* (New York, 1972)

John B. Wolf, *Louis XIV* (New York, 1968)
Lionel Rothkrug, *Opposition to Louis XIV* (Princeton, N.J.,1965)
W. H. Lewis, *The Splendid Century :Life in the France of Louis XIV* (New York, 1953)
G. R. Elton, *England under the Tudors*, second ed. (New York, 1974)
Wallace T. MacCaffrey, *The Shaping of the Elizabethan Regime* (Princeton, N.J., 1968)
Sir John Neale, *The Elizabethan House of Commons* (London, 1949)
Patrick Collinson, *The Elizabethan Puritan Movement* (Berkeley, Calif., 1967)
A. L. Rowse, *The England of Elizabeth* (New York, 1950)
Lacey Baldwin Smith, *Elizabeth Tudor* (Boston, 1975)
Sir John Neale, *Queen Elizabeth I* (New York, 1934)
D. H. Willson, *King James Vi and I* (London, 1956)
Christopher Hill, *The Century of Revolution*, 1603—1714 (London, 1961)
Lawrence Stone, *The Causes of the English Revolution*, 1529—1642 (New York, 1972)
Conrad Russell, *The Crisis of Parliaments* (New York, 1971)
Perez Zagorin, *The Court and the Country* (New York, 1969)
William Haller, *The Rise of Puritanism* (New York, 19328)
A. E. Barker, *Milton and the Puritan Dilemma* (Toronto, 1942)
G. E. Aylmer, *The Levellers in the English Revolution* (Ithaca, N.Y., 1975)
C. V. Wedgwood, *The King's Peace* (London, 1955)
C. V. Wedgwood, *The King's War* (London, 1958)
C. V. Wedgwood, *A Coffin for King Charles* (New York, 1964)
Christopher Hill, *God's Englishman : Oliver Cromwell and the English Revolution* (New York, 1970)
Christopher Hill, *Antichrist in Seventeenth-Century England* (New York, 1971)
Christopher Hill, *The World Turned Upside Down* (New York, 1972)
Sir George Clark, *The Later Stuarts*, 1660—1714, second ed. (Oxford, 1955)
David Ogg, *England in the Reigns of Charles II, James II and William III*, 3 vols. (Oxford, 1955)
J. R. Jones, *The Revolution of 1688 in England* (New York, 1973)
J. H. Plumb, *The Growth of Political Stability in England*, 1675—1725 (London, 1967)
Robert Walcott, *English Politics in the Early Eighteenth Century* (Cambridge, Mass., 1956)
Geoffrey Holmes, *British Politics in the Age of Anne* (New York, 1967)
Winston Churchill' s six-volume biography of his ancestor, *Marlborough* (New York,

1933—1938), has been abridged into one large volume by Henry Steele Commager (New York, 1968).
Peter Geyl, *The Revolt of the Netherlands*, 1555—1609, second ed. (New York, 1958)
Peter Geyl, *The Netherlands in the Seventeenth Century*, 2 vols. (London, 1961—1964)
Charles Wilson, *Queen Elizabeth and the Revolt of the Netherlands* (Berkeley, Calif., 1970)
Charles Wilson, *The Dutch Republic* (New York, 1968)
K. H. D. Haley, *The Dutch in the Seventeenth Century* (London, 1972)
C. V. Wedgwood, *William the Silent* (London, 1944)
S. B. Baxter, *William III* (New York, 1966)
Herbert Rowen, *John de Witt* (Princeton, N.J., 1977)
C. R. Boxer, *The Dutch Seaborne Empire*, 1600—1800 (New York, 1965)
William Bouwsma, *Venice and the Defense of Republican Liberty* (Berkeley, Calif., 1968)
Brian S. Pullan, *Crisis and Change in the Venetian Economy* (London, 1968)
Brian S. Pullan, *Rich and Poor in Renaissance Venice* (Cambridge, Mass., 1971)
James C. Davis, *The Decline of the Venetian Nobility as a Ruling Class* (Baltimore, 1962)
Eric Cochrane, *Florence in the Forgotten Centuries*, 1527—1800 (Chicago, 1973)
Hajo Holborn, *The Reformation* (New York, 1959)
Hajo Holborn, *The Age of Absolutism* (New York, 1964)
H. G. Koenigsberger, *The Habsburgs and Europe*, 1516—1660 (Ithaca, N.Y., 1971)
R. J. W. Evans, *Rudolf II and His World* (Oxford, 1973)
F. L. Carsten, *Princes and Parliaments in Germany* (Oxford, 1959)
C. V. Wedgwood, *The Thirty Years War* (London, 1938)
Georges Pagès, *The Thirty Years War* (London, 1970)
Gunther Franz, *Der Dreissigjährige Krieg und das deutsche Volk* (Stuttgart, 1961)
S. H. Steinberg, *The Thirty Years' War* (New York, 1967)
John Spielman, *Leopold I of Austria* (New Brunswick, N.J., 1977)
Oswald Redlich, *Weltmach des Barock : Osterreich in der Zeit Kaiser Leopolds I* (Vienna, 1961)
John Stoye, *The Siege of Vienna* (London, 1964)
Derek Mckay, *Prince Eugene of Savoy* (London, 1977)
F. L. Carsten, *The Origins of Prussia* (Oxford, 1954)
Hans Rosenberg, *Bureaucracy, Aristocracy and Autocracy : The Prussian Experience*,

1660—1815（Cambridge，Mass.，1958）
W. H. McNeill，*Europe's Steppe Frontier*，1500—1800（Chicago，1964）
Halil Inalcik，*The Ottoman Empire：The Classical Age*，1300—1600（London，1973）
L. S. Stavrianos，*The Balkans since 1453*（New York，1958）
James C. Davis，*Pursuit of Power*（New York，1970）
W. F. Reddaway，*The Cambridge History of Poland*，2 vols.（Cambridge，Eng.，1941—1950）
M. T. Florinsky，*Russia*，2 vols.（New York，1953）
George Vernadsky，*The Tsardom of Moscow*，1547—1682，2 vols.（New Haven，Conn.，1969）
Jerome Blum，*Lord and Peasant in Russia*（Princeton，N.J.，1961）
Roland Mousnier，*Peasant Uprisings in Seventeenth-Century France，Russia and China*（New York，1970）
B. H. Sumner，*Peter the Great and the Emergence of Russia*（New York，1951）
M. S. Anderson，*Peter the Great*（London，1978）
L. Jay Oliva，*Russia in the Era of Peter the Great*（New York，1969）
Michael Roberts，*Gustavus Adolphus*，1611—1632，2 vols（London，1953—1958）
Michael Roberts，*Gustavus Adolphus and the Rise of Sweden*（Mystic，Conn.，1973）
R. N. Hatton，*Charles XII of Sweden*（London，1968）

经济史

Ralph Davis，*The Rise of the Atlantic Economies*（Ithaca，N.Y.，1972）
Fernand Braudel，*Capitalism and Material Life*，1400—1800（New York，1973）
E. E. Rich and C. H. Wilson，*The Cambridge Economic History of Europe*，Vols. IV-V（New York，1967—1977）
Immanuel Wallerstein，*The Modern World-System*，Vol. I（New York，1974）
Voilet Barbour，*Capitalism in Amsterdam*（Baltimore，1950）
Charles Wilson，*England's Apprenticeship*，1603—1763（London，1965）
P. M. G. Dickson，*The Financial Revolution in England*（London，1967）
Jaime Vicens Vives，*An Economic History of Spain*（Princeton，N.J.，1969）
Martin Wolfe，*The Fiscal System of Renaissance France*（New Haven，1972）
Charles W. Cole，*Colbert and a Century of French Mercantilism*，2 vols.（New York，1939）
D. V. Glass and D. E. C. Eversley，*Population in History*（New York，1965）

Peter Laslett and Richard Wall, *Household and Family in Past Time* (New York, 1972)
Earl J. Hamilton, *American Treasure and the Price Revolution in Spain* (Cambridge, Mass., 1934)
J. U. Nef, *Industry and Government in France and England*, 1540—1640 (Oxford, 1940)
W. K. Jordan, *Philanthropy in England*, 1480—1660 (London, 1959)
B. H. Slicher van Bath, *The Agrarian History of Western Europe*, 500—1850 (London, 1963)
Eric Kerridge, *The Agricultural Revolution* (London, 1967)
Eli Heckscher, *Mercantilism*, second ed. (New York, 1955)
Charles Wilson, Profit and Power (London, 1957)
R. W. Green, *Protestantism and Capitalism and Social Science*, second ed. (Boston, 1973)
J. H. Elliott, *The Old World and the New* (New York, 1971)
Philip D. Curtin, *The Atlantic Slave Trade* (Madison, Wis., 1969)
D. B. Davis, *The Problem of Slavery in Western Culture* (Ithaca, N.Y., 1966)
Winthrop Jordan, *White over Black* (Chapel Hill, N.C., 1968)
Richard S. Dunn, *Sugar and Slaves* (Chapel Hill, N.C., 1972)

社会史

Fernand Braudel, *The Mediterranean and the Mediterranean World in the Age of Philip II*, 2 vols. (New York, 1972—1974)
Pierre Goubert, *Beauvais et le Beauvaisis de 1600 à 1730*, 2 vols. (Paris, 1960)
Emmanuel Le Roy Ladurie, *The Peasants of Languedoc* (Urbana, Ill., 1977)
Emmanuel Le Roy Ladurie, *Times of Feast* (London, 1972)
Emmanuel Le Roy Ladurie, *Times of Famine: A History of Climate since the Year 1000* (London, 1972)
Robert Mandrou, *Introduction to Modern France*, 1500—1640 (London, 1975)
Philippe Aries, *Centuries of Childhood* (New York, 1965)
Philippe Aries, *Western Attitudes towards Death* (Baltimore, 1974)
W. G. Hoskins, *The Midland Peasant* (London, 1957)
Margaret Spufford, *Contrasting Communities* (New York, 1974)
Peter Laslett, *The World We Have Lost* (London, 1965)
Peter Laslett, *Family Life and Illicit Love in Earlier Generations* (New York, 1977)

Lawrence Stone, *The Family, Sex, and Marriage in England*, 1500—1800 (New York, 1977)
Alan Macfarlane, *The Family Life of Ralph Josselin* (New York, 1970)
Lawrence Stone, *The Crisis of the Aristocracy*, 1558—1641 (Oxford, 1967)
Ruth Pike, *Aristocrats and Traders* (Ithaca, N.Y., 1972)
E. William Monter, *Calvin's Geneva* (New York, 1967)
Gerald Strauss, *Nuremberg in the Sixteenth Century* (New York, 1966)
Orest Ranum, *Paris in the Age of Absolutism* (New York, 1968)
Peter Clark and Paul Slack, *Crisis and Order in English Towns*, 1500—1700 (Toronto, 1972)
Peter Burke, *Venice and Amsterdam* (New York, 1975)
Natalie Z. Davis, *Society and Culture in Early Modern France* (Stanford, Calif., 1975)
Keith Thomas, *Religion and the Decline of Magic* (New York, 1971)
H. R. Trevor-Roper, *The Europe Witch-Craze of the Sixteenth and Seventeenth Centuries* (New York, 1967)
Alan Macfarlane, *Witchcraft in Tudor and Stuart England* (New York, 1970)
E. William Monter, *Witchcraft in France and Switzerland* (Ithaca, N.Y., 1976)
H. C. Erick Midelfort, *Witch Hunting in Southwestern Germany*, 1562—1684 (Stanford, Calif., 1972)
J. C. Baroja, *The World of the Witches* (Chicago, 1965)
Robert Mandrou, *Magistrats et sorciers en France au xviie siècle* (Paris, 1968)

思想史

A. R. Hall, *The Scientific Revolution*, 1500—1800, second ed. (London, 1956)
Herbert Butterfield, *The Origins of Modern Science*, 1300—1800 (London, 1949)
Hugh Kearney, *Science and Change*, 1500—1700 (New York, 1971)
E. A. Burtt, *The Metaphysical Foundations of Modern Physical Science* (London, 1925)
Thomas S. Kuhn, *The Copernican Revolution* (Cambridge, Mass., 1955)
Giorgio de Santillana, *The Crime of Galileo* (Chicago, 1955)
Frank Manuel, *A Portrait of Isaac Newton* (Cambridge, Mass., 1968)
P. K. Merton, *Science, Technology and Society in Seventeenth-Century England* (New York, 1970)
Charles Webster, *The Intellectual Revolution of the Seventeenth Century* (London, 1974)

E. M. W. Tillyard, *The Elizabethan World Picture* (New York, 1944)
Paul Hazard, *The European Mind*, 1680—1715 (London, 1953)
Manfred F. Bukofzer, *Music in the Baroque Era* (New York, 1947)
Jakob Rosenberg, *Dutch Art and Architecture*, 1600—1800 (London, 1966)
Sir Anthony Blunt, *France*, 1500—1700 (London, 1954)
Rudolf Wittkower, *Italy*, 1600—1750 (London, 1958)
H. K. Gerson and E. H. ter Kuile, *Belgium*, 1600—1800 (London, 1960)
George Kubler and Martin Soria, *Spain and Portugal*, 1500—1800 (London, 1959)
Eberhard Hempel, *Central Europe*, 1600—1800 (London, 1965)
J. H. Summerson, *Britain*, 1530—1830 (London, 1953)
E. A. Burtt, *The English Philosophers from Bacon to Mill* (New York, 1939)

专有名词对照表

A Game at Chess 《弈棋》

Aachen 亚琛

Abraham 亚伯拉罕

Academy of the Lynx-Eyed 早期山猫学会

Acadia 阿卡迪亚

Act of Succession 《继承法案》

activism 激进主义

Adam Smith 亚当·斯密

Adam 亚当

Admiral Coligny 海军上将科利尼

Adriatic 亚得里亚海

Albanians阿尔巴尼亚人

Albany 奥尔巴尼

Albrecht von Wallenstein 阿尔布雷希特·冯·沃伦斯坦

Alexander Menshikov 亚历山大·缅希科夫

Alexei Zubov 阿列克谢·祖博夫

Alexis 阿列克谢（彼得一世之子）

Algeria 阿尔及利亚

Almanza 阿尔曼萨

Alps 阿尔卑斯山

Alsace 阿尔萨斯

Amboina 安汶岛

Amboise 安布瓦斯

Amsterdam 阿姆斯特丹

An Essay Concerning Human Understanding《人类理解论》

Anabaptist 再洗礼教派，再洗礼派

Anatolia 安纳托利亚

Andreas Vesalius 安德烈·维萨里

Andromaque《昂朵马格》

Anglican 英国国教教派，圣公会

Anglo-Saxon 盎格鲁—撒克逊

Angola 安哥拉

Anne of Austria 奥地利的安妮（法国王后，路易十四之母）

Anthony Van Dyck 安东尼·范戴克

anti-Trinitarian 基督三位一体

Antony von Leeuwenhoek 安东·列文虎克

Antwerp 安特卫普

Archangel 阿尔汉格尔斯克

Archbishop William Laud 大主教威廉·劳德

Archduke Charles of Austria（查理大公，利奥波德一世之子）

Areopagitica《论出版自由》

Argentina 阿根廷

Aristotelian 亚里士多德

Armand Jean du Plessis 阿尔芒·让·迪普莱西

Artois 阿图瓦

Astrakhan阿斯特拉罕

Audiencias 司法法院

Augsburg Peace Settlement《奥格斯堡和约》

Augustus II 奥古斯特二世（波兰国王）

Austria 奥地利

autos sacramentales 西班牙圣礼剧

Auxiliary Cavalry 辅助骑兵

Axel Oxenstierna 阿克塞尔·乌克森谢纳

Azores 亚速尔群岛

Aztecs 阿兹特克人

Bach 巴赫

Balkans 巴尔干半岛

Baltic 波罗的海

Bamberg班贝格

Banat 巴纳特

Bank of England 英格兰银行

Baptists 浸信会

Bartholomew Fair 《巴塞洛缪集市》

Bartolome de Las Casas 巴托洛梅·德拉·斯·卡萨斯

Basel 巴塞尔

Bastille 巴士底

Bastwick 巴斯维克

Battle of Boyne 博伊奈战役

Battle of Lepanto 勒班陀战役

Battle of Lutter 卢特战役

Bavaria 巴伐利亚

Beauvais 博韦

Belgium 比利时

Belgrade 贝尔格莱德

Bellarmine 贝拉明

Belvedere 美景宫

Benedictine abbey 本笃修道院

Berlin 柏林

Bernini, Gian Lorenzo Bernini 贝尔尼尼，吉安·洛伦·贝尔尼尼

beys 贝伊（地方贵族阶层）

Bismarck 俾斯麦（普鲁士宰相兼外交大臣）

Black Death 黑死病

Black Sea 黑海

Blackfriars Theatre 黑衣修士剧院

Blaise Pascal 布莱士·帕斯卡

Blois 布洛瓦

blood 血液

Blue Laws 蓝法

Bohemia 波希米亚

Bohemian Brethren 波希米亚兄弟会
Boileau 布瓦洛
Bolingbroke 博林布鲁克
Bolsheviks 布尔什维克党
Bombay 孟买
Boris Godunov 鲍里斯·戈都诺夫
Bourbon, Bourbons 波旁家族，波旁
boyars 博伊尔（地方贵族阶层）
Brabant 布拉班特
Brazil 巴西
Breitenfeld 布赖滕费尔德
Bremen不来梅
Brielle 布里埃尔
British Isles 不列颠群岛
Brittany 布列塔尼
Bruges 布鲁日
Buda 布达
Bulgarians保加利亚人
Burgundy 勃艮第
Burton 伯顿
Cadiz 加的斯
Calcutta 加尔各答
Calderon, Pedro Calderon 卡尔德隆，佩罗德·卡尔德隆
California 加利福尼亚
Callot 卡洛特
Calvinist 加尔文教派
Cambridge 剑桥
Cape of Good Hope 好望角
Caribbean island of St. Kitts加勒比海圣基茨岛
Caribbean 加勒比海
Carinthia 克恩滕州
Carniola 卡尼奥拉
Carpathian Mountains, Carpathians 喀尔巴阡山脉

Casa de Contratacion 印度群岛贸易馆
Catalonia 加泰罗尼亚
Cateau-Cambresis 卡托—康布雷西
Cathay, China 中国
Catherine de Medici 凯瑟琳·德·美第奇（法国亨利二世的王后，法国王太后）
Catholic League天主教联盟
Cavaliers 骑士团
Central America 中美洲
Ceylon 锡兰
Chamberlain’s Company 张伯伦剧团
Charles Ⅰ 查理一世（英格兰、苏格兰及爱尔兰斯图亚特王朝国王，詹姆斯一世之子）
Charles Ⅴ 查理五世（神圣罗马帝国皇帝，西班牙哈布斯堡王朝国王，又称西班牙国王卡洛斯一世）
Charles Ⅸ 查理九世（法国瓦卢瓦王朝国王）
Charles Ⅱ 查理二世（英格兰、苏格兰及爱尔兰斯图亚特王朝国王）
Charles Le Brun 夏尔·勒布伦
Charles Ⅵ 查理六世（神圣罗马帝国哈布斯堡王朝皇帝，利奥波德一世之子）
Charles Ⅺ 查理十一世（瑞典国王）
Charles Ⅱ 卡洛斯二世（西班牙哈布斯堡王朝的最后一位国王）
château d’Amboise安布瓦斯城堡
Chenonceaux 舍农索
Chesapeake 切萨皮克
Chile 智利
choler胆汁
Christ on the Cross《十字架上的耶稣》
Christian Brothers 基督教兄弟派
Christian IV 克里斯蒂安四世（丹麦国王）
Christina 克里斯蒂娜（瑞典女王，古斯塔夫·阿道夫之女）
Church of San Tome 圣多美教堂
Church of Santo Domingo 圣多明哥教堂
Church of St. Michael 圣米歇尔大教堂
Clarendon Code “克拉伦登法典”

Claude Lorrain 克劳德·洛兰

Cleve 克利夫（莱茵公国）

Colloquy of Poissy普瓦西会议

Cologne 科隆

Columbus 哥伦布

Company of the North 北方公司

Concordat of Bologna《博洛尼亚协定》

Congreve康格里夫

Constantinople 君士坦丁堡

Copernicus, Nicolaus Copernicus 哥白尼，尼古拉·哥白尼

Corelli 科雷利

Corneille, Pierre Corneille 高乃依，皮埃尔·高乃依

Cornwall 康沃尔

Corpus Christi 圣体瞻礼节

Cortes 科尔特斯

Cosimo de Medici 科西莫·德·美第奇

count of Olivares 奥利瓦雷斯伯爵

Count Waldeck 瓦尔德克伯爵

Counts of Egmont and Horn 埃格蒙特伯爵和霍恩伯爵

Cracow 克拉科夫

Crete Island, Crete 克里特岛

Crimea 克里米亚

Croatia 克罗地亚

cuius region, eius religio “教随国定”

Curacao 库拉索

Cyprus 塞浦路斯

Czech 捷克

Czechoslovakia 捷克斯洛伐克

Dalmatia 达尔马提亚

Danube 多瑙河

Danzig 但泽

Dapper 达珀

Darwin 达尔文

De Efficaci Medicina《医学的功效》

Delft 代尔夫特

Descartes, Rene Descartes 笛卡尔，勒内·笛卡尔

Descent from the Cross《基督落架图》

Diane de Poitiers 黛安·德·普瓦捷

Discourse on Two New Sciences《两种新科学》

Ditchley 迪奇雷

Dnieper 第聂伯河

Dniester River 德涅斯特河

Domenico Theotocopoulos 多米尼科·狄奥托科普洛斯

Don Carlos 唐·卡洛斯（腓力二世长子）

Don Pierre Perignon 唐·皮埃尔·培里侬

Don Quixote《唐·吉诃德》

Don River 顿河

Donne 多恩

Dresden 德累斯顿

Dublin 都柏林

Ducal Palace 威尼斯公爵宫

ducat, Ducato 杜卡特（欧洲货币单位）

Duke Albert Ⅴ of Bavaria 巴伐利亚公爵阿尔伯特五世

duke of Alba阿尔巴公爵

duke of Buckingham 白金汉公爵

Duke of Burgundy勃艮第公爵

duke of Mecklenburg 梅克伦堡公爵

duke of Parma 帕尔马公爵

duke of Savoy 萨伏依公爵

duke of Sully 苏利公爵

Dunkirk 敦刻尔克

Dauphiné 多菲内

Duque de Medina-Sidonia 梅迪纳—西多尼公爵

Durer, Albrecht Dürer 丢勒，阿尔布雷特·丢勒

Dutch尼德兰语

Earl J. Hamilton 汉密尔顿伯爵

Earl of Bothwell 博思韦尔勋爵
earl of Danby 丹比伯爵
earl of Leicester 莱斯特伯爵
earl of Oxford 牛津伯爵
earl of Shaftesbury 沙夫茨伯里伯爵
Edict of Alais 《阿莱斯敕令》
Edict of Nantes 《南特敕令》
Edict of Restitution 《返还敕令》
Edinburgh 爱丁堡
Edmund Campion 埃德蒙·坎皮恩
Edward Ⅵ 爱德华六世
Einstein 爱因斯坦
El Greco, Greco 埃尔·格列柯
Elbe 易北河
Elizabeth Ⅰ 伊丽莎白一世（英格兰及爱尔兰都铎王朝女王，都铎王朝的最后一位君主）
English Channel 英吉利海峡
Erasmus of Rotterdam “鹿特丹的伊拉斯谟”
Erasmus 伊拉斯谟
Ernst von Mansfeld 恩斯特·冯·曼斯费尔德
Escorial 埃斯科里亚尔
escudos 埃斯库多（西班牙货币单位）
Essays 《随笔》
Esseg 奥西耶克
Essex 埃塞克斯
Estates-General 三级会议
Estonia爱沙尼亚
Etherege埃瑟里奇
Ethics 《伦理学》
Eugene of Savoy 萨伏依的欧根
Euripides 欧里庇德斯
Eve 夏娃
excise tax 消费税

Exemplary Novels《模范故事》

Farquhar法夸尔

Fedor 费奥多尔（伊凡雷帝之子）

Ferdinand Ⅰ 斐迪南一世（奥地利哈布斯堡王朝国王）

Ferdinand Ⅱ 斐迪南二世（阿拉贡国王，统一的西班牙的第一位国王）

Ferdinand Ⅱ 斐迪南二世，施蒂里亚的斐迪南（神圣罗马帝国皇帝）

Ferdinand Ⅲ 斐迪南三世（神圣罗马帝国哈布斯堡王朝皇帝，斐迪南二世之子）

Finland芬兰

Fischer von Erlach 菲舍尔·冯·埃尔拉赫

Flanders 佛兰德斯

Flemish 佛兰德斯语

Forest Lawn Cemetery 森林草坪公墓

Fotheringhay Castle福瑟临黑城堡

Fountain of the Four Rivers 罗马四河喷泉

Franche-Comte 弗朗什—孔泰

Francis Bacon 弗朗西斯·培根

Francis Beaumont 弗朗西斯·博蒙特

Francis Rakoczi 费伦茨·拉科齐

Francis Ⅰ弗朗索瓦一世（法国瓦卢瓦王朝国王）

Francis Ⅱ弗朗索瓦二世（法国瓦卢瓦王朝国王，亨利二世之子）

Francisco Pizarro 弗朗西斯科·皮萨罗

Francois Dubois d’ Amiens 杜依波斯·弗朗索瓦·德·亚眠

Franconians 弗兰克人

Frans Hals 弗兰斯·哈尔斯

Franz Geffels 弗朗茨·盖菲尔兹

Frauenkirche 圣母大教堂

Frederick the Great 腓特烈大帝（普鲁士国王）

Frederick V 腓特烈五世（普法尔茨选帝侯）

Frederick William, Frederick Ⅰ 腓特烈·威廉，腓特烈一世（勃兰登堡选帝侯，首位普鲁士国王）

French Revolution 法国大革命

Friesland 弗里斯兰

Fronde 投石党

Gabelle 盐税
Galen 伽林
Galileo, Galileo Galilei 伽利略，伽利略·伽利莱
Galleria Doria 多里亚美术馆
Gallican 高卢
Gascony 加斯科涅
Gelderland 格尔德兰
General Tilly 蒂利将军
Generalkriegskommissariat 军事委员会
Genesis 《创世记》
Geneva 日内瓦
Genoa 热那亚
George Ⅰ 乔治一世（英国汉诺威王室的首位国王）
George Monck乔治·蒙克
Germanisches Nationalmuseum 日耳曼国家博物馆
Gesu 格苏
Ghent 根特
Gibraltar 直布罗陀
Giusepe Garibaldi 朱塞佩·加里波第
Gobelin tapestries 哥白林式挂毯
God help those who help themselves “天助自助者”
Golden Hind “金鹿号”
Goldhill 黄金山
Goliath 歌利亚
Gongora 贡戈拉
Good Queen Bess “英明女王贝丝”
Gospel《福音书》
Goethe 歌德
Granada 格拉纳达
Grand Alliance 大同盟
Grand Dauphin Louis 皇太子路易（路易十四之子）
grand vizier 大维齐尔
Great lakes 五大湖

Great Northern War 大北方战争
Greek 希腊
Greeks 希腊人
Gregory King 格雷戈里·金
Grodno 格罗德诺
Groningen 格罗宁根
Guiana 圭亚那
Guinea 几内亚
Guineas 基尼（英国货币单位）
Guise 吉斯家族
Gulf of Finland芬兰湾
Gulf of Lepanto 勒班陀湾
Gulf of Mexico 墨西哥湾
Gustavus Adolphus 古斯塔夫·阿道夫（又称古斯塔夫二世，瑞典国王）
Gustavus Vasa 古斯塔夫·瓦萨
Hague 海牙
Halberstadt 哈尔伯施塔特
Hamburg 汉堡
Handel 亨德尔
Hans Jacob Christoffel von Grimmelshausen 汉斯·雅各布·冯·克里斯托·格里默斯豪森
Hanseatic League 汉萨同盟
Hector 赫克托耳（特洛伊第一勇士）
Heidelberg Catechism 《海德堡问答》
Heidelberg海德堡
Henrietta Maria亨丽埃塔·玛丽亚（英国国王查理一世的王后）
Henry Ⅱ　亨利二世（法国瓦卢瓦王朝国王，弗朗索瓦一世之子）
Henry Ⅲ　亨利三世（法国瓦卢瓦王朝国王,曾为波兰国王亨里克三世，亨利二世之子）
Henry Ⅳ　亨利四世（法国波旁王朝国王，亦即波旁王朝的创建者，亨利二世的女婿）
Henry V　《亨利五世》
Henry Ⅶ 亨利七世（英格兰都铎王朝国王）
Henry Ⅷ 亨利八世（英格兰与爱尔兰都铎王朝国王，亨利七世之子）

Henry of Navarre 纳瓦拉国王亨利（后成为法国波旁王朝的第一位国王）

Henry Stewart, Lord Darnley 达恩利勋爵亨利·斯图尔特

Hermitage Leningrad 冬宫

Hernando Cortes 埃尔南多·科尔特斯

Hippolytus《希波吕托斯》

History of the Peloponnesian War《伯罗奔尼撒战争史》

Histriomastix《优伶酷评》

Hohenzollerns 霍亨索伦王朝

Holey League 神圣同盟

Holland 荷兰

Holstein 荷尔斯泰因

Holy Roman Empire 神圣罗马帝国

Holyrood Palace 荷里路德宫

House of Habsburg 哈布斯堡家族

Hudson Bay 哈得逊湾

Huguenots 胡格诺教

Iberian peninsula 伊比利亚半岛

Incas 印加

Index of Prohibited Books《禁书目录》

Isaac 以撒

Isabella 伊莎贝拉（卡斯蒂利亚女王，阿拉贡国王斐迪南二世之妻）

Islam 伊斯兰教

Ivan Mazepa 伊凡·马泽帕

Ivan the Terrible, Ivan IV 伊凡雷帝、伊凡四世（俄国沙皇）

Jacobins 雅各宾派

Jacques Coeur 雅克·克尔

Jakob Fugger 雅各布·富格尔

James Ⅰ 詹姆斯一世（英格兰与苏格兰斯图亚特王朝国王）

James Ⅱ 詹姆斯二世（英格兰、苏格兰及爱尔兰斯图亚特王朝国王，最后一位天主教英国国王，查理二世的弟弟）

Jamestown 詹姆斯敦

Jan de Witt 简·德·威特

Jan Vermeer 扬·维米尔

Jansenists 詹生派

Jean Baptiste Poquelin 让·巴蒂斯特·波克兰（莫里哀真名）

Jean Bodin让·博丹

Jean-Baptiste Colbert 让·巴蒂斯特·科尔伯特

Jeanne de Jussie 珍妮·德·朱西

Jerusalem Delivered《被解放的耶路撒冷》

Jesuitical 耶稣会的 24；耶稣会

Jews 犹太人

John Bunyan 约翰·班扬

John Calvin 约翰·加尔文

John Closterman 约翰·克劳斯特曼

John Davis 约翰·戴维斯

John Dryden 约翰·德莱顿

John Fletcher 约翰·弗莱彻

John George 约翰·乔治（萨克森选帝侯）

John Hampden 约翰·汉普登

John Howkins 约翰·霍金斯

John Huss 约翰·胡斯

John Milton, Milton 约翰·弥尔顿

John Nef 约翰·内夫

John Pym 约翰·皮姆

John Sobieski 约翰·索伯斯基（波兰国王）

Jonson 琼森，本·琼森

Jose Churriguera 荷西·丘里格拉

Joseph Ferdinand 约瑟夫·斐迪南（巴伐利亚亲王）

Joseph I 约瑟夫一世（利奥波德一世之子）

Julich 尤利希（莱茵公国）

Junkers 容克（贵族地主）

Jupiter 木星

Kara Mustafa 卡拉·穆斯塔法（土耳其大维齐尔）

Kepler, Johannes Kepler 开普勒，约翰尼斯·开普勒

Kiev 基辅

King Anthony 纳瓦拉国王安东尼

King Lear《李尔王》

King’s Company 国王剧团

Kingdom of Great Britain 大不列颠王国

Königsberg 柯尼斯堡

Kremlin 克里姆林

Kunsthistorisches Museum维也纳艺术史博物馆

Kvass 克瓦斯

La Rochefoucald 拉罗什富科

La Rochelle 拉罗谢尔

landgrafs 兰德格拉夫（地方贵族阶层）

Languedoc 朗格多克

Lapland 拉普兰

Last Judgment《最后的审判》

Last Super《最后的晚餐》

Latin Christendom 拉丁基督教世界

Latin 拉丁语

Latvia 拉脱维亚

Lavoisier 拉瓦锡

Lazarus《拉撒路》

Le Cid《熙德》

League of Augsburg 奥格斯堡联盟

Leibniz 莱布尼茨

Leonardo da Vinci 莱昂纳多·达·芬奇

Leopold Ⅰ, Leopold 利奥波德一世，利奥波德（神圣罗马帝国哈布斯堡王朝皇帝，斐迪南二世之子）

Letter Concerning Toleration《论宽容》

Letter of Majesty《君威诏书》

Levant Company 黎凡特公司

Levellers 平等派

Leviathan《利维坦》

Lille 里尔

Lincolnshire 林肯郡

Lisbon 里斯本

Lithuanian 立陶宛人

Locke 洛克

Loire Valley 卢瓦尔河谷

Lope de Vega诺普·德·维加

Lord Protector 护国主

Louis XⅣ 路易十四（法国波旁王朝国王，路易十三之子）

Louis XⅢ　路易十三（法国波旁王朝国王，亨利四世之子）

Louis XⅤ 路易十五（法国波旁王朝国王，路易十四曾孙）

Louvre palace 卢浮宫

Low Countries 低地国家

Low German低地德语

Lucca 卢卡

Lully 吕利

Lusatia 卢萨蒂亚

Luther, Martin Luther路德，马丁·路德

Lutheran 路德教派，路德教

Lutzen 洛肯

Luxemburg 卢森堡

Lyons 里昂

Macbeth《麦克白》

Machiavelli 马基雅维利

Madame de Maintenon 曼特农夫人

Mademoiselle de Montpensier 蒙旁西埃郡主

Madrid 马德里

Magdalen College 剑桥大学莫德林学院

Magdeburg 马格德堡

Magna Charta《大宪章》

Magyars, Magyar 马扎尔人

Mainz 美因茨

Malay Archipelago 马来群岛

Malplaquet 马尔普拉凯

Malta 马耳他

Manhattan 曼哈顿

Mannerist 风格主义
Maria Theresia 玛丽娅·泰蕾兹（西班牙公主，路易十四的王后）
Marlowe, Christopher Marlowe 马洛，克里斯托弗·马洛
Marseilles 马赛
Marshal Tallard 塔拉尔元帅
Marshal Vauban 沃邦元帅
Marshal Vendome 旺多姆元帅
Marshal Villars 维拉尔元帅
Marston Moor 马其顿荒原
Martin Frobisher 马丁·弗罗比舍
Marx 马克思
Marie de Medici 玛丽·德·美第奇（法国亨利四世的王后，路易十三之母）
Mary Stuart 玛丽·斯图亚特，玛丽一世（苏格兰斯图亚特王朝女王）
Mary Tudor 玛丽·都铎，玛丽一世（英格兰及爱尔兰都铎王朝女王，亨利八世之女）
Massachusetts 马萨诸塞州
Massacre of the Innocents《对无辜者的屠杀》
Max Emmanuel 马克斯·伊曼纽尔（巴伐利亚选帝侯，又称马克西米利安二世）
Max Weber 马克斯·韦伯
Maximilian马克西米利安，马克西米利安一世（巴伐利亚公爵）
Mazarin, Guilio Mazarini 古里奥·马萨林（法国红衣主教）
mead 蜂蜜酒
Mediterranean 地中海
melancholy 黑胆汁
Mennonite 门诺派
Mercy 默西
merino wool 美利奴羊毛
Messina 墨西拿
Mesta梅斯塔
Metropolitan Museum of Art 大都会艺术博物馆
Mexican, Mexico 墨西哥
Michael Romanov米哈伊尔·罗曼诺夫、米哈伊尔一世（俄国沙皇）
Michel de Montaigne, Montaigne 米歇尔·德·蒙田，蒙田
Michelangelo da Caravaggio 米开朗琪罗·达·卡拉瓦乔

Michelangelo, Michelangelo Buonarroti 米开朗琪罗，米开朗琪罗·波纳罗蒂
Middle East 中东
Miguel de Cervantes 米格尔·德·塞万提斯
Milan 米兰
Minorca 米诺卡岛
Misanthrope 《愤世嫉俗》
Mississippi 密西西比河
Moldavia 摩尔达维亚
Moliere 莫里哀
Moluccan 摩鹿加
Monteverdi 蒙特威尔第
Montmorencys蒙莫朗西家族
Moors 摩尔人
Moravia 摩拉维亚
Mucklow 马克洛
Muider 缪德
Munich 慕尼黑
Munster 曼斯泰
Muscovite Russia 俄罗斯莫斯科公国
Museo del Prado 普拉多博物馆
Museum Arland 阿兰德博物馆
Mussorgsky 穆索尔斯基
Naples 那不勒斯
Napoleon 拿破仑
Naseby 内斯比
National Portrait Gallery 英国国家肖像馆
Navigation Acts 《航海法案》
Nell Gwyn 内尔·格温
Nelson 纳尔逊
Netherland 尼德兰
Netherlanders 尼德兰人
Neva River 涅瓦河

New Atlantis 《新亚特兰蒂斯》
New England 新英格兰
New France 新法兰西
New Model Army 新模范军
Newfoundland 纽芬兰
Newton 牛顿，艾萨克·牛顿爵士
Nicolas Poussin 尼古拉斯·普桑
Night Watch 《夜巡》
Nikon 尼康（菲拉列特大牧首的继任者）
Nordlingen 诺德林根
Norfolk 诺福克
Normandy 诺曼底
Novgorod 诺夫哥罗德
Novum Organum 《新工具》
Nuremberg纽伦堡
Oder 奥德河
Oesterreichische Galerie 奥地利国家美术馆
Oliver Cromwell 奥利弗·克伦威尔
Olivier de Serres 奥利维尔·德·塞雷斯
Orange 奥兰治家族
Orangists 奥兰治派
Orthodoxy 东正教
Osnabruck 奥斯纳布吕克
Ottavio Leoni 奥塔维奥·莱奥尼
Ottoman Empire 奥斯曼帝国
Overyssel 上艾瑟尔
Oxford 牛津
Paderborn 帕德博恩
Padua 帕多瓦
Palais du Luxembourg 卢森堡宫
Palais-Royal 皇宫
Palatinate 普法尔茨
Palm Sunday棕榈周日

Panama 巴拿马

Paradise《天堂》

Peace of Cateau Cambresis《卡托—康布雷西和约》

Peace of Nystad《尼斯塔德条约》

Peace of Rastatt《拉施塔特和约》

Peace of the Pyrenees《比利牛斯和约》

Peace of Utrecht《乌得勒支和约》

Peace of Westphalia《威斯特伐利亚和约》

Protestant Ethic and the Spirit of Capitalism《新教伦理与资本主义精神》

Provincial Lettérs《致外省人信札》

Pennsylvania 宾夕法尼亚

Pensees《思想录》

Perigord 佩里戈尔

Persians 波斯人

Peruvian 秘鲁

Peter Canisius 彼得·卡尼修斯

Peter I 彼得一世（俄国沙皇，后称“彼得大帝”）

Peterwardein 彼得瓦拉德

Petition of Right《权利请愿书》

Petrarch 彼特拉克

Petrus Ramus彼得吕斯·拉米斯

Phedre《菲德拉》

Philaret 菲拉列特（莫斯科大牧首，米哈伊尔一世之父）

Philip Ⅱ 腓力二世（西班牙哈布斯堡王朝国王，卡洛斯一世之子）

Philip Ⅲ　腓力三世（西班牙哈布斯堡王朝国王，腓力二世之子）

Philip Ⅳ　腓力四世（西班牙哈布斯堡王朝国王，腓力三世之子）

Philip Ⅴ，Philip of Anjou 腓力五世，安茹的腓力（西班牙波旁王朝的第一位国王，路易十四之孙）

Philippe de Champaigne 菲利普·德·尚帕涅

Philippine Islands 菲律宾群岛

phlegm 黏液

Picardy 皮卡第

Pico della Mirandola 皮科·德拉·米兰多拉

Pieter Brueghel, Peiter Brueghel the Elder 老彼得·布勒哲尔

Pieter de Hooch 彼得·德·霍赫

Pilsen 比尔森

Pius IV 庇护四世

Plautus 普劳图斯

Plymouth 普利茅斯

Poitou 普瓦图

Poland-Lithuania 波兰—立陶宛联合王国

politique party 政客党派

politiques 政客

Pomerania 波美拉尼亚

Pope Urban VIII 乌尔班八世（罗马教皇）

Pretender “觊觎王位者”（指詹姆斯二世流亡海外的儿子）

Pride’s Purge “普赖德的清洗运动”

Primum mobile 第十层天

Prince Frederick Henry 腓特烈·亨利王子（尼德兰王子，“沉默的威廉”之子）

Prince Maurice of Nassau 拿骚王子莫里斯（“沉默的威廉”之子）

Prince of Conde 孔代亲王

Prince of Neuberg 纽伯格王子

Prince of Orange, Prince William of Orange “沉默的威廉”，威廉一世，奥兰治亲王，奥兰治亲王威廉（尼德兰奥兰治王朝的开国国王，尼德兰国父）

Principia《基本原理》

Prometheus Enchained on Mount Caucases《被束缚在高加索山脉上的普罗米修斯》

Protestant Union 新教联盟

Provincial estates 省三级会议

Prussian monarchies 普鲁士王国

Prynne 白兰

Ptolemaic 托勒密

Puebla 普埃布拉

Puerto Rico 波多黎各

Purcell 珀塞尔

Putney 普特尼

Pyrenees 比利牛斯山

Quakers 贵格会

Quietists 寂静派

Racine, Jean Baptiste Racine 拉辛，让·巴蒂斯特·拉辛（法国剧作家）

Raphael 拉斐尔

Ravaillac 拉瓦克

Ravensburg 拉芬斯堡

reals 雷亚尔（西班牙货币单位）

Reformed Kirk 归正教会

Regents 摄政派

Reims 兰斯

Rembrandt, Rembrandt van Rijn伦勃朗，伦勃朗·凡·莱因

Renaissance 文艺复兴

Return of the Prodigal Son 《浪子回头》

Rhine Valley 莱茵河谷

Richard Burbage 理查德·伯比奇

Riga 里加

Riksdag 瑞典国民议会

River Pruth 普鲁特河

Robert Boyle 罗伯特·波义耳

Robert Herrick 罗伯特·赫里克

Robert Parsons 罗伯特·帕森斯

Robin Hood 罗宾汉

Rocroi 罗克鲁瓦

Roman Inquisition 罗马宗教裁判所

Romanov 罗曼诺夫家族

Roussillon 鲁西荣

Royal African Company英格兰皇家非洲公司

Royal Society 皇家学会

Rubens, Peter Paul Rubens 鲁本斯，彼得·保罗·鲁本斯

Rumanians 罗马尼亚人

Rupert 鲁珀特

Ruthenians 乌克兰人

Salem 塞勒姆

Saracen 撒拉逊人
sardina 萨尔迪纳
Sardinia 萨丁尼亚，萨丁尼亚岛，萨丁尼亚王国
Saturn 土星
Savoy 萨伏依
Saxons 撒克逊人
Saxony 萨克森
Scania 斯堪尼亚
Scarlatti 斯卡拉蒂
Scheepvart Museum 荷兰国家海事博物馆
Scheldt River 斯凯尔特河
Schutz 舒茨
Sea Beggars "海上乞丐"
second duke of Buckingham 白金汉公爵二世
Seine 塞纳河
Seneca 塞内卡
Serbo-Croatians塞尔维亚~克罗地亚人
Seville 塞维利亚
Shakespeare, William Shakespeare 莎士比亚，威廉·莎士比亚
Shelley 雪莱
shillings 先令（英国货币单位）
Sicilia 西西里岛
Sigismund Augustus 西吉斯蒙德·奥古斯都
Silesia 西里西亚
Simplicio 辛普利西奥
Sir Christopher Wren克里斯托弗·雷恩爵士
Sir Edward Coke 爱德华·柯克爵士
Sir Francis Drake 弗朗西斯·德雷克爵士
Sir Francis Walsingham 沃尔辛厄姆爵士
Sir John Eliot 约翰·艾略特爵士
Sir Thomas More托马斯·莫尔爵士
Sir Thomas Wentworth 托马斯·温特沃斯爵士
Sir Walter Raleigh 沃尔特·罗利爵士

Sir William Cecil威廉·塞西尔爵士
Sistine Chapel西斯廷教堂
Six books of the Republic 《共和六书》
Sixtus V 西克斯图斯五世（罗马教皇）
Slav 斯拉夫
Slavonia 斯洛文尼亚
Smolensk斯摩棱斯克
Snyders 斯奈德斯
Socrates 苏格拉底
Sophia 索菲亚（彼得一世的姐姐）
Sound 松德海峡
Spanish Tragedy 《西班牙悲剧》
Spenser 斯宾塞
spice islands 香料群岛
Spinoza, Benedict Spinoza本内迪克特·斯宾诺莎，斯宾诺莎
Spiritual Exercises 《神操》
St. Augustine 圣奥古斯丁
St. Bartholomew's Day 圣巴塞洛缪节
St. Basil's Cathedral 圣瓦西里升天大教堂
St. Christopher 圣克里斯托弗
St. Eustatius 圣尤斯特歇斯
St. Ignatius of Loyola 圣依纳爵·罗耀拉
St. John of Cross 十字架的圣约翰
St. Lawrence 圣劳伦斯
St. Niklas 圣尼古拉
St. Paul's Cathedral 圣保罗大教堂
St. Petersburg 圣彼得堡
St. Stephen 圣斯蒂芬
St. Teresa of Avila 阿维拉的圣特雷萨
St.Vincent de Paul圣文森特·德·保罗
Stanislas Leszczynski 斯坦尼斯瓦夫·莱什琴斯基（波兰国王）
Starry Messenger 《星际使者》
Stephen Razin 斯蒂芬·拉辛

Stettin 斯德丁
Stockholm 斯德哥尔摩
Strait of Magellan 麦哲伦海峡
Strasbourg 斯特拉斯堡
Stratford 斯特拉特福
Stuart 斯图亚特家族
Styria 施蒂里亚
Suffolk 萨福克
Suleiman the Magnificent 苏莱曼大帝
Sultan Mehmed IV 苏丹穆罕默德四世
Surat 苏拉特
Surrender of Breda《布列达的投降》
Swan Theater 天鹅剧院
Swiss Confederation瑞士联邦
Switzerland 瑞士
Sylvester Brownover 西尔维斯特·布朗努瓦
szlachta 什拉赫塔（地方贵族阶层）
Taille 租税，土地税
Tamburlaine《帖木儿大帝》
Tartars鞑靼人
Tartuffe《伪君子》
Tasso 塔索
Thames 泰晤士河
The Adoration of the Magi《贤士来拜》
The Adventures of a Simpleton《一个呆子的历险记》
The Arrest of Christ《抓捕耶稣》
The basilica of St. Peter's 圣彼得大教堂
The Bourgeois Gentleman《平民贵族》
The Burial of the Count of Orgaz《奥尔加斯伯爵的葬礼》
The Council of Trent 特伦托会议
The Creation of Adam《创造亚当》
The Discovery of the New World by Christopher Columbus《克里斯托弗·哥伦布发现新大陆》

The Femal Savant《女学者》
The First Blast of the Trumpet Against the Monstrous Regiment of Women《爆醒反抗畸形女团的第一声号角》
the Fuggers 富格尔家族
The Great Elector “伟大的选侯”
The Harvesters《收割者》
The Imaginary Invalid《无病呻吟》
The independents 独立派
The Mathematical Principles of Natural Philosophy《自然哲学的数学原理》
The Miser《守财奴》
The Painter in His Studio《画室》
The Society of Jesus 耶稣会
The Trew Law of Free Monarchies《自由君主制的真正法律》
The Virtuoso《学者》
Thirty-nine Articles of Belief《三十九条信纲》
Thomas Hobbes, Hobbes 托马斯·霍布斯
Thomas Kyd 托马斯·基德
Thomas Middleton托马斯·米德尔顿
Thucydides 修昔底德
Thythorn Hill 塞索恩山
Tintoretto 丁托列托
Tisza River 蒂萨河
Titian 提香
Titus Oates 泰特斯·奥茨
To the Virgins, to Make Much of Time《致青年人，切须惜时》
Tobolsk 托博尔斯克
Toledo 托莱多（红衣主教）
Toleration Act《宽容法案》
Tories 托利党
Tower Hill 塔山
town of Azov 亚速镇
Tractatus Theologico-Politicus《神学政治论》
Transactions《汇报》

Transylvania 特兰西瓦尼亚
Trappists 特拉普派
Treaty of Munster《明斯特条约》
Treaty of Passarowitz《帕萨罗维兹条约》
Treaty of Ryswick《里斯维克和约》
Triumph of the Name of Jesus《耶稣之名的胜利》
Troilus and Cressida《特洛伊罗斯与克瑞西达》
Tudor 都铎家族
Turin 都灵
Turks 土耳其人
Tuscany 托斯卡纳
Tyburn 泰伯恩
Tycho Brahe 第谷·布拉赫
Tyne River 泰恩河
Tyrol 蒂罗尔
Ukraine 乌克兰
Union of Arras 阿拉斯联盟
Union of Brussels 布鲁塞尔联盟
Union of Lublin 卢布林联盟
Union of Utrecht 乌得勒支同盟
Unitarian唯一神论
United Provinces 尼德兰联省共和国
United States Bureau of the Census 美国人口普查局
University of Heidelberg 海德堡大学
University of Padua 帕多瓦大学
Upper and Lower Austria 上、下奥地利
Uppsala University 乌普萨拉大学
Ural Mountains 乌拉尔山脉
Urals 乌拉尔河
Uraniborg 乌兰尼堡
Utopia 乌托邦
Utraquists 饼酒同领派
Valois 瓦卢瓦家族

van Dryweghen 范·德瑞维根
van Huchtenburgh 范·汉克顿巴勒
Vanbrugh 范布勒
Vassy 瓦西
Vaud 沃州
Velazquez, Diego Rodriguez Velazquez 委拉斯贵兹，迭哥·德·席尔瓦·委拉斯贵兹
Venuses 维纳斯
via media 中间道路
Viking 维京人
Vindiciae Contra Tyannos《论反抗暴君的自由》
Virgil 维吉尔
Virgin Mary 圣母玛利亚
Virgins 童贞玛利亚
Vittorio Amedeo Ⅱ 维托里奥·阿梅迪奥二世（萨伏依公爵）
Vivaldi 维瓦尔第
Volga 伏尔加河
Vondel 冯德尔
War of the Three Henries 三亨利之战
Warsaw 华沙
Warwickshire 沃里克郡
Wenceslaus Hollar 温塞斯劳斯·霍拉
West Indies 西印度群岛
Westphalia 威斯特伐利亚
Whigs 辉格党
White Russians 白俄罗斯人
White Sea 白海
Whitehall 怀特霍尔
Wigston Magna 威格斯顿—麦格纳
William Harvey 威廉·哈维
William Ⅱ 威廉二世（尼德兰总督，腓特烈·亨利之子）
William Ⅲ, William Ⅲ of Orange 威廉三世（英格兰国王，奥兰治亲王，尼德兰共和国总督）
William Prynne 威廉·白兰

William Tyndale 威廉·丁道尔
Winchester College温彻斯特学院
Winston Churchill 温斯顿·丘吉尔
Winterkonig “一个冬天的国王”
Wittelsbach 维特尔斯巴赫家族
Wittenberg 维滕贝格
Wurzberg 维尔兹堡
Wüttemberg 符腾堡
Wycherley 韦策利
Yaroslavl 雅罗斯拉夫尔
Yiddish 意第绪语
zarabanda 萨拉邦德舞
Zeeland 泽兰
zemsky sobor 俄罗斯国民议会
Zenta 森塔
Zuider Zee 须德海
Zwinglian 茨温利教派